澳門基金會 FUNDAÇÃO MACAU 资助出版

前沿性·国际性·原创性

BLUE BOOK OF CLEAN ENERGY

THE INTERNATIONAL HYDROGEN INDUSTRY DEVELOPMENT REPORT (2017)

IFCE Macao
智库年度报告

清洁能源蓝皮书

BLUE BOOK OF CLEAN ENERGY

全球核能产业发展报告（2017）

THE GLOBAL NUCLEAR INDUSTRY DEVELOPMENT REPORT（2017）

国际清洁能源论坛（澳门）

主　编／苏树辉　袁国林　王　计

副主编／周　杰　徐玉明　韩文科

世界知识出版社

图书在版编目（CIP）数据

全球核能产业发展报告．2017/苏树辉，袁国林，王计主编．—北京：世界知识出版社，2017.11
（清洁能源蓝皮书）
ISBN 978-7-5012-5633-4

Ⅰ.①全… Ⅱ.①苏… ②袁… ③王… Ⅲ.①核能工业—能源发展—研究报告—世界—2017 Ⅳ.①F416.23

中国版本图书馆 CIP 数据核字（2017）第 275095 号

责任编辑　刘豫徽
责任出版　王勇刚
责任校对　张　琨

书　　名　**全球核能产业发展报告（2017）**
Quanqiu Heneng Chanye Fazhan Baogao（2017）
主　　编　苏树辉　袁国林　王　计
副 主 编　周　杰　徐玉明　韩文科

出版发行　世界知识出版社
地址邮编　北京市东城区干面胡同 51 号（100010）
网　　址　www.ishizhi.cn
投稿信箱　lyhbbi@163.com
电　　话　010-65265923（发行）
010-85119023（邮购）
经　　销　新华书店
印　　刷　北京京华虎彩印刷有限公司
开本印张　787×1092 毫米　1/16　31⅛印张
字　　数　476 千字
版次印次　2017 年 11 月第一版　2017 年 11 月第一次印刷
标准书号　ISBN 978-7-5012-5633-4
定　　价　148.00 元

《全球核能产业发展报告(2017)》
编委会成员名单

主　编：苏树辉　袁国林　王　计

副主编：周　杰　徐玉明　韩文科

编委会成员：（排名不分先后）

苏树辉　论坛理事长，全国政协委员，葡萄牙驻香港名誉理事，澳门博彩控股有限公司行政总裁

袁国林　论坛常务副理事长，中国长江三峡集团公司原副总经理

王　计　全国政协委员，中国经济社会理事会理事，中国东方电气集团有限公司原董事长、党组书记

毕亚雄　论坛副理事长，中国长江三峡集团公司副总经理

聂　凯　论坛副理事长，中国葛洲坝集团股份有限公司董事长

韩文科　论坛副理事长，中国经济社会理事会理事，国家发展和改革委员会能源研究所原所长、研究员

徐玉明　论坛理事，中国核能行业协会专家委员会副主任，原国家原子能机构副主任，国防科工委系统工程二司司长

周　杰　论坛副理事长兼秘书长，中国经济社会理事会理事

张松林　论坛理事，中广核资本控股有限公司党委副书记

尹向勇　中国广核集团有限公司研究中心研究员

黄　珺　论坛副监事长

Mycle Schneider　法国能源、核电政策国际独立咨询顾问

宋　梅　中国矿业大学（北京）教授，博士生导师

柴国旱　环境保护部华东核与辐射安全监督站，副主任

池雪丰　中核（天津）机械有限公司董事长

王　平　中国大唐电力集团核电有限公司总经理

白云生　中国核科技信息与经济研究院副院长兼核工业战略研究所所长

王晓峰　环境保护部核与辐射安全中心信息研究所所长

陈　荣　中国核能行业协会研究开发部主任

黄晓宏　武汉新能源研究院研发部负责人

王　焱　论坛秘书处项目官员

李维维　论坛秘书处项目官员

郭鹏超　中国矿业大学（北京）

目 录

第三篇　国际专题报告

前言

探索建立核电生态安全标准
是我国引领全球核电发展的历史使命

核电的长远发展，需要结合世情国情，洞悉时代发展洪流，研判核电安全的主要矛盾，才能破解安全发展的难题。当前我国已成为全球在建核电规模最大国，未来十年全球历史早期建设的第一批核电将迎来集中退役潮，我国在事实上已经成为全球核电工业的重要建设者、继承者、发展者，如何构建核电生态安全标准，补齐核电安全发展短板，已成为中国核电人不容回避的历史性课题。

一、全球核电发展处于新的历史起点

全球核电发展呈现三轮波动周期。20世纪六七十年代核电出现了第一轮增长期，全球经济高速增长和能源供应短缺推动了核电快速发展，若干年全球核电一年的投产机组曾超过30台，随后受到三哩岛等核事故影响，核电发展放缓。20世纪90年代末核电出现了第二轮增长期，对三哩岛、切尔诺贝利事故的反思，推动了核安全技术不断进步，安全监管日臻完善，气候变化与能源安全问题促使核电再次受到青睐，全球核电迎来新一轮发展期。日本福岛核事故引发了全球对核电安全的进一步思考，对核电安全技术及监管方式提出更高的要求，核电进入第三轮波动周期。

核电安全发展的历史，是一个问题不断暴露、又不断解决的过程。核电技术从最初关注工程设备，到规范人因操作，再到当前应对极端自然灾害，构成了核电技术不断发展的主线。过去一段时间，工程设备的可靠性不断增强，操作流程不断规范，程序性的人为操作不断被取代，推动了核电安全技术水平不断提升。今后如何妥善应对自然灾害，处理好灾害引起的“剩余风险”，将成为核电技术发展的重要方向。

在本轮发展周期内，核电的特殊性使得核电安全发展面临诸多挑战。核电是

高度敏感、重大事故影响深远，需要配套国家现代治理能力的清洁绿色的跨代能源。这种特殊性对科学决策水平、公众参与、安全监管等方面提出了更高要求。例如，政治决策与技术决策的考虑范畴存在差异，科学决策的定量依据支撑不足，核电科学决策水平有待提升；公众沟通缺乏共同的话语体系，过于专业的技术信息，难以转化为普通民众的安全感；可再生能源成本快速下降，加之核电安全监管层层加码，导致核电发展的经济性面临挑战；等等。

二、生态安全标准空白是核电安全发展面临的重大挑战

过去，美国核管会的安全标准曾发挥过重要作用。三哩岛事故后，人们发现核电安全的工程技术视角，难以有效缓解人们对不确定风险的恐慌，需要建立具备共识、可互参照的安全标准。为此，美国核管会创造性地提出了核电安全的两个千分之一目标：一是对核电周边个体，因核事故导致立即死亡的风险，不应超过全社会成员因其他事故导致同类风险总和的千分之一；二是对核电周边的个体，因核电运行所导致的癌症死亡风险，不应超过其他原因导致的癌症死亡风险总和的千分之一。在过去三十多年的发展中，基于两个千分之一目标框架下的安全标准体系不断成熟完善，为核电长期的安全发展提供了重要保障。

当前，两个千分之一标准已难以满足人们日益提升的安全需求。福岛事故后，这一标准的不足已愈加显现。从实践情况看，目前全球核电站的安全运行情况，均满足两个千分之一的目标要求，特别是福岛事故，并未出现因核辐射导致人员死亡的事件，所增加的癌症死亡风险仍在全社会可控的风险之下，但民众仍难以接受核电。也就是说，核电的发展，并未增加全社会个体死亡及诱发癌症的总体风险的千分之一，但是公众对核电的忧虑却未见减少。究其原因，三十多年前所设定的两个千分之一的安全标准，在当前难以满足人们日益提升的安全需要。对日本福岛事故的质疑包括对海洋生态的影响，而在我国内陆核电质疑声中，也有对长江生态影响的担忧。然而，有关生态安全的相关要求，却并未包括在两个千分之一的安全目标范围内。

更深层次的原因是，生态安全标准空白，已成为工业文明的重大短板，也成为核电发展面临的重大挑战。工业革命以来，各种矿物质资源开发及化学工业获得了繁荣发展，核电因其特殊性受到最为严苛的工业标准约束，促使核电工业水平不断提升，成为了人类工业文明的贡献者。然而，以人为中心的工业标准体系，对非人生态环境关注不足，生态安全标准严重缺失，导致大气污染、土地退化、物种灭绝等一系列的生态风险难以得到有效遏制。包括核事故在内的各种工业事

故，给人类的工业文明蒙上了一层阴影。其中核辐射因其难以感知的神秘性，加之普通公众易与军事核威慑相混淆，导致核电的安全风险在各种工业风险中，往往引起人们的更多关注。

生态安全标准空白，引发了一系列问题。人们关心核电对周围水体及水产品的影响，特别是担心核事故对生态的影响。然而基于传统工业安全标准的评估体系，难以有效度量相关生态影响，也很少涉及各类工业领域生态影响的综合比较。安全基准的缺失，使得安全描述的参照难以统一，公众对核电的信心难免摇摆。此外，由于缺乏定量的生态安全目标，安全标准提升的科学依据也显不足，导致一些安全设施层层加码，核电建设运营的成本不断攀高，其真实的效果也难以评估。上述问题不断传递并累积，最终进入核电决策，增加了核电决策的复杂性。

三、探索核电的生态安全标准是我国跻身世界前列的历史使命

我国有望在第三轮核电波动周期中，跻身全球核电发展第一梯队。历次波动发展期也是新老交替的历史窗口期。第一轮周期中，苏联、美国、英国的核电技术处于全球领先位置，属于核电发展的第一梯队。第二轮周期中，英国、美国等国由于能源供需变化和反核浪潮，核电发展停滞，而日本、法国、韩国由于能源资源匮乏，坚定发展核电，进入核电发展第一梯队。当前全球正处在第三轮周期中，核电技术梯队正在逐渐发生更替，俄罗斯、韩国的核电技术在全球市场仍然获得了较高的认可，我国也开始进入英国的核电市场。

构建生态安全标准是工业文明迈向生态文明的重要阶梯。迎战挑战，是文明升级的途径，经由外部挑战转化为内部矛盾，倒逼文明内部聚力短板，实现自我变革。在各类变革举措中，标准的建立，使得矛盾可以度量，有利于凝聚力量取得突破。建立生态安全标准，将为工业文明的自我变革奠定重要基准，成为文明转型的关键一步。任何一轮文明的诞生，往往是在最为困难环境下成功应战的结果。福岛核电事故将全球工业文明的短板，暴露在了更加突出的位置。从这个意义上讲，核电工业已被推到工业文明转型的历史前沿。

探索构建生态安全标准是中国这一代核电人的历史使命。至2035年基本实现现代化的征程中，我国将面临工业化、城镇化、环境治理三大历史任务，届时需要增加超过十亿吨标准煤左右的清洁能源供给，这个量超过德国及法国两国的能源消费总和。核电作为高密度能源的脱碳解决方案，是我国能源发展战略必争的重要选择。没有核电生态安全标准的要求，就难有核电的有序发展。建议在两个千分之一的安全目标基础上，进一步研究生态安全标准的第三个千分之一，建议

构想如下："对于核电周边的生态系统，因核电发展所引发的生态安全风险，不应超过其他原因导致的同类风险总和的千分之一"。

建议在宏观思路上，可考虑按照三步走路径，探讨构建"三个千分之一"安全目标框架下的核电生态安全标准体系：

第一步，聚焦人民群众的核心关切，择选典型评估对象，开展试点示范，建立核电生态安全标准的培育机制。在做好公众健康风险评价、放射性环境影响、热污染环境影响评价的基础上，进一步聚焦群众的核心关切，根据实际情况择选典型评价对象开展试点示范，扩展比较其他工业活动的影响，结合现有数据和事实，开展生态安全风险评估试点，初步建立以数据和事实为基础的可对话、可质询、可优化的生态安全标准培育机制。

第二步，丰富生态安全目标的内涵，加强评估能力和机制建设，构建核电生态安全标准的升级机制。在总结试点示范经验的基础上，丰富生态安全目标的内涵，有序拓展风险评估的领域与对象，通过规范安全评价导则等方式加强评估能力建设，通过信息公开、公众参与等多种形式，构建核电生态标准有序升级的更新机制。

第三步，夯实风险数据基础、完善生态风险评估体系，拓展建立核电生态保险和再保险体系，构建生态安全标准、核电技术、生态安全保险三者互动制衡的良性发展机制。随着数据及事实的不断累积，生态风险评估体系的不断完善，需择机考虑引入核电生态保险和再保险体系，大幅提升国家生态风险评估能力和风险防范化解能力，使之成为国家现代治理能力的重要组成部分。依托各类风险的综合比较，通过成熟的风险评估体系，将核电生态安全标准提升，传递到生态保险的浮动变化，反哺核电升级的技术投入，最终形成技术投入、标准提升、生态责任三者良性互动的发展机制。

总之，构建核电生态安全标准是一个助推工业文明向生态文明跨越的宏大历史性工程，建设初期切忌贪大求全、一蹴而就，要坚持安全与发展并重，坚持目标导向与问题导向，量力而行、尽力而为。

从更宏大的视角看，太阳能与风能本身均是来自于太阳内部的核反应活动，核能是人类能源的终极解决方案。每一代核电人都有其身处时代的历史使命。本次澳门国际清洁能源论坛，得益于会务组精心组织，将国内外核电人的智慧凝结在一起，并出版成书。愿以此为契机，引发深入思考，促成核电人进一步遵循规律、敬畏自然、直面问题、凝心聚力，不辱使命，共同为核电安全高效发展做出新的历史性贡献。

韩文科　康晓文
2017 年 11 月 8 日

第一篇

B BULE BOOK

总报告

2017 世界核能产业现状报告

MacArthur Foundation　HEINRICH BÖLL STIFTUNG FRANCE　The Greens | EFA in the European Parliament　NRDC　SES energiestiftung.ch

序言

核电诞生在美国人因投掷原子弹而产生的集体歉疚中，在至少20年间，它曾是煤炭的“清洁”替代品，看来将永远满足我们所有的能源需求。1979年三哩岛核电站反应堆的熔毁事故结束了核电欣欣向荣的局面，但核电之梦还在继续，并且仍然没有仔细考虑核电的负面影响。核电的反对者同样漠视正在改变的事实。他们极力忽略一个事实：许多心怀善意之人视当地空气污染和气候变化比核电危害更大。在那些年里，关闭一个核电站，确实意味着加重当地污染和温室气体排放。

关于核电的辩论与谈论宗教相似。争辩很少会建立在全部相关事实基础之上——每一方都以自己的视角持有理念，用特定事实支持自己的观点。鉴于这段历史，《2017世界核能产业发展报告》或许是核电历史上最具决定性的文件。报告以详尽论述明确指出，辩论已经结束。核电已经被太阳能和风能所取代。这些可再生的、使用免费燃料的能源不再是梦想或是预测，现实是——太阳能与风能正在全球范围取代核能成为新电厂的首选。不管你最关心的是核电还是气候变化，答案都是一样的。现代的“爱迪生们”已经学会了经济地利用大自然母亲免费提供给地球的永恒能源。这份报告的价值在于其结论不再依赖于希望或观点，而是用事实说话。在一个又一个国家中，事实都是一样的。核电远未消亡，但它正在衰退，可再生能源正在跨越式发展。整个报告反映这样一个事实，在美国、德国、日本和法国，几乎每个国家——核电正处于衰退之中。不仅仅是具象征性的，日本政府已正式承认其增殖反应堆报废，而这座反应堆最初曾是核电的圣杯。最能说明问题的是：世界上没有任何一个电力市场竞争激烈的地方有核电站启动，只有在由政府或消费者承担成本超支和工程延误风险的地方核电才会被考虑。

本报告最具决定性的部分是最后一章——核电与可再生能源的发展对比。它揭示了自1997年以来，全球范围内可再生能源已发电量的千瓦小时数四倍于核电。或许媒体尚未详细报道这场革命，但它正在进行中。与核电相比，可再生能源是成本更低、更清洁、更安全的化石能源替代者。世界不再需要建造核电站以避免气候变化，当然也不是为了要省钱。如果您对这一事实有任何疑问，请阅读《2017世界核能产业发展报告》。

大卫·弗里曼

（S. David Freeman）

目录

2017 世界核能产业现状报告

摘要：

全球回顾（中国例外）

全球核电发电量在 2016 年上升了 1.4%，原因是中国增长了 23%，尽管核电在发电中的份额停滞在 10.5%（−0.2%）。

2016 年共有 10 座新核电反应堆启动，其中一半在中国。2017 年上半年有两座反应堆发电入网，一座位于中国，另一座位于巴基斯坦（由中国公司承建），后者是世界上第一台开建于福岛核事故之后并运行入网的机组。

2016 年全球新建动工核反应堆 3 座，其中两座位于中国，一座位于巴基斯坦（由中国公司承建），与 2010 年全球新建动工 15 座（中国 10 座）的情况相比下降明显。2017 年上半年全球仅有一座新建反应堆在印度开建，中国和世界其他国家都没有。

全球在建核反应堆数量连续 4 年下降，由 2013 年年末的 68 座下降到 2017 年年中的 53 座（中国 20 座）。

关停与建设延期

俄罗斯和美国 2016 年关停了部分核反应堆，瑞典和韩国也于 2017 年上半年将其最老的机组关停。

韩国新当选总统关闭了一座核电站，并暂停了另外两座核电站的建设。这使其本国核电产业的发展和出口希望陷入危险。

目前，有 13 个国家正在建造新的核反应堆，比 WNISR2016 报告中少了 1 个。随着项目管理高层卷入大规模腐败丑闻，巴西 Angra-3 反应堆的建设被放弃。

有37座反应堆的建设进度滞后，其中19座在去年进一步延误。中国也不例外，20座在建反应堆中至少有11座出现了工程延期。

有8个在建核电项目已开工建设10年以上，其中3个已有30年。

《2016世界核电产业现状报告》指出有17座反应堆计划于2017年启动。截至2017年年中，只有2座启动，而有11座至少要延期至2018年。

历史核巨头的破产/救助——核电企业的深度金融危机

在发现核电建设项目发生巨额亏损之后，东芝集团为其美国子公司——西屋电气公司申请破产，西屋公司是历史上世界最大的核电建设商。

在过去六年里，阿海珐集团累计亏损了123亿美元。法国政府已经向其提供53亿美元的纾困，并继续采取“拆分”策略。阿海珐集团Creusot Forge业务部的大规模质量控制丑闻进一步削弱了人们对核电产业的信心。主要核电公司的股价遭受侵蚀，信用评级机构调低了他们的信用等级。

福岛现状报告

福岛核事故发生六年后，日本政府开始解除撤离令，以限制飞涨的赔偿费用。灾难总成本的官方估计已从1000亿美元增加到2000亿美元。一项新的独立评估将灾难成本估计为4440亿-6300亿美元（取决于水的除污水平）。只有5座反应堆已经重启。

可再生能源拉开与核能的距离

2016年全球风能发电量增长16%、太阳能发电增长30%、核电发电量增长1.4%。风能发电量增长132 TWh、太阳能发电量增长77 TWh，分别是核电35 TWh发电量的3.8倍和2.2倍。可再生能源发电量占全球新增发电量的62%。

新的可再生能源击败了现有的核能。在智利、墨西哥、摩洛哥、阿联酋和美国，可再生能源拍卖创下了低于30美元/MWh的低价，而2015年美国核电站的平均摊分成本为35.5美元/MWh。

I. 引言

从何谈起？自 2016 年 7 月发布《2016 世界核能产业发展报告》（以下简称 WNISR2016）以来，在核能产业内外已经悄然发生潜在巨变。

首先，在政治层面，一些重要（核电）国家发生了某种“政权更迭”。世界五大核能发电国中的三个国家的最高领导人——法国（新任总统埃马纽埃尔·马克龙）、韩国（总统文在寅）和美国（总统唐纳德·特朗普）均制定了与前任政府截然不同的能源计划。此外，日本首相安倍晋三最近进行了令人惊讶的内阁改组。

其次，在产业层面，有一些重大事件发生：世界上最大的老牌核电建设商东芝西屋和法国阿海珐公司相继破产；备受争议的英国欣克利角 C 核电项目在经历漫长等待后终于被政府批准；美国南卡罗来纳州 V. C. Summer 核电站，宣布停建，引起震惊。与此同时，售电商低价竞争策略将继续对全球核电站形成挑战。

第三，世界范围内可再生能源部署不断涌现，对核电带来巨大冲击。最能说明这一点的是中国的可再生能源发展。作为目前全球核电建设的领导者，中国在 2017 年上半年仅增加一座新的 1GW 核电站并网，而同期却有 24.4GW 太阳能发电量并网，另外还有一个装机容量为 10.5GW 装机容量的太阳能光伏。与仅仅五年前的 2012 年对比，德国的光伏发电量 2012 全年增加 7.5GW 就已经创造了当年的世界纪录，由此预测：“到 2017 年底，世界太阳能光伏装机容量将媲美核能发电，并很有可能在 2022 年超过核能装机容量的两倍。”

新任政府在核能和能源部门将带来怎样的变革呢？马克龙政府郑重声明，法国将继续实施上一任政府的能源转型立法并进行路线规划，争取在 2025 年完成将核能发电份额从约 3/4 减到 1/2 的目标。毫无疑问，随着电力消费的停滞或下降，法国将关闭 58 个核反应堆中的 1/3 以上以达成此目标。

韩国新任总统文在寅在上任不到一个月时主持了韩国最古老核反应堆的

关闭仪式，该仪式非常具有象征意义。文在寅表示："韩国将废除以核电为核心的能源政策，开始走向无核时代，政府将取消所有新核电厂的建设计划。"文在寅对核电问题的研究可以说非常深入，他的举措标志着韩国核电政策的根本性转变，但实际上这是与有成功经验的首尔市长朴元顺之政策走向"一致"（正如国内重要利益相关者所言）。2012 年，朴元顺启动了他具有代表性的"省下一座核电厂"计划，誓言在 2014 年之前，将首尔的电力消费减少（或以其他能源替代）相当于一个核反应堆的电力。他成功实现了这一诺言并将 2020 年的核电替代目标数量翻了一番。

美国总统特朗普过去一再表示，会大力支持核电发展。然而，南卡罗来纳州在建的 V. C. Summer 核电站递交的补贴申请却被特朗普政府驳回，这个自 2013 年启动以来一直遭受延误和预算超支的在建项目因此下马。目前美国仅剩的核电在建项目是乔治亚州的 Vogtle 核电站，它在计划、实施和财务方面面临的问题与 V. C. Summer 项目相类似。2017 年 8 月底，乔治亚电力公司声明，尽管面临巨大的成本超支，仍建议完成两座 AP1000 反应堆的建设。经过四年的建设后，在原预期开始运行的时间点上，项目仅完成 32%。该核电站是否继续建设将由该州公共服务委员会决定，该委员会将进行为期六个月的审查，之后再做下一步的决定。

苦于一系列国内政策以及低落民意的日本首相安倍对其政府进行了大规模的改组。对于核电发展不能忽视的一件事是，在此次内阁改组中，自由民主党（LDP）最积极的核电批评者河野太郎出任日本外相。自 2014 年核能发电全面停产后，日本只有五座反应堆重新启动。河野太郎的任命也打击了日本工业部门想要出口核设备的野心。

2017 年版的世界核能产业发展报告（以下简称 WNISR）在重点核电国家这一章，对法国、德国、日本、韩国、英国和美国的核电以及这些国家近期工业和政治发展对核电的影响进行了深入分析并作为主要报告的部分。其他 25 个国家的核电发展情况见附件 1。《2017 世界核能产业发展报告》新增加了一个章节，用于介绍核部门财务评估和重点公司筛选。

II. 全球综述

核电的角色

截至2017年中期，全球共31个国家拥有正在运行的核电反应堆，2016年全球核能净发电量达到2476TWh，比2015年增长了1.4%，但仍低于2000年核电发电量，且比历史峰值——2006年的核能发电量少6.9%（见图1）。中国核能发电量增加36.6TWh（增长了23%），超过全球核电的总增量35 TWh，没有中国的话，2016年全球核电发电量会略有下降。2015年情况类似。

然而，日本福岛核电站3/11事故导致全球核能发电量减少264TWh（降幅10%）之后，核能发电量缓慢持续增加，2012年以来增加了130TWh。换言之，在福岛事故后的五年内，核电产量只恢复了损失的一半左右。

在过去四年中，核能发电占全球商业发电总量的份额基本保持稳定，但从1996年的峰值17.6%下降到2016年的10.5%。全球总发电量的增速略快于（2012年以来增速8.9%）核能发电量增速（2012年以来增速5.5%）。自2012年以来，核电份额下降大概0.3个百分点。这个数字在统计意义上是否重要是有争议的。

2016年，15个国家的核能发电量增加，12个国家减少，4个国家保持稳定。7个国家（中国、匈牙利、印度、伊朗、巴基斯坦、俄罗斯、南非）在2016年实现了最大核电产量。其中中国、印度、巴基斯坦和俄罗斯有新反应堆并网。中国共启动5个机组，占世界新启动机组数量的一半。除中国外，另有五个国家在2016年将核电产量提高了20%以上，如下（详情请参阅具体国家部分）：

→比利时重启了由于技术和法律问题而延长关停的三座核反应堆，这些反应堆的重启为比利时增加了三分之二的核能发电量。

→随着单反应堆的负载能力几乎翻了一番，伊朗核能发电量提高了85%；

→福岛核电站3/11事故后暂停的两座反应堆重新启动后，日本核能发电量翻了两番，机组总数达到 5 台；

→巴基斯坦的核电产量增加了 26%，一定程度上是因为增加了新的反应堆。

→南非的核电产量在 2015 年被技术问题严重影响，之后，两台机组的总产量提高近 39%。

相对来说，只有少数核电项目，分别是：亚美尼亚（减少 15%）、捷克共和国（减少 10%）、台湾地区（减少 13%）。不过，像法国、德国和乌克兰这些核规模较大的国家，核能发电量也下降了近 8%。受一系列质量控制问题和两座反应堆关闭的影响，法国核电产量大幅下降 32.6TWh，几乎相当于整个中国的增量（36.6TWh）。

与往年相似，2016 年世界五大核电国家——美国，法国，中国，俄罗斯和韩国（按核电产量由高到低排序）的核能发电量占到世界总核电量的 70%

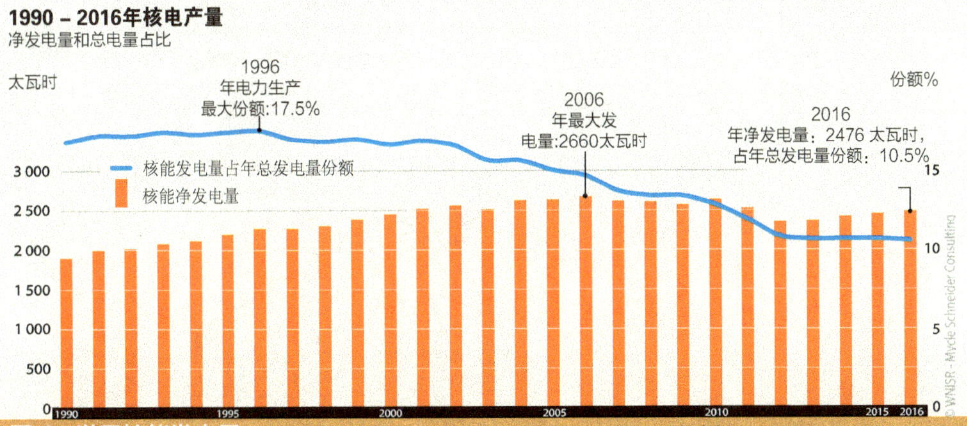

图 1 世界核能发电量

资料来源：IAEA-PRIS，BP，2017

（见图 2 左侧），中国超越俄罗斯，排名上升一位。2002 年，中国核能发电量世界排名第 15 位，2007 年上升至第 10 位，2016 年达到第 3 位。

2016 年，仅美国、法国两个国家的核电产量之和就占全球总产量的 48%。

7 个国家的核能发电量在 20 世纪 90 年代达到顶峰，包括比利时、加拿大、日本和英国。之后又有 11 个国家的核能发电量在 2001 年至 2010 年期间达到顶峰，包括法国、德国、西班牙和瑞典。过去六年中，14 个国家的核能发电量达到峰值，其中一半是在 2016 年，分别是：中国、印度、巴基斯坦、俄罗斯、匈牙利、伊朗和南非；其中前四个是因为增加了新反应堆，其余三个通过反应堆升级（匈牙利、南非）或成功克服启动时的技术问题（伊朗）而增加了产量。

在多数国家，核电产量的增速并不能跟上电力产量的总体增速，导致核

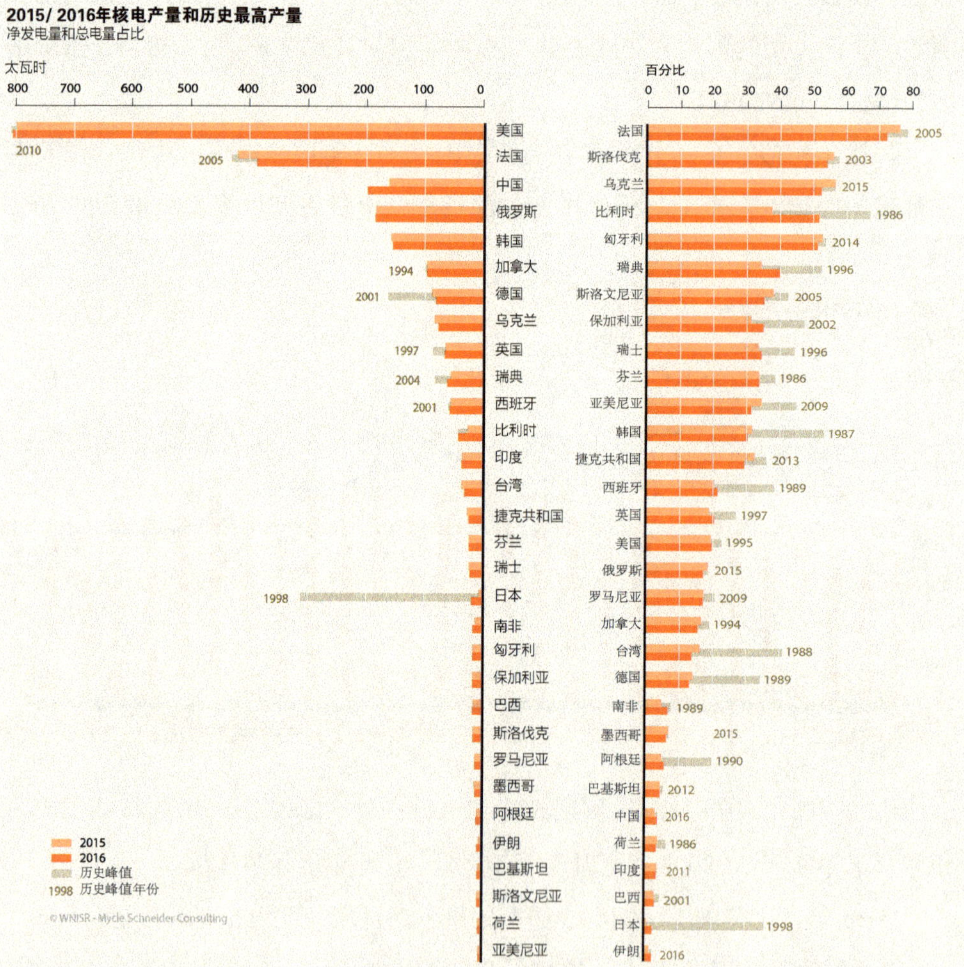

图 2 全球核能发电量与核电份额 资料来源：IAEA-PRIS，BP，2017

电份额低于历史峰值（见图 2 右侧）。2016 年，全球共有 15 个国家的核电份额维持在恒定水平（变化不到 1 个百分点），相对地，10 个国家核电份额减少，6 个国家核电份额增加。

两个例外的国家在 2016 年其核电份额达到峰值：

→ 2016 年，中国启动了 5 座新反应堆，核电份额超过 2015 年的峰值 3.0%，达到 3.6%，提高 0.6 个百分点是由于核电产量增加了 23%。

→经过 33 年的建设，伊朗唯一的商业核反应堆在 2011 年启动，但是又用了 5 年的时间才在 2016 年达到合理的并网时间和负荷率，最终核电份额从 1.3%上升到 2.1%。

运行，发电与年龄分布

自从 1954 年 6 月 27 日第一座核电反应堆接入奥布宁斯克的苏联电网，世界已经出现两次反应堆启动潮。第一次高峰是在 1974 年，当年有 26 座反应堆并网。第二次高峰是在 1984 年和 1985 年，也就是切尔诺贝利事故发生之前，这一次达到了历史最高水平，每年有 33 座反应堆并网。到 20 世纪 80 年代末，运行机组数量连续净增长的状态中止，到 1990 年，关停反应堆的数量首次超过启动反应堆。1991—2000 年期间，反应堆运行时间远远超过停机时间（大致 52/30 的比例），而在 2001—2010 年期间，反应堆启动数量开始追不上关停数量（大致 32/35 的比例）。此外，2000 年以后，整整十年间的机组并网数才达到 20 世纪 80 年代中期一年的并网数量。2011—2017 年中期，41 座反应堆启动（其中 24 座在中国），数量略高于同时期关停的 38 座反应堆（见图 3）。

2016 年的情况类似于 2015 年，10 座反应堆启动，数量高于 1990—2015 年期间的任何一年。不过这主要是“中国效应”的结果，因为中国贡献了 10 座启动反应堆中的 5 个（见图 4），其余 5 个分别在印度（Kudankulam-2），巴基斯坦（Chasnupp-3），俄罗斯（Novovoronezh-2-1），韩国（Shin-Kori-3）和美国（瓦茨 Bar-2，经过 43 年的建设）。

2016 年，两座反应堆关闭，分别是俄罗斯的 Novovoronezh-3 号和美国的

Calhoun-1 号。

2017 年上半年，两座反应堆启动，分别在中国（阳江）和巴基斯坦（中国公司建造的 Chasnupp-4）。另外，两座最古老的机组关停，分别在韩国

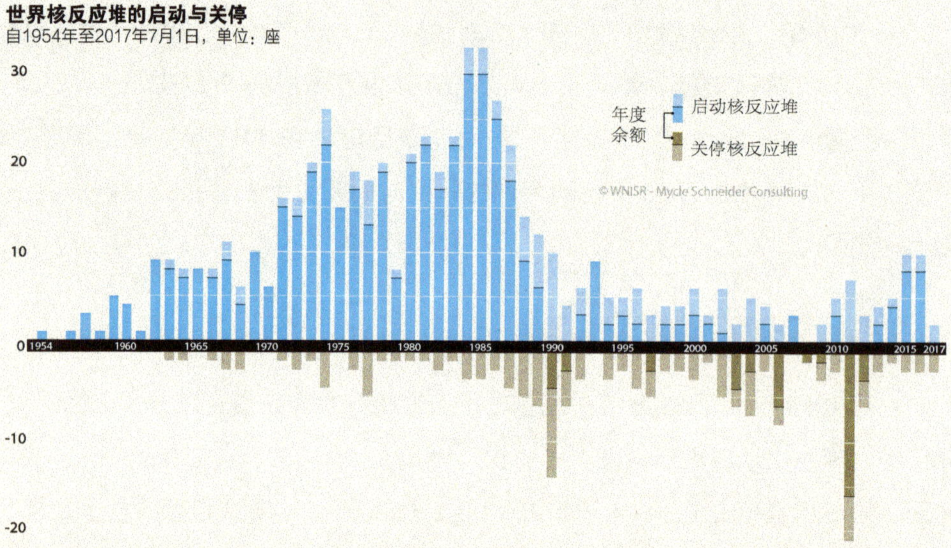

图 3　核反应堆的启动与关停情况　　资料来源：WNISR，IAEA-PRIS，2017

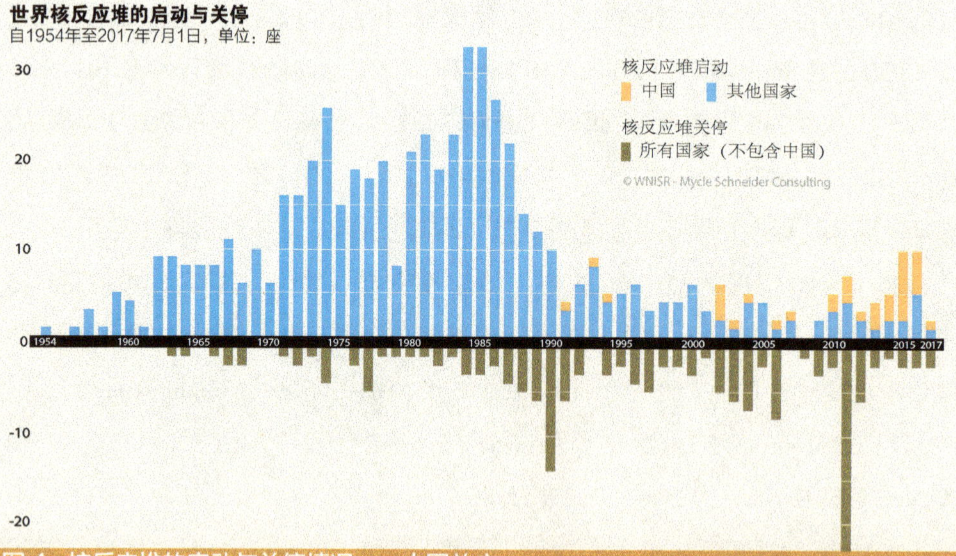

图 4　核反应堆的启动与关停情况——中国效应　　资料来源：WNISR，IAEA-PRIS，2017

（Kori-1，经过 40 年的运行）和瑞典（Oskarshamn-1，经过近 46 年的运行）。

2011 年以来启动的所有 41 座反应堆（不包括委托建设的 3 座），全部分布在亚洲（中国、印度、巴基斯坦、韩国）和东欧（俄罗斯）。中国启动了 24 个机组，其次是韩国和俄罗斯（都是 4 座），印度和巴基斯坦（都是 3 座），阿根廷、伊朗和美国各启动一座反应堆。

国际原子能机构持续将日本的 42 座机组纳入全世界“运行中”的 446 座反应堆统计中；但日本 2013 年 9 月至 2015 年 8 月期间没有核电产出，截至 2017 年 7 月 1 日，仅有 5 座反应堆（仙台 1 号和 2 号，高原 3 号和 4 号，Ikata-3 号）正在运行（详情请参阅日本部分）。

日本的特殊情况需要通过世界核能统计反映出来。国际原子能机构，日本政府、公用事业、产业、研究机构以及其他政府和组织的将日本实际处于停滞状态的反应堆（占世界总量的 10%）纳入“正在运行”和“运行中”范畴的态度，是对事实的扭曲且误导大众。资深策略分析师史蒂夫·基德（Steve Kidd）在“国际核能工程”中同意《2016 世界核能产业发展报告》（WNISR2016）的观点：

把多年没有发电（甚至没有许可证）的“可运行”反应堆和真正在运行的反应堆一起包括在内，显然是荒谬的。

或许是因为这样的批评，世界核协会（以下简称 WNA）在其第二版《世界核能绩效报告》中区分了“发电”发应堆和“不发电”反应堆，该报告在 2016 年发布。此举“也许是对一系列《世界核能产业发展报告》的成功发布所做出的反应”。

国际原子能机构其实有“长期关闭”或简称为 LTS 的反应堆状态。根据国际原子能机构的定义，如果反应堆的关闭持续至“延长期”(通常超过一年)，或虽然处于早期停机阶段，但没有“积极争取重启”或“没有确立明确的重启日期或恢复计划”，都将被认定为长期关闭反应堆（LTS）。

国际原子能机构的这个标准有些模糊，可以有多种理解。到底什么是延长期？什么是积极争取？何为明确的重启日期？何为恢复计划？面对这些，基于经验事实同时避免产生歧义，WNISR 在 2014 年用更简单的定义规定了反应堆状态，称为“长期停运”或简称 LTO。其定义如下：

如果核反应堆在上一个日历年和本日历年上半年没有生产任何电能，将被视为长期停运（以下简称 LTO）反应堆。进入“长期停运 LTO”状态的时间追溯至从与电网脱离的那一天开始算起。

如果之后决定永久关闭反应堆，那么关机状态从最后的发电之日开始算起，同时 WNISR 统计数据也会进行相应修改。

日本原子能委员会（JAEC）前副主席铃木达治郎（Tatsujiro Suzuki）表示，LTO 是一个“重要创新”，是“基于经验事实的非常明确的定义”。

将这一定义应用到世界所有核反应堆的话，截至 2017 年 7 月 1 日，日本 33 台核电机组处于长期停运状态。WNISR 认为福岛核电站的全部 10 座反应堆永久关闭，然而东京电力公司（以下简称 TEPCO）只注销了六台 Daiichi 机组，将四座 Daini 反应堆列入可运行清单。附件 2 详细介绍了日本反应堆的情况。此外，国际原子能机构仍将快中子增殖反应堆 Monju 定为长期关闭状态，该反应堆已于 2016 年 11 月正式关闭，因此从 WNISR 的长期停运类别转为关闭类别。

除日本的 33 座外，另有法国两座反应堆（Bugey-5 和 Paluel-2），阿根廷（Embalse），印度（Kakrapar-2），瑞士（Beznau-1）和台湾地区（Chinshan-1）各一座反应堆符合 LTO 类别定义。因此，截至 2017 年 7 月 1 日，LTO 反应堆总数为 39 座，而所有这些都被国际原子能机构视为“运行”状态。

截至 2017 年 7 月 1 日，31 个国家共计 403 座反应堆正在运行，只比 2016 年 7 月增加一座。

目前，全球核电名义装机容量达 351GW，比一年前增加 3GW（增幅为 0.9%）（见图 5）。

多年来，净装机容量持续增加，超过了在运行反应堆数量的净增长。这是由于在技术改造也就是反应堆升级过程中，小机组被大机组的组合效应取代。仅在美国，核管理委员会（以下简称 NRC）自 1977 年以来已批准了 156

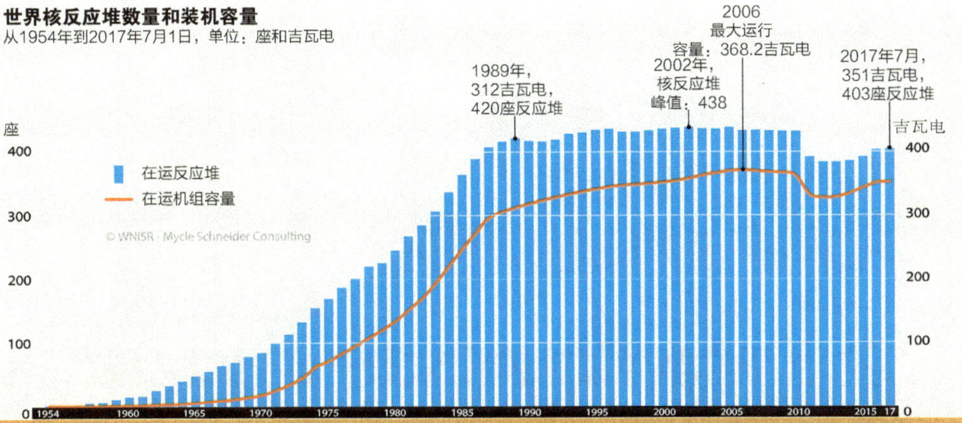

图5 1954—2017 年世界反应堆总量　　资料来源：WNISR，with IAEA-PRIS，2017

次反应堆升级，累计批准额为 7.365GW。

欧洲也出现了类似透过技术升级和重大检修延长反应堆服役期限的趋势。延长反应堆服役期主要是因为其相比新建反应堆具有很大的经济优势，但这个优势正在减弱。瑞典 Oskarshamn-2 号的升级过程中发现延长反应堆服役期并不经济，因此升级中途停止，该机组也永久关闭。

核能的使用仍然局限于少数的 31 个国家，拥有在运核电站的国家占 193 个联合国成员国的 16%。近一半的核电国家是欧盟成员国，2016 年，这些国家的核电产量占世界核电总产量的 32%（下降了 1.2 个百分点），其中一半来自法国。

新建反应堆概况

截至 2017 年 7 月 1 日，共计 53 座反应堆处于在建状态，比一年前 WNISR 记录的数据少 5 座，比 2014 年中期少 14 座。近 80% 的新建机组（共 42 个）分布在亚洲和东欧，其中 20 个在中国（见图 6 和表 1）。

2016 年，三个建设项目启动，其中两个在中国，另有一个在巴基斯坦（由中国建设）。2017 年上半年，印度启动一项新的建设工程。

WNISR2017 对以前版本进行了两次修改。日本（Ohma）和巴西（Angra-3）各有一个机组从“在建”反应堆名单中移除（参见各国章节）

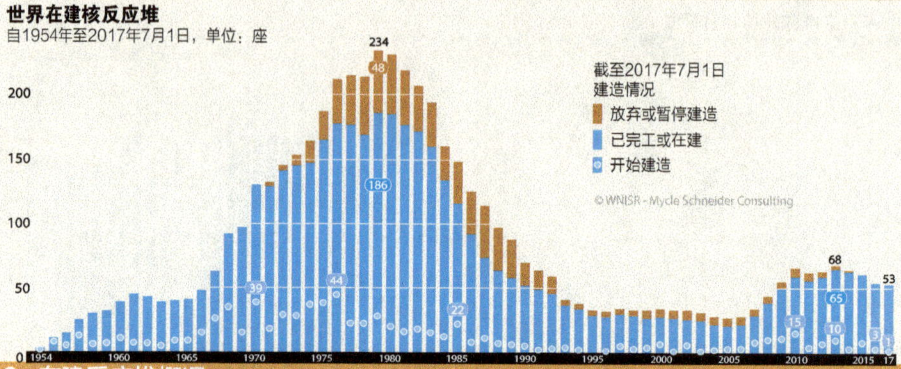

图6　在建反应堆概况　　资料来源：WNISR，with IAEA-PRIS，2017

全球在建核机组数量已由2013年的68个减少到2017年中期的53个，相比1979年234个机组的峰值（产能总计超过200GW），这个数字很小。然而1979年资料中许多机组（共48个）无法完工。2005年，在建机组为26个，创下自20世纪50年代（核时代初期）以来的历史新低。与一年前比较，世界在建核电机组的装机容量再次下降，达到52.3GW（减少了4.3GW），机组平均规模为987MW（详见附件7）。

表1　在建核反应堆情况（截至2017年7月1日）

国家	机组数量	装机容量（MW）	建设开始时间	计划并网时间	其他
中国	20	20500	2009—2016	2017-2021	11
俄罗斯	6	4359	1983—2010	2017-2019	6
印度	6	3907	2004—2017	2018-2023	5
阿联酋	4	5380	2012—2015	2018-2020	1
美国	4a	4468	2013	2019-2020	4
韩国	3	4020	2009—2013	2018-2019	3
白俄罗斯	2	2218	2013—2014	2019-2020	1
巴基斯坦	2	2028	2015—2016	2021-2022	?
斯洛伐克	2	880	1985	2018-2019	2
芬兰	1	1600	2005	2018	1
法国	1	1600	2007	2019	1
日本	1	1325	2007	?	1
阿根廷	1	25	2014	2019	1
总计	53	52310	1983-2017	2017-2023	37

资料来源：WNISR，IAEA-PRIS，WNA，2017

III. 建设时间

目前在建反应堆的建设时间

仔细研究目前被列为“正在建设中”的项目，可以看出这些项目的不确定性和许多与项目有关的问题，特别是考虑到大多数核电建设商都将建设时间假设为五年这一情况：

→截至2017年7月1日，53个在建反应堆的平均建设时间已达6.8年，其中很多反应堆何时能建成仍是未知数。

→在13个在建反应堆的国家中，有8个国家的建设项目经历了长达一年的延期。超过三分之二（37座）的建设项目存在进度落后的情况。其余的16座在建反应堆（其中9座在中国），大部分都是在过去的3年里开始建造的，或者还没有达到启动日期，因此很难评判他们是否能如期完成建设。特别不确定是两个巴基斯坦的核电项目。

→据报道，在《2016世界核能产业发展报告》发布之后的一年时间里，在37座出现工程延期的核反应堆中，有19个工程项目出现额外的延期。

→被列入“在建项目”超过30年的反应堆有3座：分别是斯洛伐克的Mochovce-3、Mochovce-4和俄罗斯的Rostov-4。

→两座反应堆，印度的原型快中子增殖反应堆（PFBR）和芬兰的Olkiluoto-3被列为“在建项目”已经至少超过了10年的时间，而日本的Shimane-3和法国的Flamanville-3将于2017年年底前达到其第10年的建设期。

→《2016世界核能产业发展报告》指出，2017年共有17座反应堆计划启动。截至2017年年中，只有2座反应堆并网，11座已经经官方宣布至少延期至2018年。

应该强调，核电站项目的实际交付时间不仅包括建设时间，还包括大多数国家漫长的许可程序、复杂的融资谈判、现场准备和其他基础设施建设所需的时间。

过去和现在运行的反应堆的建设时间

建设时间延长已成为全球核电建设的明显趋势。国家核电建设项目在核电发展初期普遍进展顺利。如图 7 所示，在 20 世纪 70 年代到 80 年代完工的反应堆建设时间差别不大，但在过去的 20 年开始出现大幅变化（见表 2）。

表 2　2007—2017 年反应堆的建设时间

2007 年 7 月—2017 年新建的 51 座反应堆的建设时间				
国家	机组数量	建设时间（按年）		
		平均时间	最短时间	最长时间
中国	27	6.0	4.1	11.2
印度	6	9.0	5.0	14.2
韩国	5	5.3	4.1	7.2
俄罗斯	5	24.6	8.1	32.0
巴基斯坦	3	5.4	5.2	5.5
阿根廷	1	33.0		
伊朗	1	36.3		
日本	1	5.1		
罗马尼亚	1	24.1		
美国	1	43.5		
全球	51	10.1	4.1	43.5

资料来源：WNISR，IAEA-PRIS，2017

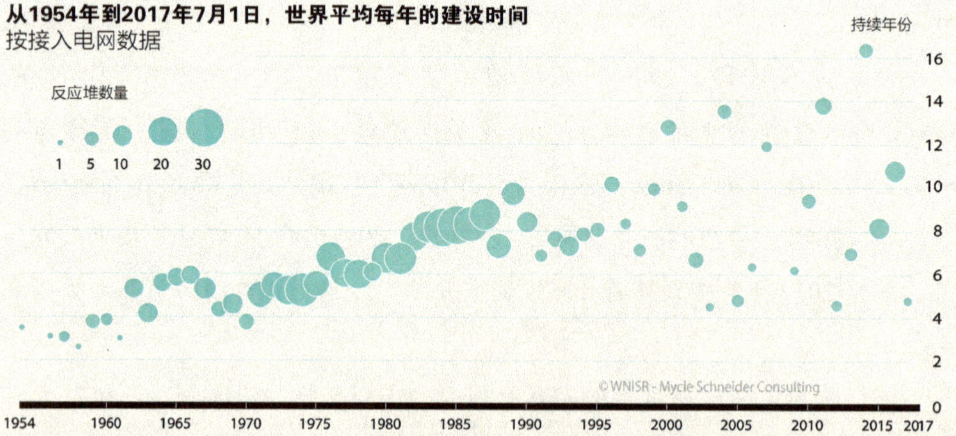

图 7　世界平均每年的建设时间　　资料来源：WNISR，with IAEA-PRIS，2017

在 2016 年启动的 10 台核电机组［5 台在中国，其余 5 台分别在印度、巴基斯坦（由中国公司承建）、俄罗斯、韩国和美国］的平均建设时间为 10.6 年如果不计入建造甚久的 Watts-Bar-2 机组的话为 7.1 年，而 2017 年上半年有 2 台核电机组［一台在中国，另一台在巴基斯坦（由中国公司承建）］并网，平均建造时间为 4.8 年。

建设项目的启动和取消

全球核电机组建设高峰期是在 1976 年，达到了 44 台，其中有 12 台后来被放弃。在 2010 年，共有 15 个建设项目启动（仅中国就有 10 个），这是自 1985 年以来的最高水平（见图 8）。该数量在 2013 年下降到 10 个，2015 年为 8 个，2016 年为 3 个，到 2017 年年中仅剩 1 个。

受到福岛核事故的影响，中国在 2011 年和 2014 年没有启动任何新的建设项目。虽然 2015 年新开建了 6 台核电机组，但是 2016 年新开建缩减为 2 台，且 2017 年上半年，没有新开建（见图 9）。

在 2007 年到 2016 年的十年间，有 79 座反应堆开始建设（其中 3 座已被取消建设，不包括 V.C. Summer），这个数量是 1997 年到 2006 年的 2 倍多，当时开始建设的反应堆为 35 座（其中有 3 座已被放弃建设）。

然而，这些核电机组仅在中国的数量就超过了总数的一半（42 座），即

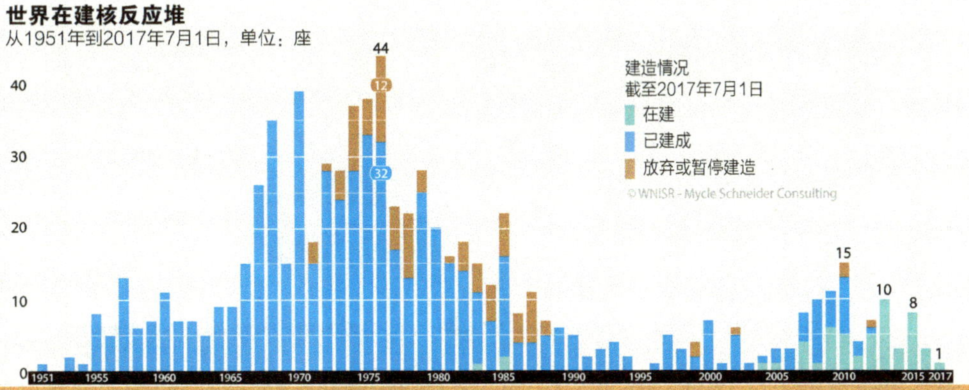

图 8 全球建设项目启动的数量

资料来源：WNISR，IAEA-PRIS，2017

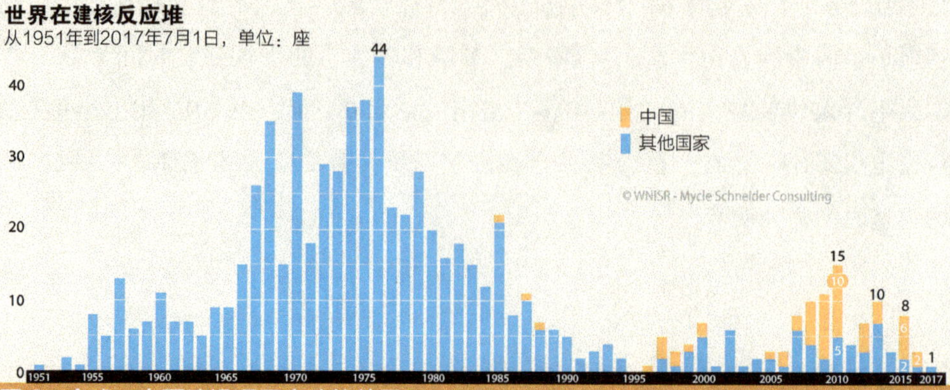

图 9　全球—中国建设项目启动的数量　　资料来源：WNISR，IAEA-PRIS，2017

使核电站建设订单在增加，但订单增速太低，无法弥补即将来临的反应堆关闭潮。

此外，先前经验表明，即便有反应堆订单，或已经进入建设早期阶段的核电站，都不能保证最终能并入电网开始发电。2017 年 7 月底，在经历了四年的建设和数十亿美元的投资后被放弃的两台 V. C. Summer 的核电机组，只不过是一系列失败的核电站建设项目的最新案例。

法国原子能委员会（CEA）2002 年的统计数据显示，31 个国家的 253 个“取

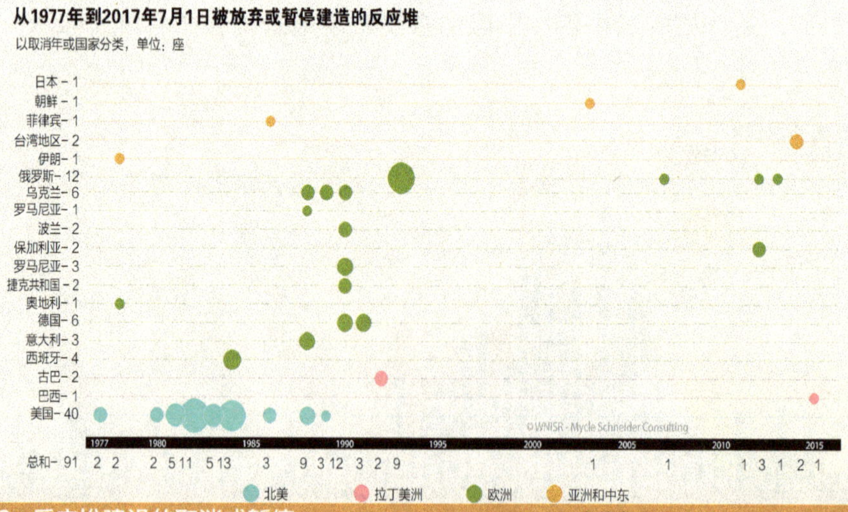

图 10　反应堆建设的取消或暂停　　资料来源：WNISR，IAEA-PRIS，2017

消的建设项目”中，有很多都处于建设后期（另见图10）。其中，仅美国就有138个取消建设的项目。

在1951年以来启动的755座反应堆建设中，截至2017年7月1日，已有19个国家的至少91座（占12%）被放弃建设，其中87座（根据国际原子能机构提供的1977年至2012年数据）都已开工建设，停建时处于施工的不同阶段。此外，在2017年7月下旬，美国停建了V. C. Summer核电厂的两座反应堆。

取消建设的项目有3/4（70个）发生在1982年至1993年的12年间，其中有11个项目是在此期间之前取消建设的，1993年至2015年的23年间仅有10个项目被取消建设。

所有取消项目的近3/4(64台核电机组）发生在4个国家——美国（40台，不包括V. C. Summer），俄罗斯（12台），德国和乌克兰（分别6台）。有些核电机组实际上在决定取消运行之前已经100%完成了，包括德国的Kalkar和奥地利的Zwentendorf。

对这些失败投资累积的经济损失没有进行彻底的分析。

运行年龄

在多年来没有任何重要的新建计划和电厂并网的情况下，核电站运行的平均年龄（从并网起算）一直稳步增长，2017年年中时达到29.3年，高于去

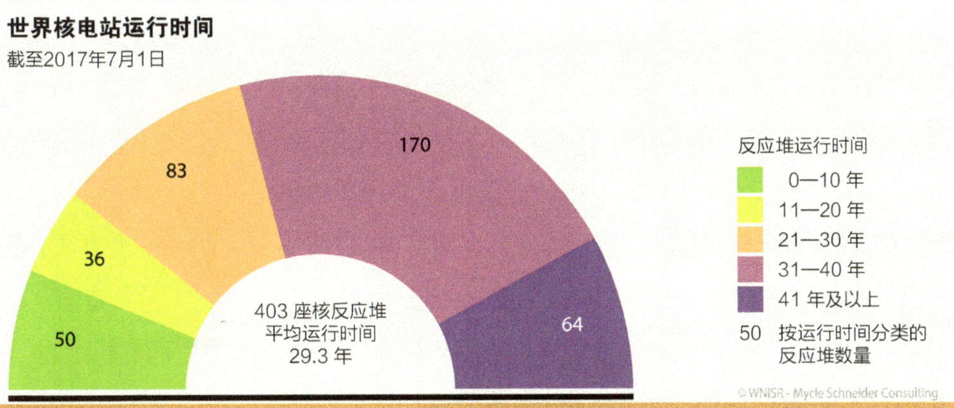

图11 全球正在运行的反应堆的运行时间分布 资料来源：WNISR，IAEA-PRIS，2017

年同期的 29.0 年（见图 11）。

一些核电企业设想将反应堆的平均寿命延长至 40 年以上（达到 60 年，甚至 80 年）。在美国，反应堆最初获得许可的运行年限为 40 年，但核运营商可以向核管理委员会（以下简称 NRC）要求增加额外 20 年的运行许可。

截至 2017 年 6 月，美国 99 台正在运行的核电机组中有 84 台获得了延役许可，另有 9 台在 NRC 的申请还处于审查阶段。自《2016 世界核能产业发展报告》（以下简称 WNISR2016）以来，已经有 3 台核电机组的延役申请获得了批准（LaSalle-1、LaSalle-2，Fermi-2），另外还新增了一台核电机组的延役申请（River Bend）。

在美国，已关闭的 34 台核电机组中只有最新关闭的 2 台达到并网运行 40 年，Vermont Yankee 在 2014 年 12 月被关闭，运行 42 年，Fort Calhoun 在运行 43 年后于 2016 年 10 月被关闭。两者都获得了延役至 60 年的许可，但还是由于经济原因而被关闭了。换句话说，美国至少 1/4 的已并网反应堆运行年限从未达到 40 年的初始设计寿命。另外，目前正在运行的 99 台核电机组中，40 台核电机组已经运行了超过 41 年；因此，几乎有一半获准延役的核电机组已经进入了延役期，而且这个份额正在快速增长，截至 2017 年年中，核电机组的平均运行时间已经超过了 37 年（见聚焦美国）。

许多国家对运行许可证没有具体的时间限制。在法国，1977 年首个建设的压水堆（简称 PWR）开始运行，每隔十年必须对反应堆进行深度检查和测试，以达到增强安全性的要求。目前法国的反应堆平均运行时间为 32.4 年，其中最老的反应堆在营运超过 30 年之前，都已经进入法国核安全管理局（以下简称 ASN）的评估程序。但是，评估结果往往要落后几年。因此核电站可以运行至最初设计时限的 40 年。法国电力公司（EDF）计划在大规模的新建之前优先考虑将已有反应堆运行期至 40 年后继续延役。EDF 的延役方法目前正由 ASN 的技术支持组织——防辐射和核安全研究所（IRSN）进行审查，并将在 2018 年初由（集团常设的）专家委员会进行审查。此外，延役超过 40 年的反应堆还需要在场址所在地进行公众问询。

如果 ASN 为所有最老的核电机组提供运行 40 年的许可，那么法国的 58 座反应堆中将有 22 座在 2020 年之前达到这个年限。

目前法国的能源法要求，计划到 2025 年将核电在电力生产中的份额限制在 50%（见聚焦法国）。在电力消费停滞的情况下，这项法律的执行将意味着关闭约 1/3 的法国反应堆。换句话说，许多延役的反应堆将会被废弃。法国对延役反应堆的管理特别困难的一个方面是，允许使用钚铀混合氧化物燃料（以下简称 MOX）的核电机组恰恰位于最老的几座反应堆中。目前评判反应堆是否关闭的标准尚不清晰。

将当前运行的反应堆年龄分布与已关闭反应堆的年龄分布进行比较（参见图 11 和图 12），在评估反应堆能否运行至 60 年时是有用的。截至 2017 年年中，全世界的反应堆中有 64 座已经运行超过 41 年，运行超过 40 年的 72 座反应堆都已在考虑延长服役期限。年龄金字塔显示，这个数字会在未来几年迅速增加。共有 234 台核电机组（58%）役龄已经超过 30 岁。

已经关闭的 169 台核电机组的年龄结构如图 12。这些核电机组中有 57 台运行超过 31 年，其中 22 台运行超过 41 年（见图 12）。第一代设计的许多核电机组仅运行了几年就被关闭了。考虑到已经关闭的 169 台核电机组的平均运行约为 25 年，计划将大量核电机组的运行年限延长至 40 年或更久似乎太过乐观。核电机组在停机前的运行时间明显在持续增加。但是，停机的核电机组的

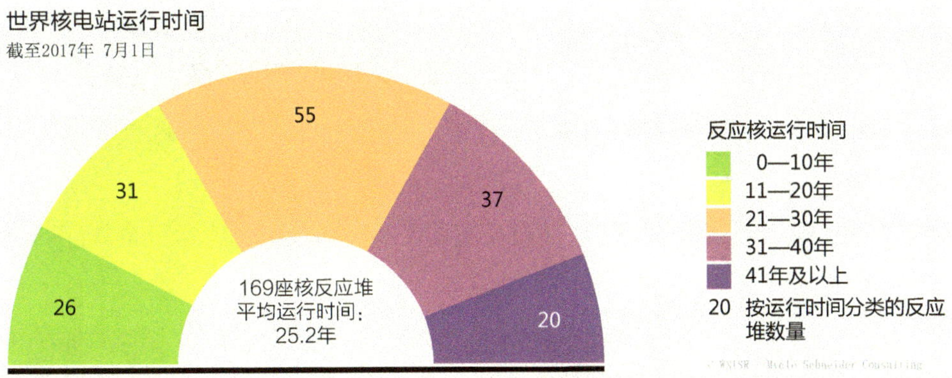

图 12 被关闭的反应堆的运行时间分布 资料来源：WNISR，IAEA-PRIS，2017

年平均寿命接近40岁，到目前为止，运行寿命超过40岁的反应堆只出现过两次：在2014年，仅有一座超期反应堆关闭（美国的Vermont Yankee，经历了42年的运行），而在2016年，两座反应堆分别在运行43年和45年的时候关闭（分别是美国的Fort Calhoun和俄罗斯的Novovoronezh）。

福岛核灾难让人们对如何更智慧地运行老式反应堆有了迫切的需求。福岛第一核电站的机组（1号至4号）在1971年至1974年间并入电网。在灾难发生前一个月，1号核电机组刚获得延役10年的许可证。灾难四天后，德国政府下令关闭1981年以前启动的7座反应堆。这些反应堆与当时关闭的另外一座反应堆在关闭后从未重启。选择关闭的唯一标准就是反应堆的运行时间。其他国家没有采取同样的做法，但很明显，3/11福岛核事件对其他国家之前认为可获准延役的机组也有影响，包括比利时，瑞士和台湾地区的机组。最近，在2017年上半年，韩国新任总统文在寅（简称Moon）明确关闭了韩国最老的核电机组（Kori-1，役龄为40岁），从而排除了其在未来延役的可能。瑞典也关闭了其最老的核电机组（Oskarshamn-1，役龄为46岁）。

核电站运转年限预估

许多国家将继续实施反应堆的延役或为反应堆延期做准备。与往年一样，WNISR建立了两种运行年限预估的方案。第一种方案（40年运行年限预估，见图13），假设全球运行的反应堆（不包括LTO的反应堆，因为他们被视为不在运行中）的一般寿命为40年。40年这个数字符合大多数运行反应堆的设计寿命。一些国家立法（如比利时）或出台政策将其运行寿命限制在40年内。最近的重大政策转变是韩国新任文在寅政府决定不允许延长核电机组的运行寿命。

对于已经运行超过40年的72座反应堆，我们假设他们将运行至其许可的延役年限时结束运行。

第二种方案［核电站延役（PLEX）年限预估，参见图14］考虑了所有已经批准的核电站的延役情况。

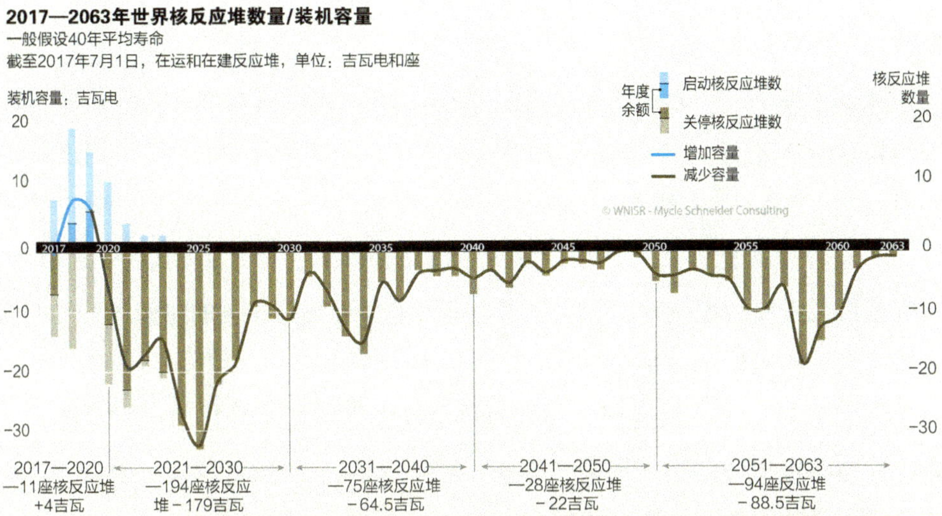

图 13　40 年的运行年限预估　　资料来源：WNISR，IAEA-PRIS，2017

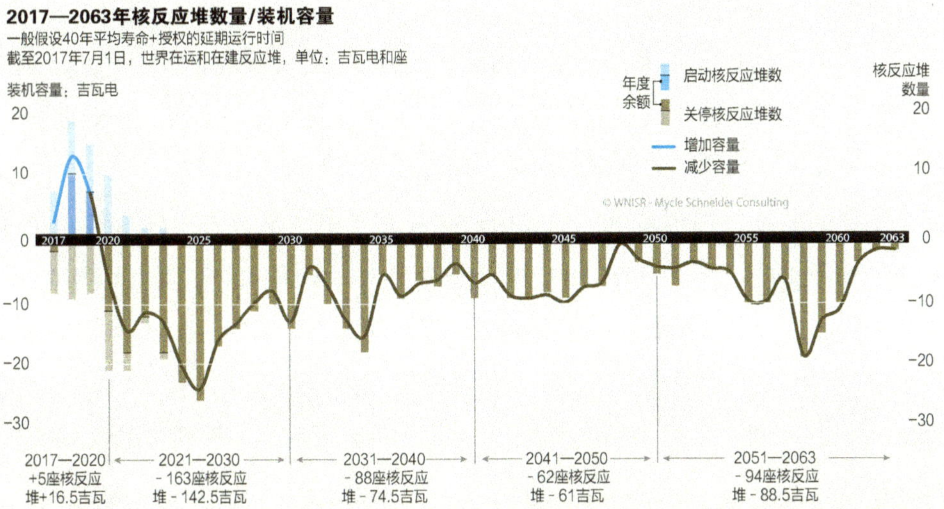

图 14　核电站延役年限预估　　资料来源：WNISR，IAEA-PRIS，2017

核电站运行年限的预估允许考虑未来几十年内必须运行的核电站数量和相应的发电能力，以抵销即将关闭的核电站所带来的损失，并保持与之前相同数量的运行的核电站和相应的发电能力。随着所有在建核电机组的计划启动，到 2020 年核装机容量将增加 4GW，达到其临界值。但是，共需要在 2020 年底之前启动额外 11 座反应堆（与 2016 年年底相比），以维持与之前相同的核电机组的运行数量。

在接下来到 2030 年的 10 年里，为保持现状，需要增加 194 座新建反应堆（179GW）并网，这是过去十年的 3.8 倍（2007 年至 2007 年中期之间的 51 座）。

2020 年是否能恢复到现在的状况，将完全取决于目前在 LTO 状态的日本反应堆可能重启的数量，因为在技术上不可能实现在三年半的时间内开始并完成新核电站的建设。

因此未来几年，在运行反应堆的数量最多是维持不变，但更有可能是下降，除非将核电站的运行期限普遍延长至 40 年以上。随着“发达国家新建项目的不良经济预期和主要供应商如阿海珐和西屋的财政问题”，这种总体延长期限的做法明显是核电业的目标——正如一位行业策略分析師所说的那样，“保卫当前正在运行的核电站”。

事实上，过去五年来，经济压力大大增加（见“核能财务章节”）。维护与升级成本的飙升以及核电主要竞争对手系统成本的降低，形成一个低批发电价的经济环境，致使越来越多的核电站面临“提前关闭”的风险。

亚洲的发展，特别是中国的发展，并没有从根本上改变全球形势。在过去报道的数据中，中国 2020 年核能装机容量的目标在 40GW 至 120GW 之间波动。新项目的启动遭遇近两年的冻结，以及新的选址历时 4 年才获批大大降低了中国的雄心。中国将肯定达不到最新的官方目标——2020 年 58GW。随着 2016 年只启动两个项目，2017 年上半年未启动新项目，中国核电的发展前景并没有得到改善。

我们还模仿了一个方案，维持所有当前已获延期和申请延期（主要在美国）的反应堆，并保证所有在建反应堆都完工。对于其他的核电机组，我们维持其 40 年的预估运行年限，除非公司已经宣布了提早关闭或延迟关闭的日期。到 2020 年，实际运行反应堆的数量将仅增加 5 座，装机容量增加 16.5GW。这种缓慢的发展速度显示，由于经济原因，最近公布提前关闭的核电机组将在其达到许可运行期限时停止运行。预计未来几年将继续保持这个趋势，尤其是新任马克龙（Macron）政府确认了法国将 2025 年的法定核份额限制在 50% 这一目标。

在接下来到 2030 年的十年里，仍然有 163 座新建反应堆（142.5GW）（尤其是与 WNISR2016 预测完全相同的）必须启动以取代关闭的反应堆。换句话说，总体的下降格局几乎不会改变：只可能会延迟几年出现（见图 13、图 14 和图 15 中的累积效应）。

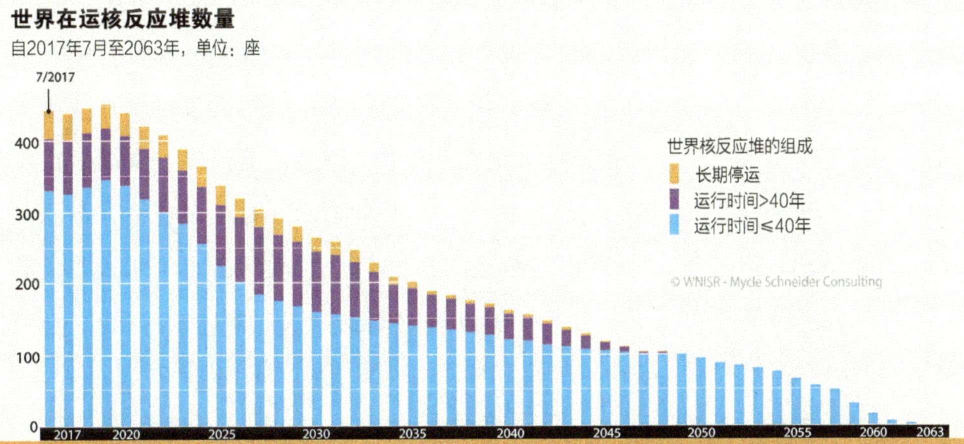

图 15　40 年运行年限预估 vs PLEX 预估　　资料来源：WNISR，IAEA-PRIS，2017

IV. 聚焦重点国家

聚焦法国

序言

法国核电站的发展正经历着震荡。几十年来，由于核电在法国电力结构中占比最大、政府无条件支持核电发展以及在出口市场上显示出勃勃雄心，法国一直被认为是国际核能产业的标杆。同时法国也成为欧洲国家中的特例，随着全球“核能复兴”呼声的逐渐消失，法国周边几乎所有的大陆邻国——比利时、德国、意大利、西班牙、瑞士——都正在放弃把发展核技术作为战略选择，而法国是唯一一个推动新建核电工程的欧洲国家（国内有 Flamanville-3 核电站，国外有芬兰的 Olkiluoto-3 核电站，中国的 Taishan 核电站，英国的 Hinkley Point C 核电站）。所有这些新建项目都是采用欧洲压水堆（以下简称 EPR）技术，而且都变成了工业和经济发展的噩梦。根据原计划，Olkiluoto-3 应于 2009 年启动，Flamanville-3 于 2012 年启动，Taishan1 号于 2013 年启动，Hinkley PointC 于 2017 年启动。而最新的计划表明，Olkiluoto-3 和 Taishan-1 号机组将在 2018 年启动，Flamanville-3 在 2019 年启动，Hinkley Point C 最早在 2025 年启动。

阿海珐公司发生的事情是十分可耻的
——经济与财政部长布鲁诺·勒梅尔

项目延期成本、商业设想过于乐观以及无法纠正失败的产业战略，这三个成本高昂的问题共同构成法国核电局势的核心。在过去六年里，自称为“核能全球领导者”的建造商和燃料公司阿海珐集团，在累计亏损 105 亿欧元（约合 123 亿美元）后走向了技术性破产。法国电力公司（以下简称 EDF）作为世界上最大的核电运营商，在法国拥有 58 座反应堆，在英国拥有 15 座反应堆，正背负着 374 亿欧元（约合 438 亿美元）的巨额债务，同时还面临着巨大的投资壁垒——福岛核事故后的反应堆升级、停运、废弃物管理、减缓老化和延长寿命的措施、人员更替以及开发可再生能源和提高能源利用效率的强制性支出。

在国民议会财政委员会听证会期间，新任经济与财政部长布鲁诺 · 勒梅尔首次声明中表示："在阿海珐发生的事情是十分可耻的"，该公司流动资金的需求"超过了公共账目部长必须找到的、使预算赤字低于 GDP 3%（欧盟强制限额）的经济总量"。他补充说，"如此糟糕的公共资金管理是绝对不可接受的"。法国政府预计在 2017 年年底之前注资阿海珐公司 45 亿欧元（约合 53 亿美元）。而关于法国电力公司，布鲁诺 · 勒梅尔表示，他已"就 Hinkley Point 核电站目前的情况进行讨论"，涉及最近的成本超支问题，并要求有关部门制定一份详细的行动计划，以避免进一步的困难。

与此同时，埃马纽埃尔 · 马克龙总统确认，新政府将实施"绿色增长能源转型法案"，这一法律是从原来奥朗德政府延续下来的，于 2015 年 8 月 17 日由国民议会通过。该法律有效终结了自 1959 年第一个核电反应堆启动以来的核电扩张趋势，特别规定了目前装机容量的上限为 63.2GW，并将法国电力结构中的核电份额从 3/4 减少到 1/2。然而，尽管七位主要总统候选人中的五位都支持某种程度的核削减，这一现象是史无前例的。但与德国或比利时的核电逐步淘汰计划不同，法国政府还没有确切的反应堆关闭日期。

我们需要把工作落实到位，以便真正把核电所占份额降至 50%
——生态部长尼古拉 · 于勒

全面掌控能源结构的生态转型部的新部长，是法国第一位明确表明立场的政治领导人，他表示：没有其他办法，必须关闭大约 1/3 的核反应堆，才能实现 2020 年核电占比降至 50% 的目标。尼古拉 · 于勒部长在一次采访中表示"我已经很好地继承了减核法律，但这条法律还缺乏策略。我们需要把工作落

实到位，以便能真正将核能份额降至50%”。2017年7月18日，他向国民议会财政委员会表示，这个目标将很难实现，他的工作人员已经计算出，要实现这个目标意味着要关闭25座反应堆。一份法国政府线上声明指出，50%的目标应该能“实现能源节约和可再生能源发展”，它是“多年度能源计划”，是一项通过能源转型法引入的规划工具，它将确定到2023年数年的发展框架。根据法国政府：“这项工作已经启动，它将在2018年年底完成。”

法国核电与电力组合结构

2016年，法国的56座正在运行的核反应堆发电量为384TWh，占全国总发电量的72.3%，这是自1988年以来的最低水平，比2015年下降了4个百分点，比占比最高的2005年下降超过6个百分点，2005年的占比为78.5%。

另外两座反应堆——Bugey-5（880MW）和Paluel-2（1330MW），在2016年和2017年上半年都没有任何发电量，截至2017年7月1日，这两座反应堆都被列入了WNISR标准中的LTO类别。2015年8月27日，由于维修和续加燃料的需要，Bugey-5被关闭。随后，一项对该核电站密封装置的超压测试显示，密封装置的泄漏率过高。维修工作一直到2017年5月15日才完成，然后又进行了一项新的泄漏测试，确认了该修复工作是有效的。该核电站在关闭了约两年后，于2017年7月23日重新并网发电。Paluel-2反应堆于2015年5月因需要维护被移出电网。而在一次更换操作期间，一台22米高的蒸汽发电机掉落在反应堆厂房的地板上，这在事故案例中一般是不可能发生的。该核电站的重启工作已经被推迟了好几次，目前计划于2018年2月启动。

虽然Bugey-5和Paluel-2在2016年均没有发电，但具有重要意义的7.9%的核电产量下降主要是由一项正在进行的调查引起的滚雪球效应导致的。这项调查是针对质量控制档案里的违规行为和制造零件的缺陷问题（尤其是钢的含碳量过高）进行的。而这些零件是由阿海珐旗下的克鲁索锻造公司和一家日本的阿海珐集团分包商生产的。自2016年11月以来，这种雪球效应已经导致了多个核反应堆的关闭。其中一座核反应堆，Fessenheim-2在2016年6月就已经被关闭了，2016 年 7 月，法国核安全管理局（ASN）又撤回该反应堆的一台蒸汽发电机的许可证书，因为阿海珐 - 克鲁索锻造公司隐瞒了一个事实：该发电机被披露没有按照技术规范的标准制造。在一个类似的案例中，对安全文件的重新检查中“显示出一种严重的违规行为，其来源是不可接受的”，法国电力公司负责核能和热力的副总裁多米尼克·米纳瑞（Dominique Miniere）在 2016 年 10 月将这一情况汇报给议会委员会，所以将要安装在 Gravelines-5 上的替换蒸汽发电机被撤回了。该反应堆也在 2016 年 4 月至 2017 年 7 月期间被关闭。

德国第一次超过法国
成为欧洲最大的电力净出口国

与 2015 年相比，2016 年天然气发电量增长超过 60%，弥补了一些核电不足的问题。但天然气发电量仍然仅占总发电量的 6.6%，煤和石油的发电量仅占 2%。大型水电站发电量占比为 12%，而非水力可再生能源（风能、太阳能、生物质能）仅占 6.7%。

多年来，法国一直是欧洲最大的电力出口国，在 2000 年到 2010 年后期，一次电力净出口量下降之后，2015 年的净出口电量达到了 61.7TWh，贸易顺差又达到了以前的水平。但在 2016 年，净出口电量下降了 36.6%，下降至 39.1TWh，是自 2010 年以来的最低水平。相反，德国 2016 年的电力净出口创下历史新高，达到 53.7TWh，同比增长 1.9TWh。这是德国第一次超越法国，成为欧洲最大的电力净出口国。

中西欧地区（法国、德国、奥地利、比利时、荷兰和卢森堡）发电能力的增加，使之前的电量进出口模式发生了改变。法国开始从中西欧地区进口电力，这是自 2010 年以来的第一次，达到了 5.3TWh，但法国仍然向其邻国（如英国、意大利、西班牙、瑞士）输出电力。与普遍的看法相反，法国仍然是从德国进口电力的净进口国，并且这种情况已经持续了好几年，因为德国的批发电价通常低于法国的批发电价。在 2016 年 12 月，法国从邻国进口了多达 8.2GW 的电力，以帮助其弥补关闭核电站带来的电力不足。

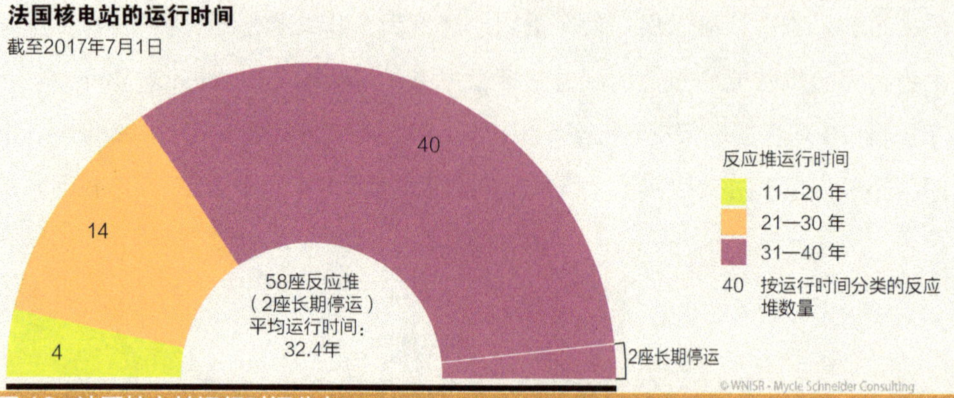

图 16 法国核电站运行时间分布　　资料来源：IAEA-PRIS，WNISR2017

截至 2017 年年中，法国 58 座核电站的平均运行时间为 32.4 年（见图 16）。在没有新的反应堆试运行和任何核电站关闭的情况下，这些核电站都会按照正常速度老化。同时，随着老化的反应堆有越来越多的部件需要更换，维持核反应堆正常运行所需增加投资的问题日益凸显。此外，将一些反应堆的运行寿命延长至超过 40 年——这是许多最老的反应堆即将到达的最后年限，这将需要大量额外的升级，因为 ASN 要求将延期反应堆的安全级别“尽可能地”提高到像 EPR 这样的升级反应堆的安全水平。此外，反应堆授权延期将提交给公众进行逐一审查。

运营成本在过去几年大幅增加。对延役反应堆的投资需同时考虑电力市场中核电比例过大、停滞或是下降的电力消费（在过去六年里大致保持稳定）、萎缩的客户群，成功的竞争者以及欧盟和法国两方设置的能源利用效率和可再生能源生产目标。法国电力公司试图延长一些核电机组运行年限的做法仍然是合理的，而其他核反应堆甚至可能在达到 40 年的运行年限之前就被关闭。与“多年度能源计划”（2018 年年底）的修订和核安全管理局对核电站终身延期的通用判断（可能在 2019 年）有关的任何决定将暂停实施，接下来是具体分析。

存有问题的 Flamanville-3 EPR 机组和 Creusot 锻造公司事件

2005 年建设 Flamanville-3 核反应堆（以下简称 FL3）的决定主要是由于法国核电产业试图维持其竞争力。2007 年 12 月，法国电力公司开工建设 FL3。该项目在设计细节问题和质量控制问题上一直存在着诸多困扰，诸如基础混凝土和焊接等问题，与早于其两年半之前在芬兰开始的 OL3 项目所遭遇的问题相似。

Flamanville-3 项目至少延期了 6.5 年

Flamanville-3 项目至少延迟了 6.5 年，目前预计在 2019 年 5 月开始启动发电，并在该年 11 月达到满负荷。2012 年 12 月，Flamanville-3 的官方估计费用约为 85 亿欧元（116 亿美元）。而在 2015 年的年度报告中，法国电力公司将该数字更新到 105 亿欧元（123 亿美元），相当于芬兰 Olkiluoto-3EPR 项目的估计数，是项目开工时所预计的 3.2 倍。法国电力公司总裁伯纳德·利维（Bernard Lévy）于 2017 年 7 月 28 日表示："目前的项目进度和费用符合我们 2015 年所宣布的预算。"事实上，EDF 于 2015 年 9 月提交的路线图预计将于 2018 年第四季度进行"燃料装载和反应堆启动"，但没有给出并网日期，2017 年提出将于 2019 年第二季度并网。事实上，自 2015 年以来施工进度的延期又增加了 6 个月。

2015 年 4 月，法国核安全管理局透露，FL3 压力容器的底部零件和顶盖有"非常严重"的缺陷。化学和机械试验表明其存在一个高碳浓度区，此区域零件的韧性要低于预期的机械韧性值。这两个配件均由阿海珐公司在法国生产并组装，中心配件是由日本制钢所（以下简称 JSW）在日本锻造。法国核安全管理局表示，阿海珐公司旗下的 Creusot 锻造公司将相同的制造程序应用于两个压力容器的"特定盖帽"（也称底部头盖和闭合头），特定盖帽用于中国 Taishan 核电站在建中的两个 EPR 反应堆，而正在建造的位于芬兰的 EPR 反应堆是在日本制造的。目前还不清楚两个底盖和两个盖子中的哪一个是 Creusot

锻造公司制造的，不过根据阿海珐公司以及媒体报道，很有可能其中一个是为了 Taishan-1 号所制造的，Taishan-2 号的压力容器由中国东方电气公司（以下简称 DEC）制造。然而，报道中没有提及具体的容器底部和盖子。

阿海珐公司当时面对的挑战是：要证明尽管明显低于技术标准，EPR 压力容器依然可以承受任何重大的瞬变，阿海珐公司在 2015 年夏季向法国核安全管理局提交了关于主要测试程序建议书。到 2015 年 9 月，法国核安全管理局意识到压力容器没有按照技术标准制造，因此，其使用将需要申请免除该规定的约束。2015 年 12 月，考虑到“两尺度复制圆顶测试程序能够评估隔离带的规模和深度以及其对机械性能的影响”，法国核安全管理局批准了该建议书。为进行初始的材料破坏性试验以及后续测试，阿海珐公司使用了已制造好本来要用在美国那个停建项目（Calvert Cliffs 核电站）的容器盖子和底部，以及给英国可能建设的欣克利角核电站制造的容器盖子。事实上，阿海珐公司本应该在 2013 年现场安装容器之前进行破坏性测试，但在 2014 年才履行监管要求，结果触发了整个 Creusot 锻造公司事件。

2016 年 12 月，阿海珐公司告知法国核安全管理局 FL3 反应堆压力容器头（盖和底）“韧性充足”。法国核安全管理局整理了核加压设备技术咨询专家小组（专家组）的意见并发表了文件，该文件于 2017 年 6 月 27 日以多数票通过。文件指出，专家组认为有关材料表明“充足的机械性能可以防范风险”。然而，专家组还表示：“缩小安全边界（控制容器突然破裂的风险）影响了第一级防御的稳定性。”此外，专家组要求，在两年内，法国电力公司需要为反应堆压力容器盖子的特定在役检查提供可行性证明。在前所未有的少数意见中，两位专家分别解释了他们对投反对票的原因：从第一级深度防御的性质和背景角度来看，安全边界被大大降低的同时，危险指数会提高。所预计的在役检查不代表是“有效的弥补措施”。

在专家组会议后的第二天，法国核安全管理局发布了容器盖子和底部的“机械特性”是否“充足”的判断标准。法国核安全管理局认为，法国电力公司“必须进行额外的定期检查，以确保之后不出现问题”。盖子设计的技术可行性目前仍不能确定，因此，法国核安全管理局认为现有闭合头的使用必须有时间限制，2024 年可能生产出新闭合头，因此在新闭合头开发后现有闭合头不得继续使用。

“违规”包括了生产文件的不一致，被修改和遗漏

同时，Flamanville–3 的压力容器中关于碳分离的发现引起人们的担忧：一方面，由于 Creusot 锻造公司的制造过程中存在质量问题，可能会导致其制造的其他组件要低于技术标准；另一方面，某些组件是在 2005 年之前的技术标准下制造的，这些组件可能会出现类似于未检测到碳分离的情况。

2017 年 3 月，媒体报道，法国核安全管理局早在 2005—2006 年就因为 Creusot 锻造公司质量问题对阿海珐公司和法国电力公司提出了警告。之后法国核安全管理局总裁安德烈 – 克劳德 · 拉科斯顿（André–Claude Lacoste）再次表示：“您的供应商有很大的问题，您可以选择更换它或者收购它！”阿海珐公司于 2006 年选择了收购 Creusot 锻造公司。但是，这并没有解决问题。

因此令人费解的是，为什么在发现了第一个重大问题的十年后，法国核安全管理局才因 EPR 压力容器检测出的制造问题对克鲁索锻造公司进行审查。2016 年 4 月 25 日，阿海珐公司告知法国核安全管理局，根据质量控制程序在生产检查中发现违规行为，自 1969 年以来制造的大约 400 个组件，其中约 50 个已安装在法国目前运行的反应堆。“违规行为”包括“生产档案中制造参数或检测结果的矛盾、变动或遗漏”。

最严重的违规行为导致法国核安全管理局撤回在 2012 年颁发给 Fessenheim–2 更换蒸汽发生器的证书，因为其中心部件的锻造过程不符合其在提交给法国核安全管理局和法国电力公司的文件中都涉及的合格标准，2016 年 7 月该反应堆关闭，重新启动须经法国核安全管理局批准。

根据法国核安全管理局《2016 年度报告》：

截至 2016 年年底，阿海珐核电公司已在法国电力公司的在运反应堆中发

现91个违规行为。其中20个影响到Flamanville核电站EPR反应堆的设备，1个涉及Gravelines NPP 5号反应堆计划安装但尚未安装的蒸汽发生器，还有4个影响到放射性物质的运输包装。无论其实际的安全后果如何，这些违规行为都是不可接受的，其中一些违规行为可能构成伪造。法国核安全管理局正在与司法部对这个问题进行协商。

2016年9月，阿海珐公司决定对Creusot锻造公司生产核组件的数千个制造文件进行审查，这需要大约一年时间。法国核安全管理局提出警告，不排除进一步发现问题的可能性。

此外，法国核安全管理局在2016年1月对Creusot锻造公司工厂进行检查，发现FL3加压器的球帽中存在高碳浓度区域，早在2008年12月，阿海珐核电公司就被要求进行附加测试，但测试要求和结果都没有传达给法国核安全管理局。

法国核安全管理局也要求法国电力公司重新审查那些未检测到碳分离的设备的安全性文件，尽管设备是按照当时的标准制造的。在Creusot锻造公司制造的20台蒸汽发生器的通道头钢和阿海珐公司旗下的日本铸造和锻造公司（JCFC）制造的26台蒸汽发生器的通道头钢中发现了碳含量极高的问题，该碳含量超过技术标准限制的50%，然而制造商没有就这一事件向相关部门报告，这导致2016年冬季法国十几个反应堆被临时关闭。法国核安全管理局考虑到潜在的失败风险很高，进而要求法国电力公司在三个月内进行检查。

上涨的成本和暗藏的投资壁垒

截至2016年年底，法国电力公司的官方净负债为374亿欧元（约403亿美元），与2015年年底数据相同。随着40亿欧元（约46亿美元）的资本增加和43.5亿欧元（约50亿美元）的资产处理，到2017年中期，净负债已降至313亿欧元（约368亿美元）。进一步的财务分析见“核能财务”一章。

2017年上半年投资需求依然很大，达49亿欧元（约合56亿美元），尤其是备受争议的Kinkley Point C核反应堆项目（另见U.K.部分，

WNISR2016“Hinkley Point C Saga—法国观点”)。根据法国电力公司公布的《2016年的参考文件》,法国电力公司和中国广核集团(以下简称中广核或CGN)共同建立和运营Hinkley Point C项目的战略投资协议已由法国电力公司的董事会于2016年7月28日批准。合同文件于2016年9月29日由法国电力公司、中广核及英国政府签署。协议涵盖三个方面:

→在法国电力公司(占66.5%的份额)的主导下,Hinkley核电站将建立和运营两个EPR反应堆,中国核电总公司的份额为33.5%。法国电力公司考虑将其他投资者适时纳入该项目,但不会将其初始股权减少至50%以下;

→由法国电力公司(约占80%的份额)主导,在Sidewell核电站建设两个EPR反应堆,正在为可能的最终投资决定做准备,中广核占20%的份额;

→HPR 1000技术(第三代中国1000MW反应堆)在英国的应用和认证,及在Bradwell核电站的建设由中广核(约占66.5%的份额)主导,正在为可能的最终投资决定做准备,法国电力公司集团将占33.5%的份额。

法国电力公司在合同签订之前已经花费了30亿欧元(约合55亿美元),2017年,法国电力公司宣布,收购Hinkley Point C建筑物有形资产的决定已经正式确立,合同协议金额为27亿欧元(约合29亿美元)。法国电力公司公布的《2016年参考文件》在“与集团核活动相关的具体风险”一节,提及“EPR反应堆的建设可能面临施工进度延误、超出预算范围或无法完成”的风险。2017年的前几个月,法国电力公司的首席执行官承认:

目前项目总成本估计为196亿英镑(约合290亿美元),与之前的估值相比,增加了15亿英镑(约合22亿美元)。项目审查还发现,在总费用增加之外,一号机组交付可能延期15个月,2号机组可能延期9个月。

据WNISR的全球核电数据库记载,截至2017年1月1日已经有90个放弃建设的核电场地,这说明“无法完成建设”风险假设非常现实。最新的案例是美国南卡罗来纳州Summer核电站两座AP1000反应堆的停建(见聚焦美国部分)。

法国电力公司正在朝其他投资方向努力,包括设计新的反应堆。但法国电力公司首席执行官称，“可再生能源和服务业才是经济增长的主要驱动力”。然而，法国电力公司的可再生能源装机总量仅为6.7GW（不包括大型水电）。

聚焦德国

德国仍在运营的8座核反应堆在2016年的净发电量为80.1 TWh，比2001年的历史峰值减少了50.5%，占德国总发电量的13%，比1997年的历史最高占比30.8%的一半还要少。另外根据逐步淘汰核能法案，还有一座反应堆（Grundremmingen–B）将于2017年年底关闭（见表3）。

在福岛核事故之后，德国立即决定关闭17座在运的反应堆中运营时间最久的8座，并于2022年前逐步关闭其余9座。由于该决定是由一个保守的、亲商的、直到福岛核事故前还非常亲核的、由物理学家安格拉·默克尔总理领导的政府做出的，并且也没有任何政党提出过反对，所以这一决定几乎在任何政治局势下都不可改变。在2011年6月6日，德国联邦议院几乎一致通过了一项由七部分组成的能源转型法案，并于2011年8月6日生效（见前期的WNISR版本）。

2016年，德国的总发电量为188.4TWh，可再生能源再次成为电力组合中的最大贡献者，占到全国总发电量的29.1%，超过了褐煤（23.1%）、无烟煤（17.2%）和天然气（12.4%）。2016年在超过140亿欧元（157亿美元）新投资的推动下，可再生能源发电的装机容量增长了6.7GW，达到104GW，新增的装机容量主要来源于新建风力发电厂（包括陆上和海上）的5GW和太阳能发电的1.5GW。

德国电力净出口量达到创纪录的53.7TWh

2016年，德国电力净出口量达到创纪录的53.7TWh，比2015年增长1.9TWh。由于法国的核能发电量减少，电力贸易顺差从2015年的61.7 TWh下滑至2016年的39.1 TWh（–37%），德国第一次成为欧洲最大的电力净出口国。大量出口的主要驱动因素是电力批发市场价格在现货市场上达到了历史最低值：年平均 28.81 欧元 /MWh（32.24 美元 /MWh），这样的低电价加剧了德国主要电力公司的困难（见下文）。

图 17 总结了德国电力系统 2010 年（8 座运营最久的核电站因福岛核事故关闭的前一年）到 2016 年间的整体发展情况。可以清楚地看到，可再生能源发电量的增加（+84.4 TWh）和国内耗电量的明显减少（20.6 TWh）不仅足以弥补计划中的核电减产（56 TWh），还促使了化石燃料（–13TWh）发电量的少量下降以及电力净出口增加三倍。

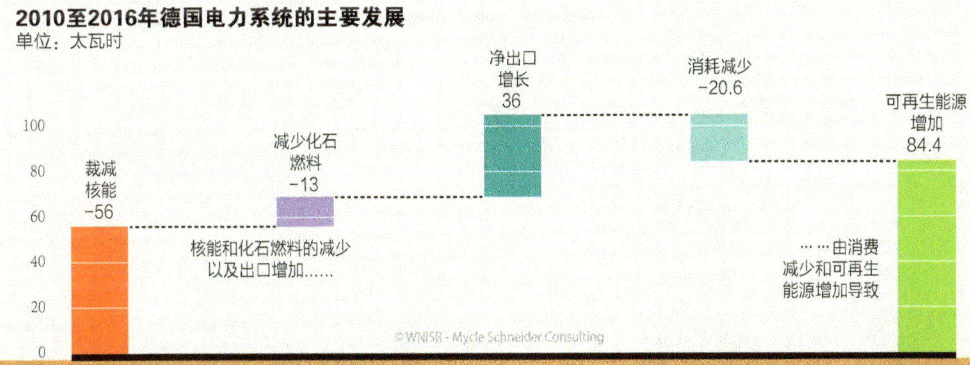

图 17 2010 年至 2016 年德国电力系统的整体发展概况 资料来源：WNISR，IAEA-PRIS，2017

在 2015 年伪造审查协议的丑闻震动德国核电行业（见 WNISR 2016）之后，德国于 2016 年 12 月份通过了新的法律来规范核废料管理资金，还通过了若干有利于核能企业发展的法律决策。根据独立委员会在审查“逐步淘汰核能”财务安排后的建议，法律部门成立了一个新的公共基金，用于资助长期储存放射性废料。主要核电运营商向基金支付了 235 亿欧元（约合 263 亿美元），其中包括 65 亿欧元（约合 73 亿美元）的风险溢价，以免在未来超支的情况下承担任何责任。这一行为得到了主要政党的政治支持。然而非政府环境组织却批评了这一法律做法，因为它为核电运营商免除长期责任制造了先例，特别是考虑到未来成本的重大不确定性。与其他运营核电站的国家相似，德国尚未找到处理放射性废料的合适解决方案和就地处理的措施。

此外，作为交易的一部分，几家主要的核电运营商同意撤回之前提出的多达 20 起要求赔偿因福岛核事故关闭核反应堆而导致损失的诉讼。然而，这并不影响与目前逐步淘汰在运核反应堆有关的高达 190 亿欧元（约合 213 亿美元）赔偿要求的诉讼。在 2016 年晚些时候，联邦宪法法院裁定核电运营商必须得到赔偿，要求政府在 2018 年之前找到合适的解决方案。

表 3 德国核反应堆法定关闭日期（2011—2022 年）

反应堆（堆型，净装机容量）	拥有者 / 操作者	首次并入电网	许可证结束（最新的关闭日期）
Biblis-A（PWR，1167MW） Biblis-B（PWR，1240MW） Brunsbüttel（BWR，771MW） Isar-1（BWR，878MW） Krümmel（BWR，1346 MW） Neckarwestheim-1（PWR，785MW） Philippsburg-1（BWR，890MW） Unterweser（BWR，1345MW）	RWE RWE KKW Brunsbüttel E.ON KKW Krümmel EnBW EnBW E.ON	1974 1976 1976 1977 1983 1976 1979 1978	2011 年 8 月 6 日
Grafenrheinfeld（PWR，1275MW）	E.ON	1981	2015 年 12 月 31 日（2015 年 6 月 27 日关闭）
Gundremmingen-B（BWR，1284MW）	KKW Gundremmingen	1984	2017 年 12 月 31 日
Philippsburg-2（PWR，1402MW）	EnBW	1984	2019 年 12 月 31 日
Brokdorf（PWR，1410MW） Grohnde（PWR，1360MW） Gundremmingen-C（BWR，1288MW）	E.ON/Vattenfall E.ON KKW Gundremmingen	1986 1984 1984	2021 年 12 月 31 日
Isar-2（PWR，1410MW） Emsland（PWR，1329MW） Neckarwestheim-2（PWR，1310MW）	E.ON KKW Lippe-Ems EnBW	1988 1988 1989	2022 年 12 月 31 日

资料来源：Atomgesetz，2011 年 7 月 31 日，AtomforumKernenergie，2011 年 5 月；IAEA-PRIS 2012

此外，德国宪法法院于 2017 年 6 月做出了对核电运营商有利的裁决，宣布德国核燃料税违宪。该税收是在 2010 年实行的。这对于核电运营商来说是一项重大成功，核电运营商将被返还多达 63 亿欧元（约合 71 亿美元）及其利息，这将有效缓解其资产负债表上的压力。

此外，德国宪法法院于 2017 年 6 月做出了对核电运营商有利的裁决，宣布德国核燃料税违宪。该税收是在 2010 年实行的。这对于核电运营商来说是一项重大成功，核电运营商将被返还多达 63 亿欧元（约合 71 亿美元）及其利息，这将有效缓解其资产负债表上的压力。

德国的核电运营商，这种传统的集团化电力公司正在低价和传统火电厂收入减少的痛苦中挣扎（有关股价走势和信贷评级的细节见“核电财务”章节）。在 2015 年损失了 36%的市值之后，E.ON 公司的市值在 2016 年又损失了 25%。总的来说，该公司净亏损为 160 亿欧元（约合 179 亿美元），这主要是公司深度重组，导致公司的传统资产（燃气，水电和火力发电厂）转移到了一家名为 Uniper 的新公司造成的。

与 E.ON 公司的做法相似，RWE（全称 Rheinisch-Westfälisches Elektrizitätswerk）公司也正在进行深度重组以应对困难的市场环境，并于 2016 年实现分拆专营权。Innogy SE 公司接管了可再生能源发电业务、电网管理与交易业务。由于这些变化和严峻的市场环境，2016 年 RWE 公司的净损失为 57 亿欧元（约合 64 亿美元），导致第二年无法支付任何分红。RWE 公司在 2015 年达到历史最大跌幅（-54%）之后，市值在 2016 年稳定保持在了 70 亿欧元左右（约合 78 亿美元）。Vattenfall（德国）公司的业绩很难评估，因为他们被纳入瑞典政府国有的 Vattenfall 集团业绩中。而 Vattenfall 集团也并没有给出相关数据。总体来看，尽管销售额有所增加，但 Vattenfall 集团还是亏损了 27 亿欧元（约合 30 亿美元）。EnBW（全称 Energie Baden-W ü rttemberg）公司的净亏损为 17 亿欧元（约合 19 亿美元），主要是传统发电收入下降了 56%，而净投资却增长了近 3 倍所导致的。

聚焦日本

2016 年 7 月 1 日以来日本重新启动了 3 座反应堆，在运的反应堆总数达到 5 座。除了 2015 年恢复运行的 Sendai–1 和 Sendai–2 反应堆外，Ikata–3 反应堆于 2016 年 8 月 15 日重启，Takahama–4 于 2017 年 5 月 22 日重启，Takahama–3 于 2017 年 6 月 9 日重启。2016 年，核电总产量为 14.5 TWh，占全国年总发电量的 2.15%，其中 Ikata–3 反应堆的发电量为 2.8 TWh。这是自 2011 年（18%）以来日本核电所占的最大份额，而 2010 年为 29%，1998 年为历史最高的 36%。

最近一年，日本核能产业的特点可以概括为在重启几座反应堆方面取得了重大进展，但其他公司，尤其是东京电力公司（以下简称 TEPCO）的反应堆遭遇了重大挫折。2016 年 11 月终止 Monju 快中子增殖反应堆的决定具有历史和战略意义。大多数的公众仍然反对核能发电，并且随着零售市场自由化，核电厂的市场份额明显下降。同时，政府表明继续支持核能发电。

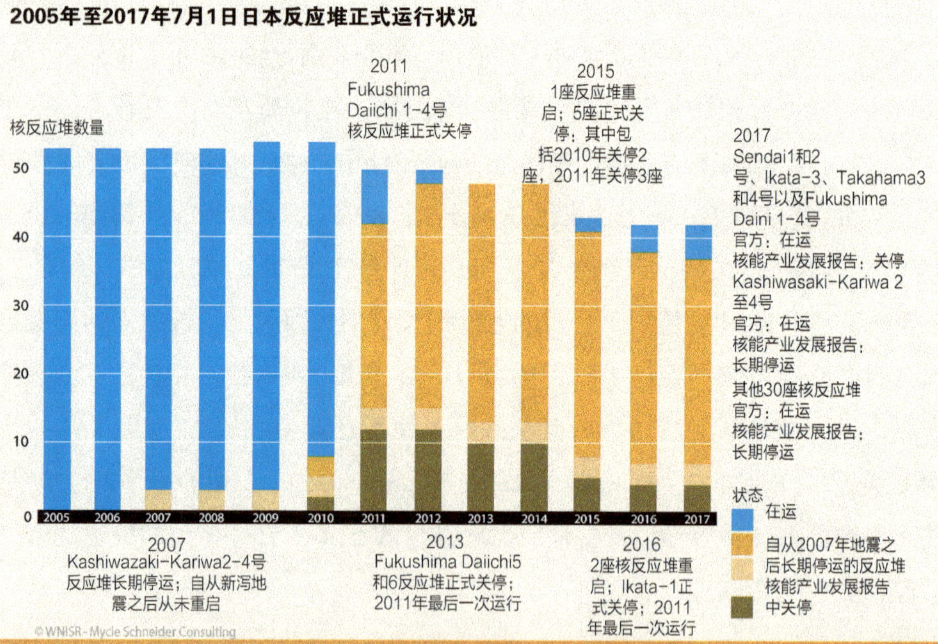

图 18 日本核反应堆现状

资料来源：各种资源，依据 WNISR2017 编制

截至 2017 年 7 月 1 日，日本有五座反应堆正在运行，33 座商业反应堆仍被归为 WNISR 标准的长期停运（以下简称 LTO）类别。（有关日本反应堆计划的详细情况，请参见图 18 和附件 2）。

重启展望

在长期停运的 33 座反应堆中，目前有 20 座正在由日本核监管局（以下简称 NRA）审核重新启动。下一步重启的将是 Kyushu 电力公司的 Genkai-3 和 Genkai-4 反应堆，Kansai 电力公司的 Ohi-3 和 Ohi——4，有可能在 2018 年 3 月运行，除非有法律裁决。据 2016 年的 WNISR 报告，到 2016 年 12 月将不可能有 3 座以上的反应堆运行，事实证明的确如此；今年，WNISR 认为到 2017 年 12 月日本有可能运行多达 7 座反应堆，并且到 2018 年 3 月可能会有 9 座在运的反应堆。鉴于过去 6 年的核电站运营，这必须被视为拥有这些反应堆的公司取得的重大进步。与此同时，必须明确，与 2010 年核电份额为 29% 相比，即便 2018 年运行 9 座核反应堆，届时日本核电份额也仅在 6.5% 的范围内。更难评估的是任何关于未来几年内重启沸水循环反应堆（以下简称 BWR）的预测，这些反应堆没有一个如期重启。因此，2018 年及以后的重启速度无法与 2017 年比较。

→安倍政府仍然致力于尽早重启反应堆。然而，在 NRA 审查之外，还有一些重要的外部因素将继续决定有多少核反应堆最终能够恢复运行。这些因素有：公民持续发起的诉讼，包含禁止重启；

→经济因素，包括这些公司对重启或关闭核反应堆的成本效益分析；

→地方政党和公众反对；

→电力放松管制和市场竞争加剧的影响。

然而，与此同时，日本的电力公司一直坚持已经被政府批准和强化了的拒绝廉价可再生能源的权利，据说是出于对电网稳定性的担忧，考虑到他们的可再生能源比例远比欧洲国家小得多，这个理由难以令人信服，这更像是为了压制竞争。核电企业还将继续努力，确保在垄断市场自由化、纵向一体化的日本电力系统到来之时，自己那些老化的工厂不会真正暴露在现实竞争中。现有的日本核电厂如果能够重新启动，其竞争对抗现代可再生能源（很多美国和欧洲核电厂已经不再能做到）的能力还不清楚，因为核运营成本不透明。不过，电力公司几乎完全压制了日本的风电，这表明他们很重视这种能力。随着可再生能源变得越来越便宜和普及，在日本高电价的驱动下消费者将越来越倾向于制造和储存自己的电力，并最终完全脱离电网，比如已经发生在夏威夷和澳大利亚的例子。

长期停运的 20 座反应堆以及 1 座正在建设的（Ohma 反应堆），已向 NRA 申请备案，但并不是都会重启，并且由于对地震事件（包括主动故障状态）有许多问题和分歧，许多工厂在审查和筛选队列里很靠后。按照目前的审查速度，从 2018 年开始，每年重启 3 座到 4 座反应堆的可能性仍然是越来越小，

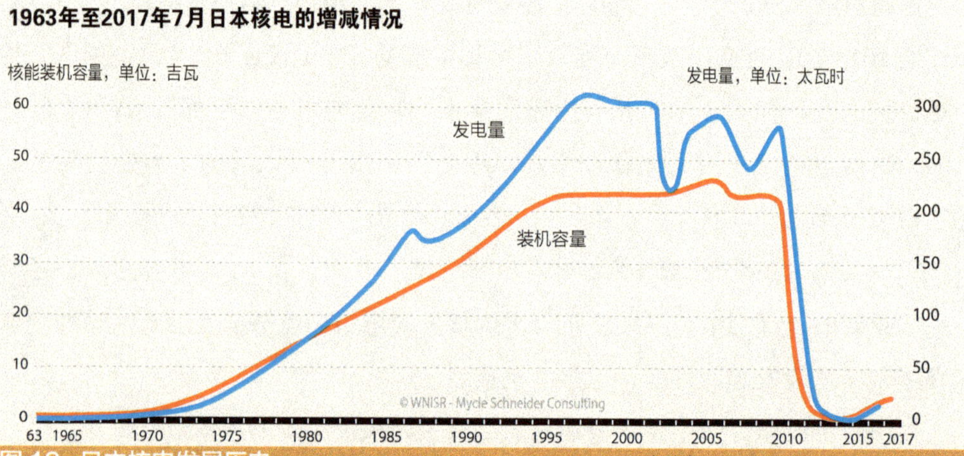

图 19 日本核电发展历史　资料来源：IAEA-PRIS，WNISR2017

甚至还面临着重启的反应堆将会被法庭关闭这样重大的不确定性挑战。从这个意义上来说，日本核电的未来仍然是一个巨大的未知数。

图 19 显示，日本核能发电量从 287TWh 下降到 2016 年的 14.5TWh。尽管核发电量最急剧的下降是自 2011 年福岛核事故，但事实上，日本的核电产量自 1998 年达到峰值 313TWh 以来，已经 17 年了。另一次显著下降是在

2002—2003 年期间，东京电力公司（以下简称 TEPCO）的全部 17 座反应堆的暂时关闭，导致了核能发电量近 30% 的急剧下降。该次关闭是东京电力公司承认其员工为了纳入监管安全检查报告而故意伪造数据的结果。2003 年，东京电力公司（以下简称 TEPCO）成功将 5 座关闭的反应堆恢复运行。2007 年日本新潟地震后，7 座 KashiwazakiKariwa 核反应堆的长期关闭导致了 2007 年核能发电量进一步下降。福岛地震发生时，东京电力公司（以下简称 TEPCO）正努力重启 KashiwazakiKariwa 核电站。

福岛第一核电站事故（参见福岛第一核电站的情况报告），除了福岛第一核电站的四座核反应堆的破坏外，还导致了所有 50 座核反应堆的关闭。在 2015 年 3 月和 2016 年 3 月，总共有 6 座核反应堆被宣布永久关闭。在 2016 年 12 月，政府花了很长时间才做出了具有战略意义的重大决定，即将原型 Monju 快中子增殖反应堆分解，该反应堆自 1995 年以来一直没有运行。在福岛第一核电站的三台反应堆熔毁 6 年之后，事故的后果仍然对日本核能的未来起决定性作用。

绝大多数日本公民在被调查时，依然继续反对信赖核电，支持提前逐步淘汰策略，并仍然反对重启核反应堆。2017 年 3 月最近的一项民意调查显示，53% 的群众反对运行核反应堆，与此同时赞成比例由 2016 年的 30% 下降到了 26%。

2016 年 4 月中旬，九州岛熊本地震的发生再次引起公众对核反应堆运行的地震风险的讨论，包括正在进行的反对重启反应堆的法律诉讼。自 1889 年以来的最强地震发生在日本唯一的核电厂区域九州，这件事加剧了公众和政客更加广泛的反对，包括对核监管局的地震风险评估的批评。熊本地震事件是独一无二的，因为两次按日本地震烈度表为 7 级的地震发生在不同城市，根据日本气象厅（以下简称 JMA）的记录，这也是自 1949 年采用日本标准以来，第一次双重地震强度都达到了 7 级。

能源政策

安倍政府决定，到 2030 年要实现核能占 20%—22%，可再生能源占 22%—24%，化石燃料占 56%。在起草小组委员会内部，对所提议核电份额的挑战很明显，持不同意见的专家认为，提议的核电份额并没有反映出 2014 年的承诺，即尽可能减少核能。为了实现这一核电份额，已申请核监管局审查的所有 26 座反应堆都必须运行，加上这些反应堆中大多数尚未被审查，这一愿景实际上是无法实现的。要实现 15% 的核电份额目标，要么将已经向核监管局申请审查的 26 个反应堆的全部运行，这就需要这些反应堆运行 40 年以上；要么是将运行 40 年以上的反应堆与其他至今尚未申请审查的反应堆组合运行。

日本政府将在 2017 年对其战略能源计划进行修订，目标是在 2017 财年结束前得到通过内阁批准的修订计划。经济产业部（简称 METI）重申，新计划将保留目前版本的承诺，即“尽可能”减少对核能的依赖，并提倡加速采用风能、太阳能和其他可再生能源。专家小组将于 2018 年 3 月征询公众意见评论和内阁审议之前，将该问题提交给经济产业部能源委员会。

具体来说，反应堆重启前景的不确定意味着：无论下一个战略能源计划设定的目标百分比是多少，日本政府和电力公司都不知道在 33 座长期停运的反应堆中有多少将重新启动以及何时重启。

2014 年战略能源计划延续了长期以来的政府政策，即在商业反应堆中促进乏燃料再加工和钚混合氧化物燃料（简称 MOX）的使用。日本核能产业的情况紧急和面临挑战的另一个信号是代表全国十大核电企业的电力公司联盟（以下简称 FEPC）于 2016 年 11 月 20 日宣布无限期推迟向 16—18 座核反应堆装载钚混合氧化物燃料。过去二十年来，使用混合氧化物燃料的计划是日本通过后处理积累钚的正当理由。随着 Ikata-3 反应堆以及最近的 Takahama-3 反应堆和 Takahama-4 反应堆在过去 12 个月中的重启，在日本 5 座在运的反应堆中，有 3 座使用的是混合氧化物 MOX 燃料。

重新启动

2016 年 8 月 15 日，四国岛（Shikoku）爱媛县的（Ehime）Ikata-3 反应堆重新连入电网，成为 2014 年日本无核化以来第三座运行的核反应堆，Takahama-3 核反应堆在 2016 年 1 月至 3 月间运行。自 2011 年 4 月 29 日以来，846 MW 的反应堆已经关闭。核电运营商四国电力公司于 2016 年 4 月 19 日获得核监管局的最终批准。Ikata-3 反应堆的运行使用了 16 种混合氧化物燃料组件。就像在日本其他地方一样，Ikata 核电厂的运营也被提起了诉讼。在 3 号机组的案件中，市民在该区域提出了四项强制禁令。鉴于 2016 年 4 月九州熊本（Kumamoto）地震靠近 Shikoku 核电厂和 Ikata 核电厂，包括 2016 年在松山地区法院（Matsuyama District Court）禁令在内的这些诉讼被额外的关注。Ikata 核电站面临着来自南海海槽和构造线断层带的巨大风险，这是日本最大和最长的断层带，位于 Ikata 核电站附近。2017 年 3 月 30 日，原告在广岛县法院禁令要求被拒绝。截至 2017 年 7 月 1 日，其他三项禁令诉讼仍在审理中。

截至 2017 年 7 月 1 日，过去的一年又重新启动了两座反应堆。Takahama-4 反应堆在 2017 年 5 月 22 日连入电网，Takahama-3 反应堆在 2017 年 6 月 9 日连入电网。这两座 KEPCO 公司所有的 Takahama 反应堆，其部分混合氧化物燃料芯体都由法国阿海珐集团提供，在 3 号机组中有 24 个组件，在 4 号机组中有 4 个组件。

Takahama-3 反应堆和 Takahama-4 反应堆的重启是在 2017 年 3 月 28 日日本西部的大阪高等法院（Osaka High Court）做出的一项裁决之后。该裁决推翻了对 Takahama-3 反应堆和 Takahama-4 反应堆的运行禁令。两座核反应堆都曾经在 2016 年 3 月 9 日被滋贺县大津地方（Otsu District）法院的一项由 29 名市民申请的具有里程碑意义的裁决中被勒令关闭，这两座核电站所在的地区与福井县接壤。

Otsu 法院裁定，在对 2011 年福岛核事故的调查未完成的情况下，只满足核监管局的新要求还不足以确保 Takahama 核电站的安全。Shiga 法院已经裁定，还没有对 Takahama 核电站周围的地质断层进行彻底的调查，KEPCO 就声称其反应堆有足够的安全缓冲来抵挡最强的地震，这是备受质疑的。KEPCO 公司反驳说，新要求充分吸收了福岛第一核电站三台机组熔毁事故的教训，强制运营商为更强的地震、海啸和其他可能引发事故的自然现象做好准备。

这两座 Takahama 反应堆曾是日本公民两次成功的运行禁令的实施对象，这两项禁令现在都被上诉推翻了。

正如 WNISR 在 2016 年所报道的，核监管局的公信力和有效性近年来备受质疑，尤其是受到国际原子能机构综合监管审查服务部门（简称 IRRS）的严重批判。在 2016 年 9 月 7 日，核监管局决定在 2020 年 3 月之前实施一项经修订过的反应堆检查方法，按照 IRRS 报告的建议，核反应堆的经营者将主要负责核查工作。《关于对核原料、核燃料和反应堆的管制条例草案》的拟议修正案将于 2017 年 3 月前通过，并将于 2017 年被日本国会审议。国际原子能机构（以下简称 IAEA）报告对于日本核监管局提出异常直率的批评，指其与日本核监管局主席田中俊一（Shunichi Tanaka）反复宣称日本的监管标准“在国际上被认为是世界上最严格的”说法是不一致的。

严重老化与寿命延长

影响日本最终反应堆运行数量的一个主要决定因素将是核电厂设备老化、永久退役和延寿决策。截至 2017 年 7 月 1 日，共有六个商业核反应堆和 Monju 原型快堆（见表 4）已正式永久关闭，不包括福岛。这与核电公司和经济产业部（以下简称 METI）在福岛核事故前提出的核反应堆运营寿命超过 60 年的立场有很大差距。永久关闭这些反应堆的决定强调了机组老化问题以及公众对日本核电公用事业接受问题。

表4 福岛核事故发生后日本正式关闭的反应堆情况

所属公司	机组名称与类型	装机容量 MW	并网日期	正式关闭日期 日/月/年	最后一次发电时间	寿命[a]
东京电力公司	福岛第一核电站1号反应堆（沸水堆）	439	1970	-	2011	40
	福岛第一核电站1号反应堆（沸水堆）	760	1973	-	2011	37
	福岛第一核电站3号反应堆（沸水堆）	760	1974	-	2011	36
	福岛第一核电站4号反应堆（沸水堆）	760	1978	-	2011	33
	福岛第一核电站5号反应堆（沸水堆）	760	1977	19/12/13	2011	34
	福岛第一核电站6号反应堆（沸水堆）	760	1979	19/12/13	2011	32
关西电力公司	Mihama核电站1号反应堆（压水堆）	340	1970	17/03/15	2010	40
	Mihama核电站1号反应堆（压水堆）	500	1972	17/03/15	2011	40
九州电力公司	玄海核电站1号反应堆（压水堆）	559	1975	18/03/15	2011	37
四国电力公司	伊方核电站1号反应堆（压水堆）	538	1977	25/03/16	2011	35
日本原子能机构	文殊核反应堆（快中子增殖反应堆）	246	1995	2016	1995年起处于LTS[b]状态	-
日本原子能发电公司	敦贺核电站1号反应堆（沸水堆）	357	1969	17/03/15	2011	41
中国电力公司	岛根核电站1号反应堆（压水堆）	460	1974	18/03/15	2010	37

资料来源：各方数据由WNISR2017课题组收集

a- 需要注意的是，本报告中的寿命是指反应堆从第一次发电并网到最后一次发电所经历的时间

b- 自1995年11月起Monju反应堆就处于LTS状态（国际原子能机构划分的长期关闭状态）

在福岛核事故之前，日本有 54 个商业核反应堆，其中 3 个处于长期停运状态（以下简称 LTO）。由于核事故的发生，福岛第一核电站的 6 座反应堆将在未来几十年内退役，这将使日本正式运行的反应堆总数减少至 42 座。东京电力公司至今尚未宣布位于福岛第一核电站以南 12 千米处的福岛第二核电站四座反应堆的永久关闭。然而，鉴于这次事故对福岛县造成的破坏，以及在该地区和日本更大范围内对东京电力和核电的反对，这些反应堆没有重启的可能。2016 年 9 月，福岛县政府宣布计划与 11 个城市合作，与东京电力公司就福岛第一核电站的安全问题达成集体协议，目标是永久关闭核电站。WNISR 在福岛核事故之后的第一个版本中已将他们从运行的反应堆清单中移除。

永久关闭 Ikata 核电站 1 号反应堆的决定，反映了其他公用事业公司在评估了改造反应堆以满足后福岛时代安全标准所带来财务影响的决策。以 Ikata 核电站的改造为例，四国电气公司的预估费用为 2000 亿日元（17.7 亿美元）。得出的结论是：由于电力输出能力相对较低，加之完成改造工作需要 4 年时间，反应堆的剩余使用寿命不会产生足够的收入来证明投资是合理的，这一结论推翻了四国集团早些时候计划重启 Ikata 核电站 1 号反应堆的观点。

六座即将退役的反应堆，其总装机容量为 2.7 GW，相当于 2011 年 3 月日本核电总装机容量的 5.6%。与福岛的 10 台机组一起，共计达到 16 座反应堆，至少福岛核事故之前装机容量的 11.4GW 或者说是 24%已经被关停。截至

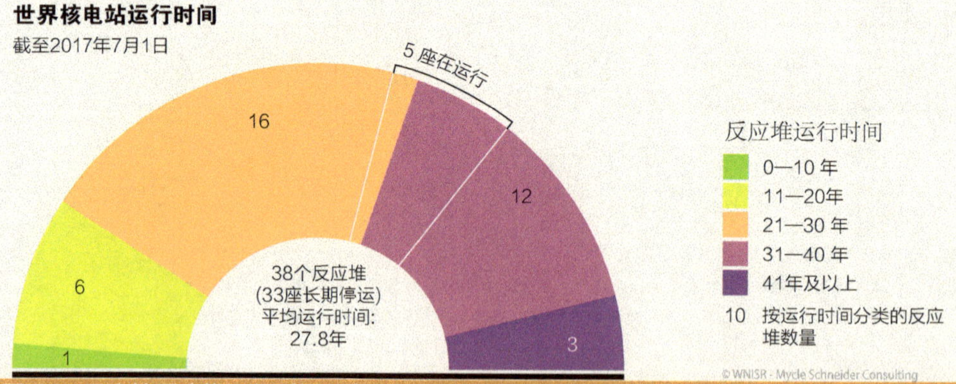

图 20 日本核反应堆运行时间分布 资料来源：各种资源，依据 WNISR2017 编制

2017年7月1日，六座反应堆的永久关闭将日本剩余的核电站的平均运行时间（包括处于LTO状态的33台机组）降至27.8年（见图20）。

日本未来的核能发电能力将在很大程度上取决于对反应堆运行超过40年的决策。2016年，关西电力公司担保批准了Takahama1号和2号反应堆（其运行时间分别是42年和41年）以及Mihama3号反应堆的运行。2014年11月14日，日本核监管局对Takahama1号反应堆进行了为期十年的延期生效，2015年4月8日对Takahama2号反应堆的延期生效。根据经修订的核电厂规定，运行核反应堆的寿命为40年。如果满足特点条件，则只能延长一次，最多延长20年。2015年4月30日，关西电力公司为两座Takahama核电站反应堆申请了20年的寿命延长。Takahama核电站的机组应在于2016年7月7日之前完成日本核监管局批准其延长寿命而提出的要求，Mihama核电站的机组应在2016年11月前完成这些要求。2016年2月24日，日本核监管局宣布Takaham核电站的机组符合2013年安全准则;2016年6月20日，日本核监管局首次批准了两座Takahama核电站反应堆20年的寿命延长，因为他们满足新的监管准则。对日本核监管局批准表示欢迎的日本原子能工业论坛（简称JAIF）主席表示："日本打算在2030年之前，将其核能发电发电量要占到全国发电量的20%到22%。"鉴于这是必要的，为了实现这一目标，不仅要重新启动现有的核电站，而且要延长其40年的运行限制，这项批准将为旨在此类延期的其他核电站开创先例。

2016年4月14日，民众在名古屋地方法院提起行政诉讼，反对日本核监管局对Takahama核电站反应堆延长运营的批准，这一案件将于2017年7月进行。无论如何，关西电力公司不期望在2019年11月之前恢复Takahama核电站2台机组的运营，因为在重启之前需要进行大规模的改造。关西电力公司拥有运营1号机组和2号机组分别到至2034年和2035年的许可证。

在2017年1月20日，由于一场冬季风暴，一架112米高的起重机臂架在Takahama核电站倒塌，落在了2号反应堆和乏燃料处理的建筑上。关西电力公司没有向操作起重机的承包商通知风暴警报。四个大型起重机在现场为2号机组安装屏蔽穹顶。起重机的倒塌大大增加了当地对 Takahama 核电站 1 号、2 号机组运行计划的反对。

在 2015 年，关西电力公司已经选择退役了 Mihama 核电站 1 号和 2 号反应堆，并且有很多人怀疑它是否会继续运行 Mihama 核电站 3 号反应堆。2016 年 3 月，关西电力公司透露，目前估计的改造 Mihama-3 反应堆将预计费用为 2700 亿日元（合 24 亿美元）。关西电力公司后来又将这个数字修改为 1650 亿日元（合 15 亿美元）。这项费用的很大一部分与满足更高设计基准地震所需的抗震措施有关。

然而，在 2016 年 11 月 30 日 20 年延期批准的最后期限前，关西电力公司获得了日本核监管局的批准。在 2016 年 11 月 16 日，日本核监管局批准了 Mihama 核电站 3 号反应堆的审查报告，在审查了恶化和其他条目的影响后，实际上已经批准了延期。该核电站的许多安全改造工程将于 2020 年 1 月完成，其中包括对 1000 千米的电缆进行额外的防火处理，并对安全相关的系统和设备进行地震改造。Mihama 核电站 3 号反应堆将被允许在 2036 年 11 月底之前运行，意味自开始运行以来已经有 60 年了。

2017 年 6 月 7 日，关西电力公司管理层正式决定对 Mihama 核电站 3 号反应堆进行改造，目的是在 2020 财年，即在 2011 年 4 月福岛第一核电站事故后关闭的 10 年之后，重新启动核电站。该决定反映了关西电力公司继续运行核电的承诺以及延长寿命决策的战略重要性。关西电力公司也正在计划分别为 Ohi 核电站 1 号反应堆（39.5 年）和 2 号反应堆（38.7 年）申请 20 年的延期。日本原子能公司（以下简称 JAPCO）尚未表明，是否将其运行 39 年的沸水堆东海核电站 2 号反应堆的寿命延长。反应堆仍处于日本核监管局审查之下，对于是否将获得批准有着重大疑问。

关闭 Monju

2016 年 12 月 21 日，日本政府宣布永久关闭 280 MWe 的 Monju 钠冷却快中子增殖反应堆（简称 FBR）的决定，这样，在过去一年里，又有一个反应堆被宣布永久关闭。这一决定具有相当大的战略意义，因为在过去 40 年里，快中子反应堆发展在日本总体核能政策决策中发挥的核心作用。虽然这个决定历时数年，而且在某种程度上这个决定仅仅意味着日本政府接受了项目失败的事实，但它也反映了日本国家核能政策持续发生危机。

这个反应堆位于日本西部的福井县敦贺市，隶属于日本原子能机构（简称 JAEA），是日本国家钚发展计划的核心组成部分，旨在为未来快中子反应堆的商业部署奠定基础。二十多年来，Monju 反应堆共运营了 250 天，仅并网发电几个月，且发电能力从未达到过 100%。

在宣布这一决定的同时，日本内阁官房长官菅义伟表示："考虑到恢复 Monju 反应堆运行将会花费大量的时间和费用，我们选择将它拆除。"日本政府已经计算出，要想彻底拆除 Monju 反应堆，将至少需要花费 3750 亿日元（合 32 亿美元）和超过 30 年的时间。在过去的几十年里，政府在这个反应堆上已经投入了 1 万亿日元（合 85 亿美元）。根据计划，政府将于 2022 年之前清除反应堆中的乏燃料，并在 2047 年完成设备的拆除。在 2017 年 6 月，福井县知事主持了关于 Monju 快中子增殖反应堆的会议，最终接受了政府拆除核反应堆的决定。

20 多年来，Monju 反应堆总共运行了 250 天

Monju 始建设于 1986 年（切尔诺贝利事故发生的那一年），在 1994 年 4 月完成了建设的关键一步。并于 1995 年 8 月实现了并网。1995 年 12 月，反应堆发生了熔融钠冷却剂的火灾事件，这次事故导致该反应堆一直被关闭到 2010 年。2010 年 5 月至 8 月，由于一个重型容器式传送机掉入反应堆容器内，导致 Monju 反应堆在发电能力被限制的情况下运行了 3 个月。

2015 年 11 月，日本核监管局宣布，日本原子能机构不再适合管理反应堆，我们需要一个新的实体机构，或者，如果不可能实现，则决定永久关闭反应堆。2016 年 11 月，根据当时的情况估计，以任何形式启动 Monju 反应堆都将

花费 8 年时间。

日本政府试图将关闭 Monju 的决定以不影响整个核能政策的方式呈现出来，特别要避免对乏燃料再处理和使用含钚混合氧化物燃料的计划产生影响。日本经济产业部（以下简称 METI）部长世耕弘成（Hiroshige Seko）表示，"核燃料循环是我们能源政策的核心。"METI 将从科学部接管监督潜在更实用的快中子反应堆开发的工作。世耕弘成说："在推进快中子反应堆发展的过程中，我们将充分利用从 Monju 反应堆上获得的宝贵知识和经验……但首先要集中精力制定一个战略路线图。"

2016 年 11 月，为了给快中子反应堆的未来发展提出方案选择，日本政府设立了快中子反应堆发展理事会。该理事会同意在日本建造一座示范反应堆，这是在 Monju 原型反应堆之后又的一座示范反应堆。事实上，这并不是一项新的方案，在 2010—2020 年的初期，日本政府推出了快中子反应堆循环技术开发项目，以进行设计选择和建设一座 500MW 日本钠快中子示范反应堆（简称 JSFR），该反应堆计划在 2015 年开始建设并在 2025 年开始运行。然而即使在福岛核事故发生之前，在设定的时间框架内，并没有切实可行的建设 JSFR 反应堆的前景。目前尚不清楚日本对继续或扩大与法国在 ASTRID 示范快中子反应堆设计方面的合作意愿有多强烈。而日本的另一个快中子反应堆，在 Ibaraki Oarai 实验的 Joyo 反应堆，自 2007 年起就一直处于关闭状态，JAEA 提议在 2021 年将它重启。

Monju 反应堆一直被认为是失败的且不太可能成功运行的反应堆，毫无疑问，关停该反应堆的决定本应在几年前就已经完成，而之所以没有完成一定程度上是考虑到做这个决定将会引发人们对日本整体的钚使用政策的质疑，扩大核能发电的负面影响。日本政府最终还是做了这个决定，但依然存在许多问题。

新建项目

新建工程的情况也反映了未来日本核电发展水平的不确定性。在福岛核事故发生后，日本暂停了两座先进沸水堆（以下简称 ABWR）的建设，这两座反应堆（Shimane-3 and Ohma）分别于2007年和2010年开工建设。2012年9月，经济产业部批准了这两座反应堆的重新开工申请，但这两座反应堆几乎没有恢复开工的迹象。根据日本原子能工业论坛（简称 JAIF）和国际原子能机构的统计数据，2012 年 10 月，Ohma 反应堆的建设“部分恢复”，Shimane-3 仍在“建设中，且即将完工”，截至 2011 年 3 月，Shimane-3 就已经完成了 94% 的建设工作。而且从那时起，到 2012 年 1 月，核电站所有者日本电力株式会社围绕 Shimane-3 反应堆建成一段 15 米高的海堤，后来又将海堤延伸至 1.5 千米长。电力公司在 2014—2015 年期间开始安装过滤通风口，并“根据新的监管要求”对反应堆进行了其他改造。目前为止，还没有宣布该反应堆的启动日期，同时该公司向 NRA 递交申请，批准他们更改核反应堆的安装许可证，但截至 2017 年 7 月 1 日，尚未提交申请。

截至 2011 年 3 月，Ohma 反应堆的建设完成 40%，核电站所有者电力开发公司（以下简称 EPDC）也就是 J-Power 公司，考虑到福岛事故的教训，宣布要加强安全措施，包括海啸应对策略、确保电力供应、确保除热功能正常，以及重大事故的应急处理。J-Power 于 2014 年 12 月 16 日向核监管局申请对 Ohma 反应堆的复检。这些措施计划在 2015 年 11 月开始，于 2020 年 12 月完成，预算费用约为 1300 亿日元（11 亿美元）。

然而，关于 Ohma 反应堆的建设，压力容器（简称 RPV）、密封容器和其他主要设备还没有安装（就 RPV 而言，已建成临时储存厂房以保护 RPV 免受冬季极端天气的影响）。据 J-Power 公司称，地下混凝土结构地基已建成，但现场的施工基本没有什么有效进展。

J-Power 公司于 2016 年 9 月 9 日宣布，由于核管理机构的安全测试时间比预期的要长，公司决定将其原定的运行日期再推迟两年，预计到 2024 年开始运行。这已经是第二次推迟，原来的计划是在 2021 年开始运行。

Ohma 反应堆计划使用百分之百钚混合氧化物核心，这在日本的核燃料政策方面具有重大的战略意义，其中还包括 Rokkasho-mura a 核燃料后处理厂的运作。

该反应堆的建设和运营前景与正在进行的两份诉讼息息相关，一份来自于当地居民，另一个来自函馆市，两者都试图终止该项目。函馆市的诉讼是日本国内第一起同时挑战中央政府和 J-Power 公司的诉讼。公民诉讼禁令于 2017 年春季结束听证，技术性证据集中在地震和火山风险、先进沸水反应堆设计和建设缺陷，考虑到该反应堆的建设是在 2011 年福岛核事故之前，听证还包括核电站处理堆芯熔融问题的能力。向法院递交的质疑 J-Power 公司的文件指出，最终的设计、注册审批和对 Ohma 反应堆的核岛安全壳隔离阀建设还没有完成。预计于 2017 年年底之前，法院将做出裁决。有证据表明，预计 Hakodate 市的诉讼将持续到 2018 年。

尽管这两座反应堆还面临诸多挑战，关于他们的具体情况和建设进度的公开信息也很少，而且 Shimane-3 原定计划中的并网日期也无所谈起，但考虑到有关报道称 Shimane-3 核电站正在进行建设，所以目前 WNISR 的数据仍保留 Shimane-3 的在建状态，而把 Ohma 核电站从在建反应堆名单中移除了。

聚焦韩国

在朝鲜半岛，由于 Kori-1 核反应堆在 2017 年 6 月 18 日被永久关闭，韩国（大韩民国）在运的核反应堆有 24 座，与 2016 年相比减少 1 座。韩国的核电站分布于 Hanbit、Hanul、Kori、和 Wolsong 地区。1987 年核电在全国供电量中占比达到历史峰值（53.3%），之后开始下降，2015 年核电站供电量为 157.23 TWh，占全国供电量的 31.7%，2016 年，核电供电量为 154.31TWh，在电力结构中占比降至历史最低（30.3%）。另有三座反应堆正在建设中，其中一座（Shin-Kori 核电站 4 号反应堆）计划于 2017 年启动。截至 2017 年 7 月 1 日，燃料装载预计于 2018 年 1 月进行。抛开统计数据不谈，2017 年 5 月文在寅的当选使韩国能源政策（包括核能）的未来发展方向变得不确定。

运行了 40 年的 Kori 核电站 1 号反应堆的关闭最初是基于贸易、工业和能源部于 2015 年 6 月 12 日制定的决议。Kori 核电站所有者韩国水电核电公司

（以下简称 KHNP）（隶属于韩国电力公司集团）随后声明接受政府决议，将于2017 年关闭该反应堆。Kori 核电站 1 号反应堆在 1977 年建成，并于 1978 年 4 月 29 日投入商业运营。该反应堆的继续运行，遭到市民的强烈抵制，包括来自附近城市釜山的抵制。

核电的未来

韩国关闭其首座商业反应堆是一个里程碑，它的意义远远不止关掉一个核电站那么简单，因为这是文在寅总统带领新政府做出的决定，而他恰恰是在反核阵营中当选的。在 Kori 核电站极具象征意义的关闭典礼上，文在寅总统宣布结束该国的以核电为导向的发电计划，其行政部门将为无核化时代铺路，宣布终止新核电站建设计划并表示“我们不会延长核反应堆的运行年限”。在新能源政策方面，文在寅表示：“政府将更加积极地采用清洁和安全的能源，如新能源、可再生能源以及液化天然气（以下简称 LNG）。同时我们也会创建一个与第四次工业革命相结合的能源产业，作为国民经济增长的新引擎。”这一政策的实施将是几十年来韩国核政策的历史性转变。2011 年 4 月，韩国电力公司提出到 2030 年将核电装机容量提高一倍约为 43 GW 的计划，并将核电发电份额提高到 59%。韩国目前的能源政策在很大程度上基于化石燃料和核电制定的。2016 年，韩国总发电量中，煤炭占 35%，核电约占 32%，液化天然气占 19%，石油占 10%，而新能源及可再生能源仅占 1.5%。

文在寅总统对核能的反对，反映了广泛发生的社会倾向转变。这种转变不仅由于福岛核事故，还由于随后发生的迫使多个反应堆关闭的伪造和贪污丑闻。2013 年 10 月，政府确认，包括一名前国家公用事业高级官员在内的 100 人涉嫌伪造丑闻，已经受到腐败指控（见上期的 WNISR）。

考虑到公众和政府对核电的观点的转变，2012 年，首尔市市长朴元淳启动了一个名为“减少一个核电站”的计划，该计划官方目标是到 2014 年年底，通过提高能源利用率和使用可再生能源“节约”出相当于一个核电站的发电量。该目标提前六个月达成，而计划的“第二阶段”规定了在 2020 年之前再节约相当于两座核反应堆的发电量。2013 年，首尔市政府组建了一个高水平的首尔国际能源咨询委员会（以下简称 SIEAC），该委员会由国际能源专家组成，旨在协助政府推出创新的清洁能源政策。

如果文在寅总统的政策得到实施，反应堆运行 40 年后将被关闭，那么率先关闭的两座反应堆是 Wolsong 核电站 1 号反应堆（2022 年关闭）和 Kori 核电站 2 号（2023 年关闭），随后是 Kori 核电站 3 号反应堆（预计 2024 年关闭），Kori 核电站 4 号反应堆和 Hanbit 核电站 1 号反应堆（2025 年关闭），以及 Hanbit 核电站 2 号反应堆和 Wolsong 核电站 2 号反应堆（2026 年关闭）。考虑到韩国总统的固定任期为五年，文在寅将在 2022 年卸任。一个关键的问题是除了前两座，他的继任者是否会继续执行这样的政策，将其他反应堆如期关闭。

文在寅总统在 2017 年 6 月 27 日召开的内阁会议上决定，暂停建设 APR-1400 型反应堆 Shin-Kori-5 和 Shin-Kori-6 ，这是他当选总统后对韩国核能产业的第一次直接影响。国务协调室长洪南基说：“作为后核电政策的一部分，新政府叫停 Shin-Kori 核电站 5 号反应堆及 Shin-Kori 核电站 6 号反应堆的建设，作为其当选的承诺。”在核安全与安保委员会（以下简称 NSSC）多数表决通过 Shin-Kori 核电站 5 号反应堆和 Shin-Kori 核电站 6 号反应堆建设许可一年后，新政府做了这个决定。虽然核电站建设现场的准备工作已经开始，而且广泛报道说截至 2017 年 5 月底核电站已经完成了 28% 的建设工作，反应堆实际的建设并没有开始。截至 2017 年 7 月 1 日，还没有混凝土浇筑在反应堆建筑的垫层上。2017 年 7 月 14 日，韩国核电水电公司董事会会议决定正式停止现场的建设工作。

关于 Shin-Kori 反应堆的未来，决策程序的一部分是政府将组建一个公众讨论委员会（其中包括十个中立委员），要进行三个多月的讨论。虽然该委员会没有最终决策权，但它会为公众意见咨询起草计划，而最终决定将由公民陪审团做出。

两台 APR-1400 型核电机组 Shin-Hanul 核电站 1 号机组和 Shin-Hanul 核

电站 2 号机组正在继续建设，根据计划，他们分别将与 2018 年 4 月和 2019 年 2 月开始运行。然而，在 2017 年 5 月下旬，韩国核电水电公司暂停了 Shin-Hanul 核电站 3 号机组和 Shin-Hanul 核电站 4 号机组的设计工作，直到新政府阐明其核能政策，不过它承诺继续进行两座反应堆的许可程序。

政府也在考虑提前关闭韩国第二“高龄”反应堆 Wolsong-1，该反应堆将于 2022 年 12 月达到 40 年的运行期。2015 年 2 月，核安全与安保委员会的九名委员中有两名选择弃权，其他委员的投票结果支持延长 Wolsong 核电站 1 号反应堆的运行期。在 2009—2011 年，CANDU-6 型反应堆的运营商韩国核电水电公司在反应堆延长关闭期间更换了所有压力管和排管式堆容器管。2012 年 11 月，当该反应堆的运行许可证过期后，该反应堆关闭了。2014 年 10 月，韩国核安全研究院（以下简称 KINS）得出结论，该反应堆可以运行到 2022 年，它符合修订后的“核安全法”，包括能够应对重大自然灾害。韩国核电水电公司已经投入了 5600 亿韩元（5900 万美元）来升级该反应堆，该反应堆于 2015 年 6 月重启。

2016 年 9 月 12 日，韩国东南部发生了自 1978 年有记录以来最严重的地震。这次庆州地震的震中距 Wolsong 核电站 28 千米，震级为 5.8 级。地震一发生，韩国核电水电公司就立即人工关闭了 Wolsong 核电站的四座 CANDU-6 反应堆。该地区地表张力为 0.0981gal，反应堆的设计基准为 0.2gal。韩国核电水电公司关闭这些反应堆是一种“预防性”措施。Wolsong 核电站还装有新型的 OPR-1000 型压水堆 Shin-Wolsong 核电站 1 号反应堆和 Shin-Wolsong 核电站 2 号反应堆，他们被设计能承受 2.0gal 地表张力或 6.5 级地震。2016 年 10 月下旬，韩国核电水电公司报告说，经过安全检查，他们没有检测到 CANDU-6 反应堆的部件或结构出现损坏。核安全与安保委员会自身也进行了评估，并于 2016 年 11 月 17 日得出结论，Wolsong 核电站的 CANDU-6 反应堆没有受到地震影响。在 12 月 5 日获得核安全与安保委员会的最终批准后，Wolsong 核电站 1-4 号反应堆在 2016 年 12 月 6 日至 8 日期间重新并网。

近年来，Wolsung-1 反应堆的运行一直存在很大的争议，特别是在福岛核事故发生后，它的许可证期限是否被延长还不确定。自 1983 年反应堆开始运行的 30 多年来里，由于出现故障，核电站被关闭了 39 次。当时主要的反对党——新政治民主联合（以下简称 NPAD）表示，从公共安全方面来讲，Wolsong 核电站重新并网的决定是不能接受的。庆州地区的投票调查显示，有 60% 的受访者希望永久关闭该反应堆。

此次地震还有 500 多次余震，韩国气象局警告说，由于存在活跃的断层，6.0 级地震随时可能发生，Wolsong 核电站的关闭进一步引发了公众对核电站的普遍反对，尤其是对 Wolsong 核电站。许多执政的反核政治家，包括那些在庆州地区附近的政治家，在反核运动的支持下，呼吁永久关闭 Wolsong 核电站及相关设施。

聚焦英国

2016 年，英国 15 座在运反应堆的发电量为 65.1TWh，占全国电力的 20.4%，比 1997 年的最大值 26.9% 有下降。

12 座第一代 Magnox 型核电站的 26 座反应堆都已在 2016 年年底前退役。英国有 7 座第二代核电站，每个都配有两座改进型气冷反应堆（以下简称

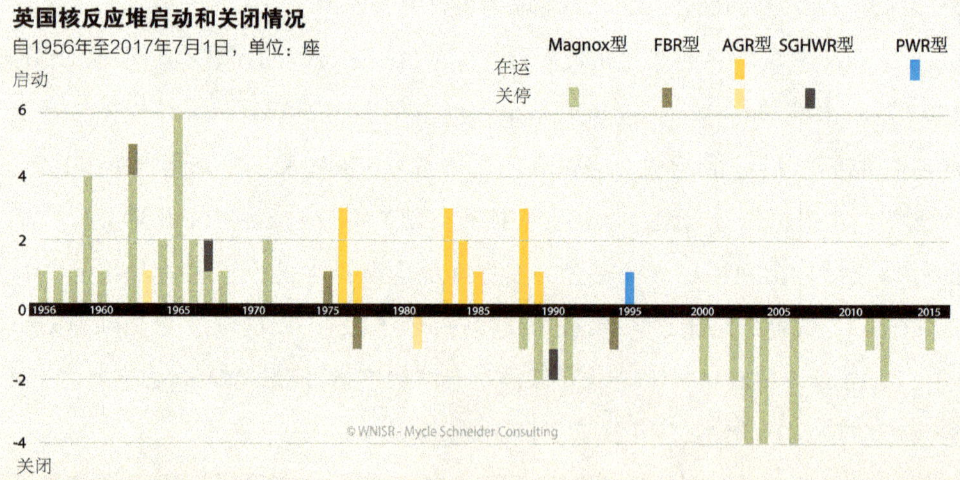

图 21　英国核反应堆启动和关闭时间　　资料来源：IAEA-PRIS，WNISR2017

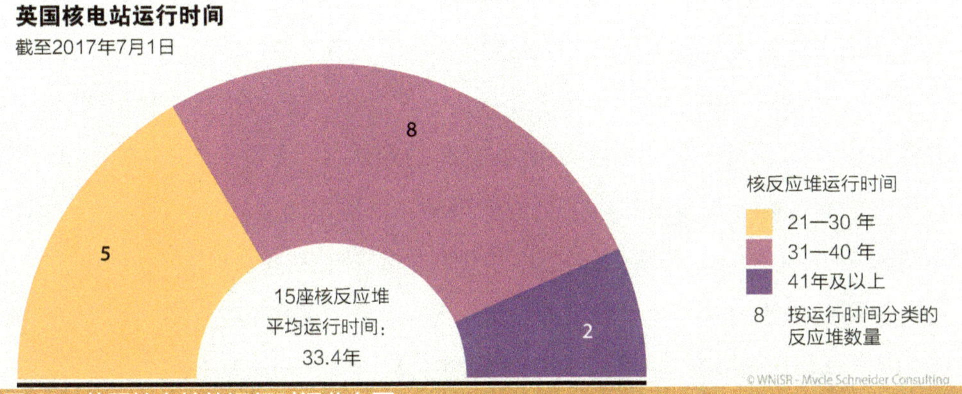

图 22 英国核电站的运行时间分布图 资料来源：IAEA-PRIS，2017WNISR

AGR），也已到达或接近他们的设计使用年限。然而，其所属公司 EDF Energy 计划延长所有改进型气冷反应堆的寿命，并于 2012 年 12 月至 2016 年 2 月期间宣布将 Hinkley Point B 和 Hunterston B 反应堆延长运行 7 年至 2023 年；将 Heysham 核电站 1 号反应堆和 Hartlepool 反应堆延长运行 5 年至 2024 年；将 Dungeness、Heysham 核电站 2 号和 Torness 反应堆延长运行 10 年至 2030 年。最新的反应堆 Sizewell-B 于 1995 年建成，它是英国唯一的一座加压水冷却反应堆。英国核反应堆启动和关闭的历史情况见图 21。英国反应堆的平均年龄为 33.4 年（见图 22）。

2006 年，当托尼·布莱尔说这一问题复仇似的重回议程时，他的工党政府开始制定新建核电计划的框架。2011 年 7 月，政府发布了《核能发电国家政策声明》。文件中所考虑的八个“潜在合适”在 2025 年年底之前部署的地点均为位于英格兰或威尔士的现有或曾经的核电站，除了一个新的站点，即毗邻塞拉菲尔德燃料链设施的穆尔塞得核电站。

北爱尔兰和苏格兰不包括在内。由于与反应堆建设商的财务和公司结构问题，2025 年之前没有任何反应堆能够被投入使用。

2013 年 4 月，EDF 能源公司，一家由法国国家电力公司 EDF 拥有多数股权的公司被批准在 Hinkley Point 核电站建造两座反应堆。2015 年 10 月，法国电力公司和英国政府宣布更新 2013 年 10 月临时协定，条款为“Hinkley Point C

（HPC）核电站建设成本为160亿英镑（200亿美元）"。估计的建筑价格后来上涨，现在达到196亿英镑（约合253亿美元），高于2016年180亿英镑（约合232亿美元）的报价。法国电力公司表示，增加15亿英镑（约合19亿美元）主要是由于对设计（需适应英国监管机构的要求）、现场工作量和施工排序，以及供应商合同的逐步实行有了更好的理解。法国电力公司将官方建设目标日期定为2019年中期，并将1号机组的初始交付目标日期定为2025年年底。

交易的重点是差价合约（CfD），基于最终建成的机组数量，有效保证35年的实际电价，为89.5—92.5英镑/MWh，以2012价值为（115—120美元/MWh），年度增长与零售价格指数相关。该支持计划的成本大幅增加，英国国家审计署表示，由于批发电价下滑，在差价合约中，所需的额外付款从2013年10月的61亿英镑（2013.99亿美元）增加到了2016年3月的297亿英镑（201641.2亿美元）。

国家审计署还表示："关于HPC的政府协议，将消费者置身于一个战略部署和经济效益无法确定、有风险又耗资巨大的项目中。"国家审计署指出了政府持续支持Hinkley项目的一个关键原因，即与能源政策相比，它更关心政府在世界上的角色及声誉。国家审计署声称："在2016年9月，财政部淡化了之前所强调的HPC如何合算的说法。转而说，从全局考虑，中断该项目所带来的法律、声誉、投资者和外交各方面的影响意味着政府最好继续该协议。"Hinkley项目的基本问题是对英国政府或项目合作伙伴而言都没有退出战略。

建设计划由英国主权贷款担保提供债务（借款）资助，预期费用约为170亿英镑（269亿美元）。然而，2015年10月，法国电力公司声称预计从自己的基金中融资其部分财务，暗示这样做将"更有效率"。法国电力公司于2015年11月宣布将出售高达100亿欧元（约合114亿美元）的非核心资产用于Hinkley项目融资。2016年12月，法国电力公司董事会批准向国家银行Caisse des Depots部分出售高压网络（以下简称RTE）的决定，考虑到RTE公司全部资产净值为82亿欧元（约合90亿美元），预计出售股份为49.9%。该公司在波兰的资产被波兰政府以考虑供应安全为由推迟，以使波兰国有企业能够联合起来进行投标。

2016 年 6 月，英国公投退出欧盟之后，新首相特雷莎·梅领导的新政府成立。在接下来的一个月，政府宣布将对 Hinkley 项目进行重新审查。该项目在 2016 年 9 月份获得批准，其中政府持有一个“特别股份”，即如果出现国家安全考虑，政府有权干预未来 Hinkley 核电站股权出售。

为 Hinkley 项目的财务组合时间已从预期的 2013 年 10 月改为 2015 年 10 月。2013 年预计该组合为法国电力公司（上限 50%）、两家中国公司——CGN（中广核）和 CNNC（中国核工业集团公司）（上限 40%）以及阿海珐（上限 10%）。该联盟中仍有 15%的份额有待确定。2015 年 10 月，阿海珐公司的破产使其无法参与，中国份额占比下降到 33.5%，其他投资者不参与，给法国电力公司形成 66.5% 的份额。2015 年 10 月的公告中只提到了中广核，留下中国核工业集团公司已经退出的印象，但在 2016 年 5 月，中国核工业集团公司明确表示，他们预计会加入到中国的 33.5%份额中。

另一个新情况是中国在接下来的 Sizewell C 项目中的份额将减少到 20%，法国电力公司占 80%。而法国电力公司正在为 Hinkley 项目融资，这使得 Sizewell 项目看起来无法进行。然而，如果 Hinkley 项目或 Sizewell 项目被证明不可行，法国电力公司将允许中广核使用其备选厂址 Bradwell，中广核计划在 Bradwell 使用自己的反应堆技术，即华龙 1 号（或 HPR-1000）。2017 年 1 月，英国政府要求监管机构开始对 HPR 1000 反应堆进行通用设计评估，评估工作于该月稍后进行，预计将于 2021 年完成。

EDF-CGN 组合并不是被推荐的唯一反应堆建设商，在 2014 年 6 月，随着 Iberdrola 公司股份的出售，NuGen 集团的股权结构调整为东芝西屋公司（约占 60%的股权）和 Engie 集团（约占 40%的股权）的组合。NuGen 集团计划在 Moorside 建造 3 座东芝西屋公司设计的 AP1000 反应堆，并计划于 2024 年开始运行。然而，西屋公司出现了重大财务崩盘，于 2017 年 3 月在美国申请了第 11 章破产保护，这对其母公司东芝产生了灾难性的影响，使得东芝自 2016 年 12 月西屋公司的问题扩大以来，市值减少了一半。该项目的严峻形势也导致

Engie集团向东芝西屋公司出售其剩下的40%股份，约为1.38亿美元，合同要求以预先确定的价格购买。2017年4月底，据新闻报道，东芝正准备对该项目进行调查，警告供应商削减费用，并要求借调人员返回。

英国政府正在积极鼓励其他投资者或供应商参与Moorside项目。韩国的国有电力公司同时也是反应堆供应商——韩国电力公司（以下简称KEPCO），被列为潜在的合作伙伴。然而，韩国电力公司公司似乎不太愿意建造西屋公司的AP1000反应堆，因此，如果他们参与，则需要为自己的技术制定新的反应堆设计许可流程。如果西屋公司找不到买家，那么Moorside项目就会停滞不前。正当该项目处于经济困境中时，2017年3月30日英国核管制局批准了AP1000反应堆设计项目。2017年5月韩国反核总统文在寅的上任，进一步削弱了韩国电力公司参与任何海外核电项目的可能性，他在6月发表讲话时指出："我们将废除以核电为核心的政策，走向无核时代。我们将取消建设新核电站的所有计划。"很难想象文在寅总统会允许这个国有比例51%的企业（韩国电力公司）到国外投资新建核电项目。

参与新建核电站项目的另一家公司是Horizon Nuclear公司，该公司由日本日立公司从德国主营公用事业设备的E.ON公司和RWE公司收购，估价为7亿英镑（约合12亿美元）。该公司已经提交了其先进沸水反应堆（以下简称ABWR）技术审查的设计图，同时明确表示，该项目继续与否将取决于法国电力公司与英国政府谈判的结果。用于Wylfa和Oldbury核电站的先进沸水反应堆于2015年1月通过了调整程序，其通用设计评估（以下简称GDA）预计在2017年12月前完成。2017年4月，Horizon Nuclear申请获得Wylfa核电站使用权，如果一切都按照计划进行，反应堆将在2025年启动。

由于英国的能源和电力消耗不断下降，现在建设新的核电站并不经济。2016年英国全年最终用电消耗量与2015年几乎持平（高约0.1%），发电量与二十年前的水平相似。在2016年，可再生能源发电约占总发电量的24.4%，超过份额为20.4%的核电。

脱离原子能

在 2016 年 6 月的全民公投中，英国选民决定脱欧。这对欧盟 27 国和英国的能源和电力行业有很大的影响。然而，令人惊讶的是，2017 年 1 月 26 日英国政府在其欧盟（退出通知）法案中宣布，英国也将会退出欧洲原子能共同体条约。

欧洲原子能共同体条约设立了原子能共同体（以下简称 Euratom），其主要职能是支持核电的发展，并在很大程度上保持未改革的状态，因此仍然是一个独立的法律实体。该条约职责广泛，包括在欧洲原子能共同体、国际原子能机构和英国的三方条约下非军事用途核原料不扩散的核查以及为工人、公众和政府制定核安全与辐射防护标准。为了支持核电的发展，原子能共同体自主研发经营项目，建立了核电专项贷款机构，设立供应机构以确保能够获得充足的核原料，有效控制欧盟内所有核原料。

来自核能产业及其支持者的呼声一直在增加，他们认为英国应该留在欧洲原子能共同体内，因为他们担心突然的退出将导致“断崖效应”，可能会使整个核燃料系统的业务受到严重干扰。

英国退出欧盟和欧洲原子能共同体条约也将对欧盟的核领域产生政治影响，因为英国一直是欧盟内最活跃的支持者之一。此外，英国退出欧洲原子能共同体条约（以下简称 Brexatom）产生的“连锁反应”使该条约成为人们的关注的焦点。欧洲原子能共同体条约的法律地位和许多功能与现代欧盟不符，这可能会再次引发要求废除该条约的呼声。

聚焦美国

截至 2017 年 7 月 1 日，美国有 99 座商业反应堆正在运行，美国拥有世界上最多的核电站。去年，历史悠久的西屋公司申请破产令人震惊。南卡罗来纳州的 V.C. Summer 核电站在建两座 AP1000 型反应堆已于 2017 年 7 月 31 日停工。预计在 2017 年 8 月份决定乔治亚州的 Vogtle 核电站另外两座 AP1000 型反应堆建设是否继续。这些巨大的波折只是证实了在可预见的未来美国建造新核电站的可能性近乎零。

内布拉斯加州 Fort Calhoun 的 482MW 压水堆由于经济状况不佳已于 2016 年 10 月 24 日被永久关闭。近年来，宣布进一步关闭现有反应堆的通知屡见不鲜。核能研究所（以下简称 NEI）是美国核能产业的倡导组织，它指出“在未来五到十年，有 15—20 座核电站将面临关闭的风险”。独立分析师也认为有更多核电站面临被关闭的风险。同时，几家公用事业公司在获得国家层面的财政

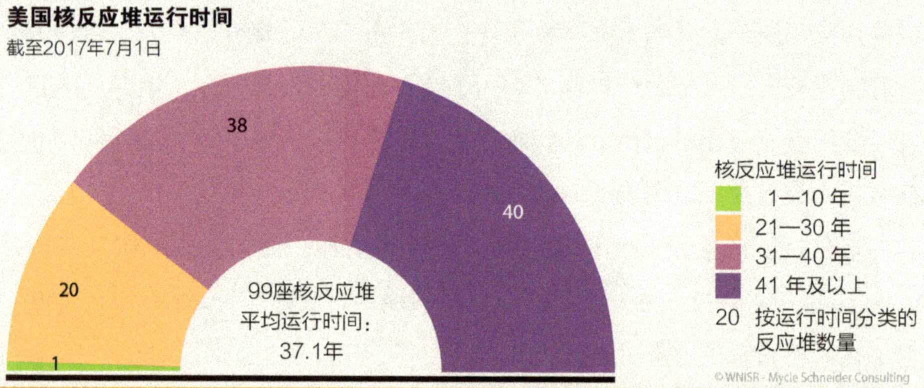

图 23 英国核电站的运行时间分布图 资料来源：IAEA-PRIS，WNISR2017

支持后，改变了关闭反应堆的决定。因此，尽管美国核电规模在可预见的将来将不可避免地减少，但由于受威胁的在运核电站得到了直接补贴，这一减少趋势可能会有所减缓。

美国反应堆在 2016 年提供了 805TWh 电量，与 2015 年提供的 798 TWh 相比略有增加，但仍低于 2010 年创最高纪录的 807.1 TWh。2016 年核电在美国电力结构中的比重为 19.7%，与 2015 年相比略有增加，与 1995 年核电最大比重（22.5%）相比，下降了近 3%。

20 年来，由于美国只有 2 座在建反应堆和 1 座新建反应堆投入运营，美国反应堆的年龄持续增长，在 2017 年中，其平均寿命为 37.1 年，是世界上平均年龄最大的反应堆：有 40 座运行时间已经超过了 40 年（见图 23）。

在过去一年中，一座新的核反应堆启动了，该反应堆是田纳西河谷管理局（以下简称TVA）所有的、装机容量为1150MW的Watts Bar-2反应堆，建设时间持续了四十多年，在2016年6月3日并网，成为自1996年Watts Bar-1后美国的第一个并网商业反应堆。在一些技术事故发生后，TVA宣布Watts Bar-2反应堆于2016年10月19日开始商业运营。然而，虽然在16%装机容量下运行，但主冷凝器发生了结构性故障，该反应堆于2017年3月23日再次被关闭，预计将关闭到2017年夏天。

2016年12月，核监管局（以下简称NRC）为6座核电站发放了20年的延期许可。他们分别是Braidwood核电站的1号和2号反应堆、LaSalle核电站的1号和2号反应堆，Grand Gulf核电站的1号反应堆以及Fermi核电站的2号反应堆。只有一座核电站（Waterford-3）申请了许可证更新。截至2017年7月1日，美国99在运核电站有84座获得了延期许可，另有9座核电站的延期申请正在审查中，另外还有1座核电站预计在2017提交申请。2015年12月，NRC提出了一份名为“老化管理制度”的文件草案，该文件可能允许NRC批准核电站拥有长达80年的运营许可证。

财政支持、关闭与撤销关闭决定

过去的一年见证了核电企业为他们深处困境中的反应堆寻求财政支持机制而继续做的努力。核监管局（简称NRC）探索进一步延长核反应堆运行寿命的途径与电力市场发出的信号截然相反，后者一直在加速关闭老旧反应堆。长久以来，核能产业一直认为反应堆可能是昂贵的，但一旦建成并交付使用，由于其运营成本较低，核电站将会以低廉的成本发电。因此，正如时任美国能源部部长的欧内斯特·莫尼兹（Ernest Moniz）在2011年所写：“核电的运营成本较低，电价方面具有竞争优势，这能使他们在核电站生命周期内收回投资总额。”近年来，这一说法一直在不断被削弱，一个又一个核电公司决定关闭其在运反应堆——尽管运行许可证允许他们运行到关闭日期之后10年甚至更长时间，实际上，维持老化反应堆的成本一直在上升，而电力市场价格在下降。此外，水力压裂的天然气价格低廉，这使得燃气发电站发出更便宜的电力。结果显而易见：核电在当前的美国电力市场上面临巨大的竞争难题。

核能研究所（以下简称 NEI）总裁兼首席执行官玛丽亚·科尔斯尼克（Maria G. Korsnick）在其于 2017 年 2 月 9 日发布的“金融界年度简要报告”中表示，美国面临着两个迫在眉睫的挑战：（1）尽可能多地保留其基本负载基础设施，其中包括现有的核电装机容量；（2）创造政策环境使公司发展和新增核电装机容量。核能研究所的报告指出：对于 2016 年美国的核电，平均核反应堆的年度支出（与美国所有运行核反应堆相关的各种平均年度支出）为 33.93 美元 /MWh，单个机组发电平均年度支出为 41.39 美元 /MWh。请注意，这些数字适用于已偿还建设费用的反应堆。这些数字也应在最近的新太阳能光伏项目投标中见到（见“核能与可再生能源部署”一章）。

得克萨斯州现在的处境是核能发电和燃煤发电厂面临着严峻的市场挑战。虽然没有迹象表明计划关闭 Comanche Peak 核电站的双反应堆机组，或南得克萨斯的双反应堆，但其所有者鲁米那特公司已将 Comanche Peak 核电站的估值从 22 亿美元下调到 9.49 亿美元。“电力价格现在处于历史低点，当 Comanche Peak 核电站的收入减少时，其作为收入来源的资产价值必须对应”，鲁米那特公司解释道。根据标准普尔（Standard & Poor’s）在 2017 年 3 月发布的标准普尔（S&P）全球评级，得州的独立系统运营商——得州电力可靠性委员会（ERCOT）在报告称，电力价格因“不可持续的低而有害的发电机组盈利能力”而下降，2014 年至 2017 年电力市场明显疲软。其中，主要驱动因素是天然气价格较低以及不断增加的风电装机容量，风电在占该州电力市场的 15% 以上。

得州电力可靠性委员会在 2016 年 6 月发布的《市场年度报告》中指出 :2015 年这四台机组发电量的加权平均价格（大约 5GW 的发电量）为 24.56 美元 /MWh。假设得州电力可靠性委员会的运营成本与美国的平均水平相似，只考虑燃料、运营和维护成本，2015 年得州电力可靠性委员会的核能发电就没有盈利。

与东北和中西部的那些由于不利经济形势而备受人们关注的老核电站不同的是，Comanche Peak 反应堆的 1 号和 2 号机组分别于 1990 年、1993 年开始运行，南得克萨斯反应堆的 1 号和 2 号机组分别于 1988 年和 1989 年开始运行。正如鲁米那特公司所报道的，“基于其约为 26 美元 / MWh 的总成本，Comanche Peak 核电站是美国成本最低的核电站之一。出售或关闭 Comanche Peak 核电站是不可能的。”没有迹象表明这样的承诺是不准确的，但是显然一些美国最新反应堆的长期生存能力也在出现问题。报告写道，正如标准普尔总结的那样：“低天然气价格继续不对等地影响煤电和核电。”“这些资产继续受到惩罚……”

核能研究所报告指出，“平均发电成本已由 2012 年的峰值 39.75 美元 / MWh 下降到 2015 年的 35.5 美元 /MWh”，但如果下降趋势持续下去，那么情况还不能确定。到目前为止发电成本下降主要归因于以下两个原因。第一个原因是燃料成本下降，铀价格下跌超过一半，而铀浓缩价格则下降了 2/3 以上。另一个原因是公用事业公司减少了资本支出（主要用于维修），但随着核电机组的年龄增加，这种情况不能无限期地持续下去。核能产业和核电公司做出的反应是关闭几座核反应堆或者要求政府以某种方式干预市场，以支持陷入困境中核电站的持续运营。的确，在 2016 年 2 月，美国核能协会（简称 ANS）感到有必要推出一套包含各种方法的工具包，各州通过这些方法可以进行干预，以确保公用事业公司能在不亏损的情况下继续运营陷入困境的核电站。

据 WNISR2016 报道，电力公司如何努力并在某些情况下成功获得大量额外收入以维持其核电盈利能力的著名案例发生在伊利诺伊州。在过去的几年里，美国最大核电站运营商爱克斯龙电力公司拥有的一些核电站未能在市场拍卖出清，尤其是在 PJM 电网（宾夕法尼亚州—新泽西州—马里兰州联网运行有限公司），一个负责协调东海岸、东南部和中西部 13 个州及哥伦比亚特区的批发电力活动的区域输电组织。其他在 PJM 控制区域内的核电站也未能出清。这个故事在美国中部独立系统运营商（简称 MISO）的联网组织中也很相似，它覆盖了伊利诺伊州和其他 14 个州的部分地区。

容量市场包括发电厂承诺有一定数量的发电容量，随时按需提供电力，并收到所承诺容量的费用支付。在容量市场拍卖中，那些以最低成本承诺提供可靠电力的电厂将率先被选中。一旦达到对未来需求所预期数量，那么以更高的成本提供电力的电厂就被称为未能市场出清。

公用事业公司对核电站无法出清的反应一直都归咎于市场结构，而不是自己的高成本。爱克斯龙电力公司的政府、监管事务和公共政策高级副总裁约瑟夫·多明戈斯（Joseph Dominguez）告知核能研究所："市场不能充分认识到核电站在可靠性和环境效益方面存在的重大价值。"独立评估不支持这种说法，迄今为止这种说法至少有 14 种形式。

2015 年 7 月，美国联邦能源监管委员会（简称 FERC）批准了 PJM 的重组提议，允许其对公用事业公司增加支付，从而更可靠地提供电力。尽管价格上涨，但在 2015 年 8 月，爱克斯龙电力公司宣布其三家核电站（牡蛎溪核电站、Quad Cities 核电站、三哩岛核电站）在 2018—2019 年规划年度的 PJM 电力拍卖目标并未完成。该公司还宣布"拜伦核电站的一部分电力拍卖目标也没有完成"。

2016 年，爱克斯龙电力公司与子公司联邦爱迪生公司（Commonwealth Edison Company 或 Com Ed）合作，提出了"一项更大的法案，将对该州的能源系统进行全面改革"，并增加"一项将使核电站盈利的电费附加费"。分析人士估计，拟议中的"变化将相当于政府、企业和消费者支付的 10 年零利率 77 亿美元"。爱克斯龙电力公司和联邦爱迪生公司将在 10 年里从该计划中获得 10 亿美元的保证利润，包括"在这段时间里高达 26 亿美元的补贴"。一方面，爱克斯龙电力公司正在寻求政府和客户的补贴；另一方面，它一直在向华尔街展示自己的盈利能力。

2016 年 6 月 2 日，爱克斯龙电力公司宣布如果该州不对核电进行补贴，将按计划关闭 Clinton 核电站的 1 台机组和 Quad Cities 核电站的 2 台机组。据说，尽管他们作为爱克斯龙电力公司两个运营最好的核电站，在过去的七年里，这两座核电站还是亏损了 8 亿美元。随后，在 2016 年 12 月 7 日伊利诺伊州未来能源就业法案的一项条款通过了州立法机关的审议，要建立一个零排放信贷（简称 ZEC）项目，为那些在电力批发市场变得不具竞争力的州内核电提供财政支持。零排放信贷价格可能会以高于当前的利率为电力发电机提供资金支持。通过这个项目，爱克斯龙电力公司拥有的 Clinton 核电站和 Quad Cities 核电站将有资格获得零排放信贷。2017 年 2 月 14 日，电力供应协会（简称 EPSA）和发电商在美国伊利诺伊州北区地方法院提起诉讼，反对零排放信贷项目资助的爱克斯龙电力公司，声称“救助不经济的伊利诺伊州发电厂对纳税人来说是一个糟糕的做法，他们将看到整个州的电费上涨”，诉讼目前仍在继续。

伊利诺伊州零排放信贷项目的可用性使爱克斯龙电力公司取消了原定于 2017 年 6 月 1 日关闭 Clinton 核电站 1 台机组以及 2018 年 6 月 1 日关闭 Quad Cities 核电站 2 台机组的决定。爱克斯龙电力公司已经向核监管局（简称 NRC）提交申请终止 Clinton 核电站的运营许可，随后撤销。到 2017 年 6 月 1 日爱克斯龙电力公司开始收到其在伊利诺伊发电厂的零排放信贷项目收入。

2017 年晚些时候，其他几个州，可能包括康涅狄格州、宾夕法尼亚州和新泽西州，会被要求通过类似的零排放信贷法案来帮助面临风险的核电站。

爱克斯龙电力公司和核能产业的支持者在宾夕法尼亚州的立法机构推动支持核电的零排放信贷法案很可能在 2017 年晚些时候提出，三哩岛核电站（简称 TMI）的未来似乎悬而未决。在爱克斯龙电力公司最近提交的 SEC 文件中称三哩岛核电站是“冒着由于当前经济估值和其他因素而提前退役最大风险”的核电站。爱克斯龙电力公司的政府、管理事务和公共政策执行副总裁说，我们在过去的六年里一直在亏损。在 2017 年 5 月，爱克斯龙电力公司宣布三哩岛核电站（以下简称 TMI）和 Quad Cities 核电站反应堆没有清空其 2020—2021 年的拍卖，这是三哩岛核电站连续第三年没有清空基于 PJM 的剩余拍卖。爱克斯龙电力公司说：“只要各州和联邦能源政策未能充分补偿核电的许多环境和经济效益，我们国家的许多核电站（包括三哩岛核电站）将继续面临盈利能力的挑战。”

这样的立法方法在 2016 年几乎已经发挥作用的州是康涅狄格州，道明尼能源公司在州立法委的能源和技术委员会发起了特别听证会。结果，康涅狄格州参议院通过了法案，该法案可能会改变市场结构并保护道明尼能源公司的磨石核电站。但是，众议院枪毙了该法案。

2015 年 10 月，安特吉电力公司宣布将关闭马萨诸塞州的 Pilgrim 核电站，因为这个运行 43 年的核电站"根本不再具有财务上的可行性"，并且已经通知了新英格兰独立系统运营商（区域输电组织）Pilgrim 核电站的电力容量将不会成为下一次电力拍卖的一部分。2016 年 4 月，安特吉电力公司公布了该电厂的关闭日期为 2019 年 5 月 31 日。随着 2017 年 3 月向核监管局（简称 NRC）提交了关于将乏燃料从反应堆池转移到干燥仓库的计划，没有迹象表明安特吉电力公司将会撤销其关闭核电站的决定。

在纽约州，安特吉电力公司在 2015 年 11 月宣布，"市场环境要求我们关闭 Fitz Patrick 核电站"。甚至是纽约州长安德鲁·库莫在 2015 年 12 月的命令中呼吁"州公共服务部设计并颁布一项新的清洁能源标准，规定到 2030 年纽约州电力消耗的 50%来自清洁和可再生能源"，其中还包括一项命令，即"制定程序防止过渡期间北部安全的核电站役过早退出"，这并没有改变安特吉电力公司的决定。

爱克斯龙电力公司也在纽约州经营核电站，它借鉴安特吉电力公司的经验，威胁要关闭 Ginna 核电站和 Nine Mile Point 核电站 1 号反应堆，除非该州批准"核发电补偿计划"，该计划"要求所有在纽约州出售电力的公司以可能高于市场价格的高价购买北部核电站的电力"。

Fitz Patrick 核电站在 2015 年 11 月被宣布财务上不可行，计划于 2017 年 1 月永久关闭。2016 年 8 月 9 日，爱克斯龙电力公司宣布已与安特吉电力公司达成协议，接手 Fitz Patrick 核电站所有权，并继续运营该核电站。一周前，纽约公共服务委员会（简称 NYPSC）批准了该州的清洁能源标准，以零排放信贷为特色将有利于 Fitz Patrick 核电站、Nine Mile Point 核电站的 1 号和 2 号机组以及 Ginna 核电站。2016 年早些时候，爱克斯龙电力公司曾表示，如果得不到支持，将关闭 Ginna 核电站，因为："预计市场收入不足以支持 Ginna 核电站设施的持续运营。"对 Ginna 核电站的零排放信贷项目的可行性似乎扭转了爱克斯龙电力公司的关闭计划。

2017 年 3 月 3 日，核监管局（简称 NRC）发布了一项命令，批准将 Fitz Patrick 核电站的运营许可证从现有的所有者和运营商安特吉电力公司直接转让给爱克斯龙电力公司，自 2017 年 3 月 31 日起生效。该单机组核电站的 1.1 亿美元交易已于 2016 年 11 月由纽约公共服务委员会批准，并于 2016 年 12 月由联邦能源管理委员会（以下简称 FERC）批准。

纽约公共服务委员会的零排放信贷项目计划要求指定的核电站通过两个六年期参与到该计划中来，并将零排放信贷项目出售给纽约州能源研究与发展局。从 2017 年 4 月 1 日起，未来 12 年间零排放信贷项目预计价值共计 80 亿美元。在纽约州的核反应堆中，公共服务委员会商定了 2017 年 4 月 1 日至 2019 年 3 月 31 日期间零排放信贷项目费率为 17.48 美元 / MWh。未来的水平还有待确定，州议会可能会要求纽约公共服务委员会基于竞争定价不是像现在这样行政管理。

零排放信贷项目支付给指定核电的费用将随时间增加，2027 年 4 月 1 日至 2029 年 3 月 31 日期间，暂定为 29.15 美元 / MWh。2016 年 8 月 8 日穆迪投资者服务公司估计当前的批发电价在 2017 年远期市场约为 35 美元 / MWh，当年的容量电价为 3.50 美元 / MWh，17.48 美元 /MWh 的补贴将相当于价格上涨 45%。穆迪投资者服务公司表示，"随着 Fitz Patrick 核电站的收购，爱克斯龙电力公司可以在前两年收到另外 1.2 亿美元的税前现金流量，或大约 7500 万美元的税后现金流量，这些确实是非常多的补贴。"

作为对纽约公共服务委员会的零排放信贷计划的回应，2016 年 10 月 19 日，由 5 座发电厂和电力供应协会（简称 EPSA）组成的联盟在纽约州法院提起诉讼，要求停止"非法"计划。该诉讼称，"为了改变联邦能源管理委员会以市场为导向的拍卖系统，纽约公共服务委员会发布了零排放信贷项目命令，为 4 座运行不具有经济性的北部核电站提供救援，并通过零排放信贷项目将他们在市场上至少保留 12 年"。该联盟继续声明，"除非禁止或取消这些零排放信贷项目，否则这些信贷将导致纽约州纳税人12年里缴纳约76亿美元的税金。”这些诉讼是对伊利诺伊州和俄亥俄州零排放信贷模式的生存测试。

安特吉电力公司在纽约州的另一个核电站是Indian Point核电站，由于纽约市附近的电力价格上涨，该核电站的利润更高。然而，Indian Point核电的业务正面临两个关键的环境要求——沿海地区管理认证和水许可证申请的挑战。虽然安特吉电力公司已经宣布不需要沿海地区管理认证，但纽约州不同意，2016年双方继续在法院上诉进行斗争。

2017年1月9日，永久关闭位于纽约曼哈顿以北30英里（48千米）处的Indian Point核电站两座反应堆机组的协议被宣布。这一协议反映了太平洋燃气电力公司（简称PG&E）和包括环保组织在内的利益相关者达成的在2016年宣布关闭加州Diablo Canyon核电站两座反应堆的安排。就Indian Point核电站而言，长期受到社会团体、纽约市及纽约州政府出于安全问题的反对，提前关闭是和解的一部分，纽约州已同意放弃法律挑战并支持为Indian Point核电站更新操作许可。2007年4月，安特吉电力公司提交了Indian Point核电站在运机组延期许可证申请，在随后的10年里持续受到公民团体的挑战。近年来，安特吉电力公司在两座反应堆中的投资超过10亿美元。根据协议，Indian Point核电站2号机组将在2020年4月30日之前关闭，3号机组将在2021年4月30日之前关闭。

2016年12月8日，安特吉电力公司在电力采购协议（以下简称PPA）提前终止后宣布要永久关闭Palisades核电站的反应堆。根据目前的计划，并假设监管部门批准在2018年终止PPA的请求，Palisades核电站将在2017年间进行燃料补给，并运行至燃料周期结束，然后在2018年10月1日永久关闭。安特吉电力公司表示：“市场状况发生了重大变化，现在有更经济的选择可以为该地区提供可靠电力，预计这笔交易将节省3.44亿美元。”Palisades核电站反应堆是美国最古老的反应堆之一，长期以来一直处于安全问题的争论中，特别是其广泛的中子辐射对反应堆压力容器（RPV）的脆化，这是美国核电历史上是最严重的问题。

在新泽西州，参议院大会提出了相同的法案，要求该州公共事业委员会就包括零排放信贷项目在内的能源政策的可行性和效益进行研究，并要求在一年内完成评估。在新泽西州经营 Salem 核电站 1 号和 2 号反应堆、Salem-2 反应堆和 Hope Creek 核电站反应堆的公用服务企业集团（以下简称 PSEG），正积极支持在该州成立零排放信贷项目。2017 年 4 月 28 日，PSEG 警告说，虽然目前反应堆机组的现金流量是正的，但预计在 2020 年将转为负数，“如果这些资产长期没有赚回资本成本或者现金流量为负值的话，我们将使他们退役。”2016 年新泽西州环保部门允许运营商 PSE&G 电力公司以及 Salem 核电站两台机组的所有者爱克斯龙电力公司，在不建造冷却塔的情况下继续经营反应堆，环保人士一直主张停止核电站的给特拉华湾的生态系统带来的破坏性影响。

2016 年 PSE&G 电力公司的一座新反应堆获得了核监管局（以下简称 NRC）原子安全许可委员会（简称 ASLB）的前期场地许可，该场地位于萨勒姆县的两个现有核电设施附近。PSE&G 电力公司最初在 2010 年申请了许可证，但还没有立即进行建设的计划。

另一家受财务压力影响的核电站是俄亥俄州的 Davis Besse 核电站反应堆，长期以来，由于经济因素，它面临关闭的风险。它的运营商第一能源公司与俄亥俄州公用事业委员会达成了一项电力购买协议，该委员会在 2016 年 3 月批准了一项特殊的 8 年安排。这一安排将要求第一能源公司的俄亥俄州客户对 Davis Besse 核电站和萨米斯燃煤火力发电厂的继续运营提供补贴。然而，在 2016 年 4 月，联邦能源管理委员会否决了该电力购买协议。

2016 年，第一能源公司继续游说建立零排放核电（简称 ZEN）的立法，以支持他们的戴维斯 - 贝斯核电站和 Perry 核电站反应堆，该立法预计会给这些反应堆每年带来 3 亿美元。第一能源公司发言人说：“我认为这些机组不会在未来运行很久。”其非监管子公司——第一能源解决方案，处于联邦法院破产保护的风险之中，第一能源核运营公司也是第 11 章破产重组的候选人。在 2017 年 2 月，据报道，第一能源公司要么为两座核电站寻找新的所有者，要么在2018年关闭他们。联邦政府是第一能源公司以及全国电厂的另一条可能的生命线。能源部长里克·佩里在2017年4月14日的备忘录中下达了针对联邦条例和可再生能源的支持而对电网部门审查的指令，他认为这在将来可能会危及基载电力，并要求在2017年6月中旬之前完成审查，随后在2017年7月1日推迟。该审查的目的是评估联邦政策是否对电网的基本电力供应产生了负面影响，或者说是燃煤、天然气或核能等大型发电厂是否产生了可靠的电力供应。2017年6月26日泄露的报告草本得出结论，绝大多数核电站关闭是由于“不利的市场环境”，而“最不利的市场环境是许多核电站发电的边际成本高于市场上大多数其他发电的边际成本”。2017年4月底，第一能源公司表示，它可能推迟出售或关闭其商业煤电和核电机组的计划，直到能源部完成审查。然而，第一能源公司目前仍计划在2018年年中退出其竞争性发电业务，这意味着它也可能关闭或出售它的两台海狸谷核电站反应堆机组。

2016年10月24日，由于经济状况不佳，内布拉斯加州单一机组的Calhoun核电站反应堆被永久关闭。该反应堆位于奥马哈以北19英里处，由奥马哈公用电力公司（以下简称OPPD）通过与爱克斯龙电力公司签署协议来运营。该反应堆于1973年开始运行，并于2002年从核监管局（以下简称NRC）获得了延期至2033年的许可证。自从2014年在西南电力联营（以下简称SPP）日前市场首次亮相以来，Calhoun核电站一直在苦苦挣扎。2016年5月，奥马哈公用电力公司总裁告诉Calhoun核电站董事会，其继续经营在财务上是不可持续的。

美国关闭核电站的理由揭示了其核电站面临的问题。2016年4月，奥马哈公用电力公司董事会主席呼吁对未来的电力资源进行潜在的情景分析；结果表明，Calhoun核电站在各种情况下都不符合最低成本要求，“其他无碳选项更具经济性”。2016年6月17日，奥马哈公用电力公司董事会一致投票决定年末关闭该反应堆；用一位董事会成员的话来说，这个决定“只是一个经济决策”。2012年，爱克斯龙电力公司与奥马哈公用电力公司签订了一份为期20年、价值4亿美元的合同，接管了该核电站的运营。Calhoun核电站的发电成本和产量显示，奥马哈公用电力公司的发电成本约为 71 美元 / MWh，而市场价格为 20 美元 / MWh。

表 5 2009—2025 年美国提前关闭的反应堆

反应堆	所属公司	决定关闭日期	关闭日期（最后一次发电）	关闭时年龄（年）	是否获得核监管局 60 年许可证的批准
Oyster Creek 核电站	爱克斯龙电力公司	2010 年 12 月 8 日	2019 年 12 月	50	是
Crystal River 核电站 3 号反应堆	杜克能源公司	2013 年 2 月 5 日	2009 年 9 月 26 日	32	撤回申请
San Onofre 核电站 2 号和 3 号反应堆	南加州爱迪生电力公司 / 圣迭戈燃气电力公司	2013 年 6 月 7 日	2012 年 1 月	29/28	没有申请
Kewaunee 核电站	道明尼资源公司	2012 年 10 月 22 日	2013 年 5 月 7 日	39	是
Vermont Yankee 核电站	安特吉电力公司	2013 年 8 月 28 日	2014 年 12 月 29 日	42	是
Pilgrim 核电站	安特吉电力公司	2015 年 10 月 13 日	2019 年 5 月 31 日	47	是
Diablo Canyon 核电站 1 号和 2 号反应堆	太平洋燃气电力公司	2016 年 6 月 21 日	2024 年 11 月 /2025 年 8 月	40	暂停申请
Calhoun 核电站	奥马哈公用电力公司	2016 年 8 月 26 日	2016 年 10 月 24 日	43	是
Palisades 核电站	安特吉电力公司	2016 年 12 月 8 日	2018 年 10 月 1 日	47	是
Indian Point 核电站 2 号和 3 号反应堆	安特吉电力公司	2017 年 1 月 9 日	2020 年 4 月 30 日 /2021 年 4 月 30 日之前	47/44	正在审查

自 2013 年以来，美国的反应堆公用事业公司已经宣布 16 座反应堆被永久关闭（在过去 12 个月中有 3 座）；由于零排放信贷引入，这些反应堆中有 3 座（纽约州的 Fitz Patrick 核电站，伊利诺伊州的 Clinton 核电站和 Quad Cities 核

电站的1号和2号反应堆）的关闭指令随后被撤销。有6座已被关闭（佛罗里达州的Crystal River核电站3号反应堆、加利福尼亚的San Onofre核电站2号和3号反应堆、威斯康星州的Kewaunee核电站、佛蒙特州的Vermont Yankee核电站、最近在2016年10月关闭的内布拉斯加州的Calhoun核电站）；其余那些被宣布永久关闭的反应堆（在密歇根州的Palisades核电站、Indian Point核电站2号和3号反应堆、马萨诸塞州的Pilgrim核电站、新泽西州的Oyster Creek核电站、加利福尼亚州的Diablo Canyon核电站1号和2号反应堆）没有迹象表明关闭会被取消。Diablo Canyon核电站的关闭为美国其他核反应堆的关闭提供了一个模板，正如艾莫里·洛温斯总结的那样，关闭Diablo Canyon核电站的决定，“不像以前有些核反应堆的关闭，有些立即用无碳能源替代太突然了，太平洋燃气电力公司的核电产出将在8—9年的时间内适时经济地被高效和可再生能源取代。”这意味着没有更多的化石燃料燃烧，也没有碳排放，对纳税人来说所有的成本都更低。即使零排放信贷立法被进一步采纳，关停反应堆数量也将进一步增加。风险最大的是Perry核电站和Davis Besse核电站反应堆，除非他们能确保得到零排放信贷的支持。由于在2020年之前需要投入5亿美元的改造成本，关于明尼苏达州普雷里岛核电站反应堆的决定预计会在接下来的一年公布。

新核反应堆的建设

我们是世界上最大的核电私有企业，我们将展示这为什么是一件好事，并让这些工厂都做到这一点。

——西屋电气公司CEO丹尼·罗德里克（Danny Roderick）

2017年3月29日，世界上最大的老牌核电站建造商——日本东芝集团旗下的西屋电气公司，在美国纽约南区的破产法庭申请了第11章破产保护。破产是由若干因素造成的，尤其是最近在佐治亚州的Alvin W Vogtle核电站和南卡罗来纳州的V. C. Summer核电站中正在建造的四座AP1000反应堆的成本大幅增加和工期延迟。AP1000 反应堆项目现由西屋电气有限公司的子公司——芝加哥桥梁钢铁（CB & I）斯通 – 韦伯斯特公司进行管理，西屋电气公司有限公司于 2006 年被东芝公司收购。

这些项目的成本超支是东芝公司（西屋电气的母公司）宣布亏损 62 亿美元的主要原因。而西屋公司官网的表述则更加谨慎，“公司由于某些财务和施工上挑战，正在寻求在其美国 AP1000 核电站项目中进行战略重组”。

佐治亚州电力公司的母公司同时也是 Vogtle 核电站的所有者——南方公司在回应破产申请时表示：“我们将继续采取一切行动，让西屋公司和东芝公司对其在工程，采购和施工协议及母公司担保上履行其应尽的财务责任。”事实上，东芝公司可能无法履行其义务。

Vogtle 和 V. C. Summer 核电站的 AP1000 项目

2012 年 2 月 9 日，Vogtle 核电站 3 号和 4 号机组获得了核监管局的近三十五年来首次颁发的建设和营运许可证（以下简称 COL）。但一个星期后，一个环保组织联盟就对这一决定提起了诉讼。2012 年 3 月 30 日，南卡罗来纳州电气公司也获得了 Summer 核电站第 2 和第 3 号机组的建设和营运许可证。在这些前所未有的举动中，核监管局主席 Gregory B. Jaczko 投票反对其他四名委员的意见，指出该决定就好像“福岛核事故从未发生”一样。Jaczko 随后辞去了其在核监管局的职务。

Vogtle 核电站 3 号机组的建设于 2013 年 3 月正式开始，随后 4 号机组也于 2013 年 11 月开工。在 Vogtle 核电站，两台 AP1000 反应堆的初始估计成本为 140 亿美元。2015 年 12 月，佐治亚州电力公司确认现阶段的估计成本大约为 210 亿美元，比初始估计成本高出约 50%。到 2017 年 6 月时，估计项目完成总成本将达到 290 亿美元。

Vogtle 3 和 4 号机组由佐治亚州电力公司（45.7%，母公司为南方公司）、奥格尔索普电力公司（30%）、佐治亚州市政电力管理局（22.7%）和道尔顿电力公司（1.6%）共同拥有。佐治亚州公共服务委员会（以下简称 G–PSC）

在 2014 年 6 月的一份报告中警告说，预计 3 号机组的启动时间将从 2016 年 4 月延迟至 2018 年 1 月。2015 年 4 月，核监管局报告说，“修订后的实质性完工日期预计为 2019 年 6 月和 2020 年 6 月。延误的主要原因包括子模块的设计和制造问题。”

V. C. Summer 核电站分别在 2013 年 3 月 11 日和 11 月 4 日开始了 2 号和 3 号机组的建设，预计 2 号机组的启动日期为 2017 年，3 号机组的启动日期为 2017 年年底或 2018 年年初。这两座反应堆均由南卡罗来纳州电气公司（以下简称 SCE & G）和南卡罗来纳州公共服务局（森迪库珀公司）共同拥有。在 2016 年 5 月的文件中,SC & G 重申，第一台新机组的目标是在 2019 年 8 月“实质性完工”（不运行），到 2020 年 8 月实现第二台。2017 年 2 月 14 日，西屋公司向 SCE & G 提供的修订的 2 号机组和 3 号机组并网服务日期分别为 2020 年 4 月和 12 月。

2016 年 10 月，对该项目进行审查后，西屋公司和反应堆所有者 SC & G 公司就新合同达成一致，合同中预计该项目成本高达 140 亿美元，这比 2008 年宣布的总成本 98 亿美元的报价高出约 43%。2017 年 5 月，该项目的成本被认为“接近 160 亿美元”。

根据 SCE & G 的报告，为了分别在 2020 年 4 月和 12 月完成 V.C. Summer 的两台核电机组的建设，预计共需要现金 53 亿美元。SCE & G 公司预计 2017 年的建造成本为 19 亿美元，2018 年为 17 亿美元，到 2020 年为 11 亿美元。与 Vogtle 一样，V. C. Summer 的机组也不可能按最新计划完成。

建造

2015 年，WNA 称 AP1000 反应堆设计“采用模块化施工技术，可在工厂建造大型结构化模块，然后在现场安装。这意味着可以同时进行更多的建造活动，减少建造核电站所需的时间，并带来经济和质量控制上的好处”。而实际情况截然不同。

甚至在 Vogtle 核电站的反应堆正式建设开始之前，核监管局确定，在开挖和准备铺设反应堆的地基时发生了违反核监管局要求的行为并达到严重级别（SL）IV。这些违规行为包括不符合标准的材料回填，以及没有按要求进行防水膜测试（要求这些防水膜符合地震类别组件标准），这对于应对地震荷载和指定安全停堆地震（SSE）至关重要。这些问题使得开工时间推迟了九个月。核监管局的记录显示，这些问题在接下来的四年变得复杂化，因为莱克查尔斯市的监管和内部审查揭示很多问题都与实现西屋的模块化新设计有关。

在西屋公司宣布破产之前，Vogtle 核电站和 V. C. Summer 核电站的反应堆建设就已经非常困难了。

它进行得很好，我们正在按计划进行中
——汤姆·范宁（Tom Fanning），南方电力公司 CEO，2016 年 10 月

Vogtle 核电站

尽管佐治亚州电力公司声称，在 2016 年 Vogtle 核电站已经完成了建筑施工里程碑的 60%，但佐治亚州电力公司高管向公共服务委员会（以下简称 PSC）承认，截至 2016 年 9 月，实际上全场建设只完成了 36%。

EnergyWire 获得的佐治亚州公共服务委员会的 2016 年 12 月份的季度进度报告（公开版本，另一版被划分为“高度保密的商业秘密 EPC 信息”）显示，公共服务委员会对最新预计的 Vogtle 反应堆完成日期产生了较大的怀疑，认为在未来的长期施工中“工作人员存在较高的延误风险”。虽然报告的两个版本都进行了很大的修改，但报告确认“3 号机组和 4 号机组的许多施工活动从 2016 年 11 月综合项目进度（‘IPS’）到 2016 年 12 月 IPS 已经有了延误”，同时“3 号机组项目完成的所有路径都在进度压力之下，并可能引起额外延误”。

如果决定继续施工（见下文）且以 2017 年 3 月 31 日已完成的 40% 起，大幅度提高施工效率，Vogtle 核电站更为可能的完工日期也得在 2023 年。但这一日期仍然是非常不确定的，而且基于年施工完成率要维持在目前的 9% 且没有进一步的延误，根据项目的过往记录这必定是有疑问的。

对 Vogtle 核电站的建设来说，额外的施工延误以及因此增加的主要附加成本是不可避免的，在向佐治亚州的公共服务委员会报告中称该项目延期一年的成本为“数亿美元”。虽然计划 Vogtle 核电站的两个 AP1000 机组分别在 2019 年 6 月和 2020 年 6 月开始商业运行，但在 2016 年的公共服务委员会员工报告中，独立监测员表示在这些日期实现的可能性不大：

我们总结出，公司未曾向员工证明有充分的机会可以实现目前的商业运营日期（以下简称 COD）。我们认为，这两个机组商业运行日期延后的可能性很大。

项目进一步延期的风险很“严重”，如果要在规定时间内完成，那么 2017 年必须将年度完成率从目前的 9.2%的提高三倍达到 27%。而实际上，该工程的建设效率从 2016 年 8 月份就开始下降了。

由于进一步延期超出了当前预测的已经推迟的商业运行日期，额外的项目资金和融资成本依然是造成项目成本增加的重大风险……该项目继续出现严重的进度延误，特别是在 3 号机组。

2017 年 5 月初，佐治亚州电力公司的工作人员向佐治亚州公共服务委员会承认，该项目在 2016 年下半年至少比计划进度延期四个月，而且 2017 年还将有进一步的延迟。

随着西屋公司提交破产申请，佐治亚州电力公司于 2017 年 5 月 12 日宣布，与西屋公司原则上达成了一项新的服务协议，“一旦当前的工程、采购和施工合同在西屋破产程序中被驳回，将允许南方核运营公司与佐治亚州电力公司从西屋公司手中接管该项目。”

原定于 5 月 12 日到期的临时评估协议有效期延长至 2017 年 6 月 3 日，期间新的服务协议已经定稿并获得了所有批准。在此期间，核电站的工作将继续进行，项目管理的交接也将有序展开。佐治亚州电力公司的高管表示，他们希望西屋公司能够在提供施工管理服务的临时协议失效后立即终止两台 AP1000 机组的工程，采购和施工（以下简称 EPC）合同。2017 年 6 月 9 日两公司达成协议，东芝集团承诺在 2017 年 10 月至 2021 年 1 月期间向佐治亚州电力公司支付 36.8 亿美元。

南方公司的工作人员表示他们希望在 2017 年 8 月或夏末完成疏散工作，Vogtle 项目分析的计划完成日期被进一步延后。

V. C. Summer 核电站

2014 年，SCE & G 公司将 2 号和 3 号机组的完工日期分别修订为 2017 年 12 月 15 日和 2018 年 12 月 15 日。最新预计完工日期则是 2020 年 4 月和 12 月，即使在西屋公司破产之前，这些估计也缺乏可信度。截至 2017 年 2 月，V. C. Summer 核电站的建设只完成了 33.7%。

2017 年 3 月，SCE & G 母公司斯堪纳集团的 CEO，凯文・马什（Kevin Marsh）表示 ："我们的承诺仍然是努力完成这些核电站的建设，这是我的首选，我认为放弃才是最坏的选择。" 2017 年 3 月，斯堪纳集团宣布，在未来 30 天它将评估该项目的以下选择 ：

继续建设这两台新机组 ；

重点建设一台机组，推迟另一台机组的建设 ；

继续建设一台机组，放弃另一台机组 ；和

放弃两台机组。

2017 年 4 月 29 日，斯堪纳集团宣布对项目未来的评估期延长至 2017 年 6 月 26 日。斯堪纳集团的首席运营官史蒂夫・伯恩（Steve Byrne）在这个时候承认说 ："从审慎的角度来看我们必须评估，封存或者放弃一座反应堆是否符合我们的最大利益。" "如果只能完成一座核反应堆的建设，斯堪纳集团将把另一座核反应堆改建成气冷反应堆。"

质量失控，争议和收购

西屋公司破产的原因部分是由于过去七年来在 AP1000 项目中存在着管理混乱，质量失控，施工失败的问题。这些原因也导致了合同方和西屋公司之间的一系列纠纷，引发的收购和法律上的问题加剧了 Vogtle 和 V. C. Summer 核电站的施工延误。

最严重的延误是由于“创新”设计，以及使用未经验证的方法制造和建设反应堆所带来的风险。当供应商在不能保证质量控制和符合核监管局规定时，使用预制件的方式进行 AP1000 反应堆建设，显然是一种高代价的失败。这也导致了承包商和客户之间的主要冲突。

2015年10月，西屋公司签署了收购CB&I Stone & Webster Inc.公司的协议，当时属于芝加哥桥梁钢铁公司的核电建设和集成服务业务。西屋公司 CEO Danny Roderick 认为该协议“有利于我们公司的战略性全球增长计划，增强我们的实力”。西屋公司及其附属子公司成为佐治亚州电力公司拥有的 Vogtle3 号机组和 4 号机组，以及 V. C. Summer 核电站 2 号机组和 3 号机组的唯一承包商。之后西屋公司与福陆公司（Fluor Corp.）签订了一份协议，同意其作为建设分包商。西屋公司在项目完成前不支付任何费用，但同意承担 Vogtle 核电站和 V. C. Summer 核电站所有与成本超支相关的负债，Shaw 集团正在与西屋公司建立合作关系。这笔交易是为了让两个核电站项目按计划进行。

芝加哥桥梁钢铁公司后来指控西屋公司背弃之前将消除与 Vogtle 和 V. C. Summer 核电站相关的所有建筑公司的负债这一承诺。这一纠纷与芝加哥桥梁钢铁公司核电站建设业务净流动资金的价值相关。然而，核电站机组建设的负债不仅影响净营运资金的计算，而且还影响机组的估值。东芝公司最初估计通过收购斯通－韦伯斯特公司获得了价值大约 8700 万美元的“商誉”，并预计到今天已经上涨至数十亿美元。作为一种无形资产，东芝显然过分高估了这一商誉，未能考虑 Vogtle 和 V. C. Summer 核电站的商誉和材料成本的上涨，进而导致公司的资产价值低于预期。东芝 2016 年 4 月份报告称，商誉的下降可能为 23 亿美元，现在进一步下降了数十亿美元。在 2016 年 12 月 5 日，特拉华州衡平法院裁定支持西屋公司，驳回了 CB & I 公司的上诉，认为需要独立审计师来解决双方购买协议中的纠纷。CB & I 公司于 2016 年 12 月 7 日再次提出上诉。

V. C. Summer 和 Vogtle 核电站的不确定性

如果我在十年前就知道这些，我们会走一条不同的路
——Stan Wise，佐治亚州公共服务委员会，2017 年 5 月

由于放弃了一个明确的选择，到 2017 年 6 月，美国的 Vogtle 和 V. C. Summer 核电站 AP1000 项目的未来仍然是不确定的。就佐治亚州 Vogtle 核电站 3 号和 4 号机组，佐治亚州公共服务委员会主席 Stan Wise 指出，“很有可能……Vogtle 核电站的建设根本就无法完成，我们认为核能会成为佐治亚州最好的能源选择，但这一选择可能甚至要在下个世纪才能实现，这无疑是巨大的打击。”不过他也谈到自 Vogtle 核电站的计划获得批准以来能源格局的变化，“天然气变得非常便宜，太阳能发电及电池等技术也在改进”，并声明：“如果我在十年前就知道这些，我们会走一条不同的路”。Vogtle 和 V. C. Summer 核电站是美国在 30 多年内第一批获得许可并开始建设的新核电项目。

决定 Vogtle 和 V. C. Summer 核电站未来的因素

一些关键因素决定着 Vogtle 核电站和 V. C. Summer 核电站项目的未来。这些因素包括：确保东芝公司的财务担保（包括西屋公司申请破产程序的影响）；确保联邦生产税收的抵免；以及佐治亚州和南卡罗来纳州公共服务委员会和民众的看法。

西屋公司 / 东芝公司的担保

与南方公司（及 SCE & G）签订的合同中，东芝公司是西屋公司一定义务的担保人。东芝公司预计需要预留约 670 亿日元（约合 6.02 亿美元）作为截至 2017 年 3 月 31 日本财政年的担保。

另一项争议也因西屋公司而起，在提交的法庭文件中，佐治亚州电力公司反对西屋公司“债务人持有资产（DIP）”式的破产贷款，因为它要求西屋公司提供完成两台 AP1000 反应堆建设所必需的知识产权留置权。对建设反应堆至关重要的知识产权留置权可以危及整个项目，根据 Vogtle 核电站所有者提交的法庭文件，“如果 DIP 贷款人获得知识产权留置权，则存在 DIP 贷款人随后将知识产权取消的可能性……这可能会严重扰乱项目进度，甚至可能会造成项目的停建”。佐治亚州电力公司表示，即使破产融资方案中的任何钱都不能用于反应堆建设，情况也是如此。西屋公司的破产融资由 Apollo Global Management LLC 的附属公司提供。

V. C. Summer 项目并不存在同样的问题，业主自 2017 年 3 月以来一直在管理 AP1000 知识产权和软件。2017 年 5 月巴克莱资本分析指出，（Vogtle）项目业主正在与东芝就支付进度谈判如果西屋声明不能履行 EPC 合同的义务，则东芝担保付款。如前所述，东芝和佐治亚州电力公司在 2017 年 6 月达成了 36.8 亿美元的协议，将于 2021 年年底支付。

在 V. C. Summer 的案子中，2017 年 7 月 27 日，斯堪纳和 Santee Cooper 与东芝达成 21 亿 6800 万美元的协议，东芝从 2017 年 10 月开始支付至 2022 年。

在两个案子中，东芝提供的担保都有可能被破产法院拒绝，也有可能东芝所拨的预留款额不足够。

联邦贷款担保

2010 年 2 月，美国能源部（DOE）宣布，它有条件地授予 83 亿美元的 XV11 联邦贷款担保，以承保 Vogtle-3 和 Vogtle-4 的建设成本。贷款将在项目 4 个业主中的 3 个进行分配：佐治亚电力公司（34 亿美元）、奥格尔索普电力公司（31 亿美元）和 MEAG 电力公司（38 亿美元）。根据协议条款，贷款担保将允许项目所有者以低于市场的联邦融资银行利率在美国政府的保证下借款。贷款担保的最终批准是在 2014 年的 2 月和 6 月宣布的。美国能源部的贷款担保是在没有让被担保公司支付项目补贴成本的情况下授予的。2005 年“能源政策法”第十七条制定了贷款担保计划，要求政府收取“借款人全额支付的债务成本”，然而，美国能源部在不收取这笔款项的情况下，授予了核电站

Vogtle 贷款担保。

正如美国核能研究所（以下简称 NEI）在 2010 年指出的那样，“虽然贷款担保不等于贷款，但也是第二好的安排；政府拥有的联邦融资银行承担贷款违约的风险。公用事业公司必须与银行商定一笔费用，以抵销违约风险。”

贷款担保允许 Vogtle 项目的业主以远低于市场水平的利率负担大部分建筑成本，并增加其债务比例，从而大大降低了整体融资成本。

在对 Vogtle 核电站贷款担保的解释中，奥巴马政府表示：“Vogtle 核电站是核电技术的重要进步，其他创新核项目可能无法获得全面商业融资，因为从未在美国以商业规模部署过的新技术存在风险。这项征集草案的贷款担保将支持先进的核能技术，以促进未来重复或扩大技术创新项目的部署。”

西屋公司破产的影响和 Vogtle 项目的期权评估，增加了向美国南方电力公司偿还 83 亿美元贷款的可能性。

税收抵免

“对核电站的生存能力来说，税收抵免是非常、非常重要的。”斯堪纳集团执行副总裁兼首席财务官 Jimmy Addison 说。“我们给每一个在南卡罗来纳州和美国核电产业上有既得利益的人都留下了深刻印象……税收抵免的及时性对于项目评估来说非常重要。”

决定 Vogtle 和 V. C. Summer 核电站的未来发展的一个关键因素是，在反应堆运行的前 8 年，首批 6000MW 的装机容量能否获得每千瓦时 0.018 美元的生产税收抵免（以下简称 PTC）。这项抵免的上限为每年每 1000MW 容量 1.25 亿美元。生产税收抵免被列为 2005 年能源政策法案的一部分，目前适用要求是在 2021 年 1 月 1 日之前投入运行的核电机组。

Vogtle 和 V. C. Summer 核电站的业主极力确保获得联邦生产税收抵免。以 Vogtle 核电站为例，它将抵销 8 亿美元的税款；根据斯堪纳集团，目前估计的 V. C. Summer 核电站的建筑成本为 140 亿美元，税收抵免额将抵销其中约 22 亿美元，但只有反应堆在 2020 年年底之前并网发电的情况下，纳税人才能获得这笔税收抵免。

这不是巧合，虽然反应堆的计划启动日期已被推迟，但目前纸面上仍然在PTC的截止期限之前。“这两家公用事业公司的说客们已经把延长截止期限当作2017年的头等大事，高管们也表示相信会有政治上的支持来促成这件事。”

然而，在国会于2017年5月2日通过的一项综合开支法案中，对PTC截止期限的延长并未包括在内，现在可能需要等待纳入拟议的税收立法。“税收抵免额超过了20亿美元，这将对决策至关重要。”S.C.监管机构办公室主任杜克斯·斯科特（Dukes Scott）说。在短期内，几乎不可能通过延长PTC截止期限的立法。

电力用户成本和公共服务委员会的地位

佐治亚公共服务委员会（以下简称PSC）从一开始就支持Vogtle核电站的建设，包括慷慨批准合并在建工程（以下简称CWIP），其中佐治亚电力公司承担的所有建筑成本都直接转移给用户。Vogtle项目和CWIP长期以来一直被佐治亚的社会团体批评不经济，并且对佐治亚州的电力用户和电力需求不利。原施工计划在施工开始前就被批评为无法实现，尽管公用事业公司和公共服务委员会都驳斥了这些批评，融资和决策缺乏透明是没有帮助的。虽然公用事业公司将有关项目成本和进度的详细信息（公司几乎将所有这些信息归类为商业机密）提供给PSC，投诉已于2010年被提交。

佐治亚核能融资法案于2009年签署成为法律，允许受管制的公用事业公司在核电项目开始为纳税人提供受益之前就从用户那里收回与建设项目相关的融资成本。佐治亚电力公司估计有Vogtle核电站61亿美元的成本，其中17亿美元是融资成本。该公司从2011年开始从用户那里收回这些融资成本。这意味着从2011年起，佐治亚电力公司的电费平均每月上涨3.73美元。佐治亚电力公司预计，由于Vogtle核电站3号和4号反应堆投入建设，上涨会继续攀升，以至于到2018年，佐治亚州电力公司的住宅用户每月每使用1000 kWh的电，他们的账单就会增加10美元，或每年约增加120美元。公用事业公司拥护 CWIP，因为这让他们从客户那里获得无息贷款，而不是市场利率债务和股权融资。然而，CWIP 也增加了风险，因为价格弹性和政治不满在核电站最终完工之前（如果能完）都有很长时间起作用，并将其纳入利率基准（在一定程度上）。建筑商认为，佐治亚州的特殊法律是为了缓解所有成本超支或投资不慎的风险，但即使是这样（取决于法院裁定），如果受管制的公用事业公司有不明智的、轻率的，或欺骗的行为，国家监管机构也有许多其他具体的方式来表达不满。

对于 V. C. Summer 核电站这一案例，2016 年 6 月，南卡罗来纳州监管机构办公室（ORS）报告表示，预付的核建设费用占零售账单的 16%。截至 2016 年 5 月，SCE & G 已经向用户涨价了 8 次，并且 SCE & G 自 2009 年以来已将电价上涨近 20%用于投资该核电项目。

未来 Vogtle 和 V. C. Summer 核电站业主想要任何成本享受 CWIP 政策，需要 PSC 批准。在核电站开始建设之前，项目的可行性已经受到挑战，对 PSC 在佐治亚和南卡罗来纳州 PSC 未能谨慎行事的公开批评近几年来有所增加，并且在西屋公司提交破产以来开始升级。“这个项目现在在显微镜下，当事情不按计划进行时，当选官员可能不愿意让用户埋单。”

国家监管机构还必须同意公用事业公司接管总承包，由 Bechtel 或 Fluor 一类的建筑公司作为分包，巴克莱资本的分析称，“这将需要新的风险分配，因为与西屋公司不同的是，建筑承包商不会提供固定价格合同。”

特朗普总统对核电的观点

在他的总统竞选活动中，特朗普总统明确表示支持核电，他表明：“核能是宝贵的能源，应该作为长久为美国提供电力的全面计划的一部分。”然而，即便当时也有迹象表明他的支持可能是有条件的，正如他竞选时在能源计划提案中表示的一样，他将确保政府不在能源商之间有任何偏好，并让能源市场决定国内能源的最佳组合。但是白宫网站上的“美国第一能源计划”根本没有提及核能，而是重点关注页岩气和清洁煤的需求。然后在 2017 年 6 月的能源周期间，特朗普总统在能源部发表谈话时说："我很开心，我们将开始恢复和扩大为我们生产清洁、可再生和零排放能源的核能部门。"然而，为了做到这一点，他宣布"对美国能源政策的全面审查将有助于我们找到新的方式复兴这一关键的能源"。对许多人来说，这是一件令人失望的事情，正如共和党能源战略家所说："毫无疑问，对任何了解核能的人来说，我们应该做些什么。问题是如何做——而不只是说说而已。"一个月后，V. C. Summer核电站停止了建设。

V. C. Summer 项目的终止

2017 年 7 月 31 日，森迪库珀公司和斯堪纳集团宣布停止 V. C. Summer 项目的建设。两家公司都将其决策主要归因于预期成本和时间的超支。森迪库珀公司表示，分析结果显示，该项目直到 2024 年才能完成（在西屋公司最近提供的完工日期的四年后），最终对森迪库珀公用户的成本计算总额达 114 亿美元。同样，斯堪纳集团对"项目成本和进度"的评估也得出结论："完成这两台核电机组将会耗资巨大。"该评估导致了斯堪纳集团股价上涨，金融分析师上调了股票评级。V. C. Summer 项目的暂停引起了对美国 40 个其他停滞的核反应堆项目的历史回忆，这些项目始建于 1970 年，在 1977 年至 1989 年期间被放弃，在全球核电数据库可以看到。V. C. Summer 项目现在已经加入这 40 个项目（包括 12 座西屋反应堆）的行列，这些反应堆于 1977 年至 1989 年间在美国在不同建设阶段被放弃（见全球核电数据库）。随着 2017 年晚些时候对 Vogtel 项目命运做出决定，前 NRC 专员布拉德福德（Peter Bradford）把 V. C. Summer 项目放在如下决策背景："从来没有一个实际的'核复兴'，只不过在 2009 年年初向核监管局提交了 31 份书面申请。现在只剩两份，其余都被取消了，留下了经济浪费的痕迹。核电复兴之梦的目的是为了展示新反应堆设计和加速许可（这个过程将公众大部分排除在外），可以按时、按预算且以有竞争力的成本的建设反应堆。人们的期望是，私人融资（不是用户和纳税人的补贴）可用于核电发展。那个梦想现在已经消失了。西屋公司的破产及随后在南卡罗来纳州的事件的教训如此清楚，即使是最热心的核宣传者也不会再对他们

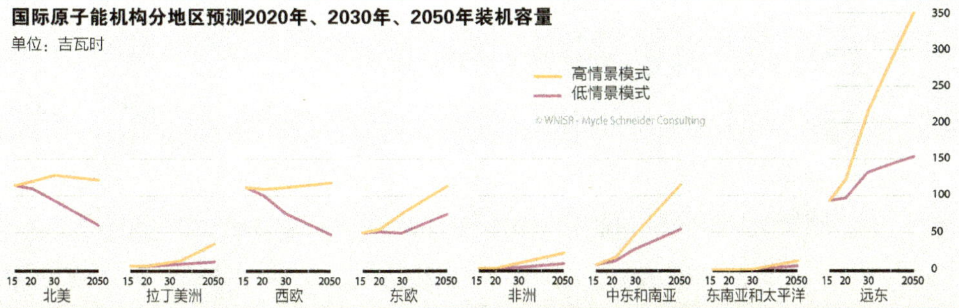

图 24 国际原子能机构分地区预测 2020 年、2030 年、2050 年装机容量情况

资料来源：IAEA-PRIS，WNISR2017

大喊大叫了。”

潜在核新兴国家

过去 20 年，核能在全球电力组合中的贡献有所下降，在世界能源消耗量在不断增加时，核电产量在很大程度上停滞不前而其他能源增长速度迅猛。尽管如此，一些国际能源组织预测，未来几十年，全球的核电产量将会增加。例如，国际能源署的“世界能源展望”表明，到 2040 年，核能的总产能将增加约 50%。这会是一个显著的、但很难实现的成就，特别是考虑到传统市场的西欧和北美在建水平很低的极其老旧的核电站。图 24 中突出显示，图表基于国际原子能机构公布的 2016 年全球核能发展预测数据。这些假设认为，在北美，到 2050 年，在低核情景下，目前的核电能力将减半，甚至在高增长情况下，也只增加 10%左右，而西欧的核电能力将减少 50%以上，在这两种情况下大致保持不变。

国际原子能机构假设，为了实现在较高核情景下将现有发电量增加一倍以上的预测，现有国家，如中国、韩国和印度，将会出现大量的新建项目，而且预计新兴核国家将有很强的发电能力。

世界核协会认为，首次计划发展核电的国家只有 20 个，还有 20 个国家在考虑采用核电。与可再生能源相比，这一比例较小，截至 2015 年年底，173 个国家已经在国家或州 / 省级设立了核电目标。世界核协会进一步将正在计划发展核电的国家分为五个不同的组别：

→正在建设反应堆的：阿联酋、白俄罗斯。

→已签署合同，法律和监管机构已完备或正在发展的：立陶宛、土耳其、孟加拉国、越南（但延期）。

→已承诺计划，法律和监管机构正在发展的：约旦、波兰、埃及。

→计划已完备等待承诺：泰国、印度尼西亚、哈萨克斯坦、沙特阿拉伯、智利；或计划停滞的：意大利。

→正在发展规划的：以色列、尼日利亚、肯尼亚、老挝、马来西亚、摩洛哥、阿尔及利亚。报告的这一部分将讨论世界核协会认为核电计划正在发展的国家。

在建项目

工程建设始于 2013 年 11 月，白俄罗斯 Ostrovets 发电厂的首个核反应堆，也称为白俄罗斯 -1 号（Belarusian-1）。第二台容量为 1200 MWe AES-2006 型号反应堆的建设始于 2014 年 6 月。2011 年 11 月，俄罗斯和白俄罗斯两国政府同意，俄罗斯将在 25 年内提供高达 100 亿美元的资金，以资助俄国 Atomstroyexport 公司与白俄罗斯理事会关于核电站建设的 90% 合同额。2012 年 7 月，签订的合同包括两座反应堆建设，预计成本为 100 亿美元，其中包括为适应白俄罗斯北部 Ostrovets 核电站的偏远地区而用于新建基础设施的 30 亿美元。该项目承担了在核电站生命周期内所有燃料供应和乏燃料回收的责任。燃料将在俄罗斯重新加工，分离的废弃物返回白俄罗斯。 2011 年 8 月，白俄罗斯自然资源和环境保护部表示，第一台机组将于 2016 年投入运行，第二台机组将于 2018 年投入运行。但是，这些投入运行的日期已经被修改，施工开始时，据说反应堆将到 2018 年和 2020 年才能建成。2016 年 5 月，指定的启动月份分别是 2018 年 11 月和 2020 年 7 月。截至 2016 年 4 月，副部长米哈伊尔（Mikhail Mikhadyuk）表示，这两台机组完成了 38%。在 2016 年 8 月，反应堆压力容器在安装期间从两米高的位置滑倒并撞向地面。更换工作导致了八个月的延期。该反应堆目前预计只能在2019年年底完成该项目的官方成本增加了26%，达到560亿卢布（以2001年的汇率折算，为18亿美元）。然而，卢布对美元汇率的下降对该项目的美元价格影响显著。

随着立陶宛政府对Ostrovets项目正式投诉，该项目成为国际反对和批评的焦点。根据“埃斯波公约”缔约方会议，白俄罗斯已被发现未履行其关于建造该核电站的某些义务。2017年4月，立陶宛议会各方签署了一项协议，指出应采取一切必要措施停止Ostrovets项目的建设，并“至少确保该核电站生产的电力不得进入立陶宛，也不允许在任何情况下在立陶宛市场上出售”。

据媒体报道，在2017年7月5日，在瑞典国会议员肯特·贺斯特（Kent Harstedt）的突然倡议下，在欧洲议会大会上，立陶宛议员提出的关于Ostrovets项目的关键决议草案从欧洲安全与合作组织（简称OSCE）的议程中删除。

目前，白俄罗斯是电力的净进口国，2015年从俄罗斯和乌克兰进口了3.6 TWh电力，相比于去年进口的3.8 TWh，有所下降。当反应堆发电时，这两台机组的发电量都可以达到这个数量的两倍，所以国内发电厂必须关闭或限制输出，或消费及电力出口增加。由于立陶宛和波兰政府出于反应堆的安全考虑而拒绝从白俄罗斯核电站购买电力，所以为白俄罗斯带来重要收入的后一种选择是不可能的。立陶宛政府以及其他波罗的海国家正试图将其市场与俄罗斯分离开来，使其系统与波兰同步。

在阿拉伯联合酋长国（以下简称UAE），阿布扎比以西300千米的巴拉卡核项目正在建设中，在这里正在建设的反应堆有4座。2009年12月与韩国电力公司签订合同时，阿联酋核能公司（以下简称ENEC）表示：“4台机组的建造、调试和燃料装载合同额约为200亿美元，合同额有很高的比例是按固定价格安排提供的。”

该项目的原始融资计划被认为包括来自韩国进出口银行的100亿美元，来自美国进出口银行的20亿美元，来自阿布扎比政府的60亿美元和来自商业银行的20亿美元。然而，这个项目现在的总成本至少达到244亿欧元（281亿美元）。其融资成本为162亿美元，包括阿布扎比财政部股权融资的47亿美元和从韩国进出口银行贷款的25亿美元，其余通过阿布扎比国家银行、第一湾银行、汇丰银行（香港上海汇丰银行有限公司）及标准渣打融资获得。2016年10月，韩国原子能研究院（以下简称KEPCO）在拥有4座反应堆的项目公司持有18%的股权，阿联酋核能公司持有剩下的82%。

第一台核电机组的启动时间从2017年延至2018年，以确保有足够的时间进行国际评估和使其符合核能产业安全标准

2010年7月，在距Ruwais 53千米处的Barakah，4座反应堆获得了现场准备许可证和有限的建筑许可证。暂定时间表于2010年12月底发布，自那以后没有公开改变，认为Barakah反应堆1号核电机组于2017年5月开始商业运营，第二台机组于2018年运行，第3台机组于2019年运行，第4台机组于2020年运行。Barakah反应堆1号机组的建设于2012年7月19日正式启动，2号机组于2013年5月28日启动，3号机组于2014年9月24日启动，4号机组于2015年7月30日启动。2016年5月，阿联酋核能公司表示，Barakah反应堆1号机组完成约87%，2号机组、3号机组和4号机组分别完成了68%，47%和29%。截至2016年10月，韩国报告称，第1台机组计划于2017年5月前完成。然后，在2017年5月，路透社认为，由于本国缺乏有经验的和有执照的专业人员，第一座反应堆的启动延迟，可能延迟至2017年年底。2017年5月，阿联酋核能公司宣布“完成了第一台机组的初始建设活动”和“移交了全部系统进入调试”，整个核电站的建设完成了81%，其中Barakah反应堆1号机组完工95%。同时，阿联酋核能公司表示：“总进度包括第1台机组启动时间从2017年延到2018年，以确保有足够的时间进行国际评估和使其符合核能产业安全标准，以及加强工厂人员的操作能力。”

据韩国媒体报道，在建筑工地发生了几起严重事故，导致工人死亡。柏克德公司代表韩国电力公司进行的评估表明，其“承包商在很大程度上未能确

保工人的安全”。

阿联酋于 2017 年 2 月发布了长期能源计划，建议到 2050 年，可再生能源将提供全国电力的 44%，天然气提供 38%，“清洁化石燃料”提供 12%，核电提供 6%。由于核能份额符合 Barakah 核电站的预期产量，所以似乎没有进一步发展核电站的设想。在 Barakah 核电站建设期间，全球可再生能源和该地区的可再生能源成本大幅下降。在 2016 年，有投标人中标了建设容量为 800MW 光伏（PV）的电厂，电力价格为 2.99c / kWh，这是该国首个可再生能源发电成本低于常规化石燃料成本的电厂。

合同签订

2011 年 11 月，孟加拉国政府的新闻信息部门表示，准备与俄罗斯政府签署两座容量为 1000MW 的建设项目，将于 2017—2018 年建成，费用为 1.5 亿—2 亿美元。从那时起，虽然据报道谈判一直在进行，但启动日期不断被推迟，施工的预期成本也有所上升。

2013 年 1 月，俄罗斯财政部副部长谢尔盖（Sergey Storchak）和孟加拉国经济关系司（以下简称 ERD）秘书阿布·卡拉姆·阿扎德（Abul Kalam Azad）签署了延长国家出口信贷协议，为 Rooppur（或 Ruppur）核电站筹备阶段的工作提供资金。场址是早在 20 世纪 60 年代选定的，当时孟加拉国还是巴基斯坦的一部分，在最大河流的河岸上；几十年来，这条河已从改道多次导致去年不得不收购新土地。这笔交易只有 5 亿美元用于现场准备工作。2013 年 10 月，为准备阶段的正式开始举行仪式，正式建设预计将于 2015 年开始。在仪式上，施工费用向上修正，每台机组成本提高至 15 亿—20 亿美元。2014 年 4 月时成本再增加两倍，科技部一名高级官员说，这个价格更有可能是 60 亿美元。2015 年，孟加拉国财政部部长表示，该项目预计将耗资 135 亿美元。然而，即使这样也不可能是最终成本，因为这不是固定价格合同，而是“成本加费用”合同,“供应商有权提出任何成本上调（加上利润率）并纳入合同金额”，发电的最终成本将比孟加拉国电力“至少高出目前零售成本的 60%”。

2015 年 12 月，据报道孟加拉国原子能委员会与俄罗斯国家原子能公司（以下简称 Rosatom）签署了装机容量为 2.4GW 的协议，项目的建设预计于 2016 年开始并将于 2022 年和 2023 年开始运作。根据协议，俄罗斯将以伦敦同业拆借利率（以下简称 Libor）加上 1.75%的利率提供 90%的信贷资金。孟加拉国在 28 年内（包括 10 年的宽限期）必须偿还贷款。与在其他国家一样，俄罗斯提出要收回乏燃料。据报道，现场准备工作已完成 80%。在 2016 年 5 月下旬，谈判达成了价值 126.5 亿美元的项目，俄罗斯政府提供 113.55 亿美元。6 月下旬，原子能管理局发布了现场许可，几天后，国家内阁批准了 5 月份政府间协议。2017 年 4 月，俄罗斯通讯社塔斯报告说，准许开始建设，这项工作将于 2017 年下半年开始。2017 年 3 月，两国官员就通过协议草案，要求俄罗斯从项目中收回所有乏燃料并对其进行再处理；正式的政府间协议将在适当的政府机构批准草案后签署。

人们对这个项目越来越感兴趣，并且对缺乏信息以及对用水的影响感到担忧。由于缺乏应急预案的准备和该设施可能遭遇的恐怖袭击，也引起了人们的迫切关注。

这个项目的经济性受到了广泛的质疑。2017 年早些时候，曾参与向孟加拉国原子能委员会（BAEC）提供咨询的一名退休核工程师，在孟加拉国一家主要的英文报纸上辩称，这个国家“为孟加拉国原子能委员会付出了沉重的代价，因为它没有进行大规模的招聘和工程师培训”；他还指责孟加拉国以“不合理且不可接受”的价格（5500 美元 / kW）购买核反应堆，因为其“谈判人员没有足够的专业知识来仔细审查报价”。

按照目前的价格，“孟加拉国的 Rooppur 核电站的发电价格将比风能或太阳能发电的价格高出三倍”，孟加拉国能源管理委员会的回报率略高于 15%。如果太阳能价格持续以过去的下降方式下降，Rooppur 核电站并网后的发电成本差距将更大。

除了 Rooppur 核电站外，孟加拉国政府还计划进口的第二座核电站，“已经有八个地址入围了”。孟加拉国已经与日本厂商的谈判已经持续了好几年，但据报道，韩国和中国对这个项目也很感兴趣，这个项目暂时还是很模糊的。

作为加入欧盟的一个条件，在 Ignalina 核电站的两个大型切尔诺贝利式（以下简称 RBMK）反应堆，分别在 2004 年和 2009 年关闭。自那以后，立陶宛一直在试图单方面的或与邻国建立一种替代方式。（见早期版本的 WNISR 的年度账目）。然而，在 2012 年 10 月举行的一场关于核能未来的全国协商公民投票中，63% 的人投票反对新的核电建设项目，有足够的投票率来确认结果。在他被任命为总理之前，Algirdas Butkevicius 表示，一旦新议会召开，禁止该项目的立法将会提交，“人民在公投中表达了他们的愿望，我将遵循人民的意愿”。2016 年年初，立陶宛能源部长 Rokas Masiulis 表示，由于市场环境不佳，该项目已被无限期搁置。并且自那以来没有发生重大变化。

在土耳其，正在开发的项目有 3 个，但政府决定至少提供三种不同的反应堆设计和三种不同的财政来源，而不是仅采用单一的建造者和设计。分析人士指出，“土耳其核能监管框架存在严重缺陷”，这使得处理该战略的复杂性变得更加困难。

Akkuyu

土耳其第一个核电项目是在 Akkuyu，位于南部海岸，该项目由俄罗斯国家原子能公司以 BOO 模式运行。2010 年 5 月，俄罗斯国家原子能公司签署了一份有关四座 VVER1200 反应堆的建设合同，最初预计在 2015 年开始施工。然而，该施工计划被推迟，现在预计可能在 2017 年开始部分施工，完全施工许可直到 2018 年才会被批准。该项目的重点是一份期限为 15 年的电力采购协议（以下简称 PPA），包括 1 号和 2 号机组产生电量的 70%，3 号和 4 号机组的 30%。因此，该核电站生产的 50% 电能将在第一个 15 年期间以协议价出售，其余则在市场上销售。

2013 年 10 月，Akkuyu JSC（由俄罗斯国家原子能公司设立的项目公司）首席执行官亚历山大・史坦芬（Alexander Superfn）声明，该核电站将于 2020 年中期投入运行。然而，由于 Akkuyu JSC 于 2013 年 7 月提交的“环境影响评估”被环保部驳回，项目不得不进一步延期。2014 年 12 月“环境影响评估”最终获得批准时，据称该核电站第一台机组可能在 2021 年投产。由于这些国内原因以及融资问题的影响，2015 年 11 月报道说机组开始运行的计划只能推迟到 2022 年，据估计两个机组的预算为 220 亿美元。现场准备工作从 2015 年 4 月开始，截至 2015 年秋季已花费 30 亿美元。2017 年 3 月 3 日，Akkuyu JSC 申请建设许可，现在计划于 2018 年 3 月开始施工。俄罗斯国家原子能公司表示："根据政府间协议，第一台核电机组必须在土耳其政府批准所有建设许可后的 7 年内投产。"

Sinop

另一个项目是在锡诺普，位于北部海岸，该项目最新建议为采用 ATMEA 型反应堆设计，装机容量为 4.4GW。如果顺利完成，该反应堆将成为世界上首个 ATMEA 反应堆，由阿海珐和三菱重工联合设计。2015 年 4 月，土耳其总统埃尔多安同意议会批准与日本的政府间协议。

锡诺普项目的估计成本为 220 亿美元，投资方涉及三菱，阿海珐，法国燃气苏伊士集团（现称为 Engie）以及伊藤忠商事株式会社，这些公司持有该项目 51%的股份，剩余 49%归土耳其公司所有，其中包括土耳其国有发电公司（以下简称 EÜAS）。国际公司具体份额还未定。阿海珐现有的财务问题及其与法国电力公司（以下简称 EDF）的合并问题正在影响其投资能力，Engie 在对其是否参与核电项目进行审查。从 Engie 在其他国家（如英国）退出核电项目来看，似乎离开这个项目只是时间问题。此外，鉴于其地震情况，选址时依然要关注适用性，这引发了一场关于将核电站建在缓冲垫上以减少可能的地面运动的讨论。尽管面临一些问题，三菱仍计划在 2018 年 3 月之前完成技术和经济可行性研究。据阿海珐所言，2016 年 9 月，阿海珐核能公司与三菱重工（以下简称 MHI）签署了“初步工程合同以支持在锡诺普建设和运行四台 ATMEA1 反应堆的技术和成本可行性研究”。

该项目由于本地区缺乏足够需求以及现存多个火电站而变得复杂，需要

1400 千米的输电线路将电力运送到伊斯坦布尔和安卡拉。

İğneada

2015 年 10 月，政府建议在 İğneada 建设第三座核电站。最有可能由西屋与中国的国家核电公司（以下简称 SNPTC）合作建设，中国企业非常“积极”地想要促成这份 22 亿—25 亿美元的合同，然而，西屋公司的金融崩盘使他们现阶段无法参与项目。

2016 年 11 月，越南的核电野心遇冷，当时有 92%的议员赞成政府取消拟议核项目这一议案

2011 年 7 月，越南总理声明，2020 年越南第一座核电站将投入运行，2025 年将再投入运行 7GW 的核电机组，到 2030 年将运行总共 10.7GW 的核电。2010 年 10 月，越南与俄罗斯的 Atomstroyexport 公司签署了政府间协议，投建 NinhThuan-1 号核电站，采用 1200MW 的 VVER 反应堆。计划于 2014 年开工，总承包工程由越南国家电力公司（以下简称 EVN）负责并经营。然而，该工程遭遇多次延期，2016 年 5 月越南原子能研究所表示该工程到 2028 年才会开工。政府 2016 年 3 月批准的“国家电力发展规划”设想“第一座核电站于 2028 年投产”，修订后的“国家电力总体规划”（大体与“国家电力发展计划”一致）表明到 2030 年，核电份额将从 10.1%降至 5.7%。

越南的核电野心在 2016 年 11 月份遭到冲击，当时政府基于安全问题且考虑到电力需求增速放缓和施工成本上升，动议取消与俄罗斯和日本合作的拟议核电项目，92%的议员通过了这一动议。

“提交计划”

埃及政府的核电站管理局成立于 20 世纪 70 年代中期，到 20 世纪末已为 10 个反应堆制订发展计划。尽管与中国，法国，德国和俄罗斯的核电企业进行

了讨论，埃及的核电几十年来几乎没有发展。2006 年 10 月，埃及能源部长宣布，将建设一座 1000MW 的反应堆，到 2025 年后再扩建至四座反应堆，第一座反应堆将于 2019 年并网。2010 年年初，埃及开始采用法律框架来规范建立核基础设施；然而，受该国政治局势影响，2011 年 2 月，国际招标进程遭遇延期。从那时起，有各种尝试和报道称招标过程将重新开始，事实上毫无进展。

2015 年 2 月，俄罗斯国家原子能公司和埃及核电站管理局最终签署协议，开始两座反应堆的建设和融资，也有可能增加两座。2015 年 11 月，俄埃双方签署政府间协议，同意在 Dabaa 建设四座 VVER-1200 反应堆。这笔交易价值 20 亿—22 亿欧元（22 亿—24 亿美元），俄罗斯提供高达 90%的资金，以售电收入偿还。报告称第一座核电站将在 2022 年之前建设完工，然而这在技术上是不可能的。2016 年 5 月，埃及宣布与俄罗斯签订 250 亿美元的核电建设贷款合同。据埃及官方报道，这笔贷款占项目成本的 85%，项目总投资约为 294 亿美元。从 2029 年起，年利息 3%的贷款将在 22 年内支付。2017 年 3 月，埃及电力部长艾曼·哈姆扎（Ayman Hamza）宣布与俄罗斯签署建设工程合同和人员培训合同，商业合同预计将在 2017 年稍后签署。2017 年 4 月，议会能源与环境委员会开始讨论监管埃及的核电建设。俄罗斯通讯社 TASS 在 2017 年 2 月份报道说，预计 2017 年将签署合同，项目实施 12 年。

约旦有影响力的政策制定者长期以来一直希望收购核电站。2007 年，政府成立了约旦原子能委员会（JAEC）和约旦核监管委员会，约旦原子能委员会开始进行核电建设可行性研究，包括成本 / 效益比较分析。2009 年 11 月，约旦原子能委员会授予澳大利亚工程公司 WorleyParsons1130 万美元的合同，为约旦首个核电站进行前期建设咨询。约旦原子能委员会和 WorleyParsons 把选择范围限定在阿海珐和三菱设计的（正如在土耳其的投标）ATMEA-1 型反应堆、加拿大原子能有限公司的增强型 Candu-6（以下简称 EC6）型反应堆、韩国电力公司的 APR-1400 反应堆以及俄罗斯国家原子能公司的 VVER 型反应堆的变体 AES-2006 和 AES-92 反应堆。最终，俄罗斯国家原子能公司的融资能力及收回乏燃料的能力胜过了其他选择，约旦决定建设两座约旦原子能委员会轻水反应堆，俄罗斯最初公布将为核电站建设提供 49.9% 的资金。2014 年 9 月，约旦原子能委员会和俄罗斯国家原子能公司签署一个工程的两年发展框架，预计成本低于 100 亿美元，发电价为 0.10 美元 / 千瓦时。约旦原子能委员会成立的国际咨询小组指出，“约旦原子能委员会和 JNPC 缺乏项目所需的经验丰富的员工”，称“在 2020 中期以前运行机组的计划很难完成（甚至过于乐观）”。目前的计划是预计到 2025 年将运行反应堆。

此后，JAEC 一直未能成功募集其余的 50.1% 资金。在 2017 年 7 月的 AP News 采访中，JAEC 董事长哈立德・图坎（Khaled Toukan）承认，两座反应堆建成的概率是“70% 到 75%，不是 90%”。

官方概率的下降可能与俄罗斯政府资助国家原子能公司的困难有关。因此，JAEC 正在寻求来自其他国家的合作伙伴。图坎在 2016 年 8 月透露，“约旦正在就为发电厂提供涡轮机和电力系统相关事宜，与德国、捷克、中国和日本的公司进行谈判，谈判进展顺利”，这意味着这些公司将支付设备费用。在 2016 年 10 月的“核智能周刊”（以下简称 NIW）访问中，图坎和 JAEC 确定了四个公司——“捷克斯柯达 Praha 公司，GE-Alstom 公司，俄罗斯动力机器公司和德国西门子公司”。图坎还表示：“我们正在寻求常规岛技术，出口信贷融资，如果投资者愿意得到一些股权的话，我们也欢迎。”融资困难可能是导致 JAEC 开始探索从美国进口小型模块化反应堆（以下简称 SMR）（尚未设计、许可和建造）的一个原因。但是，这似乎是“一厢情愿的想法”，小型模块化反应堆将无法满足约旦原子能委员会的所有限制。

同时，2016 年 12 月，韩国原子能研究所和大宇建设合作完成了约旦第一个研究反应堆——约旦研究与培训反应堆（以下简称 JRTR）的建设，建设成本为 1.61 亿美元，JRTR 的装机容量为 5MW。约旦与韩国合作建立反应堆的协议是在 2010 年签署的，同时韩国提供了一笔 7000 万美元的软贷款，这笔贷款将在“29 年以上，10 年的宽限期和 0.2% 的利率”下支付。

基于单位GDP，约旦在可再生能源和燃料投资方面排在世界第三位

当地的反对者主要来自居住在阿拉姆（Al Amra）地区的Beni Sakher部落的成员，部落成员欣德·费耶兹（Hind Fayez）是一名杰出的议员，也是一名重要的反对者，她说："我不会同意建造核反应堆，死都不愿意。巴尼·萨赫部落也拒绝在阿苏拉库萨伊尔建造核反应堆。"尤其令人担忧的是，反应堆的用水来自附近的伊尔比德的萨姆拉废水处理厂。如果反应堆投入使用，处理厂总水量的20%水资源将用于向反应堆供水。而目前处理厂的水用于灌溉，水的分配自然会引起公众的关注，这也将使已经很高的核能发电成本更高。有人认为，"并非财政问题，而是水资源——中东最宝贵的资源，关系到国家核电规模未来的进一步扩大"。核不扩散和区域安全问题也增加了约旦放弃核电的呼声，詹姆斯马丁不扩散研究中心的中东工程主任陈·凯恩（Chen Kane）说："我认为发展核能对于约旦来说是一种昂贵，有风险和不可预测的选择。"

在约旦致力于努力解决有关核反应堆的融资和选址问题的同时，可再生能源迅速发展。约旦首个大型太阳能光伏发电厂于2016年10月在Shams Ma' an投入使用。该项目成本约为1.7亿美元，装机容量52.5MW，约占约旦总装机容量的1%。还有更多的可再生能源在发展中：2016年11月，约旦政府宣布开放第三轮200MW太阳能光伏和100MW风力发电厂的直接提案，约旦也成功获得了外国投资商的支持，特别是来自沙特阿拉伯的公司。总结来看，2016年约旦可再生能源投资为12亿美元，比2015年增长148%；以每单位GDP为基准，约旦在可再生能源和燃料投资方面排名世界第三。

波兰过去计划在20世纪80年代建设一系列核电站，并在波罗的海沿岸的Żarnowiec开始建造两座VVER1000 / 320反应堆，但在切尔诺贝利事故发生后，建设及进一步的计划中止。不过，2008年，波兰宣布将重新进入核电市场，2010年11月，经济部提出核能计划。 2014年1月28日，波兰政府通过了"波兰核电计划"，概述了发展框架。该计划提议建设6GW装机容量，并在2024年之前启动第一座反应堆。波兰正在考虑的反应堆类型包括AREVA的

EPR 型反应堆，西屋的 AP1000 和日立 / 通用电气的 ABWR 反应堆。

2013 年 1 月，波兰公用事业公司 PGE（Polska Grupa Energetyczna）联手澳大利亚沃利・帕森斯集团（Wolley Parsons）进行了一项为期 5 年，投资额为 850 万美元的研究，用于研究核电站的选址与发展，该核电站的装机容量达 3GW。该项目估计总投资为 13 亿—19 亿美元，现场选址将于 2016 年完成，建设将于 2019 年开工。包括 AREVA、Westinghouse 和 GE-Hitachi 在内的众多供应商均大力游说波兰政府。波兰公用事业公司组建了一个项目公司 PGE EJ1，该公司还参与了其他波兰大型公用事业公司 Tauron Polska Energia 和 Enea 以及国家铜矿开采公司 KGHM 各 10% 的投资。2014 年 1 月，PGE EJ1 收到了四家公司的投标，希望成为该公司的“业主工程师”，帮助该项目的开发和发展，该项目最终于 2014 年 7 月宣布英国 AMEC 中标，按照计划波兰公用事业公司公司要在 2017 年年初对两家工厂进行投资决策，第一个工厂的最终设计和施工许可预计将于 2018 年准备就绪，2020 年开工建设，2025 年开始商业运营。截至 2016 年年初，该商业运行已推迟到 2030 年—2031 年开始。

波兰环境总局（GDOS）于 2015 年 12 月开始进行波兰第一个核电站环境影响评估的范围界定，通知了距离三个拟议选址 1000 千米以内的国家。在范围界定开始之后，PGE EJ1 通知波兰环境总局，考虑到对自然保护区的潜在影响，放弃三个拟议选址中位于霍切沃（波兰地名）的一个。2017 年 3 月，PGE EJ1 再次进行环境评估，并在北部波美拉尼亚省的两个地点选址，选址工作将于 2020 年完成。

“开发计划”

智利几乎没有什么迹象显示发展核电的积极性。世界核能组织称，2010 年智利能源部部长曾表示，2024 年开始运行第一座 1100MWe 核电站，2035 年再增加三座，并提议以公私合作的方式建立第一座核电站，招标于 2016 年进行。但是，计划自那时起就没有重要进展。在福岛事故发生后，智利国内舆论强烈反对核电。

智利核能委员会称，尽管“政治决定被一再推迟”，但智利仍会继续评估建设核电站的可行性。同时，2016 年 1 月，米歇尔・巴切莱特总统签署了新能源战略，提出可再生能源的发展目标是到 2050 年提供全国电力需求的 70%。自 2014 年以来，智利的太阳能发电量增加了 6 倍，能源部官员希望该国变成“太阳能发电的沙特阿拉伯”。

自 20 世纪 70 年代中期以来，印度尼西亚已讨论并提出了核电发展计划，并在意大利政府的支持下于 1976 年首次发表关于引进核电的研究报告。在国际原子能机构，美国，法国和意大利的帮助下，该项研究在 80 年代中期进行了更新。在接下来的十年中印度尼西亚国内进行了广泛讨论，1997 年印度尼西亚政府通过《能源法》，该法规将为核电站的建设，运行和退役提供指导。十年后，2007 年制定的《2005—2025 年国家长期发展规划法》规定，2015 年至 2019 年间，印度尼西亚将完成 4 个机组的建设，装机容量为 6GW。2007 年 7 月，韩国电力公司（简称 KEPCO）联手韩国水电核电有限公司（以下简称 KHNP）与印度尼西亚 PT Medco 能源公司签署谅解备忘录，为建造两座费用为 30 亿美元的 1000MW 机组进行可行性研究。之后，2015 年 12 月，印度尼西亚政府开始着力取消所有核计划，包括未来的长期计划。“核工程国际贸易杂志”评论说：“此举有效取消了之前（美国）80 亿美元的计划，该计划的目标是 2025 年前运行四座核电站，总装机容量为 6GWe。”

印度尼西亚计划实现极富野心的发电能力建设——从目前的不足 50GW 到 2025 年增至 137GW，2050 年将达到 430GW（不包括核电）。2050 年以后，核电可能成为印度尼西亚“最后的选择”。

哈萨克斯坦是世界上最大的铀生产国，占全球总量的 40%左右。它有一个小型快速增殖反应堆 BN 350，1972 年至 1999 年之间在阿克苏运营。包括俄罗斯、日本、韩国和中国在内的很多国家都签署了核电发展合作协议。2014 年，纳扎尔巴耶夫总统在国情咨文讲话中强调了发展核电的必要性。此后，谈判继续进行，特别是与日本的东芝西屋和俄罗斯的国家原子能公司。然而，其他人对该计划不太积极，2015 年 10 月，能源部副部长达凯詹・迪扎科斯利耶

（Bakhytzhan Dzhaksaliyev）表示，选择合适的厂址和战略合作伙伴要花费两到三年的时间。2015 年 12 月，“原子能法”草案被转交给参议院，以处理颁许可证批准，安全，环保法规和标准方面的问题。2016 年 4 月，哈萨克斯坦能源部长和美国联合声明，2016 年的工作计划是“鼓励在哈萨克斯坦使用替代能源，减少排放，增强核安全”。

2016 年 12 月，哈萨克斯坦政府称正在对新核电站的五个地点进行选址研究，第三代核电技术或第三代 + 是其首选设计。

2012 年，国际原子能机构建议沙特阿拉伯在 2013 年开始建造第一个核反应堆。沙特阿拉伯早在 2010 年就成立了国际原子能和可再生能源中心（KA-CARE），旨在推进这一议程。2011 年 6 月，KA-CARE 的科学合作协调员宣布，沙特阿拉伯将于接下来的 20 年内建造 16 座反应堆，成本超过 3000 亿里亚尔（800 亿美元）。前两座反应堆计划在十年内并网，之后每年增加两座，直到 2030 年完成。

2015 年，沙特阿拉伯与法国、俄罗斯、中国和韩国签署了新的合作协议。这几个国家似乎是目前世界上最先进的核电国家，提议建设两个“智能”反应堆且正在进行研究与合作。2016 年 11 月沙特阿拉伯签署了谅解备忘录，以加强同有关国家在核安全和法规方面的合作。2017 年 3 月，沙特阿拉伯与中国核建签署了高温气体冷却反应堆的开发合作协议。

沙特阿拉伯仍在继续与各国和各公司探讨现有和未来的反应堆设计。但是，关于反应堆的选择和严格的完成期限仍然难以决定，反应堆的目标运行日期仍然是 20 年以后。

2007 年，泰国国家能源政策委员会提出，将在 2020 年至 2028 年期间运行装机容量高达 5GW 的核电。但是，由于若干原因，这一目标无法实现，其中很重要的一个原因是当地对拟议场址的反对。泰国发电局（以下简称 EGAT）的最新提案是，2036 年将两台 1GW 发电机组投入使用，尽管还没有明确场址。泰国最大的私营电力公司宣布将投资 2 亿美元收购中国的中广核集团和广西投资集团防城港核电站的 10%股份，显然，中广核对于泰国潜在的 2

GW 核电项目来说意义重大。

“发展计划”

表 6 核电新兴国家一览（现有的和潜在的）

国家	反应堆名称	计划供应商	初始启动年份	建设开工年份	正式启动年份
在建中					
白俄罗斯	奥斯特洛韦茨	俄罗斯国家原子能公司	2016		2019
阿联酋	巴拉卡	韩国电力公司	2017		2018
合同已签署或进一步发展					
孟加拉国	卢普尔	俄罗斯国家原子能公司	2018	决定预期 2017 年	
立陶宛	维谢格拉德	日立集团	2020	暂停	
土耳其	阿库尤	俄罗斯国家原子能公司	2015	最终投资预期 2017 年	2023
	锡诺普	三菱集团 / 阿海珐集团		?	
	Ingeada	中国国家核电技术公司 / 西屋电气公司		2019	
越南	宁顺省	俄罗斯国家原子能公司	2020	暂停	
已经提交计划					
埃及		俄罗斯国家原子能公司	2019	决定预期 2017 年	
约旦		俄罗斯国家原子能公司		2019	
波兰				?	
计划进展良好					
智利			2024	暂停	
印度尼西亚		俄罗斯国家原子能公司		无限期推迟	
哈萨克斯坦		俄罗斯国家原子能公司或西屋电气公司		?	
沙特阿拉伯			2020	?	
泰国			2020	?	

世界核能组织在“开发计划”这项内容中，展示了当下或过去政府的意图，大部分国家与国外的供应商进行了讨论，但很少或几乎没有实际的项目开发工作。

阿尔及利亚：2010 年 10 月，俄罗斯国家原子能公司称正在与阿尔及利亚讨论建设装机容量为 2 GW 的核电项目，耗资 100 亿美元，计划在 2026 年开始运行。

老挝：2016 年 4 月，老挝与俄罗斯签署了关于两个核电站的设计、建造和运行方面的合作谅解备忘录，该核电站以 BOT 模式（建设－经营－转让）运营。

马来西亚：马来西亚最新的经济转型计划假设两个核电站将在 2021 年开始运作。但是，即使是政府也表示这个日期是不可行的，因为他们认识到从决定到运行需要 11 年。迄今为止，还没有就是否继续进行核电工程做出决定。

摩洛哥：该国正在考虑在 2030 年之后引进核电并参与了国际原子能机构 2015 年进行的综合核基础设施审查工作。

尼日利亚：2016 年 12 月，尼日利亚政府称已签署一项项目开发协议，将建设装机容量为 4.8GW 的核电项目，耗资 200 亿美元。

关于潜在核电新兴国家的结论

20 年来，只有两个国家——罗马尼亚和伊朗是首次开始运行核电站。正在考虑建设核电站国家的有 20 个左右，其对建设核电项目的兴趣大小，取决于时任政府的能源发展计划及其与供应商国家的关系。

阿联酋的第一个机组原本预计在 2017 年建设完成，然而到 2017 年年中，显然并网最早也要在 2018 年年初才能实现。白俄罗斯两个反应堆的完工时间（这是唯一的在建第一个反应堆的国家）也得至少推迟一年到 2019 年年底完成。

除这两个国家，土耳其可能是个例外，孟加拉国概率比较低，很难看到有抱负发展核电的国家真正有能力或者说渴望建设一个核电工程，尤其是在核电主要竞争对手——可再生能源技术的成本迅速下降的情况下。

V. 艰难的市场环境

简介

分散模式的趋势

电力部门正在进行深刻的结构性变革。在全球许多地方，由于技术进步驱动成本快速下降，使得可再生能源被大规模引入，可再生能源产出的增加都是以牺牲常规的煤电、核电为代价的。

从集中式向分散式变化的趋势预计会加速，随着可再生能源投资的不断增加，对电力储存和电力峰值资产高效管理的需求也在增加，原来基于基础-峰值负载模型会转向可预测—平衡模型（基于气象条件和需求预测）。

基载电力的完整概念正在被高灵活性的需求—响应所取代。

随着电力市场趋向于分散式，对于大规模发电资产的需求在减少，因为电力部门需要的是能迅速响应需求而不会对整体电网有重大影响的（小规模）资产。换句话说，常规发电资产将更加接近需要他们的地方。按照这个思路，跨地域分布的越小的越接近需求中心的发电能力，将会更好地应对日间平衡所增加的波动性，同时提供更好的基载电力来源并减少对电网冲击。基载的整个概念正被高灵活性的需求—响应所取代。

即期电价的披露

除了与公司信息和利率变动有关之外，一些电力公司的股价走势与即期电价波动一致。尽管如此，对即期价格走势的披露有限，尤其是对基载电力生产商而言，由于他们的生产相对稳定，几乎完全通过金融衍生品（对冲），获得未来的收益和现金流保证。远期合约是对冲头寸最受欢迎的资产类别，当期货价格合约已约定未来电力售价，生产商降低了电价波动带来的风险。

如图 25 所示，以德国公用事业公司 RWE 为例，基载电力生产的财务覆盖通常从三年前开始，随着时间的推移而增加。公司使用的是电价远期合约，价格不像即期价格那样波动，因为他们不依赖于日间供应和需求，而是根据行业趋势和大宗商品价格预期（石油、天然气、煤炭等）。这个过程使电力公司减少了在收入方面的波动，同时避免了不确定性，因为即期价格可以在一天内上下波动 50%。

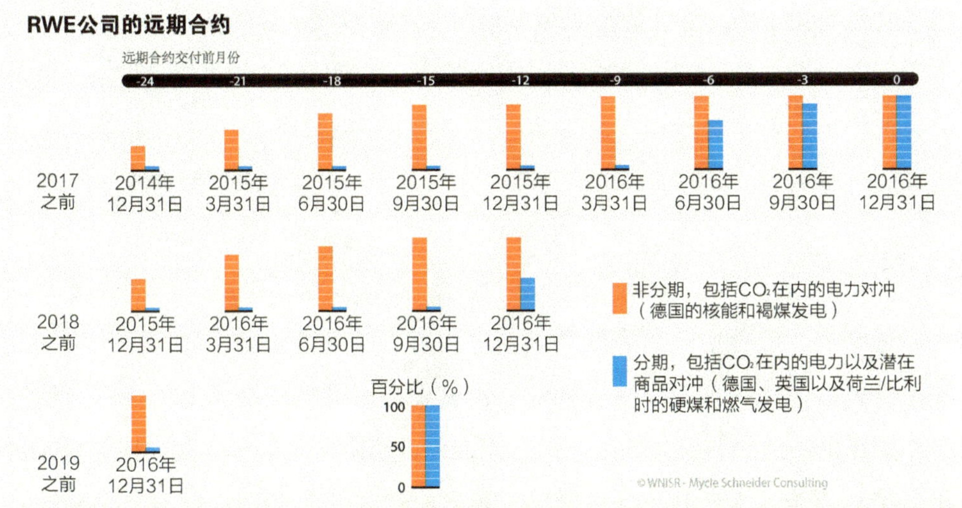

图 25 RWE 公司的远期合约　　资料来源：RWE，2016 年度报告

然而，即期价格是有可能大幅上涨的，由于供应短缺或者大宗商品价格的剧烈波动。在这种情况下，对冲策略可能适得其反，公司结果会损失掉本应能收回的在高价位发电产生的财务费用，因为远期对冲的衍生合约通常都需要缴纳保证金，如果波动超过一定阈值：所使用的衍生合约贬值，投资者必须存入更多的钱进入账户或出售部分资产。

峰值电力生产者更多依赖即期价格，因为他们是在有需求时短时间内发电。这些资产受益于波动性增加，以及变化扩散（某一时期资产的盈利能力）。较大的价格波动也影响分销网络，主要是为了平衡供需差距，有效地把所需要的发电能力与满足需求匹配。

2016 年下半年，由于燃料价格上涨和法国核电下降，电价出现意料之外的反弹，使一些电力公司措手不及，对他们的电力交易产生了负面影响，主要因为这些交易都使用与大宗商品价格（煤炭和电力）相关的远期合约，对 RWE 公司造成了总额为 1.39 亿欧元（约合 1.499 亿美元）的损失，ENEL 公司的损失为 1800 万欧元（约合 1940 万美元）。然而，如果妥善管理，较高的波动性可以使公司从套利机会中受益（同时购买和出售资产 / 证券以从价格差异中获利）。例如，EDF 公司利用这个机会部分抵销其核电造成的损失，2016 年交易收益增长了 56.8%，达到 7.79 亿欧元（7.86 亿美元）。

即期价格走势很少影响基载电力生产商的盈利能力，如本年度核电，但可能会使得远期价格处于相同的变动趋势（虽然波动较小）：远期价格影响公司未来的对冲水平，影响未来几年资产的盈利能力（在生产水平稳定的条件下）。

合同收益

近年来，低价格环境降低了基载电力可以达到的价格，降低了利润。此外，可再生能源的进一步整合降低了传统发电厂的利用率，迫使运营商将资产摊销到更短的预期寿命。由于这一原因，近年来出现了多项重大损失。2016 年，E.ON 公司、ENGIE 公司以及 RWE 公司再次公布利润为负值，净利润亏损分别为 84.5 亿欧元、4 亿欧元、57 亿欧元（分别合 94.5 亿美元、4.5 亿美元和 63.8 亿美元）。这些主要是由调整后的折旧水平和减值支出造成的，对现金流的影响很小。然而，经调整后，核电厂和常规发电厂的利润额以及利润率持续下降。

如图 26 所示，来自四个国家（德国、意大利、法国、芬兰）的六个大型欧洲核电公司（E.ON，RWE，ENEL，ENGIE，EDF，Fortum）的平均税息折旧及摊销前利润（以下简称 EBITDA）和销售额都由于商品价格下跌、竞争加剧以及产能下降而减少。没有收入支持，公司决定优化运营成本，减少员工队伍，以尽量减少对利润的不利影响。

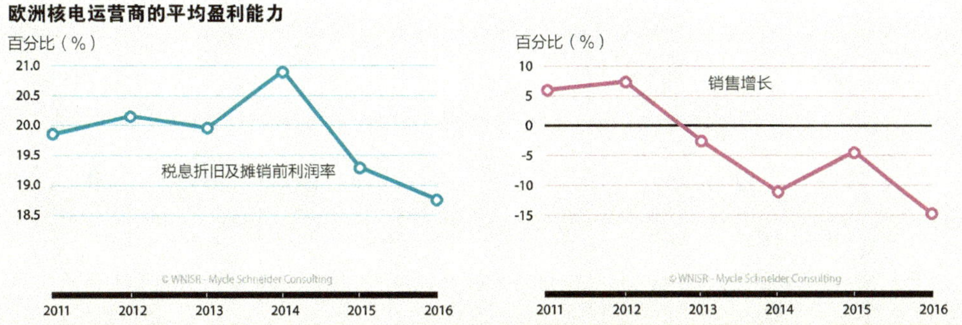

图 26 欧洲六家核电运营商的平均盈利能力 资料来源：公司年度报告

此外，随着许多核电资产越来越接近其名义上的经营寿命，无论是延长使用寿命还是支付预期退役费用，未来几年都需要大量投资。事实上，新一届法国政府承诺的能源转型立法的实施，将把两个制约因素结合起来：一些反应堆的寿命延长，另一些反应堆的退役。在价格环境低迷和需求预期疲软的情况下，这些资产的预期回报可能低于寿命延长所需的投资。

因此，由于利润下降和投资需求不断增加，欧洲核能部门至少增加了三项重大投资：一项是阿海珐公司为优化其资产负债表投资 50 亿欧元（约合 54 亿美元）；另一项是在阿海珐接管前，EDF 为优化资产负债表投资了 40 亿欧元（约合 43 亿美元），包括 Hinkley Point C 核电站和 Grand Car é nage 核电站为了将运营寿命延长 10 年而对核电队伍的投资；还有一项是德国政府要求将核废料保证金转移给核废料基金，E.ON 额外支付的 13.3 亿欧元（15.3 亿美元）。

此外，两大德国运营商 E.ON 和 RWE 在核电站关闭、传统投资的利润率快速下滑以及其财务结构削弱的驱动下，决定创建独立的公司。这就是 2016 年开始独立运营的 Uniper［E.ON 公司的传统发电、交易和勘探与生产（以下简称 E & P）子公司］和 Innogy（RWE 公司可再生能源网络和零售分公司）。这是为了给股东创造价值，同时将资本集中在可以提供稳定收益和现金流的增长来源。

德国核电的特色

分拆

在德国 Energiewende 计划中的承诺（即德国向低碳的、环保的、可靠的以及可负担的能源供应过渡）以及国际能源产业面临的整体转型之后，E.ON 公司为了股东利益已经进行了一次具有革命性的尝试，同时减少他们对电价变动的风险敞口。它通过提供"好银行 / 坏银行"的方式，分拆其传统零售和勘探与生产企业，同时保持 E.ON 公司旗下回报稳定和按期增长的资产。然而，这个策略似乎过于雄心勃勃，过于超前，并且由于公司没有看到这个选择造成的政治影响而事与愿违。

把核资产转移给新公司的可能性打开了德国核准备金以及企业支付这些准备金能力的潘多拉魔盒。由于 E.ON 公司的举措，德国政府决定评估这一情况，以减少纳税人未来可能面对的待处理债务和成本的风险。

审查后，通过了一项责任法，规定历史经营者应对未来的拆迁费用承担责任，阻止了 E.ON 公司任何将核资产转让给新建的 Uniper 公司的企图。在 E.ON 公司分拆尝试之后新立法之前，企业在分拆后 5 年对独立的机组承担责任。德国政府扩充了责任法内容，使历史运营商对核退役成本负责，即使在分拆之后也是无限期的。因此，E.ON 公司不得不重新考虑其战略，将德国的核资产纳入"好银行"实体，降低新结构创造价值的可能性，因为有利可图的资产给其带来了核风险和退役费用。

然而，市场对 Uniper 的估值远低于 E.ON 的预期。在 E.ON 的账户下，与首次公开发行（以下简称 IPO）时的 50 亿欧元（约合 54 亿美元）市值相比，Uniper 被分拆时的价值接近 110 亿欧元（约合 119 亿美元），从而迫使公司按市值计算将其估值（以市场报价估值）下调了 61 亿欧元（约 66 亿美元）。这一调整是在分拆之前预期的损失 38 亿欧元（约 41 亿美元）之上进行的，这主要基于利润的下滑以及低于预期的增长对 Uniper 的煤炭资产造成的。"新 E.ON"

（含核电）加上低端 Uniper 的组合，不但没为股东创造价值，反而将公司推向了合约阶段。

在 E.ON 转移风险失败后，RWE 采取了相同的"好银行 / 坏银行"策略，但将"好资产"转移到新成立的一家专注于可再生能源、网络和零售的集团，名为 Innogy。历史运营商 RWE 作为"坏银行"，保持传统业务（包括核电）、交易以及勘探与开发。通过这样做，公司在法律责任范围内符合德国新法规，同时通过提供风险较低的增长实体为股东创造价值。

KFK 的创建与准备金分析

德国政府越来越注意到核电站的停运费用。随着业界的分拆，政府开始了一项调查，以确定由运营商（即 E.ON、EnBW、RWE 和 Vattenfall）拨出的 380 亿欧元（约合 410 亿美元）是否充足。如果这些公司的盈利能力没有得到改善，那么这些公司今后是否能够提供必要的现金就值得关注了。经过调查，德国政府希望避免救助（不会复制过去十年银行业发生的情况），从而保障政府权益和纳税人的利益。

由于要求将德国核资产置于历史经营者旗下，加之运营寿命期限（因为德国预计将在 2022 年年底完全退出核电），德国政府将核准备金问题置于密切关注之下。由于德国公用事业公司的财务状况不佳，以及未来预期的巨大成本，政府研究了多种选择，以确保未来对核债务的支付。

为此，在 2015 年年底，政府成立了一个由 19 名成员组成的对逐步淘汰核能进行审查的独立核能委员会（Kommission zur Überprü fung des Kerneenergieausstiegs，KFK），其中包括政治家、律师、学者和商人，以避免利益冲突。KFK 通过多次会晤来制定建议，以确保核反应堆退役的融资，以及为未来核废料的储存和处置提供费用。作为第一步，KFK 分析了核运营商核准的核准备金，以评估这些准备金是否足以支付未来可能的成本。

关于核废料主权基金的提议

在KFK对准备金的充分性进行审议后，又采取了第二步来确保处理和储存核废料的长期财政义务。由于德国政府对核电运营商长期为这些费用埋单的能力感到担忧（因为在最终处置之前，核废料储存的时间跨度可以超过一百年），因此设立了一个主权基金来保障这些支出。

为了建立这个基金，考虑到要对未来的债务负责，政府要求在当前的准备金水平上支付35%的溢价。这种溢价考虑了潜在未来成本增加的风险和高折现率的应用（超过4%）。根据这项法律草案，要求运营商支付的风险溢价总额达到了61亿欧元（约合65亿美元），E.ON、RWE、EnBW和Vattenfall四家公司为了同样的目的已经提供174亿欧元（约合186亿美元）。核电运营商原本拒绝了这一提议，认为35%的溢价过高，但最终，他们都同意了这些建议。

考虑到公司的财务状况，KFK还要求，这种溢价的融资来自于股权，而不是债务，因为政府不希望国家主要公用事业的债务水平增加。该主权基金于2017年1月成立，如未按时支付则需每年支付4.58%的利息。为了遵守法律，避免支付额外的利息，公用事业公司已同意在2017年7月前将所需的资金转入该基金。

低利率环境的影响

较低的利息成本与较高的债务水平

在2007—2008年国际金融危机之后，各国央行选择采用一种宽松的政策，通过降低银行间利率，降低债务成本，从而给低迷的宏观经济环境带来一股新鲜空气。此外，在一种被称为“量化宽松”的（非常规）货币政策之后，各国央行已开始购买债务，这是一种具有典型特征的金融工具：价格越高，利率越低。通过增加购买债务（债券）的数量，中央银行增加了对资产的需求，推高了价格，降低了利率。由于银行间利率降低和量化宽松，政府和企业的债务成

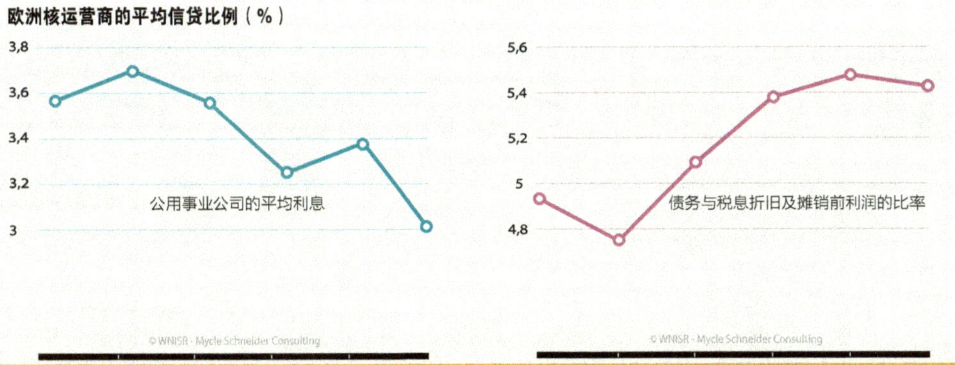

图 27 欧洲核电运营商的平均信贷比例

资料来源：公司年度报告

本已降至历史最低水平。

较低的债务成本使企业能够在收益不够强劲、不足以支撑增长的时候进行投资。这种可能性对企业的财务状况产生了多重变化：其债务水平上升，盈利下降，负债比率恶化。然而，与过去相比，较高的债务水平对公司的利润影响较小，较低的债务成本意味着同一借款金额的利息支出较低。

如图 27 所示，尽管利息成本下降，但净负债增加与盈利能力下降降低了之前提到的四个国家六家公司的利息覆盖率。利息覆盖率即营业利润与利息支出之比，是衡量一个公司履行其利息支付义务的能力。这个比率越低，公司支付利息费用的负担越重，因为债务成本占利润的比例更高。从另一方面讲，债务与 EBITDA 的比率（表明公司需要偿还债务的时间）在增加，这意味着企业面临更大的债务困难。

随着评级机构用来确定其信用评级的债务比率恶化，债务水平较高、收益较低的公司将不可避免地出现评级下调的现象。信用评级随时间的影响见表 7。

无可否认，低利率环境在盈利和现金流不利的情况下提供了资本来支持公司和政府的投资。然而，低利率环境造成了额外的副作用，因为这意味着受管制资产的允许回报率将会降低，对退休金和核准备金的资产负债表产生负面影响。

表 7　欧洲主要公用事业公司的信用评级情况

2016 年主要核电运营公司信用评级变化					
	评级	展望		评级	展望
西班牙伊维尔德罗拉公司	BBB	正	↑	BBB+	正
意大利国家电力公司	BBB	正	=	BBB	正
芬兰富腾工程有限公司	BBB+	稳定	=	BBB+	稳定
法国前苏伊士环能集团	A	稳定	↓	A-	稳定
法国电力集团	A+	负	↓	A-	稳定
德国莱茵集团	BBB	负	↓	BBB-	负
德国意昂集团	BBB+	稳定	↓	BBB	稳定
英国森特理克集团	BBB+	稳定	↓	BBB+	负
法国阿海珐集团	B+	发展	↓	BBB	发展

资料来源：标准普尔公司《2016 年公司年度报告》

受监管的资产所允许的较低回报率

在自然垄断下运行的传输和分销网络是受监管的资产。监管机构会规定运营商在给定年度的允许盈利范围，以避免其因垄断市场而过度获利。为了确定它，监管机构使用监管资产价值（以下简称 RAV）或监管资产基准（以下简称 RAB）来确定监管期间（通常为 3—5 年）的资本回报率（以下简称 ROCE）。

为此，监管机构通常使用 10 年期国债（来自资产运营所在国）的利率，加上风险溢价。其他参数如通货膨胀水平、投资增长和运营费用控制，也用于计算给定时期内的收益。低利率环境产生了较低的债务成本，降低了加权平均资本成本（简称 WACC），从而迫使监管机构下调了被监管资产的允许收益率，以减少资本回报率。目标是尽量缩小资本回报率和加权平均资本成本的差距，以避免超额价值。

在此之后，2016 年 10 月，负责监管职能的德国联邦网络机构（Bundesnetzagentur）修改了考虑下调利率的监管参数。这些措施将适用于未来 5 年的监管期。这些参数将分别于 2018 年和 2019 年在天然气和电力网络中实施。

受低利率环境的推动，监管机构已将股本回报率（简称 ROE）下降 200

个基点（2%），股本回报率决定了与分配和传输网络挂钩的关税。受监管的关税对于新投资和现有电网的股本回报率已分别从原来的9.05%和7.14%下降到降至6.91%和5.12%。由联邦网络机构确定的股本回报率水平是基于10年平均无风险利率加上风险溢价：基准利率已从先前的3.8%降至2.49%，而风险溢价设定在3.15%（之前为3.59%）。2015年，意大利和英国也进行了类似的向下修正，从2016年开始实施。

由于许多核电运营商拥有电网资产，低利率环境降低了电网收入，预计受监管资产的报率较低，给发电方的合同收益增加了压力。

更高的准备金需求

对未来现金流量以给定折现率进行折现后的价值称为其现值。因此，未来现金流量以指定价格折现：折现率越高，未来现金流量的现值越低。相反，折现率越低，准备金越高。折现率方法被要求用来计算未来义务，用于确定长期的养老金和核电站退役或废弃物管理的准备金。

2016年12月12日，法国前苏伊士环能集团（以下简称ENGIE）。在比利时的核电子公司（Electrabel公司和Synatom公司）接受了来自比利时核准备金委员会（简称CNP）对核准备金的重估。结果，折现率从4.8%下调至3.5%，通货膨胀率保持在2%。这意味着该公司84亿欧元（91亿美元）的核准备金增长了21.4%或18亿欧元（合19.5亿美元）。

同样，由于折现率降低0.3个百分点至4.2%，法国电力集团不得不对核电方面采用更高的准备金，准备金增加13.42亿欧元（1.47亿美元），财务费用增加6.8亿欧元（7.33亿美元）。由于长期利率较低的环境，该集团估计，2017年核准备金的折现率将下降至4.1%（准备金为+7.335亿欧元或+7.93亿美元），到2018年为3.9%（准备金为14.70亿欧元或15.85亿美元）。

RWE已同意将由其承担的68亿欧元（73.3亿美元）准备金转移到核能基金，其中包括50亿欧元（54亿美元）的基础金额和18亿欧元（19.4亿美元）的风险溢价。转移于2017年7月全部完成。在此之后，考虑到剩余准备金的期限较短（10 年以下），折现率的计算是随市场利率和通货膨胀率而变化的。因此，剩余准备金（在向核能基金转移之后）增加了 9 亿欧元（9.7 亿美元），即增加了 18.7% 到 57 亿欧元（61.5 亿美元）。

德国 E.ON 已经接受了向核基金支付 102 亿欧元（约合 110 亿美元）。这包括 78 亿欧元（约合 84 亿美元）的准备金，20 亿欧元（22 亿美元）的溢价，2 亿欧元（2.16 亿美元）的利息费用和 2 亿欧元（2.16 亿美元）的 RWE 一座核电厂的少数股权。基础金额将通过资产负债表上的流动资产支付，同时还将使用高达 30 亿欧元（约合 32 亿美元）债券和商业票据来支付。与 RWE 相一致的是，该集团必须改变对剩余准备金折现率的计算方法。该方法以无风险利率为基础，实际折现率为 – 0.9%，使 E.ON 剩余准备金增加 15 亿欧元（16 亿美元）。就像养老金一样，核准备金将会有季度的波动。此外，该集团还增加了核资产剩余寿命的年度折旧额。

表 8 核电运营商的准备金

核电运营商的准备金							
公司	所用方法	反应堆数（座）	核电装机容量（MW）	核准备金总额（百万美元）	每座反应堆的准备金（百万美元）	每 MW 装机容量的准备金（百万美元）	2016 混合股权净值（百万美元）
法国电力集团	民间资金	73	748830	502351	6882	67	262904
德国莱茵集团	民间资金	5	39260	137149	27430	349	29743
德国意昂集团（加上尤尼珀公司）	民间资金	6	85552	230882	38480	270	-11394
芬兰富腾工程有限公司	政府资金	2	10200	11815	5908	116	145357
法国前苏伊士环能集团（除法国燃气公司外）	民间资金	7	59379	130831	18690	220	427442
关西电力公司	民间资金	25	231160	1144600	4578	50	618070
爱克斯龙电力公司	民间资金	23	220000	211960	9216	96	258370

资料来源：《公司年度报告》

与其他国家相比，低利率环境对法国的影响并不那么引人注目。因为在 2015 年 3 月，法国政府决定审查折现方法（引入折现率上限的计算），将法国

30 年期平均利率（以下简称 TEC 30yr）由 4 年期增加到 10 年期，同时增加 100 个基点。这种改变减少了折现率变动的短期影响，但变化仍然会有更长期存在。

更高的准备金要求会对资产负债表和损益表产生负面影响，但不会影响现金流。资产负债表受到影响，是因为更高的准备金意味着公司将不得不为未来的预期成本保留额外的资金。由于额外的资金将不得不来自保留资本，因此准备金的增加会损害股权水平。然而，随着时间的推移，这些准备金应该被资产（金融资产）所覆盖（资产可以提供接近所使用折现水平的回报率）。

在损益表中，由于核准备金的增加，一个负的一次性项目将被报告为财务成本，减少了公司在既定年份的收益。该活动被计入了净财务支出，降低了公司税前利润。尽管如此，考虑到这不是一个反复出现的问题，它与运营业绩无关，而且变化不包括在调整后的结果中。

在现金流方面，没有记录任何变动，因为现金不会离开公司，直到费用发生或需要转让。其结果是，较低折现率下的较高准备金降低了报告的净利润和股权水平，但对调整后的利润或现金流没有影响。此外，已计入的核准备金越高，折现率变动对报告的资产负债表和净利润的影响越大。因此，2016 年，核准备金的增加损害了核电运营商报告的股权水平与净利润。

更高的养老金赤字

按照同样的折现率方法，养老准备金的计算方法为未来养老金义务与资产承担额之间的差额（养老金计划）。差异越大，赤字越大，准备金越高，这意味着养老金计划资金不足（目前和未来用于退休金的资金尚不可用）。

由于高额养老金赤字，EDF、E.ON 和 RWE 都会在低利率环境中有更多风险敞口。结果，由于低利率，2016 年 RWE 增加了 19 亿欧元（20.5 亿美元）的养老准备金，提高了集团的净债务。

2016 年 E.ON 的退休准备金也有类似效应，在德国的折现率下降到 1.4%、英国的折现率下降到 2.9%的情况下，增加了 23 亿欧元（约 25 亿美元）的准备金。EDF 同样修订了应用于法国（1.9%）和英国（2.76%）的折现率，将养老金义务提高了 20.4 亿欧元（22 亿美元）。

养老准备金增加产生的效应与核准备金增加类似：由于折现率的下调，准备金水平提高，它通过较低的股权水平和报告净收益损害资产负债表。一个公司的养老金赤字越高，对折现率变动的敏感度就越高，对资产负债表和报告净收入的影响也越大。然而，与核准备金变动一致的是，更高的养老准备金年不会对调整后的净利润或现金流产生影响。结果，2016 年度养老准备金的增加对公司股权水平和报告净收益产生了负面影响。

公司策略，股价行为和结果

莱茵集团（德国）

莱茵集团公布 2016 年度的财务业绩，收入下降 5.7%，经调整的息税折旧摊销前利润下降 23%。净收入再次亏损 57 亿欧元（65.5 亿美元），该集团计入其电力投资的损益为43亿欧元（约合46亿美元），此外还有 18亿欧元（19.4 亿美元）核能基金 35%的风险溢价，以及衍生品市值（以报价估值）的 8 亿欧元（约合 8.86 亿美元）。调整后，净收入下降了 30%，为 7.77 亿欧元（8.38 亿美元）

莱茵集团已决定终止 2015 年普通股派息，但会对优先股支付每股 0.13 欧元（0.14 美元）的股息。净债务减少了 10.8%，这得益于通过分拆的方式将 Innogy 公司的股份取代所产生的正向现金流。

莱茵集团的股价在 2008 年 1 月达到峰值为 100 欧元，2017 年 7 月初维持在每股 18 欧元，下降了 82%。然而，莱茵集团显然正在从股价触底中恢复，因为 2016 年 12 月的股价下跌到了谷底 11.40 欧元（见图 28）。

莱茵集团 RWE 在 2016 年的传统发电业务表现强劲，其发电量增长了 1.4%。尽管有较高的负荷因素，但低价格环境继续从降低发电边际收益和降低分拆收益的 36.3% 两个方面来损害集团。Innogy 公司的盈利（可再生能源和

图 28 2006 年以来 RWE 的股价变化情况 资料来源：雅虎金融

网络子公司）下降了 7%。尽管就天然气交付问题已与俄罗斯天然气工业股份公司达成和解，但交易部门的盈利仍为负值。

莱茵集团核准备金的目标是保留足够的金融资产以支付其未来五年的 100%和未来十年的 75%的中长期义务（核电、采矿 / 褐煤和养老金）。核准备金将像养老金那样按季度重新计算，其变动将登记在损益表（以下简称P & L）报表中。

随着公司拆分且所有优先债务都转移至 Innogy 公司，以其目前的财务结构仍然要承担长期准备金，莱茵集团可以被视为没有债务的金融投资组合，有来自交易和发电的“波动”现金流，但其财务投资和收到的股利应能覆盖其准备金和现金支付。

来自于 2017 年指导方针的重要消息，收益预计将有 5% 的涨幅，这意味着下行趋势可能已经结束，战略最终将得到回报。此外，预期有较强的净收入改善，这意味着净利润增长 25% 至 62%。2017 年集团将恢复每股普通股 0.50 欧元（0.54 美元）的股息支付。似乎最糟糕的日子已经过去了，将 Innogy 公司作为增长驱动力的拆分策略正在奏效。

意昂集团（德国）

2016 年营业收入下降 11%，营业利润和净利润分别下降 13%和 16%。据

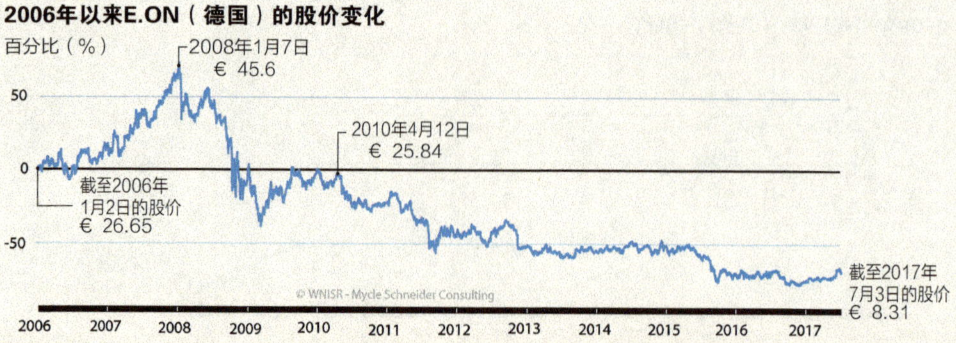

图 29 2006 年以来 E.ON（德国）的股价变化情况 资料来源：雅虎金融，2017 年 8 月

报道，该集团的综合净收入损失为 160 亿欧元（约合 173 亿美元），其中 84 亿欧元（约合 91 亿美元）归因于 E.ON 股东，是由接近 110 亿欧元（约合 119 亿美元）的减值费用导致。2016 年拟议的股息为 0.21 欧元（0.23 美元）/ 股。

归属于 E.ON 股东的股权达到 –10.5 亿欧元（–13.3 亿美元），而该集团的净负债达到 263 亿欧元（284 亿美元），这证实了该公司资产负债表疲软。E.ON 股价在 2016 年 11 月触及底盘，仅为每股 6 欧元，低于 2008 年 1 月的历史峰值 45.60 欧元（–87%）。截至 2017 年 7 月初，每股股价 8.31 欧元，这已经弥补了一些失去的股价。（见图 29）

采用分拆策略之后，E.ON 已经实现了市场驱动收益的改善，其营业利润的 63.3%来自受监管和半管制的资产。能源网络部门调整后的营业利润下降了 8%，零售业务（客服部）营业利润相对稳定（+1%），可再生能源部门的营业利润提高了 10%。

德国核能公司（普鲁士电气公司）的营业利润比预期更有弹性，因为其营业利润下降了 2%。然而，随着未来几年的生产以较低的价格进行对冲，利润应继续恶化：2017 年对冲 100% 为 32 欧元 /MW（34.5 美元 /MW），2018 年对冲 94% 为 27/MW（29.1 美元 /MW），2019 年对冲 19% 为 25 欧元 /MW（27 美元 /MW）。在持续的生产水平上，这样的对冲率将意味着 2017 年的收入减少 13.5%，2018 年减少 21.7%，2019 年将进一步减少 7.4%。

但并非所有这一切都是如此阴暗，因为将与存储相关的准备金移交给核废料基金将允许公司从 2017 年 1 月 1 日起停止支付 78 亿欧元（84 亿美元）准备金的利息，每年净收益为 2.0 亿—2.5 亿欧元（2.16 亿—2.70 亿美元）。此外，剩余准备金折现方式的改变也将减少费用 3.5 亿欧元（3.77 亿美元）。因此，2017 年以后的综合财务业绩预计将提高约 4 亿欧元（4.31 亿美元），部分会被较高的折旧费用抵销。

从中期来看，该公司的目标是减少净负债，将其投资预算减少 20%，可以出售剩余的 Uniper 公司股票，剥离额外的资产，或许还可以用新发行的股票支付现金红利。对于客观预期，每股收益（以下简称 EPS）已经下调，因为现在预期相对较为平淡。这种下调是由于对主权基金支付核溢价的资本措施对每股收益稀释的影响。预计到 2019 年，每股收益将会持平，这意味着 E.ON 在接下来的几年里已经成了一个没有增长的故事。

阿海珐集团的股价于 2008 年 6 月达到峰值将近 80 欧元 / 股，2017 年 7 月初其股价低于 4.50 欧元 / 股，与峰值相比下降了 94%

阿海珐集团（法国）

阿海珐集团 2016 年的净亏损为 6.65 亿欧元（7.17 亿美元），2015 年为 20.4 亿欧元（22 亿美元），2014 年为 48.3 亿欧元（52 亿美元）。来自经营活动净现金流量为 –6.21 亿欧元（6.61 亿美元），现金流量继续为负值。近年来，该集团不得不下调其对第三代原子能反应堆（以下简称 EPR）建设的预期，导致大幅贬值，增加了芬兰 Olkiluoto 核电站、法国 Flamanville 核电站和中国 Taishan 核电站的 EPRs 的持续延误。此外，阿海珐还不得不应对其 Creusot Forge 站点上巨大的质量控制问题，在那里，检查人员发现了明显持续了几十年的违规行为（参见聚焦法国）。

阿海珐集团的股价在 2008 年 6 月达到顶峰，每股将近 80 欧元，2017 年 7

图 30　2006 年以来阿海珐集团（法国）股价变化情况　来源：Investing.com，2017 年 8 月

月初低于 4.50 欧元（-94%；见图 30）。法国政府的救助公告并没有从根本上改变投资者的观点。

阿海珐集团不得不分成两部分，以获得急需的融资，核反应堆部门以 25 亿欧元（约合 27 亿美元）的价格出售给 EDF（51%—75%），如果结果达到预期，可能赚取 3.5 亿欧元（3.77 亿美元）的收入。阿海珐集团将保留燃料制造和乏燃料后处理业务。此外，将进行 50 亿欧元（约合 54 亿美元）的增资，法国政府将注资 45 亿欧元（约合 49 亿美元），可能会让一些国际投资者如日本核燃料有限公司（以下简称 JNFL）和三菱重工（以下简称 MHI）投入剩余的 5 亿欧元（5.43 亿美元）。

法国电力公司

法国电力公司（以下简称 EDF）的 2016 年是一个波动年。除采取的战略多样化决策外，由于核电价格低廉的市场环境，公司的核电业务盈利能力下降。这导致其两个主要市场（法国和英国）的竞争加剧，不仅造成其市场份额下滑，利润和盈利能力也在下降。

EDF 在 2016 年发布了两个不同的利润警告。由于核电监管机构（以下简称 ASN）要求对受阿海珐公司制造异常影响的核反应堆进行附加测试，核电产量减少加剧了低电价带来的负面影响。此外，EDF 于 2016 年发布了位于英国的 EPR 项目的最终投资决定，该项目已通过英国政府验证，投资金额为 19.6 亿英镑（约合 254 亿美元）。在其投资组成中包括中国投资商（中广核和中核集团）。EDF 还就收购阿海珐 NP 公司达成了约定价格为 25 亿欧元（约合 27 亿美元）的协议。

由于财务困难、资产负债薄弱、多个资本密集型项目以及在野心的驱动下，EDF 发行 63471 万的新股，每股 6.35 欧元（6.85 美元），实现增资 40 亿欧元（约合 43 亿美元）。认购价为 2017 年 3 月 2 日的收盘价折让 34%以及除权理论值折让 29%来确定，即每股 8.92 欧元（9.62 美元）。鉴于 EDF 需要从私人投资者那里获得 10 亿欧元（约合 10.8 亿美元）的新投资（占总目标的 25%，但占股东的 15%），提供折扣是必需的。法国政府投资了 30 亿欧元（合 32.3 亿美元，占比 75%），但拥有该公司 85%的股权。因此，公共利益相关者将其 10%的股权以每股 0.40 欧元（0.43 美元）分配，意味着除权值的折价为

图 31 2006 年以来 EDF（法国）股价变化情况 资料来源：Investing com，2017 年 8 月

40%，股价下降 8%。2007 年 3 月 7 日增资后的一周，EDF 的股票市值已缩水 22%。自 2007 年 11 月达到顶峰以来，EDF 股票市值暴跌 88%（截至 7 月 3 日，见图 31）。

此外，公司大幅修订了 2017 年盈利目标。由于公司通常在其生产全面对冲的年份开始，除了核电产量较低和主要市场竞争加剧外，其对冲水平较低。该集团预计 2018 年收益将回升，因为截至 2016 年年底欧洲的远期价格有所上涨，预计产量将恢复正常。

2016 年，该集团的法国发电和供电业务部分萎缩 11.2%，这部分业务占集团收入的 37.5%，因此集团 2016 年的财务状况受到严重影响。该部分业务遭受了核电产量降低、市场份额损失和市场购买不利——由于生产无法满足零售需要，公司在 2016 年第四季度不得不以更高的价格购买电力，以满足其电力需求。

尽管核电产量增长了 7.4%，但由于电力批发价和零售价下降，市场份额加速降和外汇负面影响，该集团英国业务的收入仍下降 23.6%。业绩最好的部分是贸易，利润增长了 56.8%，这主要是由于电力和天然气市场的波动较大。由于投产容量和强劲的结构性资产开发和销售（以下简称 DSSA），2016 年对于可再生能源业务是良性发展的一年，总收入增长了 6.1%。然而，预计 2016 年的可再生能源和贸易业绩不会在 2017 年重现。

2016 年，EDF 决定将其容量为 900MW 的核电机组的折旧年限从 40 年延长到 50 年，将公司折旧费用减少 10 亿欧元（约合 10.8 亿美元）或 11.6%，由此产生 7 亿欧元（7.54 亿美元）的净收入。这也造成用于支付核电机组退役的预期核准备金减少 20 亿欧元（22.4 亿美元），专用资产占用资金减少 17 亿欧元（约合 18.3 亿美元）。这项决定是在其加快实施机组寿命延长计划之前采取的，该计划投资超过 500 亿欧元。尽管如此，法国核电机组的寿命延长必须经过核监管机构的验证，因此在 2018 年之前将不会生成任何决定。

2017 年将是决定性的一年

由于盈利收缩加上核电法规更加严格，EDF 的营业收入减少 3.4%，抵销了折旧增加带来的正向收入。尽管经营现金流量同比下降 12.6%，但净负债稳定在 374 亿欧元（约合 403 亿美元），这是有利的。自由现金流仍然表现消极，但在股利支付的影响下已经有所缓解,EDF 期待到 2018 年现金流会有良好表现。

随着集团完成收购阿海珐核能公司（以下简称 AREVA NP），Flamanville-3 EPR 反应堆取得来自监管机构的预期结果，集团增加了多项资产处置和资本结算措施，展望未来，2017 年将是该集团决定性一年。增资本应允许公司为其多个投资项目部分融资，但在低价环境和盈余收缩的趋势下，EDF 仍然面临曲折的发展道路。高度依赖核能在短期内不支持收益，需要处置资产和划分股息来弥补现金流赤字和高投资需求。如果一切都按公司预期发生，2017 年可能是盈利的最低点；然而，在找到一条光明道路之前，依然有太多的未知。

前苏伊士环能集团（法国）

在延期申请和税收协议获得批准后，ENGIE 在 2015 年年底重新启动比利时核电机组，实现了 2016 年全年盈余的业绩。不过，尽管当前该集团接近 75% 的利润来自受监管或半监管的资产，但石油和天然气市场的价格暴跌还是对集团收益产生了不利影响。

2016 年，ENGIE 公布财务业绩，收入下降 4.6%，净收入下降 5.2%，调整后的净收益下降 4.3%。报告显示，由于电厂、核电资产和商业活动损失 38 亿欧元（约合 41 亿美元），该集团再一次净收益为负值，为 –4 亿欧元。

基础设施业务部分利润涨幅达 2.3%，占全部利润的 32.4%，继续作为 ENGIE 主要的利润驱动因素。在拉丁美洲的业务收入增长 8.5%，欧洲增长 9.5%。比利时利润大幅上涨 69.5%，主要是由于该国重启三座核反应堆。在法国，受益于天然气和电网容量的影响，利润增长 3.2%，抵销了售电及发电资产的较低价格。

图 32 2006 年以来 ENGIE（法国）股价变化情况　　资料来源：Investing.com，2017 年 8 月

另外，液化天然气业务方面受到供应量减少和液化天然气价格地域差距减小的影响，利润下降98.3%。此后，由于石油和天然气价格下跌以及产量下降4.7%，勘探与生产业务的净收入减少20.9%。

2017年2月，股价达到最低点，每股才刚刚超过11欧元，比2008年6月的历史峰值下降了75%，但自此以后在缓慢复苏（见图32）。

未来公司的形势会乐观一些，因为公司在其成本削减计划中的持续努力以及较低的商品价格应该开始有所回报。未来，公司增长势头更加显著，因为除北美以外，所有业务板块都将有机增长（由于处置）。尽管受到资产处置的拖累，公司预计2017年将实现收益增长，因此，2016年可能是收益的最低点。复苏是积极的，比预期的早一年。看起来，加强网络化模式的战略似乎开始有成果。

根据这一点，2017年4月4日，法国燃气苏伊士集团决定退出英国NuGen核电项目，将其在40%股权即133亿日元（1.385亿美元）转移给东芝集团。该公司决定行使其在该项目的合同权利，该项目原计划建造三座西屋AP1000反应堆。法国燃气苏伊士集团估计，NuGen项目将面临重大挑战，西屋公司申请第11章破产保护工作，让ENGIE选择将其股权出售给东芝，使东芝成为不确定项目的唯一股东。

意大利国家电力公司（Italy）

在2015年年底，意大利国家电力公司（以下简称ENEL）与EPH（“Energeticky a Prumyslovy Holding”，捷克斯洛伐克一个私人控股公司）达成协议，将以7.5亿欧元（7.99亿美元）的价格出售其斯洛伐克资产的66%股权通过创建新公司和转让ENEL在Slovensk é Elektrarne公司的股权给新成立的公司HoldCo，随后再将HoldCo转让给EPH来执行。处置协议将分为两个阶段：1）3.75亿欧元，其中HoldCo公司股份的一半（50%）在签约时转让；2）控股公司剩余股份的转让和剩余3.75亿欧元（3.995亿美元）的支付视自1985年以来在斯洛伐克Mochovce核电站建造的两座核反应堆（预计分别于2018年和 2019 年年底完成）的运行情况而定，增加调整机制。

调整机制将在反应堆完成时计算，包括净财务状况、斯洛伐克市场的能源价格变化情况、经营效率水平以及两座反应堆完工后的企业价值。此外，意大利国家电力公司已经与斯洛伐克经济部签署了一项谅解备忘录，使该处置协议生效。这使得该公司能够在 2016 年将资产从其账户中释放，缩小装机容量并减少核准备金。

在财务方面，意大利国家电力公司提到了 2016 年业绩，其收入下降 6.7%，税息折旧及摊销前利润（以下简称 EBITDA）与去年同期水平一致，但净收入增长 17%，主要是由于所得税和少数股东利益下降，抵销了利息支出增长的 13%。经常盈利调整为一次盈利，EBITDA 增加 1%，净收入增长 12.3%，将支付每股 0.18 欧元的股息。随着公司资产净值增加 7.5%，在净收入水平上的强劲成果使公司进一步巩固了其财务水平。净负债相对较多主要是由于现金储备减少 21.7%，因为该公司减少了 3%的总债务。因此，随着公司减持（净负债 / 权益），财务结构有所加强。

该公司预计 2017 年利润将进一步增长：EBITDA 增长率为 +2%，净收入为 10%，派息最低为 0.21 欧元 / 股，涨幅为 16%，派息率为 65%（每股 0.22 美元）。该集团提出，回购 5 亿股或总共 20 亿欧元（约合 21.2 亿美元），此外少数股权也收购类似金额。意大利国家电力公司 2017 年的目标非常鼓舞人心——同时提高最高利润率和最低利润率水平，增加股东预期回报。该集团拥有多样化的发展战略、强劲的经济发展和需求增长以及网络业务中的弹性定位。投资值已上调，对于风险较低的项目预计在不到三年的时间内投产。

东京电力公司（以下简称 TEPCO）

日本经济贸易和工业部（以下简称 METI）根据 2016 年 12 月 9 日提供的最新估计，将福岛核电站的退役和去污的预算提高为原计划的两倍，现在预计总成本为 22 万亿日元（合 220 亿美元）。据该部门报告，受损反应堆的退役成本将增至 8 万亿日元（约合 720 亿美元），补偿金额将上升至 8 万亿日元（720

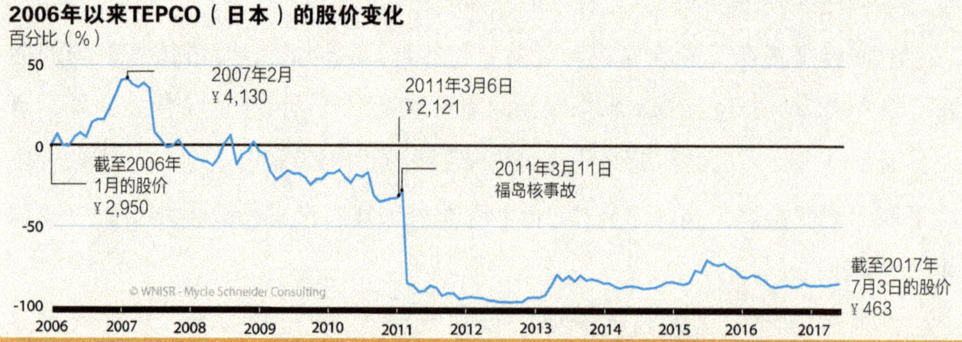

图 33 2006 年以来 TEPCO（日本）股价变化情况　资料来源：Investing.com，2017 年 8 月

亿美元），使得 TEPCO 需花费 16 万亿日元（合 1440 亿美元）用于清理工作，新的预算数额公布后，TEPCO 的股票市值下跌近 3%。该公司的股票价值在福岛 3/11 事故后暴跌。虽然在福岛事故前，TEPCO 在 2007 年 2 月股价达到高峰后已大幅下跌，在 2017 年 7 月初，股价仅仅为峰值的十分之一（见图 33）。

此外，2017 年 3 月，前桥（东京北部）的地方法院裁定，支持福岛第一核电站附近因辐射危险不得不离开家乡的被疏散人员索赔。法院首次承认，日本政府对福岛事故负有责任，说明 TEPCO 和政府应对疏忽负责，有必要向受害者支付赔偿金。

为了弥补增加的成本，日本政府将信贷额度从 9 日元增加到 13.5 万亿日元（从 82 美元到 1230 亿美元）。由于预期成本和赔偿损失较高，该公司——曾经是亚洲最大的电力公司，并在福岛“3·11”事故后基本国有化，自那时以来首次决定利用债务市场，该公司授权六家投资银行出售价值 1000 亿日元（8.90 亿美元）的债券。目标是在 2017 年重新进入债券市场，重新定期发行债券，以支付除政府提供的信贷之外的补偿费用。

财务业绩显示，2016 年（第三季度），TEPCO 营业收入缩减 13.8% 至 3.88 万亿日元（约合 353 亿美元），连续第二年下降，原因是燃料成本调整导致电力价格下降。尽管如此，燃料费用的降低和成本优化措施带来的成本下降使得公司连续两年利润为正，净收入达到 3060 亿日元（28 亿美元），但比上一年下降了 29.8%。截至目前，3/11 事故对 TEPCO 的累积财务影响已从 6.35 万亿日元上调至 6.66 万亿日元（579 亿美元至 607 亿美元）。

东芝公司（日本）

为解决因美国核监管局（以下简称 NRC）监管变更造成的相关费用增长纠纷，东芝集团在 2015 年接管 CB & I StoneWebster 公司，之后东芝与其子公司西屋出现了主要分歧。此后，西屋公司对美国在建两个核项目的所有延误和成本超支承担责任，使东芝集团在 2016 年上半年预计损失了近 68 亿美元。

2017 年 3 月 29 日，西屋公司决定在美国申请破产保护（第 11 章）。这允许东芝从其账户中分解西屋，但将迫使该公司损失近 90 亿美元。关于公司管理政策的决定和多次丑闻披露后，股东们公开宣布他们对任何西屋破产后的复兴计划都有疑问。

2017 年 4 月 11 日，公司决定在没有审计师签名的情况下公布其 9 个月的业绩，没有签名是因为审计师（普华永道会计师事务所）担心西屋公司提供的以往会计数据不正确。经历两次延迟后，东芝为避免进一步的延误发布了该无签名版业绩。这一发布，东芝公司给自己的持续经营能力举了旗，推动了其亏损和负资产水平的增长。营业收入下降 4% 至 38.47 亿日元（332 亿美元），经营亏损 149%，达 5763 亿日元（约合 50 亿美元），净亏损扩大至 5325 亿日元（46 亿美元）。

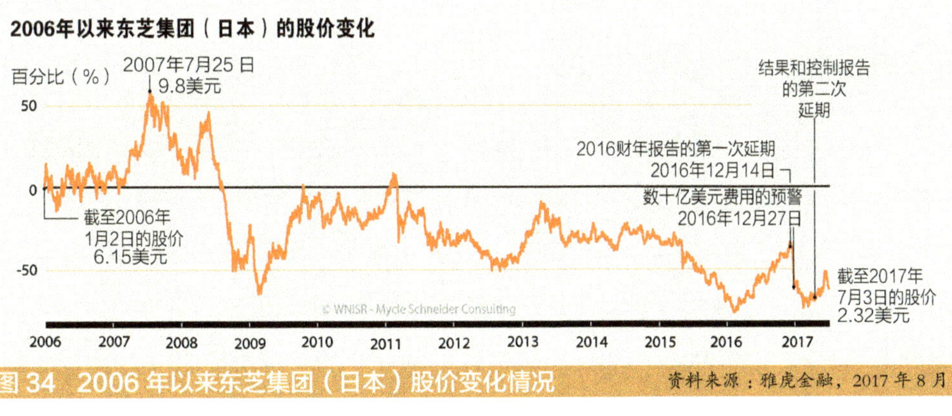

图 34 2006 年以来东芝集团（日本）股价变化情况 资料来源：雅虎金融，2017 年 8 月

西屋破产之后，正在南卡罗来纳州开发两座 AP1000 反应堆的斯堪纳公司（简称 SCANA）决定在转型和验证期间继续开展该项目。2017 年 3 月，斯堪纳宣布在向监管机构做出回应前将遵循“最谨慎的道路”对所有选择进行评估。2017 年 7 月 31 日，斯堪纳公司和 Santee Cooper 公司宣布他们正在停止施工。南方公司在佐治亚州 Vogtle 核电站正在建造的两座 AP1000 反应堆也面临类似的决定（见聚焦美国）。

为了弥补核电方面的预期损失，东芝集团正在剥离其最赚钱业务的部分或全部股份：内存芯片部门。此外，在违反贷款协议后，与债权人进行了第三次债务豁免协商，东芝集团提出将其芯片业务的部分股份作为抵押品，以确保债务融资（资产的权利以确保借款人的贷款）。

展望未来，该集团正在考虑退出所有新建核项目

展望未来，该集团正在考虑退出所有新建核电项目，因为它不再是公司的主要利益，并且希望出售 NuGen 核电项目中的所有或多数股权，该公司之前计划在 NuGen 核电站建立三个 AP1000 反应堆，投资额度为 150 亿—200 亿美元。2017 年 3 月 30 日，英国核监管局（以下简称 ONR）授予 AP1000 技术通用许可证。但随后，2017 年 4 月 4 日，东芝被迫购买法国燃气苏伊士集团（以下简称 ENGIE）在该项目中的 40%股权，因为西屋破产被视为违约事件，这允许法国集团退出联盟并收回已经完成的 153 亿日元（1.385 亿美元）的投资。

韩国电力公司（韩国）

该集团目前在韩国拥有 23.1GW 的核电装机容量，共 24 台在运机组。KEPCO 预计，通过四个 APR1400 反应堆交付阿联酋核电项目，将在 2018 年—2020 年平均每年增加一个运行机组。此外，该公司预计到 2029 年将再投入运行六个机组。为此，该集团的平均年投资额为 3500 万—5500 万韩元（3.11 亿—4.44 亿美元）。然而，新任总统文在寅领导下的新政府誓言要停止核电项

目扩张和 40 年以上反应堆的寿命延长（见韩国部分）。

财政方面，在财务方面，公司在 2016 的收入增长了 2.1%，电力销售和销售量增长了 2%，这是公司的主要收入来源（占 90.2%）。由于成本增长仅为 1.2%（低于收入增长），公司实现盈利增长 5.8%。在比较的基础上，由于 2015 年土地出让利润带来一次性收入 6400 亿韩元（约合 56.8 亿美元），2016 年净收入同比下降；然而，为此调整，集团净利润增长 2.8%。

韩国电力公司在韩国监管市场环境中继续以其垄断地位中获利。与其他在 2008 年—2009 年国际经济危机之前达到顶峰的主要国际核电公司不同，韩国电力公司的股价在 2016 年 8 月达到创纪录的峰值水平。但是，"燃料成本上涨，12 月有效关税降低，包括环境成本在内的运营成本增加以及四个反应堆的临时关停"使该公司自 2016 年第四季度开始受到严重影响。到 2017 年 7 月初，公司股值下跌了 37%（见图 35）。

图 35 2006 年以来韩国电力公司（韩国）股价变化情况 资料来源：雅虎金融，2017 年 8 月

中国广核集团有限公司（中国）

2016 年，中国广核集团有限公司（简称 CGN）收入增长 22.7%，达到 328.9 亿元人民币（约合 49.4 亿美元），主要是由于核电站电力销售额的上升（+30.5%），抵销了来自建筑合同和设计项目（–12.5%）、技术和培训服务（–3%）、设备以及其他商品销售（–4.5%）收入的下降。然而，尽管收入增

加，但由于费用增加、外汇收益波动和财务成本上涨，导致税前直接利润下降4.9%。联营企业和合资企业的业绩增长抵销了部分负面效应，推动收入下降0.6%。尽管如此，由于递延税项增加，税费减少40.5%，使公司净收入增长4.5%，达到89.2亿元人民币（13.4亿美元）。

2016年CGN受益于3座反应堆的商业运营，这3座反应堆均为多数股权（分别是Yangjiang 3号机组，Fangchenggang 1号和2号机组），加上一座来自联营企业的Hongyanhe 4号机组，和一座来自合资企业的Ningde 4号机组，这都将支持更高的电力销售收入，2016年联营企业和合资企业占收入的份额较高。

由于产能过剩、可再生能源份额提高以及竞争加剧对发电产生了负面效应，CGN的股价近年来一直处于压力中，尽管电力需求有所增加，但增速明显放缓。此外，行业监管机构关于核电站关税的潜在改革可能是降低关税或者释放一些销售量和价格去竞争，这会对中广核的股票表现产生负面影响，因为投资者更倾向于避免不确定性。自2014年12月上市以来，CGN的股价已经下跌了33.5%，是2015年6月峰值的近60%（见图36）。

行业监管机构关于核电站关税的潜在改革可能是降低关税或者释放一些销售量和价格去竞争，这会对CGN的股票表现产生负面影响

图36 自2014年上市以来CGN（中国）股价的变化情况 资料来源：雅虎财经，2017年8月

2017 年，该集团预计将启动在建 9 座反应堆以外的两座进入商业运营（Yangjiang4 号机组和 Taishan1 号机组；二者均为多数股权），这将支撑 2017 年电力销售收入的增长；尽管核环境预计将继续面临挑战。

爱克斯龙电力公司（美国）

据报道，爱克斯龙电力公司（以下简称 Exelon）2016 年的收入增长 6.5%。然而，较低的利润率、较高的折旧费用和经营费用的增加使集团收益缩减 29.4%。此外，较高的利息支出（+50.7%）将集团报告的净收入减少了 50%。经调整后，每股收益（以下简称 EPS）达到 26.8 亿美元，增长 7.6%。

在核电方面，2016 年该公司的核电装机容量达到 94.6%，为公司历史上最佳。尽管如此，核电投资已大幅下调（–29.7%），因为几乎所有额度都要用于维护（84.6%）。

Exelon 公司预计在 2017 年表现平稳，因为其目标调整后的净收入在 –6.7%—+4.5%之间波动。该公司预计未来几年会减少投资，同时把监管资产基准（以下简称 RAB）上调 6.5%作为目标。核电业务预计将受到能源价格下降的影响，导致利润下滑（–17.3%—–9.5%）。很明显，该公司目前遵循的行业趋势是降低对核收益的依赖，并加大对网络和监管资产的份额，以支持利润和增长。

在低电价环境的驱动下，由于盈利能力受损，美国的 Exelon 公司等核运营商正在要求新的核补贴以维持运营。2016 年 8 月，纽约监管机构批准了 Exelon 公司每年 5 亿美元的补贴，以避免关闭 Ginna 反应堆和 Nine Mile Point 反应堆。此外，伊利诺伊州批准每年支付 2.35 亿美元（共支付 10 年），以保持 Quad Cities 反应堆和 Clinton 反应堆的运行。核运营商正在俄亥俄州、康涅狄格州、宾夕法尼亚州和新泽西州寻求直接补贴。在许多州，运营商表示如果不给予补贴，那么随着盈利能力迅速下降，他们将被迫关闭运行的核电站。如果补贴获得批准，这些补贴将通过向最终消费者收取较高税费来提供资金。已经批准的补贴在法庭上受到质疑，据报告，人们对正在提议的补贴热情不高。

VI. 能源部门发展展望

碳排放交易系统（简称 ETS）

英国于 2015 年 4 月推行碳排放，它是一项包括碳排放交易系统（以下简称 ETS）价格与 18 英镑 / 吨 CO_2（23 美元 / 吨 CO_2）之间差异的排放税，这是政府设定的指标。这个碳排放 / 税收的推行大大减少了煤炭发电量，因为煤炭的高排放增加了边际成本。欧盟在欧洲大陆尝试了类似的措施，但是德国和波兰迅速做出回应，因为这些措施将使其化石燃料工业无利可图。欧盟整体的目标是使 ETS 价格在 20—30 欧元 / 吨 CO_2（21.7 美元 / 吨 CO_2）之间，保持系统建立时的价格水平。然而，在过去的几年里，ETS 市场供过于求，价格一直在下降（见图 37）。

图 37 欧洲 ETS 绩效 资料来源：彭博社，2017

在英国采取措施之后，法国试图设立一项法律草案，将碳排放税额定在 30 欧元 / 吨 CO_2（约合 33.5 美元 / 吨 CO_2），后来缩小了国内碳税适用范围，专门针对煤炭资产。然而，政府不得不做出让步，因为这项法律草案只针对特定行业内的特定技术，欧盟委员会可以将其视为国家补助。如果实行碳税，就必须适用于包括所有生产类型和技术的整个行业，而不是仅仅适用于其中一个行业。然而，该国目前煤电的碳税是 9.9 欧元 /MWh（11.17 美元 /MWh），天然气发电的碳税是 5.88 欧元 /MWh（6.57 美元 /MWh）。

欧盟目前是主要的 ETS 运营市场，拍卖收入为 183 亿美元，远高于加利福尼亚州（美国）的 41 亿美元和魁北克省（加拿大）的 10 亿美元。此外，根据联合国气候变化会议（以下简称 COP21）于 2015 年 12 月达成的巴黎气候变化协议，195 个国家和地区设置了路径，将气温上升控制在 2℃。在这个目标下，美国和中国反映他们有兴趣创建类似于在欧洲已经创建的 ETS 模式。按照这个想法，中国有望在 2017 年推出新的 ETS，经过中国最大的几个试点城市的测试：中国的碳交易区已经比欧洲大。如果成立，中国 ETS 模式可能会超过欧洲，成为最大规模的碳交易市场。另外，由于目前的联邦政府并没有完全支持气候变化行动方案，尽管许多国家已经开始运作，但最近美国对建立 ETS 模式的期望已经减弱。

电价

2014 年年底油价大幅下跌后，批发电价开始下调，投资者对所有商品价格的评估都呈向下趋势。然而，电价下降的趋势很早就开始出现，一旦产能过剩和需求下降就会对市场产生负面影响。可再生资产利用率的提高加上煤炭价格的下降加剧了这一影响，美国的低价天然气（随着页岩气革命）使得全球煤炭需求量下降，煤炭消费正在减少，套利正在煤电和天然气发电中逐渐形成。

然而，电力价格在 2016 年从历史低点反弹。这不是电力需求上涨或市场产能过剩减少的影响，主要是由于中国政府通过缩短生产时间来减少煤炭供应的措施，以稳定全球供需缺口。由于煤炭是高峰产能按优先顺序的第一个常规资产（按照短期边际成本采用价格升序的方式排列可利用能源），电价与煤价走势高度相关。

尽管如此，随着中国政府在 2017 年年初采取进一步措施来控制国家的高污染水平，包括放弃 103 家煤电厂（运营的和未来的项目）的目标，全球煤炭价格的反弹似乎很短暂。除了在第二大消费国——美国近年来已经看到的情况外，主要的世界煤炭消费国——中国应该减少未来几年对煤炭的需求，这将给全球煤炭价格带来额外的压力。已有超过300GW处于不同发展阶段的项目在中国被搁置到至少2020年，其中包括已经在建的55GW的燃煤电厂。除此之外，如果美国按照新当选政府的建议，改造其煤矿生产，由于没有足够的需求吸收，供应过剩将会加剧。在可再生能源已经击败煤炭的印度，煤炭的类似看跌趋势正在迅速涌现。

核电财务结论

2017年，发达经济体的电力产能过剩预计会出现增长，由于需求没有完全恢复，在2019年之前未来电价低于现价，电价应继续遵循即期溢价曲线。预计对可再生能源的投资将持续下去，海上风电的重点在欧洲，而陆上风能和太阳能发电在美国，并且发展中的经济体似乎占主导地位。成熟市场的需求预计不会快速增长，如果增长到能覆盖额外装机容量，市场供过于求的情况就会加剧。

因此，较低的价格会给核运营商带来更大压力，因为他们的利润将会继续下降，他们的生产通常在较低的价格水平下被对冲，从而降低了资产的盈利能力。因此，在核电方面，所有运营商都期望2017年的利润由于对冲价格的下降以恒定的生产水平而降低。

尽管如此，向前看，2017年将是该行业值得关注的一年，因为预计在Flammville的EPR（法国）、NuGen（英国）、KEPCO的APR1400（阿联酋）、CGN的EPR（中国）、SCANA和Southern Co的AP1000s（美国）、Hinkley Point C的EPRs（英国）和Olkiluoto-3 EPR（芬兰）的核反应堆发展上有多项决策（金融和监管方面都有）。2017年可能带给核运营商的道路可以揭示未来几年该行业的发展预期：照明灯是否在隧道尽头发光，或者是否是即将到来的火车头灯。

小型模块化反应堆

小型模块化反应堆（以下简称SMR）和其他类型的所谓“先进反应堆”

继续被定位为核电面临的一个或多个问题的解决方案。在不同的发展阶段有多个反应堆设计，从早期概念设计开始，到处于后期的施工阶段。这里我们不讨论各种设计的假设优点或缺点，我们将描述近期一些反应堆的发展情况和各国反应堆项目的现状。

美国

多年来，美国能源部（以下简称DOE）一直在推动SMR的设计、许可和建设。一个重要的推动形式开始于2012年，美国能源部推出融资机会申请公告（以下简称FOA），为“通过成本共担的合作伙伴关系，首创一流的工程、设计认证和许可”提供支持。后来，美国能源部选择了两项SMR设计，每项奖金达到2.26亿美元，分别是mPower（2012年）和NuScale（2013年年底）。

mPower设计由Babcock & Wilcox公司（以下简称B & W）提出，有一段时间，它似乎准备成为在美国建造的第一个SMR。当美国能源部选择mPower时，B & W公司总裁James Ferland宣称，该奖项代表“另一个重要的里程碑是建立世界上第一个商业上可行的SMR核电站”（这是我们的重点）。

甚至有一个客户在为建设该反应堆排队。早在2011年，田纳西河谷管理局（以下简称TVA）向B & W发布了一份意向书，宣布在Clinch River核电站建造mPower SMR的计划。2013年，B & W和TVA为这个项目“签署了准备和支持核监管局（以下简称NRC）审查施工许可证申请的合同”。

mPower的影响预计不仅局限于该反应堆设计，而且有助于建立更广泛的SMR市场。正如美国能源部核能办公室核反应堆技术副助理秘书John Kelly在2013年5月的普拉茨年度SMR大会上的表示：“这个项目的成功将成为后续项目和政策制定的一个促进因素，以支持更广泛的SMR部署”。

然后，在2014年，事情开始向不同的方向发展。首先，B & W将SMR项目的开支从每年约8000万美元削减到每年1500万美元以下。B & W提供的主要原因是没有发现任何公司愿意投资于mPower也没有任何客户愿意订立mPower反应堆合同。B & W也终止了与mPower项目负责人Christopher Mowry

的合同（给他近一百万美元的遣散费）。

然后，mPower 团队再次启动了一次复兴尝试。在 2016 年，柏克德公司早先只负责反应堆的建设，接手项目领导工作，探索“外部投资者和未来潜在客户的选择”，但只设立了一年的期限，如果“没有发现足够的投资者或客户”，该计划将被终止。2017 年 3 月，“柏克德公司通知 BWXT，无法获得足够的资金来继续 mPower 发电计划，并且正在援引框架协议的解决方案条款来终止该计划”。现在，mPower 的官员承诺“保存到目前为止我们工作的完整档案”，也许未来条件允许重新考虑。

NuScale，另一个 DOE 资金的受益者继续开发其反应堆设计。在 2017 年 1 月，宣布“已于 2016 年 12 月 31 日要求美国核监管局（以下简称 NRC）批准该公司的小型模块化反应堆（以下简称 SMR）商业核电站设计”。2017 年 3 月 15 日，NRC 接受 NuScale 全面审查的申请，并且开始设计认证程序，据官方表示，“预计需要 40 个月”。

对于 NuScale 来说，对 mPower 表示兴趣的 TVA 相当于犹他州联合市政电力系统公司（以下简称 UAMPS），它是“犹他州政治分支，在非营利的基础上向社区所属电力系统提供全面的批发电力、传输和其他能源服务，加利福尼亚州、爱达荷州、内华达州、新墨西哥州和怀俄明州。UAMPS 有 45 个市政公共电力公司，其中 33 个已经签署了构建 NuScale 电厂的计划。

美国能源部对 NuScale 的支持也已经扩展到选址，并于 2016 年 2 月与 UAMPS 达成协议，允许 UAMPS 评估能源部爱达荷国家实验室内的各种可能构建 NuScale SMR 的站点。在 2016 年 10 月，UAMPS 在爱达荷国家实验室内大约 1000 英亩的地上选择了一个占地约 35 英亩的地点。NuScale 现在被描述为“先行者”，目标定为“初始运作日期在 2024 年”。

NuScale 已经提出了过度的索赔来支持其项目。2017 年 1 月，NuScale 官员预计，“一旦批准，全球对其核电站的需求将在制造、建造和运营期间创造数千个工作岗位”“重建美国在核技术领域的全球领先地位”，并且为“NRC 批准和随后部署其他先进核技术的方式”铺路。他们还预测，“到 2035 年，约

5575GWe 的全球电力将来自 SMR，相当于 1000 个 NuScale 发电模块。”

关于 SMRs 的问题不是技术，也不是部署——而是没有客户——西屋公司总裁兼首席执行官丹尼·罗德里克（Danny Roderick）

NuScale 对未来的期望令人联想起十多年前围绕西屋 AP1000 反应堆的大肆宣传，无论是市场规模还是反应堆建成速度。从那时起，当然，西屋公司申请破产是因为在将乐观预测转化为现实的过程中所面临的巨大挑战。在申请破产之前，西屋公司也在开发 SMR 设计，但像 B & W 一样，它也放弃了这些的努力。当时，西屋公司总裁兼首席执行官丹尼·罗德里克（Danny Roderick）提出了一个解释："关于 SMR 的问题不在于技术，也不在于部署——而是由于没有客户……最糟糕的事情就是在市场中太超前了"。当 NuScale 从 NRC 的审查中获得设计认证时，NuScale 能否找到不同的市场环境仍有待观察，尤其是考虑到越来越多美国在运反应堆声称，在竞争激烈的电力市场中他们已不再有利可图。

核反应堆市场的糟糕状况是美国能源部努力探索联邦政府机构与 SMR 发电的实体签订电力购买协议（以下简称 PPAs）可能性的原因之一。核能产业及其发言人也试图提出获得政府补贴 SMR 建设的方式。核能研究所成立的 SMR 启动计划建议结合使用生产税收抵免（以下简称 PTC）、PPAs 和贷款担保，建立一个 SMR 商业部署计划。

俄罗斯

俄罗斯有许多正在开发的 SMR 设计。其中，首先预计部署的是 KLT-40S，它是基于俄罗斯已经运行了数十年的核动力破冰机小型舰队的设计。采用 KLT-40S 设计的前两座反应堆将被放置在名为 Akademik Lomonosov 的船上。

这艘船于 2007 年 4 月开始建造，初始成本约为 60 亿卢布（以当时的汇率，折合 2.32 亿美元）；在 2008 年—2016 年，将再建造 6 座这样的浮式工厂。

以当时的进度，预计到 2010 年才能建成第一座核电站。自那时起，建筑工程进度已经被严重推迟了，后续不断错过各种期限。例如，2014 年 10 月承诺在 2016 年 9 月交货，但这当然没有实现。到 2015 年，成本估计已经达到 370 亿卢布（以当时的汇率，折合 7.4 亿美元）。

目前，预计电厂将于 2019 年开始运行，这艘船的码头将于 2016 年 10 月开始建造。2016 年 7 月，Akademik Lomonosov 开始“港口测试”，这些测试计划在 2017 年 10 月完成。据报道，在 2017 年 4 月，反应堆的燃料供应将从圣彼得堡开始，并且这已引起了对安全的关注。

俄罗斯的其他任何 SMR 都不在建设中，
在短期内也没有明确的计划建设新的 SMR

俄罗斯的其他任何 SMR 都不在建设中，在短期内也没有明确的计划建设新的 SMR。

俄罗斯核设施长期以来一直推动一款先进冷却型快堆的设计——SVBR-100，它的成本为 360 亿卢布（6.32 亿美元），远远高于初步预计的 150 亿卢布（2.5 亿美元）。因此，俄罗斯国家原子能公司正在努力寻找外国的合作伙伴。

韩国

韩国的系统集成模块化先进反应堆（以下简称 SMART）是 LWR 设计的首个以地面为基础的 SMR（不包括 20 世纪 50 年代和 60 年代的设计），可在世界任何地方获得监管批准。2012 年 7 月，SMART 从韩国核安全委员会获得标准设计许可。但从那时起，SMART 的开发商得到了许多与美国 SMR 供应商类似的教训：SMR 没有市场。以韩国的情况，原因似乎是意识到 SMART 的单位发电产能太贵了。世界核能协会指出：“韩国原子能研究所（以下简称 KAERI）计划在 2017 年之前兴建一座 90MWe 的示范工厂，但这在韩国是不实际的或不经济的”（我们强调）。似乎没有具体的计划在韩国建造一个 SMART。

韩国原子能研究所（以下简称 KAERI）因此一直在追求出口订单。迄今为止，唯一的潜在客户是沙特阿拉伯的阿卜杜拉国王原子和可再生能源城（KA-CARE）,KAERI 与 2015 年签署了谅解备忘录“进行为期三年的初步研究，以审查在沙特阿拉伯建造 SMART 反应堆的可行性”。本研究没有发表任何结果，但在去年 8 月，凯勒宣布，该研究按计划进行。同时，沙特阿拉伯的决策者对发展核电仍然犹豫不决。2016 年 5 月，沙特阿拉伯经济部副部长在迪拜举行会议中表明：“我认为我们在沙特阿拉伯不需要核电站。”

韩国也探究了向印度尼西亚出售 SMART 反应堆的可能性。2001 年 10 月，在国际原子能机构区域间技术合作项目的框架下，韩国原子能研究所（以下简称 KAERI）和印度尼西亚的国家核能机构（Badan Tenaga Nuklir Nasional）共同研究了标题为“马杜拉岛的核能海水淡化初步经济可行性”的评估。那时候，核电站预计将于 2015 年开始运行。当然这并没有发生。但是，核电的前景在总体上更加黯淡，在印度尼西亚建造 SMR 的可能性也大大降低。

我们将废除以核为本的政策，走向无核时代。
我们将取消新建核电站的一切计划。
——韩国新任总统文在寅

自从韩国新任总统文在寅在 2017 年 6 月发表声明以来，SMART 的建设前景就基本消失了：“我们将废除以核为中心的政策，走向无核时代。我们将取消新建核电站的一起计划。”

中国

中国已经推行多项 SMR 设计方案，但其中最先进的并且目前正处于建设中的一项设计方案，就是自 20 世纪 70 年代就开始研发的高温反应堆（简称 HTR）。这个发电厂由两个反应堆组成，一般被称为模块化高温气冷堆核电站，其总（净）容量为 211（200）MW。

在福岛第一核电站事故发生前大约两周的时间，HTR-PM获得了中国国务院和国家能源局的最终批准。但是由于中国政府的政策在3/11福岛第一核电站事故后发生了变化，直到2012年12月9日，才在中国东部山东省石岛湾开始（即第一次混凝土浇筑）HTR-PM的建设。按照官方给出的时间，整个建设过程需要花费59个月的时间，截至2016年12月31日，商业运营“计划在2017年下半年开始”。然而，在2017年2月中旬，并网时间已经被推迟至2018年。

HTR项目是由一些中国主流核公司之外的团体所推出的。当HTR-PM核电站开始建设的时候，有计划提出最终会在该核电站再建18个同类型的核电机组，这个计划似乎并不属实。部分原因可能是该发电厂的发电成本过高，据报道为每千瓦时60分钱（₡0.9），明显高于第三代反应堆平均43分钱/kWh的成本，这在中国被认为是HTGR面临的“关键挑战”之一。

近年来，中国主流核研究机构一直在推广其他SMR设计：有来自中国广核集团（简称CGN）的ACPR50和ACPR100，和中国核工业集团公司（简称CNNC）的ACP100。因为中国宣布将在南海建设海上核电平台，所以这些设计都出现在了最近的新闻里。自大概2010年以来，CNNC和CGN就一直在研究这些设计，但在过去这几年里，相关的研发和部署计划明显加速，这可能是由中国南海岛屿争端问题引起的。

与核电其他领域一样，CNNC和CGN在发展SMR上似乎陷入了互相竞争的局面。两家公司都在尽快地发布新闻稿。CNNC在2016年4月宣布其ACP100已经通过“国际原子能机构安全审查”，它是完成审查的“世界上同类核反应堆中第一个”。根据IAEA的说法，这次审查是“对提交给IAEA的安全文件来进行的，并对供应商新核电站设计的安全文件提供早期评估，以符合IAEA在基础和需求水平上的安全标准”。

在2016年11月，CGN召开了一个新闻发布会，有报道称该发布会的召开是ACPR50项目开始建设的标志。经过进一步调查，事实证明该公司“已经与东方电气集团签署了关于压力容器的采购协议”，但一名公司官员辩称“与传统的路基反应堆首次安全性混凝土浇筑不同，容器购买协议的签署标志着海上核电机组正式开始建设”，因为“该容器制造时间最长”。

两家公司都声称对这些反应堆有很大的兴趣。CNNC 已经与“巴基斯坦、伊朗、英国、沙特阿拉伯、印度尼西亚、蒙古国、巴西、埃及和加拿大”这些国家就 ACP1000 项目进行了讨论。CGN 已经与中国海洋石油总公司签署了一份合同，以支持海上油气勘探活动，并宣布增购 20 个容器的计划。

印度

自 20 世纪 90 年代以来，印度一直在发展先进重水反应堆（简称 AHWR）。这种设计有两个版本，一个是使用钚作为燃料，而另一个是使用 LEU（低浓缩铀）代替钚作为燃料，而且该设计被宣传具有“内在的防扩散特性”。

AHWR 项目继续被推迟。在 21 世纪初，该设计的第一部分预计将在 2005 年开始建设。建筑还没有开始建设。为回应 2017 年 3 月印度议会中的一个问题，印度政府表示，关于 AHWR 反应堆“所有核反应堆系统的设计都已经完成。正在通过大规模的工程实验验证该设计的几个创新特性。为了便于从安全角度对设计的创新特性进行早期审查，原子能管理委员会针对核反应堆完成了一项提前许可设计安全评估。该反应堆的建设可以在获得相关法定和监管许可以及项目经济制裁后开始”。这表明施工可能还需要等一段时间。

在 2016 年 12 月，一名环保积极分子使用该国的信息权法案向原子能部询问了 AHWR 项目的进展情况。该部门回应说，该反应堆已经“原则上”获得了在印度西部地区塔拉普尔进行建设的许可。

阿根廷

自 2014 年 2 月以来，阿根廷的 CAREM-25 反应堆一直在建设中。尽管官方没有宣布进度延迟，但该反应堆的建设进度似乎已经放缓。2014 年，当建设开始时，阿根廷国家原子能委员会（简称 CNEA）宣布，CAREM-25 将在 2016 年进行冷态实验，并在 2017 年下半年接收第一批燃料负荷。但直到 2016

年8月，CNEA才就CAREM 25核电站工程的“设计、工程、制造、供应、运输、施工、安装、所有设备商业许可的测试、相关配套设施的设备和系统”方面与Isolux Corsan的子公司Tecna签署了一份合约。根据该公告，“合同中的工程计划于2018年年底完成，试运营期在2019年7月结束，紧接着进行该示范反应堆的商业运营”。这样的日程安排看起来很乐观。

许多发展中国家声称对SMR很感兴趣，但似乎没有一个国家愿意投资建设一座

小型模块化反应堆相关总结

自2015年WNISR收录小型模块化反应堆部分以来，SMR已经有了两种发展形式。第一种，正如我们上面所记述的，一些SMR设计已经发展到建设甚至完成的阶段；据报道，有一个SMR项目（在中国）将在2018年启动。但这一进展的意义因第二种发展形式存疑因为市场兴趣在下降，更不用说靠财务承诺来支撑的SMRs实际市场了。关于兴趣下降最好的例子是中国正在建设的HTR-PM。当该反应堆开始建造时，有人说要再建造18座这样的反应堆。这种说法已经消失了，大概是因为意识到这些发电厂的发电成本太高。不利的经济状况也是“SMART”反应堆在韩国没有发展市场的原因。

当然，SMRs的兴趣下降也和人们对大型核反应堆的兴趣下降有关。在最终分析中发现，mPower和西屋电气SMR的相关问题与美国缺乏SMRs的市场有关。同样地，许多发展中国家声称对SMR有兴趣，但似乎没有一个国家愿意投资建设一座。

后一种因素使得任何SMR设计实现商业上的成功都变得更加困难，甚至是不可能。mPower的传奇故事很清楚地说明了这一点。尽管花费数亿美元，核能行业中一些最大的核能公司也未能成功将SMR反应堆设计实现商业化运营，《纽约时报》将其描述为“一种在SMRs研发中处于领先地位的反应堆设计”，部分原因是它的“阵营里有能源部和T.V.A.”。

当然，有美国能源部这样实力雄厚的机构继续为SMRs的建设提供资金支持，一两个SMR工程可能在未来十年或更长时间内开始建设。但是，如果要完成这些工程，政府可能要提供大量资金支持。现在，没有迹象表明SMRs可以在未来的发电行业中扮演重要角色。

VII. 福岛核电站现状报告

序言

2011 年 3 月发生的福岛核事故已经过去了六年，许多方面仍然存在严重的问题。例如，自 2017 年 2 月以来，为了清除燃料碎屑，一项对安全壳内部的调查已经开展，但该调查并没有按计划进行。至于在核事故现场外采取的行动，尽管在 2017 年 3 月底，范围最大的疏散区已被解除，但由于担心放射性问题，目前为止，事实上几乎没有人返回家乡。此外，在 2016 年 12 月，政府正式宣布，福岛核电站事故的总成本估计为 22 万亿日元（合 2000 亿美元）。然而，独立专家估计实际成本可能会达到 50 万亿—70 万亿日元（453 亿—6350 亿美元）。这些费用是由市民通过缴纳电费和税收来承担的。

独立专家估计实际成本
可能达到 50 万亿—70 万亿日元（453 亿—6350 亿美元）

场内挑战

反应堆的现状

冷却 3 个熔融反应堆堆芯的注水工作仍在继续。每座反应堆的压力容器注水速率是 3 m^3/h，三座反应堆每天一共注水 200 m^3

每座反应堆的注水速率是 3m^3/h，一天 24h，三座反应堆一天的注水量就是 $3 \times 24 \times 3=216$ m^3。因为注水时间，注水速率没那么精确，所以就表述为 200 多 m^3。这使得压力容器底部和安全壳内部的温度维持在 15—25℃左右。燃料池冷却水的温度维持在 24—27℃。

自 2017 年 4 月 5 日起，东京电力公司（简称 TEPCO）已经在 1 号机组的水池中进行了三周的循环水实验，而没有将水通过冷却装置。根据 TEPCO 的说法，由于乏燃料的衰变热正在下降，水的温度仅上升到 31℃左右。

1 号、2 号和 3 号核电机组的乏燃料仍然在各自机组的乏燃料池中。根据政府在 2016 年 6 月修订的中长期路线图，1 号、2 号机组的乏燃料清除计划将于 2020 财政年开始实施，3 号机组的在 2017 财政年开始实施。

为安装一台坚固的燃料清除装置做准备，TEPCO 在 2016 年 11 月前完成了 1 号机组的封盖移除工作。目前，TEPCO 正在建筑物的上部进行碎石清理和排污工作。然而，目前尚未确定用于 2 号机组的乏燃料清除方法，TEPCO 计划在 2017 财政年确定这一方法。对于 3 号核电机组，2015 年 8 月已完成乏燃料池的碎石清理工作，燃料移除装置的安装工作自 2017 年 1 月起一直在进行中。乏燃料移除工作的开始时间被推迟了，因为清除碎石花费了比预计更多的时间，该工作目前预计在 2018 年年中开始。

根据路线图，燃料碎屑清除政策本应在 2017 年决定。目前，关于第一台核电机组燃料碎屑清除，计划改在 2018 年上半年确定方法，在 2021 年将开始进行移除。然而，还没有获得足够的信息来确定这一政策。

在 2017 年 2 月，TEPCO 和国际反应堆报废研发机构（简称 IRID）将一个机器人送进了 2 号机组的安全壳内。这是为了尝试探测底座（一个支撑压力容器的圆柱形装置）内部的情况，该底座位于压力容器的下面而且被认为含有掉落的燃料碎屑。然而，燃料碎屑妨碍了机器人的移动，该调查在实施的过程中宣告失败。

尽管他们不能把机器人送进底座内部，但在底座外面拍摄的照片显示平台（底座内部的一个金属支架）上出现了一些大的洞口。在该底座内墙往外大约 3 米的地方测量出辐射剂量大概是 210svh/h 的水平。在 2017 年 3 月，一个配备了放射性剂量仪和摄像机的机器人被放进 1 号机组的安全壳内。测量结果显示，在底座周围的几个点上的辐射剂量水平大约为 10sv/h。

污水管理

污水治理研究仍在继续。为了防止污水进一步增加，在地下水流入反应堆建筑的地下室之前，将污水从各井中抽出，并在核素分析后排入海水。

此外，在建筑的靠海测和靠山侧，为了防止地下水流入，于 2016 年 3 月开始建造人造冻土墙（地上挡水墙）。尽管自 2017 年 3 月以来，冻土工作一直在进行，靠海侧墙壁在 10 月完全冻结，但靠山侧墙壁尚未完全冻结。截至 2017 年 7 月 1 日，TEPCO 估算，每天流经反应堆建筑陆地一侧冻土墙的水量降至约 580 吨，该水量在 2016 年 3 月开始冻土工作之前为 760 吨。每天大约有 130 吨水流入反应堆建筑本身，而 TEPCO 希望冻土墙建设工作完成后能够将这一数字降至 100 吨以下，这就是为什么核监管局（以下简称 NRA）坚持认为这个冻土墙对于其他防止污染的系统来讲“最终只是一个支持措施”的原因。

在 2016 年 5 月，储存的贮水池中经过处理后仍受污染的水量约有 65 万 m^3，但到 2017 年 5 月增加至约 75 万 m^3

被污染的水通过聚核素去除设备或其他装置去除放射性物质之后已经被储存在贮水池中。在 2016 年 5 月，储存在贮水池中经过处理后但仍受污染的水量约为 65 万 m^3，到 2017 年 5 月增加至约 75 万 m^3。TEPCO 的数据显示，污水处理箱的建造能力约为 500m^3/ 天。根据这个数字，他们坚持认为已保证了地下水和其他流入水的处理箱的处理能力达到最大值，大约为 400m^3/ 天。

由于污水贮水池数量仍在增加，政府希望将储存的污水排放到海洋。但是，由于氚元素没有被从污染的水中除去，所以当地的渔业合作社反对排放污水，因为这样做可能会进一步损害福岛沿海线捕鱼业的声誉。

日本经济贸易和工业部于 2016 年 6 月发布了氚水工作小组的总结报告，并提交排放和蒸发污水的处理计划，称必须与当地渔业合作社达成协议以实施这些计划，但是，目前看来该协议的达成遥遥无期。

工人的核辐射暴露

截至2017年3月底，每月约有8000人在现场工作。其中约90%是分包商的员工，而不是TEPCO公司的员工。这些工人在2016年12月至2017年2月的三个月，所受外部核辐射平均为0.38—0.46 mSv，从2016年4月至2017年2月的平均累计核辐射剂量为2.58 mSv（最高38.83 mSv）。

2011年3月至2015年9月，共有1203人作为指定的高剂量工作人员（均来自TEPCO），采取紧急暴露限制（100 mSv）。他们核辐射暴露水平平均为36.5 mSv（最大值为102.7 mSv）。

相比之下，在福岛事故的第一阶段，工作人员的紧急暴露限制暂时从常规级别100 mSv / 年提高到250 mSv / 年。另外，虽然一般公众剂量限制为1mSv / 年，但在福岛事故发生后，政府将居民的剂量限制设定为20 mSv / 年并作为撤离门槛。福岛事故开始后，政府将可接受剂量乘以20倍的决定，造成严重的社会混乱、争议和反对。

在2015年，除了常规限制为100 mSv / 年，当放射性物质在核电厂场外释放时，核监管局（以下简称NRA）正式决定将暴露限制设定为250 mSv / 年。

1020家正在进行排污工作的公司中，有586家公司违法

2016年12月，日本劳动卫生福利部（以下简称MHLW）将一个40岁左右的TEPCO员工所患甲状腺癌认定为职业病，这与他参加福岛核电站退役工作相关。这是第三例被认定为与福岛事故有关的职业病，也是第一例与之相关的甲状腺癌。第一例病人在30多岁时患了白血病，他的核辐射暴露为15.7 mSv（在其他地方工作包括在内的话，累计剂量为19.8 mSv），日本劳动卫生福利部于2015年10月将他的白血病认定为职业病。第二例病人在50多岁时患了白血病。由于在福岛工作，他的核辐射剂量为54.4 mSv，日本劳动卫生福利部于2016年8月将其所患白血病认定为职业病。

在认定甲状腺癌症为职业病的同时，MHLW 的专家咨询委员会首次提出将甲状腺癌认定为职业病的标准；例如，100 mSv 以上的核辐射累积剂量是认定的条件之一。

日本福岛劳工局于 2016 年 1 月至 12 月发布了监督指导结果。据报道，在进行退役工作的 348 家公司中，有 160 家违反“劳动标准法”（比例达 46%，273 次违规）。此外，在进行排污工作的 1020 家公司中，有 586 家公司违反上述法律（比例达 57.5%，982 次违规）。这两起案件的违法行为包括未支付额外工作，工作时间超过规定等。

场外挑战

疏散问题

福岛县坚持认为在灾后重建方面已经取得了一定进展。例如，疏散人员数量继续减少。官方统计的疏散人员数量在 2012 年 5 月达到顶峰，为 164865 人，截至 2017 年 3 月 27 日，官方统计共有 79233 名疏散人员：居住在县内的有 37616 名疏散人员，居住在县外的有 37528 名疏散人员，还有 19 个失踪人员。作为参考，截至 2016 年 5 月，共有 92600 名疏散人员（见 WNISR 2016，第 93 页）。也就是说，截至 2017 年 5 月，官方的疏散人员人数低于 2012 年的一半。

2017 年 3 月 31 日至 4 月 1 日，按照政府规定，福岛县部分原疏散区疏散指令被取消。疏散指令到目前为止已经逐步取消，这个疏散指令涉及范围目前为止达到最大，涉及约 3200 名原居民。

政府提出取消疏散指令的三个条件：

→空气剂量计算的年累积剂量为 20 mSv 以下；

→基础设施（电力、天然气、供水、污水等）和基础服务（医疗、护理、邮政等）得到重建，儿童生活环境得到净化；

→与当地县政府、市政府以及居民进行充分协商。

疏散指令被取消后，很少有人返回。例如，虽然在2015年9月楢叶的疏散指令被取消了，但截至2017年1月底，全镇只有10%的人口和16%的家庭已经返回家园。

根据2016年日本复兴厅进行的居民意向调查，发现在疏散区内的五个城市中，其中的三个城市每个城市最多只有18%的居民户愿意返回。

在2016年8月，政府决定实施重建和振兴难返区的措施，但关于这些措施的具体内容没有任何决定。

政府对减少这些（疏散）费用有很大的兴趣，似乎正在以恢复和自力更生的名义将疏散人员从支持名单中剔除

疏散区的疏散人员每月获取10万日元（909美元）作为损失补偿，诸如精神损害、医疗费用等。但是，政府决定，无论各地区取消撤离指令的日期，2018年3月终止对所有疏散人员的赔偿，不包括难返区的疏散人员，难返区并没有取消撤离指令的计划。

2011年3月福岛事故发生后，政府成立了原子能损害赔偿纠纷审查会，该委员会反复地为评估核损害提供指导。但是，政府和委员会尚未就终止对疏散人员的赔偿这个问题做出明确的解释。

政府正在积极实施重建项目和自力更生支援计划。例如，在2017财政年的重建预算中，日本经济贸易和工业部正在实施一个自力更生支援计划，为受到核损害的企业提供损失补贴：54亿日元（约合4900万美元）用于公司重建，185亿日元（1.68亿美元）用于新建工厂。此外，日本经济贸易和工业部为福岛县机器人行业企业提供976亿日元的补助（8.87亿美元）。

如果每月10万元日元（909美元）的疏散人员最低支持费用全部发放给165000名疏散人员，每年仍将达到近2000亿日元（18亿美元）的费用。政府急于减少这些费用，似乎正在以恢复重建和自力更生的名义将疏散人员从支持名单中剔除。美国芝加哥大学的荣誉教授Norma Field对以“恢复重建”强制

返回表示担心。

绿色和平日本办公室指出，由于经济上的原因，疏散人员不得不返回受污染地区，并呼吁日本政府必须发放能够涵盖所有费用的安全补偿。

独立于政府、由日本科学家组成的机构——日本科学委员会，在 2014 年向政府提议针对现有的两个选择，采取极端长期撤离作为第三个选择，即要么返回家乡，要么没有任何经济补偿支持搬迁。为了实现这第三个选择，在假设疏散可能持续超过 30 年的前提下，委员会提出双重居民登记和发放疏散人员记录书，将其视为身份凭证。然而，政府对这个提议还未做出回应。

自愿从疏散区以外地点撤离的居民已经被提供了免费住房，但这一补偿在 2017 年 3 月 31 日终止。根据截至 2016 年 6 月 6 日在福岛县进行的调查，有超过 12400 多户家庭自愿撤离；在做出回应的大约 7000 户家庭中，约有 4700 户家庭关于 2017 年 4 月之后将在哪里居住没有确切的计划。

日本政府和 TEPCO 坚持要按协议支付赔偿金给受灾个人和公司，即支付结算。截至 2017 年 7 月，总金额达到 7.5 万亿日元（674 亿美元）。

2017 年 3 月 17 日，由福岛事故疏散人员提出的针对政府和 TEPCO 的诉讼判决第一次呈现。虽然判决裁定责令政府和 TEPCO 对核事故做出回应并赔偿 3850 万日元（35 万美元），原告人依然对结果不满意并提出上诉。

疏散儿童被欺凌的问题也变得日益明显。在 2017 年 4 月 11 日，教育、文化、体育和科技部（文体科学部）进行了学校欺凌现象的全国范围调查。结果事实证明，截至 2006 财政年，至少有 129 宗有关疏散儿童被欺凌案件发生。

核辐暴露和健康影响

福岛县对发生事故时未满 18 岁的儿童进行甲状腺调查的工作还在进行中。第一轮（初步调查）和第二轮（第一次全面调查）已经完成。第三轮（第二次全面调查）在 2016 年 4 月开始，目前仍在进行中。截至 2017 年 2 月，在第三轮调查中还有没有任何被诊断为癌症的病例。

到目前为止，总共已有 185 名儿童被诊断患有癌症或疑似癌症。其中，

102 名儿童进行了手术。除了一个为良性肿瘤外，在 102 例患儿中有 101 例被确诊为患上癌症。第二轮检查中，有 44 名儿童进行了手术，均确诊患有癌症。（见表 9）。

此外，被怀疑患有癌症或被诊断患有癌症的人，其有效辐射暴露剂量如下：第一轮，提交问卷的 65 名儿童中（56% 的受试者），46 名儿童的有效剂量 <1 mSv，18 名儿童的有效剂量 <2 mSv，1 名儿童的有效剂量 <5 mSv。有效剂量最大值为 2.2 mSv。

表 9　2011—2016 年甲状腺癌检查结果

调查（时间）		检查对象	实际检查对象（比值）	确诊或疑似癌症人数	手术治疗人数	手术结果
第一轮	初步调查 2011.10-2014.3	367672	300476（81.7%）	116	102	100 人患甲状腺癌，1 人患其他癌症（1 人良性肿瘤）
第二轮	第一次全面检查 2014.4-2016.3	381282	270489（70.9%）	69	44	43 人患乳头状癌，1 人患其他癌症
第三轮	第二次全面调查 从 2016.4 起	336623	87217（25.9%）截至 2016 年	-	-	
总计				185	146	145（良性）

资料来源：作者根据以下材料编写：福岛县“福岛县卫生管理调查第二十三届，二十六届监督委员会会议”，2017 年

第二轮，提交调查问卷的 36 人（占 52.2%）中，15 人的有效剂量小于 1 mSv，16 人的有效剂量小于 2 mSv，5 人的有效剂量小于 5 mSv，有效剂量最高为 2.1 mSv。

进行调查的评估小组一致表示：“不能断定检查中发现的甲状腺癌是否是由于福岛核事故的核辐射暴露引起。”关于甲状腺癌原因的讨论（见 WNISR 2016）尚未有结论，目前，该地区儿童患癌病例数量是全国平均水平的 30 倍左右。目前有两个假设：其一，它可能是过度诊断的结果，其二，可能是辐射暴露的影响。

日本政府和 TEPCO 没有亲自对这一问题进行调查。福岛县是唯一进行检

查的实体，且在设立专项基金后，不断向患者支付甲状腺癌治疗费用。

食物污染

检查食品中是否存在放射性物的工作还在持续。例如，根据日本劳动卫生福利部（以下简称 MHLW）2017 年 5 月 15 日—21 日的一周检查，在整个县级科目的检查中，有 10 项分布式或非分布式的农业、牧业或渔业产品超过法定限制，即 100 Bq / kg 放射性铯。但是，在某些县，关于部分商品的出货限制（不得装运或消费含有放射性物质超标的食品）并没有取消，例如，野外生长的香菇、鳟鱼、野猪和野鹿。

福岛县的农业、牧业或渔业产品监测调查结果总结见表 10。

由于结果证明超过法定限制的数量下降，日本劳动卫生福利部于 2017 年 3 月 24 日修订了食品运输限制指导。此后，如果在过去三年所有分析的样本中，食品中放射性物质的测定值持续低于极限水平（50 Bq / kg）的一半，那么各地方政府可以放宽检查标准，减少检验频率。但野生蘑菇、鸟类、野生动物和淡水鱼不在此规则之内。

表 10　福岛县食品中测量的总铯量

会计年度（期）	项目数量	检查数量	超出标准值（100 Bq/kg）的项目	总百分比（%）
2011 财年（2016.4—2012.3）	542	19971	681	3.4
2012 财年（2016.4—2013.3）	509	61531	1106	1.8
2013 财年（2016.4—2014.3）	469	28770	419	1.5
2014 财年（2016.4—2015.3）	488	26041	113	0.4
2015 财年（2016.4—2016.3）	496	23855	18	0.08
2016 财年（2016.4—2017.3）	530	21180	6	0.03

资料来源：福岛县，2011—2017，WNISR，2017

然而，市民仍然感到关切。自 2013 以来，消费者事务署一直在就“有害谣言”进行调查。在 2016 年 10 月的报告中，16.6% 的受访者表示不愿购买福岛产品,21% 回应说他们不会冒任何辐射危险，即使辐射水平低到无法检测到。这些调查结果与过去几年几乎相同。

消除污染

放射性物质污染地区的净化工作仍在进行中。净化区域分为两类：

→福岛第一核电站附近的特别污染区；

→包括几个县在内的广泛例行净化区

特别污染区包括事故发生一年后计算累积剂量超过 20 mSv 的地方，以及福岛第一核电站 20 千米以内的地区。根据政府的说法，所有这些地区的净化已经按照原计划在 2017 年 3 月底完成。净化目标涉及 22000 个居民区，8500 公顷农田，5800 公顷森林和 1400 公顷的道路。

环境部声称净化工作已经取得一定效果。例如，地面 1 米以上高处住宅用地的辐射率从平均 1.28 μSv/h 下降至 0.37 μSv/h（减少 71%），道路上的辐射率从平均 1.10 μSv/h 降至 0.43 μSv/h（减少 61%）。但是，对于森林目标地区，只有距离人类居住区 20 米以内的森林得到了净化。

此外，在 11 个特殊污染地区的城市中，有 7 个城市被定为难返区，到目前为止还没有进行净化工作。

污染土壤和废弃物的总量达到约 1600 万 m^3。如果这个数量被放置在足球场（100m × 70m），那么这个放射性废弃物柱的高度将超过 2 千米

这也是很多人即使在疏散命令解除后还是拒绝回家的原因之一。

例行净化区由福岛县不包括特别污染区的部分和其他六个县组成。由于福岛事故，导致这些地区额外增加 1 mSv / 年的辐射剂量。这些地区的净化由各地方政府而不是国家当局进行。以下建筑物和区域为净化对象：

→福岛县境内：421000 个家庭，11700 个公共设施，19000 千米的道路，31500 公顷的农田和草地，4700 公顷的森林（位于人居区内）；

→福岛县境外：147700 个家庭，1591 所学校和托儿所，以及 3945 个公园和体育设施。

截至 2017 年 3 月底，92 个市镇中有 80 个已完成了净化项目。截至 2016 年，这些净化项目的累计成本达到 2.6 万亿日元（约 236 亿美元）。污染土壤和废弃物的总量达到约 1600 万。如果这个数量的污染物被放置在足球场（100m × 70m），那么这个放射性废弃物柱的高度将超过 2 千米。

政府正在计划为福岛县的特别污染区安装临时存放设施。他们计划将这些设施安置在福岛第一核电厂的场地周围，但是收购土地的程序已经拖延了。到目前为止，政府只签署了建设设施所需的 18%（287 公顷）私有土地（1270 公顷）的合同。此外，福岛县允许的临时存储时间只有约 30 年。虽然政府打算在县外找到最后的处置场所，但在实施这一计划方面还没有取得进展。

例行净化区的净化废弃物将由当地政府存储和处置。但是，由于当地居民的反对，所有地方政府都没有确定处置场地计划。

环境部门已经规定铯浓度为 8000 Bq/ kg 浓度以上的净化废弃物指定废弃物。该部目前正在计划对低于该浓度的废弃物进行再利用。

图 38　机载监测的辐射剂量分布

资料来源：WNISR 编写，基于 MEXT 辐射剂量分布图扩展点等，2017 年

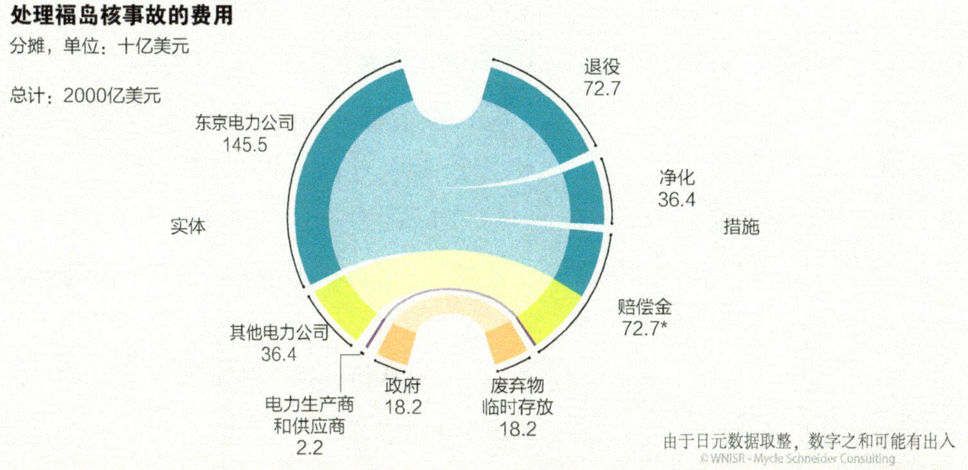

图 39 处理福岛核事故的费用 资料来源：WISIS编写，根据"TEPCO改革委员会和克服1F挑战"，"TEPCO改革方案"，2016年12月20日

截至2017年3月，环境部正在评估将净化废弃物重新用于道路、潮汐堤坝和公园等开放空间的可能性。然而，政府已于2005年将不需要作为放射性废弃物处理的铯浓度标准（即清洁水平）设定为100Bq/kg，以减少核电厂净化废弃物的处置数量。许多人反对重新使用福岛事故的净化废弃物，因为标准远远高于清除水平。

费用组成

2016年秋季，日本经济贸易和工业部（以下简称METI）成立了一个委员会，讨论TEPCO的管理改革。通过这个委员会，2016年12月9日，日本经济贸易和工业部首次正式提出解决福岛事故所有问题的成本估算。根据委员会估计，总成本将达到22万亿日元（约合2000亿美元），其中8万亿日元（约合727亿美元）用于停运和污染水处理，8万亿日元（727亿美元）的赔偿金额，4万亿日元（364亿美元）的净化费用，2万亿日元（182亿美元）的去污废弃物的临时存放费用（见图39）。

日本经济贸易和工业部在其建议中指出，费用所需的资金将在30年内就位，关于这些资金的筹集方法还有很多问题。例如，委员会认为，由TEPCO

拥有的位于新潟县的 Kashiwazaki-kariwa 核电站的收入将作为资金的一部分（估计两台机组的营业收入为 0.1 万亿日元（合 9.1 亿美元）。但是，核监管局（以下简称 NRA）正在审查中，这个核电站的重启前景并不明朗，新潟县也强烈反对重启。

停运费用是根据 1979 年 3 月 28 日在美国的三哩岛事故的例子计算得出的。但是，由于福岛第一核电站清除和安置废弃物的方法尚未确定，因此其确切费用尚未可知。

不止 TEPCO 公司，除了有核电厂的电力公司以外，新进入市场的电力公司（独立的电力生产商和供应商）也需要承担费用。

根据日本共同社（Kyodo News）在 2017 年 4 月进行的一项调查问卷显示，44 家新能源公司中有 29 家在电力零售市场自由化后进入市场，他们反对这项政策，声称这影响了他们的业务。

根据《朝日新闻》在 2017 年 2 月进行的另一项调查显示，每年每户 587—1484 日元（5.3—13.5 美元）的附加费用被添加到了消费者的电费账单中。以本次调查中所述的 TEPCO 公司为例，2016 年每户家庭支付 ¥0.25/kWh（2.3 美元）的"福岛费"，东京家庭，平均每年额外增加达到 1160 日元（10.5 美元）。

根据对灾害潜在费用的独立评估，这种"福岛费"可能需要大幅度增加。日本经济研究中心（以下简称 JCER）认为，日本政府严重低估污水管理、拆除和废弃物处理的成本。日本经济研究中心的数字基于其他核电站的行业实践和专家访谈。结果令人惊讶，总成本可能在近 50 万亿日元（45.3 亿美元）至 70 万亿日元（6.35 亿美元），分别是官方政府估计的 2.3 倍和 3.2 倍。然而，由于许多问题仍然没有定论，日本经济研究中心认为这仍然不是上限，特别是不能保证堆芯熔体可以回收，其他费用也还没计算，如石棺的设计建造（如在切尔诺贝利）或埋葬。

由于福岛核事故造成的损失比预期要高得多，日本原子能委员会目前正在审议核损害赔偿制度。在现行制度下，除了自然灾害和战争之外，核电公司对事故负有全部责任（无限责任）。作为补偿的来源，电力公司有义务参与一项保险计划，保费高达 1200 亿日元（11 亿美元），用作赔偿来源。

在讨论中，电力公司坚持要求变更为有限责任，也就是说，超过一定数额的补偿金要转移给政府承担。但是，由于税收增加了公民负担，政府决定保留无限责任政策，使电力公司全面负责。上述政策似乎使政府逃脱了责任而不是挽救 TEPCO，但是，电力公司的责任毕竟还是由公众支付的电费承担的。

表 11　关于福岛第一核事故清理和补救的政府评估和独立评估的费用（单位：元）

措施	之前政府评估的费用（美元 / 十亿）	最近政府评估的费用（美元 / 十亿）	JCER 评估的费用 a（美元 / 十亿）	JCER 评估的费用 b（美元 / 十亿）
停运和水污染处理	18	72 7	288	99
补偿金	45	72 7	72	75
净化	36	54 6	270	270
总和	≈ 100	≈ 200	≈ 630	≈ 444

资料来源：日本经济研究中心，2017 年 3 月

a 包括（根据对退役核反应堆进行专家访谈的结果）清理氚化水（18 万美元 / 吨，100 万吨储水）和清理污水的成本。

b 包括稀释氚化水（包括一百万吨储水）的成本，并将其全部放入海洋（数额小不包括在内），对于造成渔业声誉的损害在 40 年期间以 27 亿美元的价格向渔民提供补偿的成本。

福岛现状报告的结论

福岛核事故发生以来已经过去了六年，核事故的具体问题越来越明显。其中第一个问题就是事故造成的经济负担。事故相关巨额费用已经阻碍了日本的经济发展。

第二个问题是政府避免承担责任，逃避事故责任的态度。政府已经采取了一些积极行动，如落实停运措施，解除撤离令，这些都是为了努力消除灾难痕迹，降低国家的经济负担。

第三个问题是对经济和社会弱势群体的影响。来自经济上较弱的地区（如有核电站或需要撤离的地区）以及社会弱势群体（如担心潜在健康影响的妇女和儿童）的负担正变得越来越繁重。

VIII. 核能 VS. 可再生能源部署

简介

核能与可再生能源之间的比较，长期以来一直是一个一方面“太大而不能失败”，另一方面“太小而无关紧要”的故事。但在过去几年里，事态已经以疯狂的速度发生了变化。一度被忽视为技术“边缘”的可再生能源正在成为全球能源领域越来越重要的一员。2016 年的数据显示，可再生能源已经超过核电，成为提升发电能力的一种重要手段：

→尽管整体投资规模减少，但 2016 年新增的可再生能源发电装机容量达到历史最高 161GW，占全球新增总发电量的 62%。仅在欧盟，2016 年就有 86% 的并网发电量来自风能、太阳能、生物质能和水力发电，其中风力发电占新增发电量的一半以上。

→在 2016 年和 2017 年年初，新项目开始重视降低发电成本，而许多人认为这只会在 2030 年左右发生，例如在阿布扎比的一个 350MW 太阳能项目中发电价格大约为 24 美元 / MWh。在摩洛哥，一个 850MW 的陆上风力发电项目是以 30 美元 / MWh 的价格签订的。而海上风力项目即使没有额外补贴也有可能很快完成，正如德国最近的一项招标所显示的那样，EnBW 电力公司对一个 900MW 项目的投入就只依赖于未来电力批发市场的收入。

→与此同时，2016 年只有三座核反应堆开始建造，总发电量为 3GW，并且需要数年才能实现发电（见前几章）。

2015 年 12 月在巴黎举行的第二十一次缔约方会议强调，核能和可再生能源都在应对全球气候变化中所起到了重要作用，并得到了大会的普遍认可。在《巴黎协定》中，162 个国家和地区的承诺被称为“国家决定预期贡献值（以下简称 INDCs）”，并提交给《联合国气候变化框架公约》，该公约涵盖了 2010 年约 95%的全球排放量和 98%的全球人口。在这些计划中涉及核能的程度有限，只有目前参与反应堆商业运营的 31 个国家，再加上土耳其和埃及，即只有五分之一的协定国做出了与核能有关的承诺。此外，核能的扩张只在 12 个国家通过新建反应堆进行，有两个是首次进行核电建设的国家，白俄罗斯和阿拉伯联合酋长国。

在实际的 INDCs 机制中，只有 11 个国家提到，他们正在进行或考虑运营核电作为其缓解能源紧张战略的一部分，同时更少的国家（5 个）表示他们将扩大核能的使用（白俄罗斯、印度、日本、土耳其和阿拉伯联合酋长国）。相比之下，有 144 个国家和地区提及了可再生能源的使用，同时有 111 个国家和地区明确提出了扩大可再生能源使用的目标或计划。这凸显出与普遍使用的可再生能源相比，核电在一定程度上是一种边缘性的减排战略。

从长远来看，虽然大多数全球模式认为，脱碳能源行业将包括可再生能源，核能和化石燃料中碳捕捉技术的结合，但是有相当多的重大研究都假定将核能和化石能源排除在未来能源之外了。这些包括：

→斯坦福大学发布的"全球 139 个国家和地区的 100%清洁和可再生的风，水和阳光（以下简称 WWS）的能源路线图"。

→剑桥大学出版社出版的"2012 年度全球能源评估报告"指出，"逐步淘汰核能也是可行的，这仍然符合可持续发展目标"。

→ 2012 年可再生能源"气候变化专门委员会的特别报告"回顾了一些限制使用不同能源供应的方案，包括可再生能源，核能和碳捕捉与储存（以下简称 CCS）。其中一些方案表明，在实现全球减排目标的同时，选择无核方案不会增加额外成本。

→国际绿色和平组织发布和定期更新的全球能源革命是全面的 100%可再生能源发展方案。

因此，为了减少碳排放而发展核电并不是一个问题，政府是否选择积极支持核电作为减排的手段才是问题的关键，特别是通过某种补贴机制。

虽然所有的能源生产方式都需要经济成本，都会造成环境影响，但在过去十年，特别是在过去几年中，我们已经清楚地看到，选择核能实现减排是昂贵的，缓慢的，危险的，只有少数几个国家在追求这一具有潜在危险的途径。相反，近年来一些可再生能源，特别是风能和太阳能光伏（以下简称 PV），正在以超预期的速度建设，使其生产和安装成本下降得比预期要快。

本节重点介绍了核能和一些可再生能源技术在全球及主要地区和市场上，建造速度，相关投资和成本水平之间的差异。

投资

投资的选择不仅是未来电力组合的重要指标，还显示了技术中立的金融部门对不同发电方式的信心。因此，在全球和区域层面他们可以被看作目前政策确定性和技术成本状况的重要晴雨表。

根据彭博新能源财经（以下简称 BNEF）和联合国环境规划署（以下简称 UNEP）发布的数据，2016 年全球可再生能源投资（不包括大型水电）为 2416 亿美元，低于 2015 年创纪录的 3212 亿美元。但总投资额下降的 23% 主要反映在每 MW 投资成本的迅速下降上，2016 年安装的可再生能源总量（不包括大型水电）达到 138.5GW，比上年的 127.5GW 还要多。因此，在 2016 年所有可再生能源技术安装的每 MW 的平均投资成本下降了 29%，为 1.74 美元 / W，而 2015 年则为 2.45 美元 /W。根据环境规划署的数据，全球太阳能发电的平均成本在一年内下降 17% 达到 101 美元 /MWh，陆上风力发电的平均成本下降

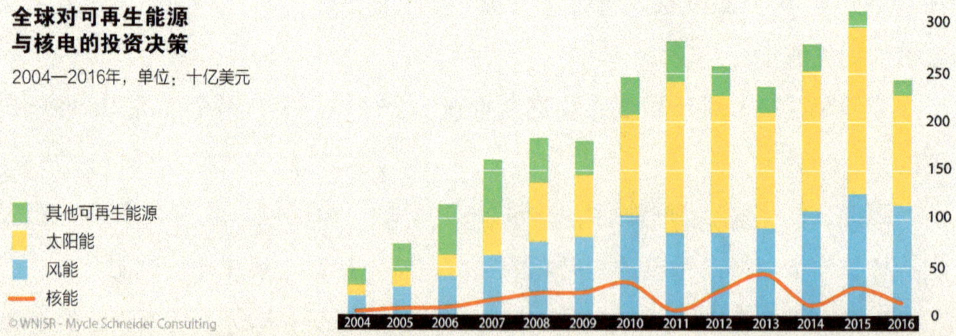

图 40　2004—2016 年全球决定投资可再生能源与核电的数额

资料来源：FS-UNEP
2017 年 WNISR 原始研究

18% 达到 68 美元 /MWh，海上风力发电的平均成本下降 28% 达到 126 美元 /MWh。

图 40 比较了自 2004 年以来每年新建核能与可再生能源项目（不包括大型水电）的投资决策。关于核电，2016 年仅有三座新核电站开工建设——与 2015 年开工的八个项目相比——两个在中国，一个在巴基斯坦（由中国公司承建），总容量 3GW，总投资约 100 亿美元。在缺乏全面公开的年度核电投资数据的情况下，WNISR 为了简化算法，将项目全部投资成本都计入项目开工之年，而不是分摊到整个施工期。此外，核电投资数字并不包括出现成本超支时的预算修订。然而，尽管存在这些不确定因素，但很明显核电投资比太阳能或风能都要低一个数量级。2016 年不管是太阳能还是风能的投资都超过了 1100 亿美元。

在全球范围内，随着亚洲，特别是中国、印度和日本的崛起，欧洲和北美洲对可再生能源投资的重要性正在减弱。中国对可再生能源投资从 2005 年的 83 亿名义美元上升到 2015 年的 1154 亿美元，上涨了 13.9 倍。图 41 显示了 2014 年主要经济体可再生能源投资名义美元金额的演变。总体而言，发展中国家和新兴国家在可再生能源投资总额中所占的份额不断增加，尽管这些国家总投资量的下降幅度较大，比上年下降了 30%，而工业化国家仅下降了

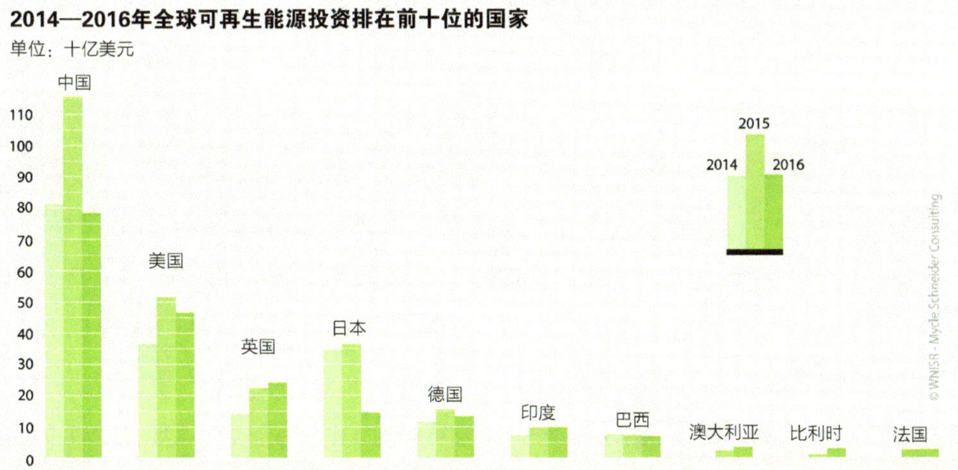

图 41　2014—2016 年全球可再生能源投资排在前十位的国家

资料来源：FS-UNEP 2017，2016，2015

14%。2016年，前十大投资国家中的后几名也出现了一些重大变化，澳大利亚、比利时和法国取代了南非、墨西哥和智利。各种原因的出现解释了这一现象，公共资金的重大不确定性（南非，国家电力公司一直在阻止项目获批），获得项目融资的渠道有限（墨西哥）和电力传输网格存在技术瓶颈（智利）。

世界各地的价格水平新低

在世界各地，可再生能源项目的发电成本不断创下新低。事实上，太阳能光伏发电和风力发电都具有优秀的学习率。据估计，太阳能产量每翻倍一次学习率为24.3%，自2009年实际价格大幅下滑了90%。对于风力发电，估计其学习率达到19%，导致2009年—2016年间实际价格下降了50%。这与过去几十年来核电项目普遍相关的反学习曲线形成鲜明对比。因此，与新核电站相比，可再生能源不仅具有日益增长的竞争力，而且在许多国家也是煤电天然气电厂的有力挑战者。

太阳能加上隔夜储存技术
将使电价“显著少于”45美元/MWh

主要可再生能源发电技术的进步加速了成本的下降，这可以通过世界各地的项目实例来说明。根据国际可再生能源机构（以下简称IRENA）2017年发布的可再生能源拍卖研究报告，从拍卖情况来看，拍卖价格自2010年以来大幅下降：太阳能光伏的电价仅为原先的五分之一（从2010年的250美元/MWh到2016年的50美元/MWh），陆上风力发电的电价仅为原先的二分之一（从2010年的80美元/MWh到2016年的40美元/MWh）。与之相比的是，在2017年7月初公布的最新成本增加后，英国欣克利角C核电站的两座EPR反应堆的基础建造成本（不包括融资成本）估计为203亿英镑（约合262亿美元）或8200美元/kW，通过谈判达成了92.5英镑/MWh（约合118美元/MWh）的执行价格。2016—2017年达成可再生能源项目历史最低价如下：

→美国，2017 年 5 月，Tucson 电力公司与产能为 100MW 的 NextEra 能源公司签署了一项太阳能光伏的电力采购协议，价格低于 30 美元 /MWh。该系统将在 20 年内将 120MW 的存储设施和太阳能加过夜储存技术的价格“远远低于”45 美元 / MWh。

→墨西哥在 2016 年 4 月和 9 月组织了两次可再生能源电力的大型拍卖。第一次共拍卖了 2085MW（其中太阳能占 81%，风力占 19%），其中风力的平均报价为 55 美元 /MWh，太阳能的平均报价为 45 美元 /MWh。仅几个月后，价格就大幅下滑，第二次总共拍卖 3462MW：其中太阳能共计 1573MW，平均报价为 32 美元 /MWh，风力共计 900MW，平均报价只有 36 美元 /MWh。

→在智利，西班牙开发商 Solarpack Corp. Tecnologica 赢得了一个从 120MW 光伏发电站销售电力的合同，价格为 29.10 美元 /MWh。

→同样，在秘鲁，西班牙开发商 Grenergy 获得了一项由 Enel Green Power 授权的 162MW 风力发电项目，价格为 37 美元 /MWh，还获得了 144MW 的太阳能发电项目，价格为 48 美元 /MWh。

→2016 年 1 月，摩洛哥一项 850MW 的陆上风电项目的平均执行价格为 30 美元 /MWh。

→2016 年 5 月，阿拉伯联合酋长国马斯达尔集团获得了第一个太阳能发电项目，价格为 29.9 美元 /MWh。此后不久，阿布达比另一个 350MW 的项目，价格降为 24 美元 /MWh。

→在欧洲，价格同样也在快速下滑。法国最近招标的 500MW 太阳能光伏发电项目的执行价格为 62.5 欧元 /MWh（约合 68 美元 /MWh）。在德国的太阳能光伏跨境招标中，丹麦以 59 美元 /MWh（约为近期北美地区太阳能光伏价格的两倍）的执行价格赢得了几个 50MW 的项目。在另一项招标中，德国电力公司 EnBW 投标了一项 900MW 的海上风电项目，该项目只依赖于未来电力批发市场无保价收入。

→在印度，750MW 光伏项目（目前被认为是世界上最大的）的平均价格为 46 美元 /MWh（约合 2970 卢比 /h）。

安装能力和电力生成

在全球范围内，可再生能源在新增装机容量中继续占据主导地位。根据REN21发布的数据，2016年共增加了161 GW的可再生能源装机容量，这是迄今为止最大幅度的增长。

2016年，可再生能源占全球新增净装机容量的62%。风电的新增净装机容量增速放缓（2016年为55GW，2015年为64GW），而太阳能光伏的新增净装机容量则达到75GW（2015年为51GW）创历史新高，而核电站为9 GW。风力发电和太阳能光伏发电的新增净装机容量共占全球可再生能源新增净装机容量的80%以上。

风电、光电和核电的发展：欧盟的装机容量和发电量

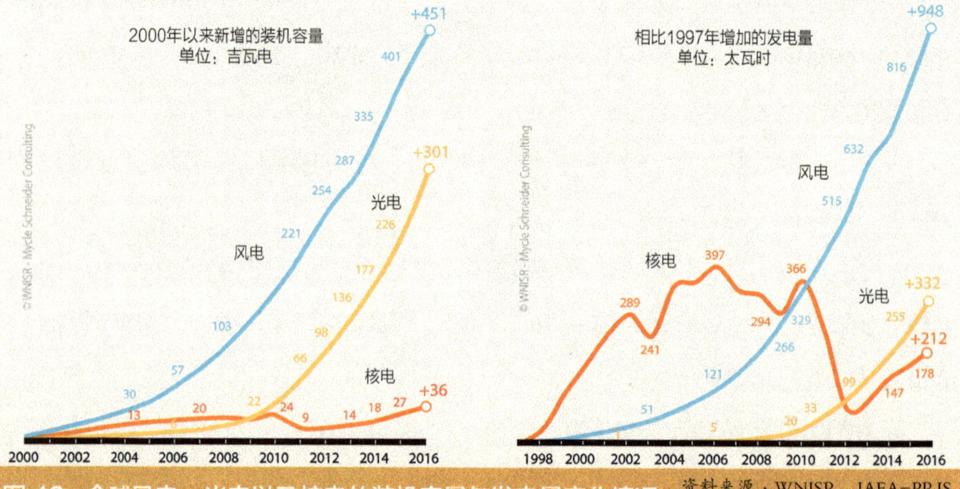

图42　全球风电、光电以及核电的装机容量与发电量变化情况　资料来源：WNISR，IAEA-PRIS，BP Statistical Review，2017

图42显示了自21世纪以来，可再生能源在规模上的扩展程度。这一时期风力发电的装机容量增加了451GW，太阳能发电的装机容量增加了301GW，而核能的装机容量则停滞不前，仅增长了36 GW，包括LTO的所有反应堆。考虑到2016年年底，LTO有36GW的核电机组将停止运营，因此核能的装机容量将与2000年时持平。

不同发电技术的效能由于不同的负载因素而异。一般来说，经营核电站往往比可再生能源每 MW 装机容量会产生更多的电力。

然而，从 1997 年京都议定书签署后，到 2016 年风力发电量增加了 948 TWh，太阳能光伏发电量增加了 332 TWh，而核电发电量仅增加了 212 TWh（见图 42）。2016 年全球风电发电量的年增长率为 15.8%，太阳能光伏为 30%，核电为 1.4%。31 个核电国家中的 9 个国家巴西、中国、德国、印度、日本、墨西哥、荷兰、西班牙和英国，从非水电可再生能源中产生的电力比核电中产生的电力更多。

中国、欧盟、印度和美国的发展现状和发展趋势

中国继续成为部署大部分能源技术的全球领导者。仅在 2016 年，中国的太阳能光伏发电量就大约翻了一番达到 78GW，占全球市场的 50%，加上风力发电的 20GW，共计 149GW，比整个欧洲的发电量还要多（见图 43）。这可以与 2020 年生产 110GW 的太阳能光伏电量和 210GW 的风电量的目标相比。全球十座反应堆中的五座（容量为 4.6GW）已经启动，与上一年同期相比，中国

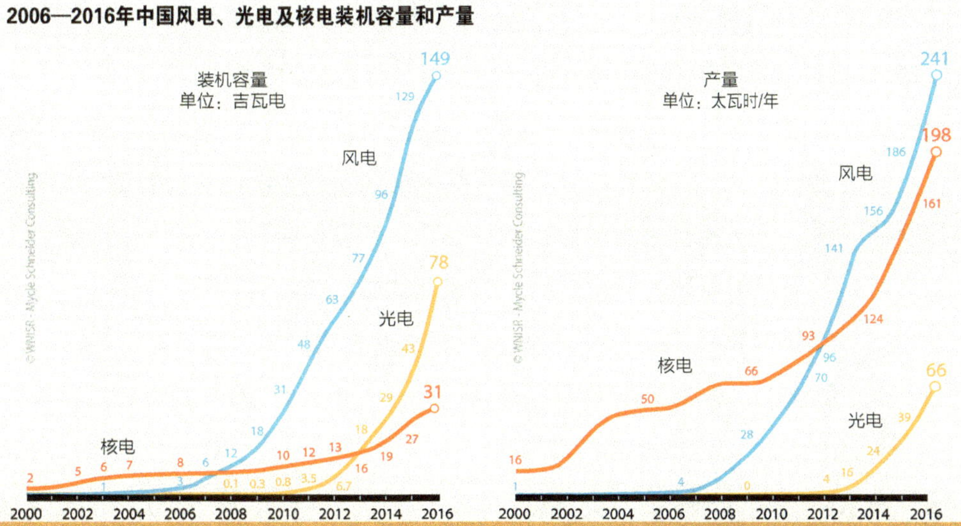

图 43 2006—2016 年中国风电、光电及核电装机容量和产量 资料来源：WNISR，IAEA-PRIS，BP Statistical Review，2017

2016年的核电装机容量比任何一个国家都多。

用于容量图的BP数据在2017年进行了修改，特别是由于BP将太阳能的主要来源由GWEC转换为IRENA，以及基于新的IRENA数据库的其他修订。在生成的图中，过去使用的BP数据从几年前就已修正，特别是关于太阳能的数据，其中国际能源署的预计数据从2012年开始被来自中国电力理事会的新数据所取代。

中国对可再生能源的投资是目前全球最大的，总投资额达到783亿美元，与上一年的1154亿美元相比有所下降（但从全球范围来看，2016年的装机容量比2015年要多，因为成本比投资下降更多）。2016年，对太阳能光伏发电的投资额为390亿美元，对风能发电的投资额为350亿美元，相比之下，据报道只有两座新的核反应堆（2015年为6个）开工建设，总投资额为50亿美元。

第十三个五年规划（2016—2020年）提出了能源效率的新目标，降低碳排放以及能源多样化减少化石燃料，到2020年，非化石燃料将提供初级能源消耗量的15%，比2005年高出7.4%。因此，可再生能源的爆炸式增长预计将持续下去。2016年，太阳能光伏发电的总装机容量为34.5GW，几乎是国家能源局（简称NEA）预计的每年15—20GW的两倍。2016年11月，国家能源局宣布第13个五年计划（2016—2020年）对电力部门进行的更新。风力发电（210GW）的目标高于之前的公告（200GW），而太阳能发电（110GW）的目标明显低于之前的公告（达到150GW）。鉴于目前部署的节奏，这是会被超越的最低限度的目标。事实上，中国进一步发展可再生能源的瓶颈主要是电网基础设施不足，导致对现有风力发电厂和太阳能发电厂发电水平的大幅缩减。

第十三个五年规划还提议，到2020年将核电总容量提高到58GW。然而，目前正在运行的只有31.4GW，另有19.3GW正在建设中，总计达到50.7GW。许多在建的核电机组都遭遇了严重的延期，2016年只有5GW的新装机容量并入电网。因此，实现2020年的核目标似乎是不可能的。2016年年底通过招标获得的太阳能发电和风能发电的电价为78美元/MWh，预计平均发电成本为60美元/MWh，而核能目前获得了70美元/MWh的担保支持关税。随着电力需求逐渐平稳，产能过剩急剧上升，中国政府越来越把热能发电管道视为预留资产。

在 2000—2016 年，欧盟装机容量的净变量凸显了向可再生能源和高效燃气发电的转变。16 年来，风电和太阳能发电是发展最快的发电技术，发电量分别为 142.6GW 和 101.2GW，天然气发电量达 93.5GW。另外，同期核电产量下降了 15.5GW，煤电产量为 37.3GW，燃油发电量为 37.6GW。仅在 2016 年可再生能源就占欧盟新产能的 86%，风力发电占比为 51%，成为第二大装机容量（仅次于天然气）。尽管全球经济增长放缓（见投资章节），但在总共 60 亿美元的投资中，欧洲可再生能源市场也略有增长（3%）。

2016 年欧洲可再生能源发展的其他亮点包括：

→新项目的发电成本大幅下降，正如海上风电和太阳能光伏发电的几个标书中显示的（如上文所示）。

→从 2005 年可再生能源发电量仅占比 16% 开始，葡萄牙已经走了很长一段路。现在可再生能源发电量占电力消费的 60% 以上。2016 年 4 月，可再生

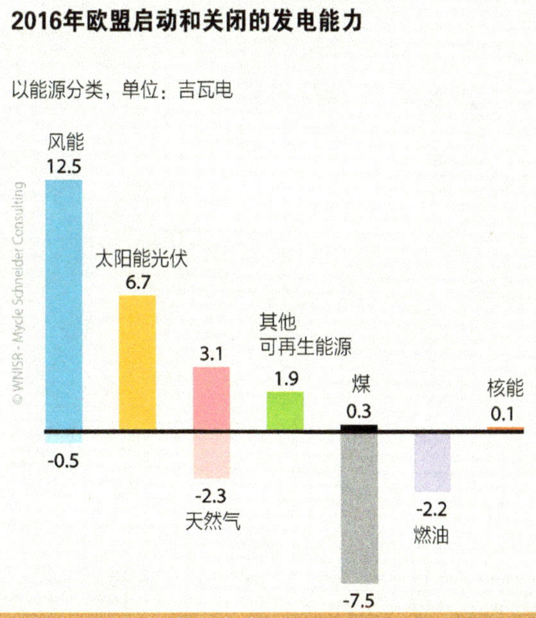

图 44 2016 年欧盟启动和关闭的电厂发电量　资料来源：WindEurope，WNISR，2017

能源提供了电力需求的95.5%，在2016年5月初，全国仅用可再生能源发电的时长达107小时。

→在德国，可再生能源发电量占内陆总消费量的33%，成为全国主要的发电来源。2016年5月11日，可再生能源发电量占内陆总消费量的88%。

→从2017年2月22日开始，丹麦全国供电仅采用风力发电，为2035年实现全部采用可再生能源供电和供热铺路。

→在英国，2016年，风力发电机的发电量首次比煤电厂的发电量多。

与1997年的《京都议定书》相比，2016年风电增加了293TWh，太阳能发电量增加了111TWh，而核电在欧盟范围内减少了82TWh，如图45所示。

可再生能源发电量的增长将继续超过目前设定的2020年目标，正如2015年12月在巴黎举行的联合国气候变化大会的准备工作一样，欧盟已经达成在2030年至少将27%的可再生能源作为能源组合中初级能源的约束力目标，这可能意味着将有50%的电力来自于可再生能源。到2050年，欧盟的目标是建立一个完全无碳的电力系统。这将需要加快目前可再生能源部署的效率。欧盟范围内没有核目标的部署，核能份额在过去的几十年里也一直在缩小。

风电、光电和核电的发展：欧盟的装机容量和发电量

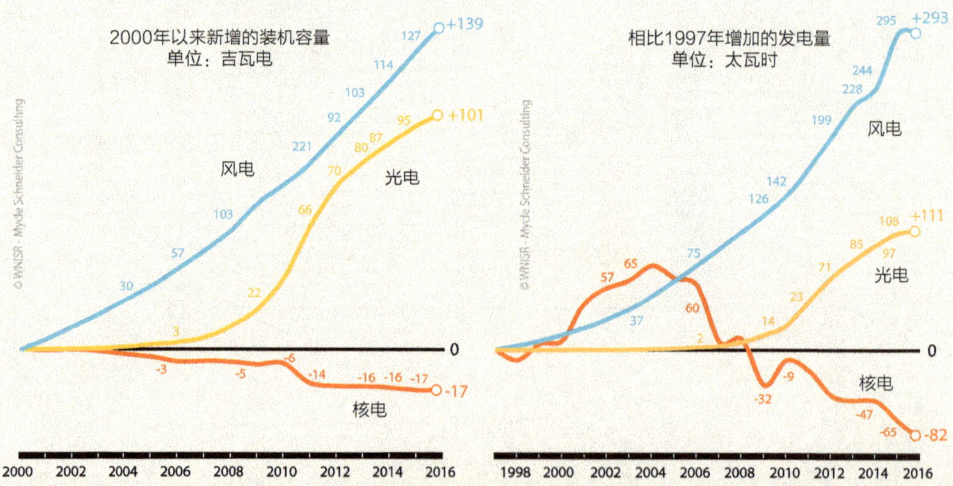

图45 欧盟装机容量和发电量的变化　　资料来源：BP，IAEA-PRIS，WNISR，2017

该图所使用的 BP 数据在 2017 年进行了修改，预计 2015 年风力发电量较低。

印度有全球最老的核电项目之一，从 1969 年开始发电，这也是全球最困难的核电项目之一，在运行过程中遭遇过很多挫折（见印度部分）。这与可再生能源行业近期的稳步发展形成鲜明对比。图 46 显示，自 21 世纪以来，风力发电行业发展迅速自 2012 年以来已在电力消费中超过核能，太阳能发电量也在迅速增长。2016 年年底，全国的可再生能源装机容量超过了 50GW。印度是 2016 年全球第五大可再生能源投资国，投资总额达 97 亿美元，也是全球第四大风电装机容量国家。虽然 2022 年 175GW 的可再生能力装机容量的目标最初被认为是过于乐观，但最近的部署却摒弃了许多疑虑。近期太阳能拍卖价格持续下滑（在中央邦，容量为 750MW 的电厂的电价为 50 美元 /MWh），预计仅在 2017 年，太阳能发电量就会翻倍达到 18GW，电价甚至会更低。印度在其对《巴黎协定》做出的国家决策中，设定了到 2030 年实现无化石燃料发电量份额达到 40%的目标。然而，这一目标应该会被超越（新的官方文件强调

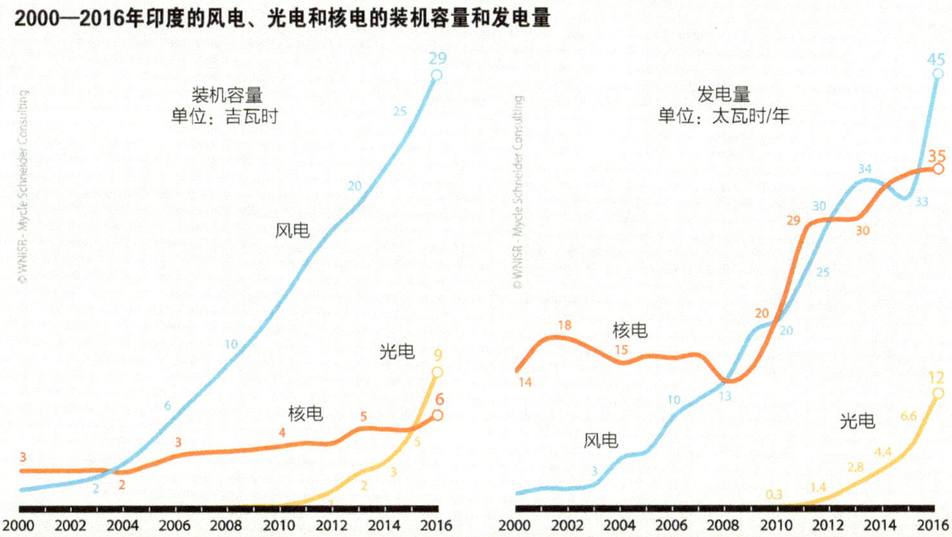

图 46　2000—2016 年印度的风电光电和核电的装机容量和发电量

资料来源：BP，IAEA-PRIS，WNISR，2017

2027 年的份额为 57%），包括可再生能源发电量的 275GW 和仅 15GW 核能发电量。能源部长皮尤什·戈亚尔（Piyush Goyal）最近在新闻分析中引述：在 2023—2025 年，印度总发电量的 60%—65%将为可再生能源发电。

这个图所用的 BP 数据在 2017 年被修正，特别是由于 BP 更换了风力发电主要的数据来源。

虽然关于在印度建造多达 6 个 EPR 的谈判正遭遇停滞，即使是法国电力公司 EDF 也宣布计划在未来一年向印度的可再生能源项目投资 20 亿美元。

在美国，新任总统唐纳德·特朗普（Donald Trump）对化石燃料和核能产业的支持以及他对气候变化的否认引起了人们对未来可再生能源发展和气候政策的担忧，并受到民间社会、政治家和国内外商业领袖的严厉批评。

根据美国能源部能源信息管理局（以下简称 EIA）的年度能源展望，过去十年的电力消费水平保持平稳，2007 年达到顶峰，到 2040 年才会适度增长。近几年来，从煤电转向天然气发电，再到逐步部署可再生能源都标志着这个转变。煤电在电力组合中的份额从 2007 年的 49%下降到 2016 年的 30%，仅在 2016 年的发电量就下降了 133TWh（或份额下降 10%）。同期的天然气发电厂的发电量份额从 22%上升至 34%，主要是由于页岩气的生产，天然气现在已经成为主要的发电燃料。而在过去十年中，可再生能源的份额翻一番达到 15%。2016 年见证了可再生能源创造的新增纪录，共 21.5GW。与上一年相比，仅太阳能发电量就增长了 73%，增加 12.5GW，风力发电量稳定在 8.5GW。虽然对可再生能源的投资税收抵免（ITC）即将到期，但在国会上意外获得五年延期，促成这一快速增长。如果发展水平保持不变，那么 2018 年风电的发电量可能会超过水电；风电和太阳能发电总量在 2016 年也是如此。即使在联邦政策支持下降的情况下，可再生能源也将在未来几年呈指数增长。主要的潜在障碍在于一个特殊的贸易情况，这可能使总统有机会对进口的中国光伏组件征收大量关税。然而，据彭博社分析，未受补贴的风电平均发电成本在 2016 年降至 56 美元 /MWh，得克萨斯州（不包括税收抵免）则降低至 37 美元 /MWh。对于太阳能发电，平准化度电成本（以下简称 LCOE）达到 79 美元 /MWh，得克萨斯州的电价（不包括税收抵免）则降低至 50 美元 /MWh。

相比之下，根据彭博社报道，新的核电平准化电力成本为 150/MWh。环境影响评估（以下简称 EIA）预计在 2040 年之前逐渐降低核电量。考虑到的其他核电装机容量仅限于目前正在建设的四座反应堆，其中两座（南卡罗来纳州的 Virgil Summer 反应堆）在 2017 年 7 月下旬被取消建设，而另外两座即使完成，也不可能弥补至 2040 年的因关停反应堆而减少的预计至少 20GW 的电量。

核能 VS. 可再生能源的结论

比以往任何时候的发展都迅猛，2016 年凸显了部署新的可再生能源和核能的不同趋势。可再生能源在许多领域创造了新纪录（从增加产能到降低成本），但核能方面没有取得重大进展。太阳能和风能创纪录的低价是独具开创性的：在全部成本的基础上，可再生能源在全球大多数地区都比新建核电站便宜，而且甚至还在一些国家与最便宜的传统发电技术（通常是煤炭和美国天然气）以及批发市场电价竞争。

考虑到这些新的经济基础和巴黎气候协议中规定的国家目标，可再生能源的不断发展与核电衰落之间的差距预计在未来几年将进一步加大。对于不使用核能的 163 个联合国会员国来说，这是自然的事实。但即使是使用（或正在考虑增加）核电的国家，核能也应该发挥比可再生能源更小的作用。

附录 1. 区域和国家概况

本附件概述了各地区和国家在全球范围内的核能发展情况。除非另有说明，在运和在建的反应堆数量（截至 2017 年 7 月初）和核能发电份额的数据均来自国际原子能机构动力堆信息系统（以下简称 PRIS）的在线数据库。历史最高数据表明，在给定的国家的发电量中，核电份额的最高值出现在 1986 年（切诺贝利核事故发生的那年）。

非洲

南非运营了两座法国（Framatome / 阿海珐）容量为 900MW 的反应堆。他们都位于开普敦东部的科贝格地区，并于 2016 年产生了 15.2TWh 的电量。核电在 2016 年提供了全国电力的 6.6%（历史最高值为 1989 年的 7.4%）。Koeberg 核电站是非洲大陆唯一的核电站。

Koeberg 核反应堆一直与越来越多的老化问题抗争，其中两台机组分别在 1984 年和 1985 年开始运行。更换这两台机组的全部 6 个蒸汽发生器是在 2010 年决定的。该核电站一直在低温运行，以降低蒸汽发生器管道的腐蚀速度。更换工作原定于 2018 年开始。但在 2016 年 8 月宣布原计划将不再进行，原因是两家竞争的供应商——法国阿海珐集团和东芝旗下西屋公司之间持续的法律冲突。双方公司都处于财政困境中，并且急需 50 亿兰特（折合 3.24 亿美元）的业务。据报道，阿海珐公司已经开始在其中国分包商——上海电气进行蒸汽发生器的制造工作。2015 年 12 月，南非最高法院一致裁定支持西屋公司，认为合同未按照公平原则进行分配。两家公司都曾向该国最高法院的宪法法院提出上诉。听证会于 2016 年 5 月 18 日开始，并于 2016 年 12 月结束，驳回了西屋公司的索赔。

国有南非公用事业公司和 Koeberg 运营商 Eskom 考虑收购更多的大型 PWR，并计划在 2025 年之前形成 20GW 的发电能力。然而，2008 年 11 月，

Eskom取消了一项国际招标，因其规模太大，威胁到了它的信用评级。2012年2月，能源部（以下简称DOE）在2030年发布了修订后的战略计划，其中包含在2030年之前建造9.6GW电量或6台机组的目标。从2022年开始，每18个月启动一台机组。项目总价估计在370亿—100亿美元。核电计划的价格和对全球替代能源可行性的认可正在改变一些媒体的辩论。2016年7月，在发布了之前版本的WNISR时，商业日报称："2016世界核能产业发展报告可以让南非SA暂停一下以考虑其建设核电容量的野心。"

然而，Eskom正在继续与国际供应商讨论核电新建工程，并于2016年12月发布了信息邀请书RFI，收到来自包括中国、法国、俄罗斯和韩国等27家国际公司对拟议新建计划的回应。根据计划，Eskom将在2017年稍晚发布建议邀请书RFP，并在年底前进行评估。核建设的主要障碍仍然是财政问题和符合国家公众咨询过程。

2014年11月，穆迪公司将Eskom评级降级至"垃圾级"。在2017年6月的最新评级行动中，穆迪公司将Eskom评级从Ba1级降至Ba2级，甚至更低的垃圾等级。2016年12月，在部长级的人事变动和财政部部长被撤职后，惠誉和标准普尔评级机构均将该国的主权债务评为垃圾等级。新财政部部长Malusi Gigaba表示，核电计划将继续进行，但要"按照财务能承受的速度和规模"进行，而且资金模式还没有被"最终确定"。

然而，在Eskom推进同时，南非政府正在审查预期需求量和对不同能源的需求。2013年11月版的电力综合资源规划（以下简称IRP）总结得出"这个核电决定可能会被延迟"。

在2016年10月，能源部开始就修订综合资源规划IRP进行咨询，建议在其基准情况下，在2037年试运行新核项目，将只有1359MWe的产量，仅相当于1座反应堆的发电量。然而，该计划设想到2050年将有大规模试运行项目，其新核电装机容量将达到20GW。更新的综合资源规划预计将于2018年出版。南非核工业协会表示，在实施新建项目上的任何拖延"都可能会破坏核能产业的可发展性"。经过修订的综合资源规划也设想大幅度增加可再生能源的装机容量：风能提供 29%的电力（37GW），太阳能提供 13.5%的电力（17.6GW）。

然而，综合资源规划修订草案的问题包括对过高估计电力消费增加和低估可再生能源大量产出。此外，是否会对传输或分销网络进行拆分还有待观察。

2017 年 4 月，南非高等法院西开普分部同意了两个非政府组织［即南非宗教社区环境研究（以下简称 SAFCEI）和非洲地球生命组织］的诉求，要求必须停止能源部长做出两项立法决定。分别是 2015 年 12 月做出的继续采购 9.6GW 新核电装机容量的决定，采购是由 Eskom 而非能源部主导的，以及政府与俄罗斯、韩国和美国签署的核电合作协议。法院认定该协议违反了规定，因为缺乏公众咨询的决定“在裁决程序上是不公平的”。2017 年 5 月，政府宣布不会对法院的决定提出上诉。目前还没有看到 Eskom 将如何与核供应商和金融界进行讨论。

美洲

阿根廷经营了两座核反应堆，2016 年提供了 7.7 TWh 电力，占全国电力的 5.6%（从 1990 年达到最高占比 19.8%后下降）。第三座反应堆处于长期停运状态。

从历史上看，阿根廷是带着模糊计划走上核电之路的国家之一，官方说法是出于民用目的，但背后有强大军方支持。然而，在运核电站是由国外反应堆建造商提供的：于 1974 年开始运行的 Atucha 核电站 1 号机组是由西门子公司提供的，于 1983 年开始运行 Embalse 核电站加拿大氘铀（以下简称 CANDU）型反应堆由加拿大原子能有限公司（简称 AECL）提供的。

Embalse 核电站于 2015 年年底因大修而暂时关闭，工作包括更换数百个压力管以使其运行年限延长 30 多年。据报道，2011 年 8 月签署了价值 4.4 亿美元的合同，当时预计该工作将于 2013 年 11 月开始。根据阿根廷新闻机构报纸新闻社（全称 Agencia Diarios et Noticias）报道，该核电站预计只能在 2018 年年中恢复运行。国际核工程（以下简称 NEI）在 2013 年预计，整个翻新项目可能需要五年时间，成本约为 15 亿美元，国际核工程警告：“但必须指出的是，加拿大的各种 CANDU 型反应堆的翻新项目（布鲁斯、皮克林和新不伦瑞克省）在时间和预算上都有超支倾向。”

由于 Embalse 反应堆直至 2017 年年中都没有重启，该反应堆进入 WNISR2017 中 LTO 类别。

Atucha 核电站 2 号机组于 1979 年被订购，并于 1981 年被列为“在建项目”。最后，在 2014 年 6 月 3 日宣布反应堆首次临界，并于 2014 年 6 月 27 日并入电网。直到 2015 年 2 月 19 日机组容量才达到满负荷，该反应堆于 2016 年 5 月 26 日投入商业运营。

2009 年 5 月初，时任阿根廷联邦计划、公共投资和服务部部长朱利奥·德维多（Julio de Vido）表示，第四座反应堆的规划即将开始，并于一年内启动建设，但是几乎没有取得进展。然后，在 2015 年 2 月，阿根廷和中国批准了在 Atucha 核电站建设容量为 800MW 的 CANDU 型反应堆的协议，预计 Atucha 核电站 3 号机组将耗资 58 亿美元。2015 年 11 月，阿根廷核电公司（国有公司）与中国核工业集团公司（以下简称 CNNC）签署了一项关于协助建设 Atucha 核电站 3 号机组的合同。虽然 CNNC 只提供约 30% 的工作内容，但预计会带来 85% 的融资，阿根廷核电公司则担任核电站建设的设计师、建筑师、工程师、建造商以及运营商的角色。

两家公司在 2015 年签署了一项关于建设华龙一号反应堆的框架协议，“华龙一号”是中国新的、尚未经过测试的第三代设计。2017 年 5 月，阿根廷与中国签署了一项合作协议，中国将协助建设并提供主要融资用于 CANDU-6 型（2018 年启动建设）和华龙（2020 年启动建设）两座反应堆。据报道，中国将提供 106 亿美元的贷款，项目总成本预计将达 120 亿美元。这些贷款据报道有 20 年的回收期，包括潜在的 8 年延长期。谈判预计将在 2017 年年底前完成，资金到位后就开始 Atucha 核电站 3 号机组的建设。

除了国外建设华龙反应堆所显示的重要性外，核情报周刊（简称 NIW）还报道说，这是中国工商银行——全球资产总额最大的银行首次进行核贷款。虽然这是该项目的一大进展，但据新闻报道，资金依赖于阿根廷政府继续在巴塔尼亚地区修建由两座中国资助的、有争议的水坝，因此项目的未来可能无法得到保障。

经过多次延误后，一座27MWe原型PWR反应堆于2014年2月开始在Atucha核电站附近开工，这个国内设计的RCM25型反应堆（一种压力容器内的蒸汽发生器型压水小型反应堆），最初计划于2018年启动。据说反应堆的成本为4.5亿美元，约合17000美元/kWe。目前预计到2018年年底完工，并于2019年下半年投入运行。

巴西运营了两座核反应堆，在2016年为全国提供了15TWh电力，占比2.9%（从2001年占比达最高的4.3%后下降）。第三座反应堆已于2015年年底暂停建设。

早在1970年，第一项建造Angra核电站1号反应堆的合同被授予西屋公司。该反应堆于1981年达到运行临界。1975年，巴西与德国签署了一项至今可能仍是世界核能产业历史上最大的单一合同——在15年内建造8座容量为1.3GW的反应堆。然而，只有第一座反应堆——Angra核电站2号反应堆，在2000年7月（开工后24年）最终并入电网。

Angra核电站3号反应堆建设的准备工作始于1984年，但在1991年6月被放弃。然而，2010年5月，巴西核能委员会发布了建筑许可证，国际原子能机构指出，2010年6月1日开始实施一项“新”的建设。2011年年初，巴西国家开发银行（以下简称BNDES）为反应堆的建设批准了61亿雷亚尔（36亿美元）的贷款。据报道，2013年11月，EletrobrasEletronuclear公司与法国阿海珐签订了12.5亿欧元（14.25亿美元）的合同。据阿海珐称，2015年第一季度，13%的“工作包”已被批准交付给巴西。阿海珐补充说：“项目进展取决于来自客户的项目融资”。试运行原定于2016年7月进行，计划推迟到2018年5月，而后又推迟到2019年5月。然而，由于巨大的腐败丑闻，2015年秋季建筑停工，这些进度安排并不可信。2016年7月5日，有19人被捕，这是处理Angra核电站3号反应堆贪污案的一部分。据称，Eletrobras的高管们收受了超过2亿雷亚尔（约合6千万美元）的贿赂，作为回报，让大型建筑公司抬高成本。回扣的一部分被分发给了政客和政党。数十人因贿赂和洗钱被定罪。被逮捕的人中包括曾任 Eletro 核能公司首席执行官、曾被认为是巴西“核项目之父”的奥通路易斯·皮耶罗·达席尔瓦（Othon Luiz Pinheiro da Silva），他也是一名退休海军上将。2016 年 8 月 3 日，da Silva 因腐败、洗钱、有组织犯罪和妨碍司法罪被定罪，被判处 43 年监禁。

图 47 2015 年 11 月暂停的 Angra 核电站 3 号反应堆建筑工地 资料来源：Eletrobras 2016 年 8 月

2017 年 1 月，巴西官方期刊正式宣布 Electronuclear 公司决定取消招标过程和 Angra 核电站 3 号反应堆的电子机械装配合同。

2017 年 7 月，巴西出版公司 Valor 报道，政府打算重新启动 Angra 核电站 3 号反应堆的建设，对这个项目感兴趣的四个联合体是：Rosatom（俄罗斯），CNNC（中国），Kepco（韩国）和 EDF / Areva / 三菱（法国和日本）。据估计，该核电站的 40% 有待完成，建设成本为 170 亿雷亚尔（54 亿美元）。有提议说政府可以保留控制权，但允许第三方未来拥有核电站高达 49% 的股份。如果该核电站恢复建设，预计至少到2023年（建设开始后40年）才会并入电网。

加拿大运营的19座反应堆全部为CANDU型反应堆。在2016年，为全国供电95.7TWh，提供全国发电总量的15.6%（这一比例从1994年达到最高占比19.1%后开始下降）。其中18座反应堆，大部分核电容量集中在安大略省，占所有发电量的60%左右。

加拿大的大部分电力来自水力发电。加拿大还有“相当大的非水可再生资源，包括风能、生物质能、太阳能、潮汐能、波能和地热能。在过去的几年里，政策激励和成本下降刺激了这些技术的使用。2010—2014年，以百分比计算非水可再生能源发电的增长最快，年增长率为20%。”

虽然在加拿大时有新的核建设主张，特别是建造不同类型的小型模块化反应堆，但在可预见的将来建设新反应堆是不现实的。加拿大国家能源局最新的《加拿大能源未来2016》报告指出，2040年的供需状况如下：“预计在规划期间任何一个省份都不会建造新的核电机组”，“核能发电量从2014年度98TWh下降到2040年的77TWh”。另外，相应的2009年报告预计到2020年核电容量和核电产量将会增加，核电容量为3170MW，核电产量增加到102TWh。

2009报告关于核电容量增长的预测，部分是由于21世纪头十年的核电复兴计划。2008年，安大略省政府邀请反应堆供应商参与在Darlington核电站现场建造两座反应堆的采购过程。一旦进入投标阶段，政府就把这些反应堆的建设计划搁置下来，最终在2013年取消了这些计划。主要原因与全球取消了很多反应堆建设计划的原因相似：太过昂贵了。据报道，加拿大国有的加拿大原子能有限公司为两座容量为1200MW的CANDU型反应堆的投标报价为260亿加元（以2009年汇率，折合204亿美元），超过政府在该计划中预计的3倍。

相反，安大略省政府已经批准对旧的重水堆进行翻新。工作包括从反应堆堆芯中去除和更换数百个高放射性的压力管、更换其他到期部件（如蒸汽发生器）以及更新核电站系统以满足现代监管要求。Darlington核电站的四台反应堆机组和 Bruce 核电站的 3—8 号机组都将进行翻新。

在 2016 年 10 月，安大略发电公司（以下简称 OPG）将第一台 Darlington 核电机组断网并为其翻新工作做准备。目前估计 Darlington 核电站的翻新成本为 128 亿加元（100 亿美元），进度要求所有四台机组在 2026 年之前完成翻新工作。目前预计的成本大大超过了在 2013 年项目获得环境许可时预计的 60 亿—100 亿加元（56 亿—93 亿美元）。

在墨西哥，通用电气公司（以下简称 GE）的两座反应堆在维拉克鲁斯州上卢塞罗市的 Laguna Verde 发电厂上运行。第一台核电机组于 1989 年并网，第二台于 1994 年并网。2016 年的核电产量为 10.3TWh，占全国发电量的 6.2%。一次升级项目将两台机组的铭牌发电能力提高了 20%，达到每台 765MW。该电厂由联邦电力委员会（Comisión Federal de Electricidad）拥有并经营。

2015 年 9 月，能源部电力副部长（塞萨尔·埃尔南德斯）Cesar Hernandez 在接受路透社的采访中表示，他的部门正在评估在 Laguna Verde 核电站“增建两座反应堆的可能性”。“这是一个正在考虑的决定。我们的计划表明，这对国家来说是有效的。”然而，他并没有对该决定的时间安排、技术或成本进行任何说明，天然气和可再生能源部署的低廉价格进一步降低了核电发展的可能性。尽管如此，预计到 2017 年年底，美国和墨西哥将正式签署核电合作协议（“123 协议”），这对美国的任何核材料或设备出口都是必要的。

能源部部长佩德罗焦奎（PedroJoaquín Coldwell）在 2014 年 5 月证实，该国的目标是到 2018 年将可再生能源的发电份额翻一番，从 17%提高到 33%。预计太阳能光伏发电将蓬勃发展，到 2019 年年底，其装机容量将达到 5.4GW，是当前装机容量的 20 倍。2017 年 3 月，意大利国家电力公司 ENEL 通过其当地子公司 ENEL Green Power Mexico 启动了美洲最大的太阳能光伏项目（装机容量为 754MW）。这笔投资 6.5 亿美元的项目将在 2018 年下半年投入运行，每年将产生超过 1.7TWh 的电量。

亚洲和中东

中国继续作为世界反应堆的主要建设者。截至 2017 年 7 月 1 日，中国共有 37 座在运反应堆，总装机容量约达 32GW，另有 20 座在建反应堆总装机容量超过 20GW，中国的核电总装机容量约占全球总量的 40%。2016 年，中国核能发电 197.8TWh，占全部电力的 3.6%，高于 2015 年的 3%。自 2010 年以来，核能发电逐年增加。2016 年，风能发电达 241TWh，同比增长 30.1%，太阳能发电量为 66.2 亿 kWh，同比增长 72%。平均 7 年，中国的反应堆是迄今为止世界上主要核电站中最年轻（见图 48）。

中国在建的反应堆中，有一些出现了延误，最严重的是在海阳和三门建造的进口 AP1000 反应堆、在台山建造的进口 EPR 反应堆。对比《2016 世界核能产业发展》的数据，目前预计台山 1 号反应堆的商业运营时间为 2017 年底，第二个反应堆预计在 2018 年上半年，每个反应堆至少延误 6 个月。 2011 年 10 月，当反应堆的圆顶安全壳安装在第一个机组上时，两个机组的预计运行时间分别为 2013 年和 2014 年，同一核电站的另外两个 EPR 机组“预计将从 2015 年开始”。

三门和海阳地区的 AP1000 反应堆是世界上首个采用该设计的反应堆。在三门项目开工时，投资伙伴之一 Shaw 集团自豪地宣称：“随着今年春季初期

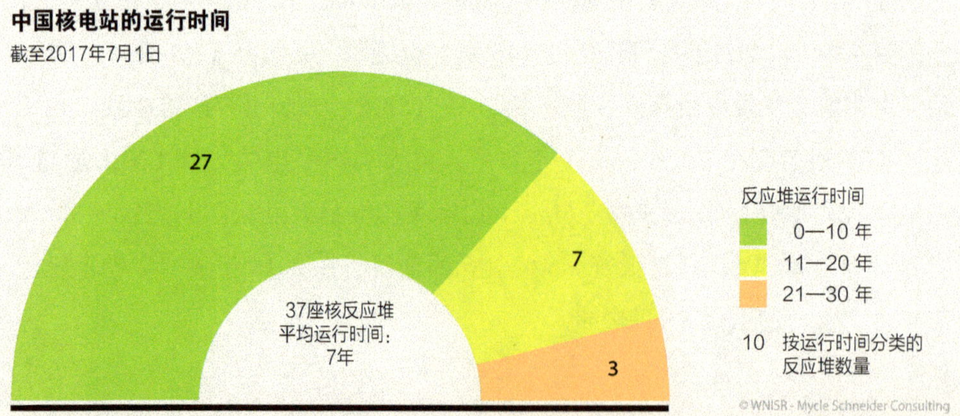

图 48 中国核电站时间分布 资料来源：WNISR，IAEA-PRIS，2017

第一批反应堆地基混凝土成功、及时和按计划浇筑，我们再次证明，下一代核电站可以并且正在高效及时地建造”，并期待“按计划将此核电站在 2013 年并网”，事实却不是这样。

根据西屋公司 2017 年 5 月的公告，三门第一批机组将于 2018 年第一季度完工，这已经晚于中国国家能源局（以下简称 NEA）在“2017 指导意见”中宣布的完工期限了。在该文件中，国家能源局预计将完成“三门 1 号和海阳 1 号 AP1000 机组，台山 1 号 EPR 机组，福清 4 号和阳江 4 号 CPR–1000 机组”。到目前为止，阳江 4 号已并网，到 2017 年 7 月福清 4 号达到了首次临界。目前尚不确定除三门 1 号以外的其他进口反应堆是否会在今年以后推迟。

拖延的根本原因之一是，三门和海阳核电厂在设计工程完成之前就开始施工。之后新问题不断涌现。在三门 1 号第一台 AP1000 机组进行的测试中观察到一个这样的问题，这个问题涉及中子屏蔽块，他们应该阻止堆芯的中子逃逸到反应堆的其余部分。根据西屋公司于 2017 年 2 月向美国核监管局提交的该问题的严格修订报告，在这些测试中，屏蔽块中的材料已经“体积膨胀并从屏蔽块溢出到喷嘴库”中，并且存在“内部加压的屏蔽块”。

这些延误造成的反应堆成本估计自然会增加。据报道，三门核电站和海阳核电站的每个 AP1000 项目都比预算多出“超过 100 亿元人民币（15 亿美元）”。对于台山的 EPR 反应堆，中广核（以下简称 CGN）于 2016 年 11 月宣布，向其持股 51% 的台山核电合资公司注资 29.4 亿元人民币（4.96 亿美元），使其总注册资本将从 244 亿元人民币（US $ 3.6 亿元）增加到 286 亿元人民币（42 亿美元），相当于该项目资本成本增加 17%。来自香港投资银行大和资本市场的一位官员预计，“该工厂的投资成本将上升至 22—23 元 / 瓦（3.3—3.4 美元 / 瓦）”，即每千瓦的发电成本约 3300 美元，而该公司原来预算为每瓦 14 元（约合 2.1 美元 / W）。

发电成本上涨使中国核电企业难以承受，其正面临着中国政府将改革电力市场，采取市场定价的压力。核情报周刊（以下简称 NIW）报道：

即使没有改革，因为煤电价格持续下滑，几个地方政府已经推动核电运营商降低批发价格。例如，广西政府今年（2016）发布了新的决议，要求中广核将防城港 1 号和 2 号机组的电价降至 0.41 元 / 千瓦时（美元 / 千瓦时）。随着竞争的加剧，核电开发商将面临越来越大的压力，只有降低成本和利润，企业才能生存下去。

4 月份，另一家大型核电企业中国核工业集团公司（以下简称 CNNC）警告说，核电竞争力较其竞争对手煤电正在下降，认为“降低成本，提高竞争力”的唯一途径就是利用预期规模经济优势和批准国内自行设计第三代“华龙一号”反应堆的大规模建设。如此大规模建设似乎并不能实现，越来越明显的是，到 2020 年中国将无法完成 58GW 装机容量的目标。2017 年 3 月，中国核工业集团公司前董事长孙钦警告说，如果要达到这个目标，国家需要“加快建设已在计划中的核反应堆，且在未来几年内加快批准新项目的建设”。

一些财务状况前景不佳的中国核电公司，其中部分自从在上海或香港的证券交易所或债务市场上开始交易，近年来财务状况有所转变。今年早些时候，核情报周刊检查了中国核能电力股份有限公司（以下简称 CNNPC，中国核工业集团持股 97% 的子公司），中国核工业建设集团公司（以下简称 CNEC），中国领先的核建设公司——中国广核集团有限公司（以下简称 CGN），国家电力投资公司（由中国电力投资公司和国家核电技术公司合并而成）的 2016 财政年报告。该检查显示，这些公司的毛利率（定义为总销售收入减去销售成本除以总销售收入）均下降，尤其是 CNEC 公司，其毛利率从 2015 年的 25.4% 下降到 2016 年的 14.7%。CNEC 公司总结，其之所以下降是由于“中国核电工业进入下降周期”，因为“国务院过去几年批准的核电新建项目很少”。

中国核电站面临的第二个问题是电力市场产能过剩而电力需求增长下降。因此，众多发电厂低容量运行。核情报周刊引用“中国核工业协会最新季度报告”，强调“2017 年第一季度中国核反应堆平均载荷系数下降至历史最低点 75.2%”。即使这样的负荷因素也是因为像 CGN 公司这样的核电企业以大幅折扣提供电力，比政府正常核电关税低了 35%。随着可再生能源的快速增长，产能过剩的问题只会变得更糟。

中国核反应堆出口计划进展缓慢。近年来，中国非常重视朝着成为潜在的反应堆供应商的方向发展，中国反应堆供应商几乎在所有大洲争取订单。在2017 年 5 月‘一带一路’北京国际合作高峰论坛上，CNNC 公司大胆预测，“从现在到 2030 年，‘一带一路’沿线国家和地区将建造 100 座反应堆，中国将建造其中的 20%—30%”。鉴于世界各地的核电竞争力迅速下降，对这种不切实际的预测，唯一合理解释是，中国核电企业期望这样的说法可以提高决策者对本国核电发展前景的兴趣，以缓解电力市场面临的严峻挑战。

同月，2017 年 5 月，中国与阿根廷签署另外一个协议——出口两个反应堆，分别是 700MW 的加压重水堆（以下简称 PHWR）和 1000MW 的华龙 1 号反应堆（CNNC 公司建造版）。这一协议的意义尚不清楚，两国早已签署合同。2014 年 9 月，阿根廷核工程公司和中核集团公司签署了“在 Atucha 核电站建造第三座反应堆的商业框架合同”。再早些时候，阿根廷在 2011 年与俄罗斯签署了一项协议，并将“俄罗斯国家原子能公司作为预先准许投标人签订合同，以建造阿根廷计划的 Atucha 核电站 3 号反应堆”。

中国一直在瞄准的另一个目标市场是英国。CGN 公司和 CNNC 公司持有 Hinkley Point C 核电站 EPR 项目 33.5%的股份。如本报告英国部分所述，该项目建设成本继续上升，目前预计至少为 196 亿英镑（约合 257 亿美元），不包括融资成本；中国的投资总额可能在 100 亿美元左右，包括融资成本。CGN 公司还希望在 Bradwell 建立华龙反应堆，2017 年 1 月，英国核能监管机构开始了对中国设计的通用设计评估流程，该流程根据 CGN 公司和法国电力公司通过其合资公司提交的申请开始，设计参考核电站是 CGN 公司在中国建造的防城港 -3 反应堆。

印度有 20 座在运核电反应堆，总发电量为 5.9GW。虽然 Rajasthan-1 号反应堆仍然被国际原子能机构列为在运反应堆，并被印度核机构列入其反应堆清单，但自 2004 年以来，它没有生产任何电力，根据 WNISR 标准在 2014 年被移至 LTO（长期停运反应堆）目录，与此同时，Kakrapar 核电站 2 号反应堆也被列入 LTO，该反应堆于 2015 年 7 月关闭。根据原子能部于 2017 年 7 月发布的新闻稿，Kakrapar 核电站 1 号和 2 号反应堆均因“Enmasse 冷却液通道更换和 Enmasse 进料器更换”长期关闭。2016 年印度核能发电量为 35 TWh，略高于 2015 年的 34.6TWh，但在总发电量中的比例降至 3.4%。

印度电力规划机构中央电力局（以下简称 CEA）引用的数字略有不同，因为它以财政年（4 月至次年 3 月）报告总体数字和年度业绩。2016 年 4 月至 2017 年 3 月，CEA 报告说，核电产量为 37.9 TWh，而上一财年为 37.4 TWh。CEA 报告说，除大水电外，可再生能源在 2016—2017 年度共产生了 81.9 TWh 的电量，2015—2016 年为 65.8 TWh。2016—2017 年，风能发电量为 46 TWh，太阳能发电 13.5 TWh，甘蔗渣（甘蔗）发电 9.9 TWh，小水电 7.9 TWh，生物质发电 4.2 TWh，废弃物发电 0.3 TWh。

在 2016 年，Kudankulam 第二个机组的一座反应堆并网发电。该反应堆在 2016 年 7 月 10 日达到临界值，比施工开始时制订的计划晚了 8 年。并网后反应堆由于运行不规律被多次关闭。其性能评估指出，“在商业运行的 47 天内，反应堆全功率运行 1 天，低功率运行 23 天，共运行 24 天”。

印度有 5 座反应堆正在建设中，总装机容量为 3GW。其中包括 2004 年 10 月开始建设的原型快中子增殖反应堆（以下简称 PFBR），以及 2010 年和 2011 年开工建设的 4 座加压重水反应堆（以下简称 PHWR）Kakrapar（KAPP 3 & 4）和 Rajasthan（RAPP 7 & 8），这些都出现了延误。

这些拖延中最令人惊讶的是自 2004 年以来一直在建设的原型快中子增殖反应堆（以下简称 PFBR），该反应堆本应在 2010 年达到临界。就在反应堆建设即将开始之前，英迪拉甘地原子研究中心的负责人肯定地说：“我们正在尝试是否能在不到七年的时间内达到临界”。已过两倍的“七年规定时间”，目前预计达到临界的官方目标是 2017 年 10 月。但是，“原子能部的消息来源”于 2017 年 4 月告诉《Deccan 先驱报》，正在考虑一个更切合实际的目标，即 2018 年中期新反应堆投入运行。

四台加压重水反应堆（以下简称 PHWRs）是印度核机构从加拿大进口原

始220MW设计开始，在数十年来发展的700MW设计中的第一次实践。所有这些加压重水反应堆原预计2015—2016年年底投产。2016年12月印度核电公司的执行董事告诉媒体，Kakrapar核电站3号反应堆将在2017年11月之前达到临界，并于2018年年初开始商业运行；4号机组将在其后6个月至7个月开始运行。拉贾斯坦邦（Rajasthan，印度邦名）的"7号机组计划在2018年年底完成"。根据2016年7月的议会声明，"KAPP 3 & 4和RAPP 7 & 8已经分别实现了整体进度的75.5%和61.5%"（截至2016年6月），据说这些反应堆的调试延迟，主要是因为蒸汽发生器，挡风玻璃等关键设备的交货延误。此外，2016年11月议会表示，预计四台加压重水反应堆"陆续在2019年前完成"。

尽管第一台700MW机组出现了延误和一些问题，但在2017年5月，印度政府内阁也批准再建造10座700MW的加压重水反应堆。所有这些反应堆的选址早已确定，2012年政府在议会宣布，将在2017年前开工建设8座700MW加压重水反应堆，而迄今为止已宣布反应堆的建设尚未启动。

政府介绍，建立10座加压重水反应堆将"成为加强印度作为主要核制造强国的重要一步"。印度核机构似乎试图将自己定位为反应堆出口国，作为加入核供应国集团努力的一部分。印度原子能机构过去尝试大量建造加压重水反应堆屡屡失败。

做出这一决定时，最高电力规划机构已经注意到该国电力产量已过剩，印度的电力需求增长率一直在下降。印度国家能源署提出的国家电力规划最新草案中，2021—2022年度能源需求估算和峰值电力需求预测分别比五年前的估计下降了15.4%和17%。同样，2026—2027年度能源需求和峰值电力需求的估计值比两年前的估计下降了21.3%和20.7%。根据国家能源署的统计，可再生能源预计将分别贡献2021—2022年间和2026—2027年间能源需求总量的20%和24%，而到2027年，核电装机容量仅为14.8GW，其中包括当前正在建设计划在2022年运行的反应堆，以及俄罗斯建造的Koodankulam核电站两座新的1000MW轻水反应堆（以下简称LWR）和将在2022—2027年并网发电的4座700MW重水堆。换句话说，即使根据官方规划机构，核电仍将只占印度电力组成的一小部分。

伊朗在布什尔（Bushehr）拥有一座从俄罗斯进口的在运核电站，这是一个压水堆。Bushehr核电站1号反应堆的净装机容量为915MW，从建设开始到并网发电用了36年。2016年，Bushehr核电站1号机组向电网提供5.92 TWh的电量，高于2015年的3.2 TWh。核能在2016年为伊朗提供了2.1%电力，高于2015年的1.3%。

第二个机组的建设于1976年在同一地点开始，但在1978年中断，最终被放弃。2016年9月，第二次尝试在布什尔工厂建造更多的核电站，这次是两座俄罗斯VVER-1000型反应堆。建造和安装工作于2017年3月正式启动，但到2017年7月混凝土浇筑尚未开始，该项目已被推迟。在2014年的年度报告中，俄罗斯国家原子能公司宣布计划在2015年第三至第四季度“直接开始工作”。

伊朗目前限制了可再生能源的装机容量和生产，但扩大风能和太阳能的计划正在迅速发展。2016年9月，政府宣布将为大型风电项目引入竞争性招标，以降低成本。在2016年7月，政府还宣布计划拍卖1GW的风电项目和高达3GW的太阳能项目。

巴基斯坦有5座在运反应堆，包括4座中国压水反应堆和1座加拿大加压重水反应堆（加拿大氘铀反应堆），总装机容量达到1320MW。核电站在2016年提供了5.4 TWh的电能，高于2015年的4.3 TWh，占2016年国家总发电量的4.4%，与2015年相同。从中国进口的两座华龙2号反应堆的建设始于2016年，位于卡拉奇核电站。两台中国建成的315MW机组在Chashma核电站已经启动运行，Chasnupp核电站3号机组和4号机组分别于2016年10月和2017年6月并网发电。

2017年3月，国际原子能机构批准了在Kanupp核电站建造的两台机组的保障申请。卡拉奇拥有2000多万人口，独立分析师仍然强调在卡拉奇附近建造这两台机组的危险，包括“初步安全分析报告”未考虑乏燃料火灾的风险和后果。

巴基斯坦继续争取核供应国集团（以下简称 NSG）的成员资格，一直在游说其他国家来支持这一努力，然而迄今为止，这些努力还没有成功。巴基斯坦仍在继续生产高浓缩铀和钚用于核武器，《简氏防务周刊》于 2016 年 9 月透露，根据卫星图像，巴基斯坦可能正在建设新的铀浓缩设施。

虽然巴基斯坦以可再生能源特别是太阳能的巨大发展潜力著称，但可再生能源的增长受限。不过随着世界银行同巴基斯坦政府的可替代能源发展委员会制定了高质量的资源地图，几代项目也正在建设之中，这种状况可能很快会有所改变。另一个重要的发展是国家电力监管局已颁布命令，要求对太阳能光伏发电项目采取透明、竞争性的投标过程。然而，太阳能发电厂上网电价的削减可能会使投资放缓，至少暂时放缓。

台湾地区的垄断性国营公用事业公司台电（台湾电力公司）拥有三台相同的核电机组，分别位于金山核电站、国圣核电站和马鞍山核电站。到 2016 年，台湾只有 3 座反应堆并网发电，发电量 30.5 TWh，占台湾地区总发电量的 13.7%（1988 年的最大占比为 41%），相比 2015 年的 35.1 TWh 有所下降。过去一年，台湾地区有更多的核反应堆被关闭，4 座反应堆在 2017 年 6 月的第一周没有运行。2016 年 5 月当选的新一届领导政府，承诺在 2025 年之前将逐步淘汰核电。

与 2015 年一样，金山 1 号反应堆无法在 2016 年运行，因此仍然属于 WNISR 的 LTO 类别。该反应堆最初为投放燃料于 2014 年 12 月 10 日停止，对金山 1 号的检查显示阿海珐公司制造的燃料组件中的连接螺栓断裂。原子能委员会（以下简称 AEC）后来批准反应堆重新启动，但立法者要求台湾议会在重新启动之前解决连接螺栓断裂的问题。截至 2017 年 7 月 1 日，该机组仍未并网发电。虽然 AEC 需要在金山 1 号重新启动之前就立法议会做出安全评估，但由于该反应堆将在 2018 年 12 月永久关闭，重启的可能性不大。

2007 年 3 月，经济事务部部长李世光表示不会重新启动由于技术问题而关闭数月的金山 1 号或国圣 2 号反应堆，“除非已别无选择”。在重新启动其中任一座反应堆之前，政府将首先争取公众的支持，并获得立法机关的批准。截至 2017 年 6 月 3 日，核电只占台湾地区电力的 3%，尽管夏季电力需求旺盛，台湾地区六大核电站也只有两座反应堆在运。

2017 年 6 月 2 日，暴雨导致核电站一条主要输电线路塔架倒塌，金山 2 号反应堆自动关闭。台电表示，反应堆将无限期保持离线，直到调查出有关倒塌原因的更多细节。由于缺乏乏燃料的储存能力，金山和国圣核电站的持续运营受到威胁。2017 年 4 月，原子能委员会批准了将新燃料装载池转换为国圣 1 号反应堆乏燃料储存池的计划，该工程于 5 月完成。这项工作涉及通过安装新的货架和冷却系统来转换新燃料装载池。原子能委员会评估了国圣 1 号的存储容量，并于 2017 年 6 月 9 日批准重新启动。新增容量将可以储存来自国圣 1 号的 440 个燃料组件，足够用于两个燃料循环或整整三年的运行。这不足以使反应堆运行至 2021 年 12 月营业执照结束时。经原子能委员会和环保总局批准，干桶储存已在金山 1 号核电站安装。不过，新北市政府至今仍拒绝其重启运行。

缺乏乏燃料储存池可追溯到台湾地区不愿意安装临时干桶储存。新北市政府反对国民党，拒绝让干桶储存出现在城市范围内，然而并没有明确的途径处理乏燃料，目前台湾地区尚未有任何处理计划。由于环境组织反对延长核反应堆寿命，因此在 2015 年年初提交的一个将“向法国的 AREVA La Hague 再处理厂运送 1200 个乏燃料棒束”的项目被终止，其估计费用达 3.564 亿美元。

位于台北附近龙门市的两座通用电气公司 1300MW 先进沸水堆（以下简称 ABWR）分别在 1998 年和 1999 年被列为“在建”反应堆。据原子能委员会报道，截至 2014 年 3 月底，龙门核电站的 1 号机组建设完成 97.7%，2 号机组完成 91%。估计到目前为止，该核电站的成本已经达 90 亿—99 亿美元。2014 年 4 月 28 日，经过多次拖延、成本上涨和大规模的公众和政客反对，随后行政院长江宜桦宣布龙门 1 号机组将在完成安全检查后封存，2 号机组停工。随着官方中止施工，2017 年 7 月 1 日 WNISR 将这两个机组从 2014 年的在建名单中除名。

蔡英文在 2016 年 3 月 12 日的选举中获胜，显示了台湾地区将逐步淘汰核电的决心。民进党在与国民党角逐中胜出，与民进党的环境政治议程有一定联系，其中包括终止核电的承诺。福岛核事故以来，核电一直在台湾地区引起争议，导致大批民众的抗议活动。民进党决心在 2025 年之前通过以下四个政策逐步淘汰核电：

→停止龙门两座反应堆的建设；

→终止金山，国圣以及马鞍山反应堆的寿命延长——台湾地区现有座核反应堆的经营许可将在 2018 年至 2025 年到期，其寿命达到四十岁；

→加强对核安全的关注，并要求台湾电力公司准备退役计划；

→确定核废料政策，特别是核废料管理。

在 2016 年 5 月选举前的两年中，民进党致力于打破台电的垄断地位，把可再生能源放在能源发展的首位，建立区域电网公司，培育社区电力公司，允许能源供应商直接向个体消费者销售电力而不再仅仅向大型工业或商业用户销售电力。

在 2017 年 3 月 11 日，福岛核事故六周年之际，台湾当局重申逐步淘汰核电的承诺，并表示正在努力发展无核可持续能源，降低二氧化碳排放量，宣布推动光伏发电的两年计划和增加风能发电的四年计划。蔡英文领导的民进党再次承诺到 2025 年将可再生能源发电量在总发电量中的占比提高到 20%，目标是实现太阳能装机容量达到 20GW，海上风电的装机容量达到 3GW。

新政府在 2016 年 5 月 20 日任命新的最高领导人后，于 2016 年夏天明确了核政策。新任经济部长李世光的初步声明非常清楚：“毋庸置疑，台湾将在 2025 年前放弃核电。”一天后，据报道，台电考虑重新启动金山 1 号并只在 2016 年夏季的四个月运行金山反应堆，延长其使用寿命，该反应堆受到乏燃料储存能力严重短缺的威胁。2016 年 6 月 5 日，行政院长林泉表示，反应堆停机时间不会延长到 2018 年 12 月以后，第二天，经济部长李世光说，重启台湾第一座核电站的第一座反应堆只能是处理潜在电力短缺的最后手段。环保组织已提起反对“金山 1 号”的诉讼，称为“世界上最危险的反应堆”。

蔡英文在 2016 年夏天宣布的新能源政策愿景旨在通过能源转型和能源行业改革，建立“低碳，可持续，稳定，高质量，经济高效的能源体系”。经济部（以下简称 MOEA）详细介绍了如下策略：

→到 2025 年实现台湾无核化的目标。

→积极发展绿色能源，2025 年达到可再生能源在总用电量中占比 20% 的目标。

→加快台湾第三个 LNG（液化天然气）接收终端的建设，扩大天然气的使用规模。

→完成“电力法”修订，促进能源转型。

2017 年 1 月 12 日，“电力法”修正案在立法机关完成并通过三读，确定了台湾能源转型机制，包括核能逐步淘汰机制。法律还优先重视可再生能源的分配，可再生能源发电企业将获得优惠利率，小型绿色能源发电企业将免于必须准备运行储备金的限制。国营台电的垄断也将被终止。

根据原子能委员会的说法，金山 1 号计划于 2018 年 12 月退役，2019 年 7 月金山 2 号退役。Kuosheng1 号和 2 号机组将分别于 2021 年 12 月和 2023 年 3 月退役。位于屏东县马鞍山的两座 NPP 反应堆计划分别于 2024 年 7 月和 2025 年 5 月退役。继民进党主席林义雄的反核抗议和绝食后，台湾第四座龙门核电站自 2014 年以来一直处于封存状态。目前政府没有任何运行计划。

欧盟（EU28）和瑞士

如图 49 所示，欧盟 28 个成员国（EU28）经历了三次核电建设浪潮。其中，较小的两次发生在 20 世纪 60 年代和 70 年代，较大的一次发生在 20 世纪 80 年代（主要在法国）。

自 20 世纪 90 年代以来，该地区没有任何重大的核电建筑活动。1991 年以来，在 Olkiluoto-3 反应堆（2005 年）和 Flamanville 核电站 3 号反应堆（2007 年）开工建设之前，西欧没有任何核电建设项目启动。在这两座核电站开工建设之后，西欧再也没有一座核电站开工建设。

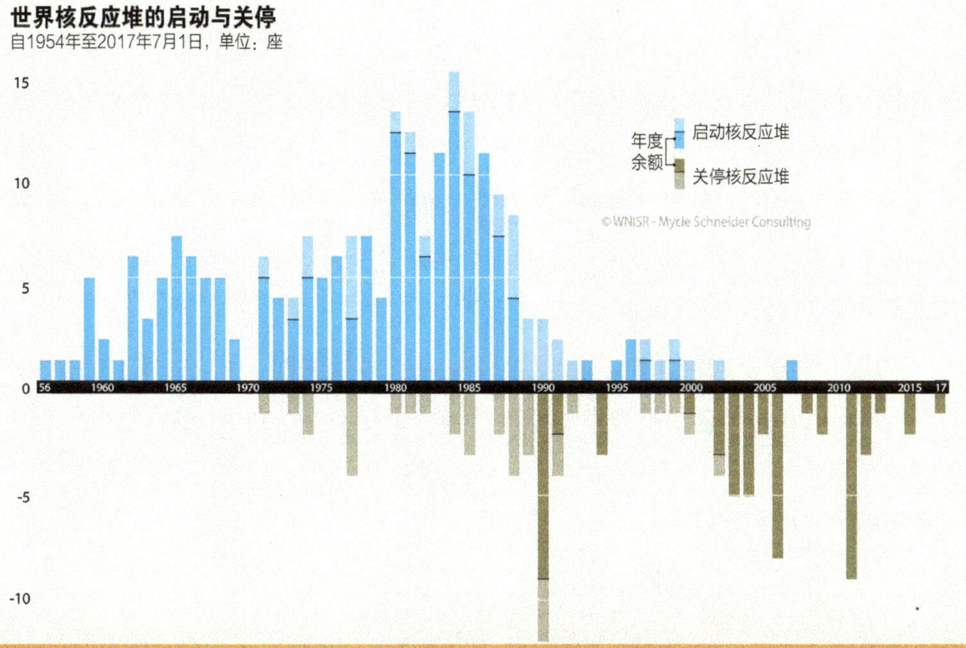

图 49 1956—2017 年欧盟 28 国核反应堆的启动和关停情况 资料来源：WNISR，with IAEA-PRIS，2017

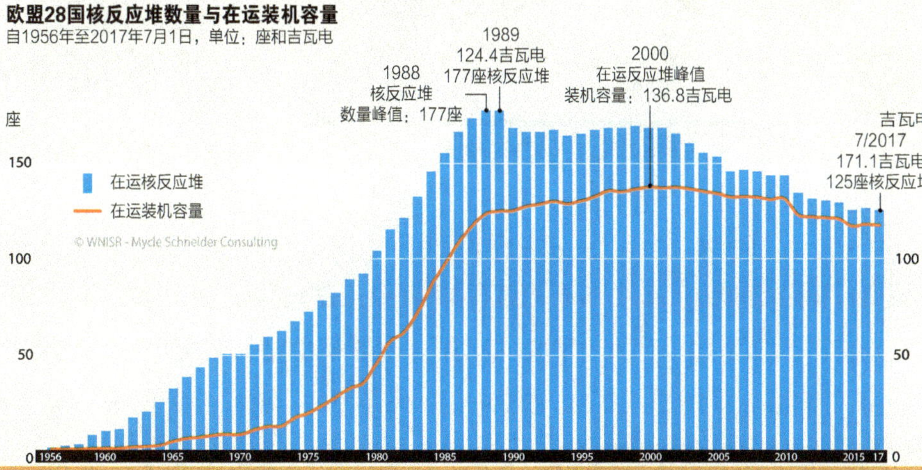

图 50 欧盟 28 国核反应堆数量与在运装机容量 资料来源：WNISR，with IAEA-PRIS，2017

在过去的20年里，仅有4座反应堆并入欧盟电网，他们全部位于东欧（斯洛伐克 2 座，罗马尼亚和捷克各 1 座），自 2007 年 Cernavoda 核电站 2 号反应堆发电并网以来，迄今还没有 1 座反应堆并网发电。

自从 WNISR2016 以来，有一座反应堆（Oskarshamn 核电站 1 号反应堆）被关闭，该反应堆作为瑞典最老旧的反应堆于 2017 年 6 月 17 日之后不再发电。

截至 2017 年 7 月 1 日，欧盟扩大后的 28 个成员国运营了 125 座反应堆，约占世界总量的 1/3，比 1989 年历史最高的 177 座少了 52 座（见图 50）。瑞典的 Ringhals-2 号反应堆在两年多的维修中断之后，于 2016 年 11 月重新启动，因此该反应堆已从 LTO 清单中移除。

法国有两座反应堆（Bugey-5 号和 Paluel-2 号反应堆）被划入了 LTO 类别，因为他们在 2016 年全年没有发出任何电量，也没有在 2017 年年中之前重新并

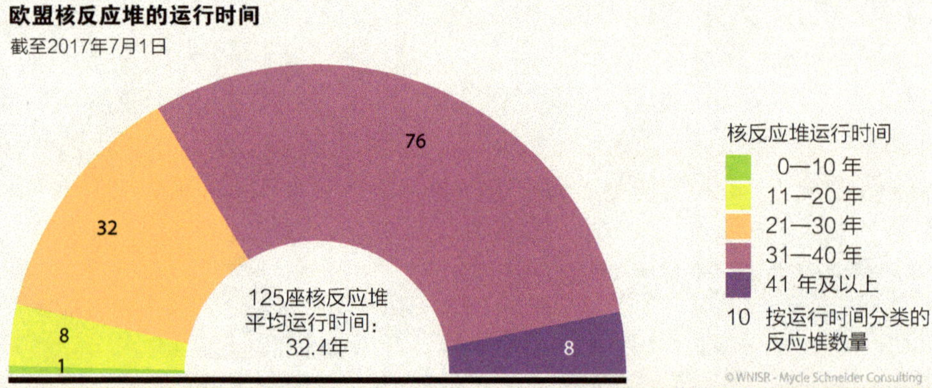

图 51 欧盟 28 国核反应堆的运行时间分布 资料来源：WNISR，with IAEA-PRIS，2017

入电网（详见“聚焦法国”章节）。绝大多数（106 台机组或 80% 以上）的在运核电机组位于西方的 8 个国家，只有 19 台分布在 6 个拥有核电的新成员国。

在没有任何新建反应堆计划的情况下，欧盟核电站的平均年龄不断增加，2017 年年中反应堆的平均年龄为 32.4 年（见图 51）。年龄分布表明，欧盟有 59%（125 座中的 84 座）的在运反应堆已经运行了 31 年甚至更久。

西欧

截至 2017 年 7 月，在欧盟 15 国（EU15）中运行的核反应堆有 106 座，

比 1988 / 89 年的高峰时期减少了 51 座。如上所述，瑞典的 Ringhals-2 号反应堆重启发电，因此该反应堆从“长期停运状态”类别转到了“在运”反应堆类别。与此同时，法国的两座反应堆（Bugey-5 号和 Paluel-2 号反应堆）被划入到了 LTO 类别。

老欧盟成员国中有两座反应堆目前正在建设，其中一座在芬兰（Olkiluoto-3 号反应堆），另一座在法国（Flamanville-3 号反应堆）。这两个项目都比计划落后了许多年，而且费用超出预算数十亿美元（详细内容在报告的其他章节中也有讨论）。尽管英国能源公司（简称 EDF Energy）终于在 2016 年秋做出了其在英国 Hinkley PointC 项目（Hinkley Point C project）的“最终投资决定”，但该项目不会在 2019 年之前开工。

以下部分是分国家（按字母顺序）简要概述。

比利时在运的 7 座压水反应堆 2016 年的发电量为 41.43 TWh（1999 年达到最大发电量为 46.7 TWh），相当于全国总发电量的 51.7%（1986 年的比重最大为 67.2%）。2015 年，随着一系列技术性问题的出现，核电在电力结构中的份额下降到 37.5%。比利时核电站的平均运行年龄为 37.3 年。

从法律上讲，比利时一定要实现 2025 年逐步关闭核电站的目标：2003 年 1 月，比利时通过法案要求核电站在运行 40 年后必须关闭的，因此基于这些核电站的启动日期，他们将会在 2015—2025 年逐步关闭（见表 12）。然而，实际上在 3 座反应堆获批寿命延长至 50 年后，这 7 座反应堆中的 5 座将在 2025 同一年内关闭。这是一项具有挑战性的政策目标。

在福岛核事故发生后，逐步关闭核电站的法案停在原地，即使是通过其子公司运营比利时全部 7 座压水反应堆的 GDF-Suez 公司（现在是 Engie 公司）也正试图通过延长“至少 10 年”来推迟它。2013 年 12 月，第一次对逐步关停法案进行了修订，批准 Tihange 核电站 1 号反应堆延期 10 年，同时额外加征营业税，这将减少其利润 70%，超过了 9.3% 的延期投资回报率。其他反应堆的关闭日期得到确认（见表 12），法律的第 9 条“能够在供货担保的情况下继续经营”被删除。

2012 年夏季，运营商在 Doel-3 号和 Tihange-2 号反应堆的压力容器中发现了前所未有的氢诱发裂纹迹象，分别有超过 8000 个和 2000 个以前未被发现的缺陷。比利时安全机构与联邦核管理局（以下简称 FANC）经过几个月的分析后，尽管有一些科学家对此非常担忧（见之前的 WNISR），但 FANC 还是在 2013 年 5 月批准重新启动这两台机组。随后，在 2014 年 3 月 25 日，Electrabel 公司宣布立即关闭 Doel-3 和 Tihange-2 号反应堆，宣布为“预期计划内停机”。接下来的检查发现 Doel-3 号反应堆压力容器的缺陷数超过了 13000 个（每 dm3 容器壁的缺陷数高达 40 个，长至 18cm，深至 12cm），Tihange-2 号反应堆的压力容器的缺陷数超过了 3000 个。

表 12 2022-2025 年比利时核反应堆的关闭日期

反应堆（净装机容量）	首次并网日期	许可结束日期（最后关闭日期）
Doel-3（1006 MW）	1982	2022 年 10 月 1 日
Tihange-2（1008 MW）	1982	2023 年 2 月 1 日
Doel-1（433 MW）	1974	10 年的延长期至 2025 年 2 月 15 日
Doel-4（1039 MW）	1985	2025 年 7 月 1 日
Tihange-3（1046 MW）	1985	2025 年 9 月 1 日
Tihange-1（962 MW）	1975	10 年的延长期至 2025 年 10 月 1 日
Doel-2（433 MW）	1975	10 年的延长期至 2025 年 12 月 1 日

资料来源：Belgian Law of 28 June 2015; Electrabel/GDF-Suez，2015883

尽管受到广泛担忧也不能对初始断裂韧性试验的负面结果做出权威解释，但在 2015 年 11 月 17 日，FANC 授权重新启动 Doel-3 号和 Tihange-2 号反应堆。

比利时政府没有等待 Doel-3 号和 Tihange-2 号反应堆问题的结果，于 2015 年 3 月决定起草法案，将 Doel-1 号和 Doel-2 号反应堆的运营寿命延长 10 年至 2025 年。该法律于 2015 年 6 月 28 日颁布，并于 2015 年 7 月 6 日生效。2015 年 11 月 30 日，比利时政府与 Electrabel 公司签署了一项协议，规定运营商将投资 7 亿欧元（7.41 亿美元）用于 2 台机组的升级，并每年向国家能源转型基金（依照 2015 年 6 月 28 日颁布的法律）支付 2000 万欧元（约合 2120 万美元）。2015 年 12 月 22 日，FANC 批准了 Doel-1 号和 Doel-2 号反应堆的寿命延长与重启。

2016 年 1 月 5 日，两家比利时非政府组织向比利时宪法法院提起诉讼，指控 2015 年 6 月 28 日的法律，特别指出其在没有进行具有法律约束力的公众调查的情况下延长了反应堆的运营期限。在 2017 年 6 月 22 日的预审判决中，比利时宪法法院将向欧洲法院提出一系列问题，特别是关于对埃斯波和奥尔胡斯公约以及欧洲立法的解释。案件正在审理中。

2017 年 5 月，比利时联邦核管理局（简称 FANC）宣布，在 Tihange- 2 号反应堆的压力容器上进行了一系列超声波检查，结果显示：氢诱发裂纹没有发生任何演变，也没有出现任何新的缺陷。在这些结果的基础上，FANC 授权重启了反应堆。FANC 后来承认：

在 2016 年和 2017 年的重新检查中，发现 Doel -3 号反应堆有 300 多处额外的缺陷迹象，Tihange-2 号反应堆有 70 多处缺陷迹象，首次超过了记录的阈值。

然而，FANC 认为结果是由于不断进步的复杂检查技术而不是容器壁物理变化，结论是：

由于我们已经能够找到所有这些最近报告的氢诱发裂纹的科学解释，或者他们已经通过以前检查记录的信号进行了解释，通过对这些结果的分析可以得出结论：没有新的氢诱发裂纹出现，也没有检测到氢诱发裂纹尺寸的变化。

令人惊讶的是，与此同时：

FANC 强调利用无损超声检测方法对氢诱发裂纹的特征描述是一种实验技术，其结果可能每次检测都不同。

目前还不清楚实验检查技术如何导致科学认证。Tihange-2 重启授权 4 个月之后，在一封于 2016 年 9 月泄露的写给 Electrabel 公司董事会主席兼 Engie 公司首席执行官 Isabelle Kocher 的 3 页信中，FANC 总干事 Jan Bens 写道："当提到 Electrabel 在比利时核电活动管理的时候，如果说它不是我们深深的忧虑，就是我们的担忧。”891 特别是，在 Tihange-2 号反应堆的安全文化和工作条件的恶化引发了异常警告。如信中所述，举例说明情况的严重性：几个月以来，核反应堆的人员不足，在组织中 3 名或者 4 名工程师要完成 5 名工作人员的工作。

与此同时，“Engie 公司想要退出核电”，是 BFMBusiness 在 2016 年 12 月谈到 Electrabel 持有者时使用的标题。比利时核电运营商已经出售了其在英国新建项目的股份，试图从土耳其新建的项目中撤出，并愿意出售 Electrabel 公司。但谁会购买平均年龄超过 37 年的过时的工业设施呢？

芬兰在运反应堆 4 座，2016 年发电量为 22.28 TWh，几乎与前一年的 22.3 TWh 相同，接近于 2013 年创下的 22.67 TWh 的发电量纪录。核电在发电量中的份额稳定在 33.7%（1986 年最高为 38.4%）。芬兰选用了不同的核电技术和供应商，因为它有两座在运反应堆是由俄罗斯承包商在 Loviisa 建造的压水堆，而另外两座是由 ABB 集团（全称 Asea Brown Boveri））在 Olkiluoto 建造的沸水堆。4 座在运反应堆的平均年龄为 38.3 年。2017 年 1 月，运营商 TVO 公司分别为 39 年和 37 年的 Olkiluoto- 1 号反应堆和 2 号反应堆提交了一份为期 20 年的延期许可申请。

2003 年 12 月，芬兰成为 15 年里西欧第一个新建核反应堆的国家。阿海珐核电公司，当时是阿海珐集团持股 66%、西门子公司持股 45% 的合资企业，正在 Olkiluoto 核电站建造一座装机容量为 1.6 GW 的欧洲压水堆。该项目是在与公用事业公司 TVO 签订固定价格的交钥匙合同的条件下进行的。在 2015 年阿海珐集团的技术性破产后，其大股东法国政府决定将反应堆建设部门整合为法国电力公司（简称 EDF）的子公司。然而，EDF 一再明确表示，它不会接管与阿海珐（简称 AREVA）在芬兰冒险有关的数十亿欧元高昂债务。因此，决定在阿海珐核电公司出售之后，OL3 项目的财务债务以及与其相关的风险留在阿海珐公司，并创建一个新的阿海珐控股公司，暂时名为“NewCo”，专注于核燃料和废弃物管理服务，非常类似于以前的法国核燃料总公司。

在一个特殊的安排下，OL3 项目的资金主要来源于芬兰的龙头企业和市政当局，这一安排（一个资本支出“必付合同”）使他们无限期地对电厂不确定的资本成本承担责任，无论他们是否获得电力。

项目建设于 2005 年 8 月在西海岸的 Olkiluoto 开始。该项目进度至少比预定时间晚了 9 年，至少超出预算 3 倍。TVO 公司在其 2015 年度报告中指出：“根据供应商更新的时间表，OL3 将于 2018 年年底发电。”这个计划时间表在 2017 年 7 月前一直有效。燃料装载将从 2018 年 4 月开始，这也标志着 TVO 开始作为该电厂的正式运营商。

截至 2016 年年底，TVO 公司索赔金额为 23 亿欧元（约合 24 亿美元），而阿海珐 – 西门子公司反过来索赔 35 亿欧元（合 37 亿美元）。

2014 年年初的官方成本估计是 85 亿欧元（2017 年合 100 亿美元），最初的“固定价格”估计大约 30 亿欧元（2017 年合 36 亿美元）。毫无疑问现在看来 2014 数字是低估了，但是自那之后官方一直没有提高。

谁将支付超出预算的费用还不清楚：供应商和 TVO 公司相互指责并在打官司。阿海珐集团在该项目中累计损失 55 亿欧元，2015 年又增加了 9.05 亿欧元（约合 9.88 亿美元）的准备金。2016 年 2 月，阿海珐集团将其对 TVO 公司的索赔更新为 34 亿欧元（约合 37 亿美元），而 TVO 公司则在 2015 年 8 月将其对阿海珐集团的索赔金额增加到 26 亿欧元（约合 28.5 亿美元）。

2015 年 5 月，“由于市场价格持续恶化，以及与 TVO 公司第三个核电站（Olkiluoto-3）相关的更高生产成本风险增加”，信用评级机构标准普尔公司将 TVO 公司的评级下调至 BBB，其前景为负面。2016 年 5 月，标普将该公司的评级下调至“垃圾”（投机等级为“BB +/ B”，前景稳定）。据说，这都是由于芬兰电力价格的下降，最糟糕的是：

目前市场预计未来的电力价格将低于 TVO 公司预计的生产成本，届时其第三座核电站 Olkiluoto 3（简称 OL3）将于 2018 年至 2019 年投产。

我们评估 TVO 公司的财务风险是基于其高负债杠杆，财务风险因 OL3 项目的成本超支而增加。

稳定的前景是基于这样的假设，即“在 OL3 项目完成后不会再有成本超支”。

从一开始，OL3 项目就被无数的管理和质量控制问题所困扰。不仅难以按照技术规范进行混凝土浇筑和焊接，使用分包商以及来自 55 个国家的工人使沟通和监督变得极其复杂（见之前的 WNISR 版本）。

OL3 项目所产生的问题并没有阻止 TVO 公司在 2008 年 4 月原则上申请发展“OL4 项目”，即在 2012 年开始建设一座 1.0–1.8 GW 的反应堆，并在 2010 年后期开始运行。然而，在 2015 年 5 月，TVO 公司宣布已决定不申请施工许可证。

与此同时，Fortum 公司也在计划一个类似的项目。2009 年 1 月，Fennovoima Oy 公司向劳动和经济部提交了一份关于新电厂的原则申请，该核电站要建在 Ruotsinpyhtää、Simo 和 Pyhäjoki 中的一个地方。后来确定用 Pyhäjok。该公司计划核电站于 2020 年启动。2014 年 3 月，Rosatom 公司通过一家子公司 ROAS Voima Oy 收购了 Fennovoima 公司 34% 的股权，该价格未被披露，然后在 2014 年 4 月宣布了一个建设 AES-2006 型反应堆的“有约束力的决定”。在 2014 年 12 月，芬兰议会投票赞成对包括 Rosatom 公司的反应堆设计在内的原则决定的补充。施工许可申请于 2015 年 6 月底提交。2015 年 9 月，芬兰安全机构 STUK 开始评估“Hanhikivi-1”项目，称该评估将持续到 2017 年年底。因此，STUK 在 2018 年之前不会颁发任何施工许可证。然而，据报道，现场准备工作和岩石爆破已经在 2016 年 1 月开始。实际建设预计将于 2018 年开始，预计完工时间为 2024 年。然而，日程安排似乎过于乐观——就像 Rosatom 公司的许多其他项目一样——因为施工许可申请的“第一批文件”仅在 2016 年 11 月 1 日被传送给芬兰安全部门。

芬兰电力零售商 Kesko Oyj 公司在 2014 年决定离开该项目，并处理了 2% 的股票。然而，在 2017 年 1 月芬兰仲裁法庭解决这个问题宣布支持 Kesko 公司之前，Kesko 公司花了近 3 年的时间与大股东打官司。在判决之前，Voimaosakeyhtio SF 公司（其中包括芬兰的公用事业和工业公司）持有 Hanhikivi-1 项目 66% 的股份，而 Rosatom 公司持有 34% 的股份。

荷兰运营着一座 44 年的 480MW 压水堆，在 2016 年提供了 3.75 TWh 或者说 3.4% 的国家电力，与 2015 年的水平差不多，但从 1986 年的最高 6.2% 下降到现在的水平。在 2006 年年底，运营商和政府达成了一项协议，允许反应堆运行到 2033 年。

2012 年 1 月，DELTA 公用事业公司宣布正在将核电站新建计划推迟“几年”，并且在 Borssele“暂时不建第二座核电站”的决定。没有任何公用事业公司对兴建核电站感兴趣。相反，核电公用事业公司正在艰难应对收入缩水和成本上升的问题。德国公用事业公司 RWE 持有 Borssele 运营商 EPZ 公司 30% 的股份，2016 年报告显示 EPZ 公司有 5800 万欧元（6200 万美元）的减值损失。914 荷兰公用事业公司 Delta 持有 EPZ 公司 70%的股份，正在亏损，已经到了担心破产的地步。Delta 公司已要求荷兰政府提供支持，但经济事务部长亨克·坎普（Henk Kamp）排除了将资金投入 Borssele 的可能性，而他准备为该公司的“健康的部分”（网络公司 Enduris 和水公司 Evides）提供财务担保，如果他们被放在一家新公司的话。金融管理咨询公司 Spring Associates 的一项评估显示，核电站盈利的前提是电价必须翻倍，但这不太可能。据分析人士认为，最经济的方案是立即关闭反应堆，并推迟退役。

2014 年 6 月，EPZ 公司开始在 Borssele 使用铀钚混合氧化物（简称 MOX）燃料。EPZ 公司目前是阿海珐集团的 La Hague 商业乏燃料再处理工厂唯一剩余的外国客户。如果反应堆在短期内关闭，那么把从堆芯浓度高达 40% 铀钚混合氧化物分离出的钚全部消耗掉的计划将会受到影响。

与其他国家一样，荷兰能源部门正在经历深刻的重组。2017 年年初，EPZ 公司的所有者 Delta 公司已经被重新更名为 PZEM（全称 Provinciale Zeeuwse Energie Maatschappij N.V.），作为生产和网络活动分拆的一部分，其部分业务（不是 Borssele）被出售给 Stedin Holding 公司。

事实上，2016 年 Borssele 已经成为欧洲一些最低海上风能成本的同义词，Borssele 3 号和 4 号项目（约 700MW）的发电成本约为 60 美元 / MWh。这一新水平不仅将海上风能发电成本降低了大约一半，而且根据 2017 年全球可再生能源发展报告，这项技术的发展在销售曲线上已经达到原来预计在2020—2021年前不可能的位置。

西班牙在运反应堆有7座。2016年这些核电站的发电量为561TWh，占当年全国电力的21.4%；2015年的发电量为54.8TWh，占当年电力结构的20.4%（1989年核电在全国电力结构中的比重最大为38.4%）。除了已经实施了几十年的实际禁令之外，总理何塞·路易斯·萨帕特罗（Jose Luis Zapatero）在2004年4月宣布，他的政府将"逐渐放弃"核电，同时增加可再生能源的资金。第一台机组（Jos é Cabrera）于2006年年底被关闭。萨帕特罗在2008年连任后确认了核逐步淘汰目标，随后工业部长米格尔·塞巴斯蒂安（Miguel Sebastian）表示："将不会有新的核电站"。2016年10月，经过十个月的非决定性选举之后，一个更有利于核电的保守政府成立了，尽管仍不确定这对老化反应堆的中期运行方面意味着什么。

西班牙核电运营商一直在为现有的设施实施升级和寿命延期，使其核电站的名义装机容量增加了10%左右。计划还会有进一步小规模的设备升级。核论坛组织（Foro Nuclear）表示，截至2016年3月，"后福岛国家行动计划"下的安全措施超过80%已经实施。

2011年2月，就在福岛灾难发生之前，西班牙议会修订了《可持续能源法》，从中删除了40年寿命限制的条文，核电的份额以及反应堆的寿命由政府决定。然而，2012年12月16日，Garoña核电站被关闭。

运营商Nuclenor公司（西班牙公共事业公司Iberdola和Endesa公司的合资企业）不顾当地民众的激烈反对，已经尝试重启该反应堆。2017年2月8日，核安全委员会（以下简称CSN）为Garoña核电站批准了一项新的20年延期许可，条件是它要进行一些升级改造，包括安装过滤的防泄漏系统、建造备用应急管理中心和安装一个被动型自动催化氢重组装置。

Garoña核电站已经运行46年了。与此同时，Iberdola的董事长伊格纳西奥·加兰（Ignacio Galan）表示，Garoña核电站在经济上不可行，投资让它重新并网运营被描述为对公共事业公司具有潜在的破坏性。Garoña核电站的联合所有者Endesa公司没有公开自己的立场，表示正在等待政府最终的决定，该决定预计在2017年8月做出。

这家公共事业公司目前正寻求西班牙政府增加对核能的税收支持，以应对2013年出台的税收和可再生能源立法，该法案被诟病是导致核电行业减少盈利的“罪魁祸首”。Nuclenor公司董事会在2017年4月未能就是否撤回其Garoña核电站的运营申请做出决定。母公司已经表示，如果该反应堆的所有者同意撤回重启该设施的请求，该反应堆可能会被拆除。Iberdrola公司有权利选择出售其反应堆股份，由于需要改造投资，它不太可能找到买家。

在邻国葡萄牙，反对派对Almaraz的两座分别已经运营了36年和33年的反应堆的继续运行表示反对。该反应堆位于从西班牙流入葡萄牙的塔古斯河，距葡萄牙边境100千米。2016年9月，葡萄牙政府呼吁与西班牙政府代表就延长在运反应堆运营许可的可能计划进行紧急会议，葡萄牙环境部长说，尽管“葡萄牙尊重西班牙对其能源政策的主权”，但它正寻求干预来“确保严格遵守安全规则。”2017年5月，葡萄牙议会一致通过了一项绿党动议，要求马德里政府永久关闭Almaraz反应堆。

2016年，瑞典核电站提供了60.65TWh电力，占全国发电量的40%，高于2015年的54.5 TWh或34.3%的发电量（1996年为核电最大占比52.4%）。在WNISR2016被划入LTO类别的Ringhals-2反应堆，经过两年多的停工维修已于2016年11月重新并网发电。在瑞典辐射安全局给予其剩余运营寿命期间“不受官方规定的限制”之后，反应堆被重启，尽管发现“反应堆安全壳衬垫腐蚀”。Ringhals-2号反应堆计划在2019年关闭，紧接着Ringhals-1号反应堆将在2020年关闭。

另外，瑞典最老的核反应堆Oskarshamn-1号反应堆在服役接近46年后，于2017年6月17日永久关闭。因此，到2017年年中，瑞典在运反应堆的总数为8座。

国家公共事业公司Vattenfall共拥有7座反应堆，OKG公司拥有第八座反应堆Oskarshamn-3。他们分别作为大股东运营着核电站。Vattenfall公司也持股参与了3座德国核电站，其中两座（Brunsbuttel和Krummel）在“3·11”福岛核事故发生后关闭，另一座（Brokdorf核反应堆）计划于2021年关闭。

瑞典是一个电力出口大国，芬兰是最大的电力进口国。2016年瑞典电力净出口为11.7 TWh，相当于核能发电量的19%以上。2015年电力出口达到22.6 TWh，是历史最高水平。

瑞典在1980年的一次全民公决中决定在2010年前逐步淘汰核电。直到20世纪90年代中期，瑞典仍然维持着这一决定。但是该国关于核未来激烈辩论一直持续，直至最终达成一项政党间新协议，即提早开始淘汰，但放弃把2010年作为最后期限。第一座反应堆（Barsebäck核电站1号反应堆）在1999年关闭，第二座反应堆（Barsebäck核电站2号反应堆）在2005年关闭。

2010年6月，议会以微弱的优势（174 ： 172）投票放弃了逐步淘汰核电法。因此，可以再建新的核电站，但只能是在一座现有核电站关闭的情况下，以便最大的在运机组数量不会超过现在的10座。2014年1月，Vattenfall公司启动了一项关于新建核电站的“长达10年的公众咨询”。根据能源部长易卜拉欣·巴兰（Ibrahim Baylan）的说法，红绿政府和三个反对党之间最新的“传统的瑞典妥协”，确认了2010年协议的基线，并将2040年目标修订为100%可再生电力组合。它也允许建造新的核反应堆，但正如之前的协议一样，只能是替换而不可以在现有数量上增加。该协议规定：“不能指望政府以直接或间接补贴的形式支持核电。”

2015年4月，Vattenfall公司决定“改变Ringhals-1号反应堆和2号反应堆的运营寿命”，并在2015年10月决定，Ringhals-1将在2020年关闭，而Ringhals-2将在2019年关闭，原因是持续的低电价和增加的生产成本。至于Vattenfall公司的其他5座反应堆，之前的“至少60年运营寿命至2040年年初”计划仍然保留。依照能源协议，Vattenfall公司董事会决定参与3座Forsmark反应堆的独立核心冷却系统的投资，这是安全局规定2020年以后继续运营的先决条件。

瑞典的运营商核电站的增容改造项目已经完成了30%以上。第二个瑞典运营商 OKG 公司对 Oskarshamn–3 号反应堆的升级改造延误了两年，完成了 33%。自 2013 年 6 月 Oskarshamn–2 号反应堆关闭以来，其主要的升级改造工程一直在进行，但在 2015 年 6 月被“无限期推迟”。Vattenfall 公司于 2014 年 11 月取消了 Forsmark–3 号反应堆的升级计划，盈利能力计算一年里一直在恶化。

虽然 Vattenfall 公司仍在欧洲低价电力市场中苦苦挣扎，但它增加了客户基础，改善了运营结果。与去年同期相比，2017 年上半年核电发电量增长了 17%(4.1TWh)，主要原因是在 2016 年年底，Ringhals–2 号反应堆重新并网发电。Vattenfall 公司目前在各个国家运营的可再生能源项目总规模为 2.8GW，在建的还有 7GW。在 2017 年上半年，超过 1/3 的资本投资进入了新能源与可再生能源领域（风能、太阳能、生物质能）。

瑞士是唯一一个生产核电的西欧非欧盟国家。2016 年发电量下降了 8.4%，下降到 20.2 TWh，在全国电力结构中的比重由 1996 年的最高 44.4% 下降到 32.8%。瑞士反应堆的平均运行时间为 42.2 年（见图 52），它运营着世界上运行时间最长的核电队伍，并拥有世界上运行时间最长的反应堆（运行了 48 年的 Beznau–1 号反应堆）（按商业运营的时间长度）。然而，Beznau–1 号反应堆进入了 LTO 类别，因为它在 2016 年没有发电量，到 2017 年年中还没有重新连入电网。

2017 年 5 月 21 日，58% 的瑞士选民通过了《2050 年能源战略》，该战略

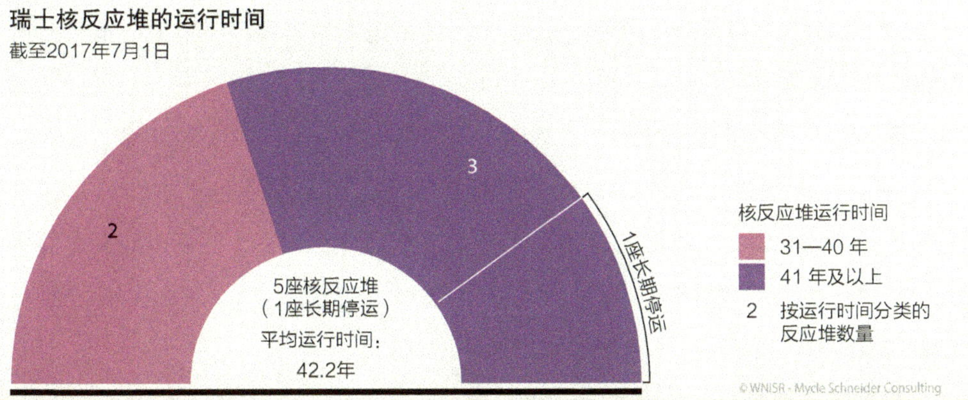

图 52 瑞士核反应堆的运行时间分布 资料来源：WNISR，with IAEA–PRIS，2017

基于能源效率和可再生能源的动态发展提供了长期的政策框架。该战略没有确定任何核电站的确切关闭日期，并旨在保持“只要现有反应堆是安全的”就可以继续运行。然而，它禁止新建核电站和重新加工乏燃料。2016 年 9 月 30 日，该战略的最终版本经联邦议会全体会议审议通过。适用的立法将于 2018 年 1 月 1 日生效。

能效目标极富野心，与 2000 年的人均能源消耗基准相比，到 2020 年和 2035 年分别下降 16% 和 43%，同时，到 2020 年电力消耗将减少 3%，到 2035 年将减少 13%。在这个目标期内，国内生产的非水可再生能源电力将达到 11.4TWh，而已经很发达的水力发电应该产生电量 37.4 TWh。

2016 年 11 月 27 日，全国公民投票以 54% 的多数否决了旨在从宪法上禁止核能发电以及限定核电站运行 45 年的议案。

2013 年 10 月，运营商 BKW 公司宣布将在 2019 年关闭其 M ü hleberg 反应堆，由于“模糊不清的、无法量化的技术、经济和政治的不确定性，可能会增加长期运行的经济风险”。2015 年 1 月，联邦监管机构接受了运营商提出的升级方案，以便在 2019 年之前继续运营 M ü hleberg 反应堆。2015 年 12 月，BKW 公司正式启动了关闭程序。根据目前的计划，联邦能源署将于 2018 年中做出正式关闭决定，2016 年 3 月，BKW 公司通告了日期，M ü hleberg 反应堆将在 2019 年 12 月 20 日断开与电网的连接。

在比利时的 Doel–3/ Tihange–2 反应堆（见“比利时”一节）压力容器问题被鉴定之后，对 Beznau 核电站的两台机组进行了检查，这两台都是西屋公司 365MW 型的压水堆。在 Beznau–1 号反应堆的压力容器中，总共有 925 个裂纹迹象，尺寸达到 7.5mm × 7.5mm，深度为 60mm。根据运营商 Axpo 公司非常自信的说法，导致这些裂纹的不是氢气，而是制造过程中的氧化铝外壳。在 Beznau–2 号反应堆的压力容器中，发现了 77 个裂纹迹象，最大尺寸为 20mm × 50mm。在 2015 年 12 月评估了 2 号机组的缺陷后，ENSI 授予了反应堆重新启动许可，而 1 号机组仍处于未联网状态。

2016 年 11 月，Beznau 的运营商 Axpo 公司将其安全案例转发给监管机构，期望在 2017 年春季重启 1 号机组。但安全部门要求“额外的信息”，预计该反应堆不会在 2017 年 10 月 31 日前重启。

与其他国家的同行一样，瑞士核运营商正在设施老化带来生产成本增加、大宗电力价格下降以及激烈竞争中苦苦挣扎。Beznau 运营商 Axpo 公司在 2015 年（上年 10 月至本年 9 月的财政年度）亏损近了 10 亿瑞士法郎（9.8 亿美元）后，2016 年又亏损了 12.5 亿瑞士法郎（12.3 亿美元）。

Alpiq 公司是除 Axpo 公司外 Leibstadt 和 Gösgen 两座反应堆的最大股东，其一份泄露的文件透露了公司把亏损反应堆国有化的想法。2016 年 3 月，ENSI 公司的主管 Hans Wanner 在瑞士能源基金会（全称 Swiss Energy Foundation）的核淘汰大会上的演讲，在一整页幻灯片上只写了以下声明：“我们不应该允许出于政治和经济考虑对瑞士核电站的安全产生负面影响。”

2016 年瑞士电力贸易为逆差，净进口 3.9 TWh，交易金额首次变为负值（-1.45 亿瑞士法郎约合 -1.5 亿美元）。

中东欧国家

2016 年，核电为保加利亚提供电力 15.01TWh，占全国总电力的 35%，低于 2002 年核电份额的最大值 47.3%。该国唯一的核电站——Kozloduy 核电站，最初有 6 座运行的反应堆，现在只剩下两座在运行；作为保加利亚加入欧盟所签订协议的一部分，其他 4 座反应堆被关闭了。剩下的两座 VVER1000 型反应堆正在进行一项延役至 60 年的延期申请。2014 年 10 月，由 EDF 公司、Rosenergoatom 公司和 Rosatom 的子公司 RusatomService 公司组成的法俄联盟获得了 Kozloduy-5 号机组的延役合同。2016 年 1 月，为了对 Kozloduy-6 号机组的“技术条件和剩余服务年限理由”进行评估，Rusatom Service 公司和保加利亚 Risk Engineering 公司签署了一份议。2016 年 5 月，据报道，对 5 号机组终身延役的技术性工作已经完成。

从 20 世纪 80 年代中期开始，就一直持续不断地尝试在保加利亚北部贝莱内岛建造另一座核电，有来自保加利亚、法国、德国、俄罗斯、美国，现在还有中国的公司参与，由于成本和环境问题，这些计划在 1990 年和 2012 年已被取消而停止。除了贝莱内岛外，据说，Kozloduy 核电站的再建反应堆计划也在讨论中。

贝莱内岛核电站合同被取消之后，国际仲裁法庭于 2016 年 6 月裁定，支持俄罗斯核技术出口商 Atom Stroy Export（简称 ASE）公司对核电站已建成部分提出赔偿。据媒体报道，俄罗斯承建商获得了约 6 亿美元的赔偿金，这大概是他们原要求金额的一半。收到付款后，这些反应堆的部件被运往保加利亚，这引发了包括俄罗斯公司在内的公司进一步建成该核电机组的尝试。然而，任何此类尝试都将面临与之前一样的财政挑战。

2015 年 11 月，保加利亚总理博伊科・鲍里索夫（Boyko Borisov）在中国访问期间就潜在的核合作进行了会谈，随后中国代表团于 2015 年 12 月访问了 Kozloduy 核电站。据说，西屋电气公司在其经济崩溃之前，本要与国家电力投资公司（简称 SPIC）合作，在 Kozludu 核电站再建一些核电机组。2016 年 12 月保加利亚总理与中国核工业集团公司（以下简称 CNNC）代表团在索非亚进行了会谈，谈判据说仍在进行中。据报道，保加利亚政府也在向中国寻求资金来源（即中国工商银行），为建成 Belene 核电站提供资金。然而，当时的政府拒绝对电价做任何保证（类似于英国的差价合约），国际上也似乎不太可能为该项目提供资金支持。

捷克共和国在 Dukovany 核电站和 Temelín 核电站共有 6 座由俄罗斯设计的反应堆正在运行。Dukovany 核电站有 4 座 VVER440–213 型反应堆，Temelín 核电站有两台 VVER1000–320 型核电机组。2016 年，这两座核电站的发电量为 22.7 TWh，占捷克共和国全国发电总量的 29.4%，比 2013 年和 2014 年的最高纪录降低超过 6 个百分点。由于存在焊缝缺陷问题，Dukovany 发电厂长期供电中断，使得 2016 年的发电量出现下降。据报道，该问题导致了捷克电力公司（以下简称 CEZ）“数十亿克朗”的损失。2016 年，该国电力净出口达 11.2TWh，大约是核能发电量的一半。

Dukovany 核电站机组于 1985—1987 年启动运行，并经过一次延役的工程计划，预计将运行至2025年。不过现在预计，运营商CEZ公司将要求监管机构再将机组运行期延长10年，至2035—2037年。2016年3月，国家监管机构无限期延长了Dukovany核电站1号机组的运行许可证。在美国进出口银行的财政支持下，Temelín反应堆最终于2000年和2002年启动。该财政支持用于西屋电气提供的仪器和控制技术。

捷克共和国国家报告根据《核安全公约》，把注意力放在核监管机构（SÚJB）正在出现的问题上，因为该机构表示，在两个核电站进行测试时都检测出了“重大问题”，这也“引起了关于SÚJB前几年进行的检测是否到位的质疑”。

2004年，政府计划提出至少再建造两座反应堆。到2010年，由西屋电气公司、阿海珐公司和Skoda-Rosatom公司领导的三家联合企业正在被考虑。然而，因为新建项目的关键问题是国家支持的力度，所以招标就显得无关紧要。2014年2月，时任总理博胡斯拉夫·索博特卡（Bohuslav Sobotka）表示："新政府将不会对电力的购买价格提供保证，这对住户和厂商来说可能是未来几十年内的一项很大的经济负担。2014年4月，CEZ公司直接撤回了对于Temelín核电站两台新建核电机组项目的招标计划，理由是电力市场价格低迷和缺乏政府担保。

尽管如此，捷克的工业和财政部门仍在继续推动核电项目发展，但在短期内几乎没有推动新建核电项目的动机和理由。而且，据说政府还在继续致力于“在下个20年内”建设新的核电容量。在这些计划中，可以预见Dukovany核电站和Temelín核电站的新增核电容量，因为他们在关闭现有核反应堆后仍维持运行。就Dukovany核电站而言，需要到2037年试运行中产出新的核电容量。根据CEZ公司，捷克总理博胡斯拉夫·索博特卡表示，“到2035年，在Dukovany核电站内启动一台新的核电机组将是有可能的”。CEZ公司正在为环境影响评估做准备工作，但预计到2025年才会申请施工建设。

2016年6月，政府任命前核监管机构的杰·斯塔勒（Ján Štuller）为核能源专员，来推动新建核电项目实施。政府表示，他们正为捷克共和国发展核电项目寻求战略伙伴，并有意同俄罗斯和韩国进行相关合作。2016 年 3 月，CEZ 公司与中国广核集团（简称 CGN）签署了关于发展核电和可再生能源的谅解备忘录，其中包括在 CEZ 公司的协助下，获得华龙设计在欧洲的许可。据报道，在 2017 年 3 月，CEZ 公司已经与西屋电气公司、俄罗斯原子能海外公司、EDF 公司、阿海珐 –Mitsubishi 公司、CGN 公司、韩国水电与核电公司进行了会谈，这些公司表示对在捷克共和国建设反应堆有兴趣。

匈牙利只有一座核电站，位于波克什地区。该核电站有 4 座 VVER440-213 型反应堆，在 2016 年发电量达到峰值 15.2TWh，占全国总发电量的 51.3%。这些反应堆在 20 世纪 80 年代初开始运行，一直在进行工程工作以使其运行年限增加至 50 年，直至 2030 年。在经过 2012 年的定期安全检查之后，第一台核电机组获得了再运行 20 年的许可，第二台核电机组在 2014 年获得了许可，同时核电装机总容量从 440 MWe 提高到 510MWe。3 号机组的延役申请是在 2016 年 12 月 19 日批准的，4 号机组的延役申请也在当月提交了。

2009 年 3 月，议会批准了政府的一项原则性决定，即在波克什再建几座反应堆。即便当时，俄罗斯的援助似乎是首选，外交部长表示，扩建 Paks 核电站将成为与俄罗斯待解决经济问题上“一揽子交易”的一部分。2017 年 2 月，在访问匈牙利期间，俄罗斯总统普京（Putin）证实，俄罗斯愿意提供 100% 的资金支持，即 120 亿欧元（129 亿美元）。此前，俄罗斯仅限于提供 80% 的资金支持。

根据俄罗斯方面泄露的一份早期版本的贷款合同，该项目贷款利率将大大低于市场标准利率，据报道，采用 3.95%—4.95% 的浮动利率为该项目成本的 80% 提供贷款。这笔贷款必须在 2025 年之前投入使用，并在 2026 年核电站开始试运行后的 21 年内予以偿还。然而，据说惩罚条款有可能使匈牙利政府破产，当时的反对派国会议员要求政府撤销该项目。尽管如此，匈牙利政府还是决定继续推进该项目，甚至修改了拟议的立法将合同条款的保密期限从 15 年增加到 30 年。保密范围是“如果涉及匈牙利的国家安全利益或知识产权，它可能拒绝公布与该项目有关的任何数据”。

2015年9月，欧盟委员会通知匈牙利当局，该项目符合欧洲原子能共同体条约第41条的宗旨。然而，在2015年11月23日，欧盟委员会对PaksII项目展开了一项调查，特别关注了该项目不招标的问题、私人投资者是否会以类似条件为该项目提供资金，或者匈牙利的投资是否构成国家援助。

然而，过去一年对PaksII项目来说是重要的一年，该项目取得了4个重大的里程碑式进展。首先，在2000页的环境影响评估和咨询报告在匈牙利国内外发表后，该核电站在2016年9月获得了环境许可证书。环境许可目前由非政府组织联盟提出，这些非政府资质包括布达佩斯的EnergiaKlub和匈牙利的绿色和平组织。

随后在2016年11月，欧盟委员会因Rosatom公司采购上的侵权问题撤销了之前授予它的合同。欧盟委员会接受了匈牙利做这一决定的理由，该理由认为"对于这个项目的技术和安全要求只能由一家公司来负责"。对于正在建设或是正在接受欧盟许可审查的反应堆，如EPR型、AP1000型和ABWR型等反应堆，这是令人惊讶的。

2017年3月，确认PaksII核电站是国家援助项目后，欧盟委员会（European Commission）批准了该项目的财政方案，但是他们确信，如果满足某些要求，该方案对市场的影响将保持在一个可接受的水平上，这些要求包括：任何通过核电站运行得到的利润不能用于建设或获取额外的发电容量；必须从法律层面上将pak II项目与pakI项目区分开；至少30%的发电量必须在公开市场上出售。预计奥地利政府将对这一决定提出质疑，像2015年它在Hinkley Point C核电站中所做的那样（正在进行中），将欧盟委员会告上欧洲法院。

随后在3月底，匈牙利原子能管理局批准了新建项目的用地许可。项目建设计划于2018年启动，并于2023年年底或2024年年初进行调试运行。

然而，对于这个项目来说，仍然存在重要的经济考虑。最重要的是，整个欧洲电力价格下跌引发了人们对该项目经济可行性的严重质疑，政府已经进行各种研究来评估这一问题。2015年9月，一份由Rothschild & Cie为总理办公室所做的报告结论是，当假设电力市场价格大约为 65 欧元 /MWh（74 美元 /MWh）（被描述为处在最低价格）时，以设定基准负荷生产电力所获收入预计可以产生足够的流动资金来支付运行核电站的运营成本，以及促进投资资本的回笼。

这引发了关于项目经济效益的严重问题，因为新建核电站项目的运营成本被假定相对较低，Rothschild 报告指出，在核电生产成本中占有很大份额的投资成本在他们假定的情景中只涵盖了一部分。该报告因“过时和过高的价格预期”而受到批评，而且在更为现实的假设下，该项目“在每一中测试情景中都是不经济的，必须得到匈牙利纳税人的大量补贴”。目前，匈牙利电力市场的价格（2018 年未来市场的基本负荷）为 35—50 欧元 /MWh（40—57 美元 /MWh）。

罗马尼亚在切尔纳沃德有一座核电站，该核电站有两座加拿大设计的 CANDU 型反应堆，分别在 1996 年和 2007 年开始运行。2016 年，该核电站发电量为 10.4TWh，占全国总发电量的 17.1%，而 2009 年的占比为 20.6%。

在 1982 年至 1987 年间，罗马尼亚开始建造由加拿大设计的 5 座反应堆，但其中 3 座反应堆（Cernavoda3-5 号反应堆）的建设在 1990 年被停止了。1 号核电机组在 1996 年建成，2 号核电机组在经历了 34 年的建设后，于 2007 年投入运行。

加拿大出口发展公司对前两台核电机组提供了部分资金支持，欧洲原子能共同体也对第二台核电机组提供了部分资金支持。多家外国公司都在努力试图重新恢复 3 号、4 号和 5 号机组的建设。倒数第二个项目的建设包括 Enel 公司、CEZ 公司、GDF 公司、SUEZ 公司、RWE 公司、Iberdrola 公司和 ArcelorMittal 公司，这些公司在 2008 年与国家核能公司共同成立了一家名为 EnergoNuclear 公司。然而，这些外国公司一个接一个退出了。

最近一次尝试是中国广核集团（简称 CGN）进行的，该公司于 2013 年 11 月与罗马尼亚国家核电公司（SNN）签署了一份意向书，计划在 2019 年和 2020 年完成该项目。2014 年 10 月，SNN 公司和 CGN 公司签署了一份具有约束力的协议，使CGN公司成为“选定的投资者”。随后在2015年11月，SNN公司和CGN公司就3号、4号核电机组的建设、运行、停止方面签署了一份谅解备忘录（简称MoU）。该谅解备忘录还包括投资协议、新项目公司合作章程、项目资金结构。值得注意的是，CGN将成为该项目最大的股东，拥有至少51%的股份。2016年1月，罗马尼亚政府正式对该项目表示支持，并概述了为支持该项目而采取的政策措施，包括能源市场改革、电费变更、国家担保承诺和财务激励政策等。

在2016年和2017年间，尽管建设和融资协议的最后期限不断被延长，CGN公司和SNN公司的谈判仍在进行。据报道，在2017年2月，政府表示希望加快谈判进程，以便达成一项协议，而这可能需要罗马尼亚政府更大力度的参与。与其他大多数大型电力项目一样（尤其是核电），欧洲低迷的电力市场价格可能是该交易的一个重大阻碍。根据SNN公司，该项目电力的盈亏平衡价格约为82欧元/MWh（约合94美元/MWh），远高于目前罗马尼亚35—45欧元/MWh（约合40—51美元/MWh）的电力市场价格。

在斯洛伐克，国有的斯洛伐克电力公司（简称SE）经营着两座核电站，一座是Jaslovské Bohunice核电站，有两台VVER440型核电机组，另一座是Mochovce核电站，也有两台同类型的机组正在运行。2016年，这两座核电站的发电量为13.7TWh，占该国总发电量的54.1%，核电份额占比位居世界第二，仅次于法国（2016年超过乌克兰）。2004年10月，意大利国家电力公司ENEL收购了SE公司66%的股份，作为其投标的一部分，该公司计划在新增核能发电容量上投资大约20亿欧元（合27亿美元），包括完成Mochovce核电站（最初建设于1985年1月）的第三和第四板块的建设。到2014年年底，ENEL公司宣布，它正在寻求出售SE公司的股份，并获得了一些非约束性的报价。2015年12月，有消息称，EPH公司以7.5亿欧元（约合8.12亿美元）的初步价格成为竞标的获胜者。根据这笔交易，ENEL公司将在第一阶段获得1.5亿欧元（合1.71亿美元），同时给予EPH公司33%的股份，剩余的股份和最终价格将在Mochovce核电站完成建设后一年商定

2007 年 2 月，SE 公司宣布 Mochovce 核电站 3 号和 4 号机组正在建设中，并且 ENEL 公司已经同意投资 18 亿欧元（合 200726 亿美元）。根据 IAEA-PRIS，该核电站于 2009 年 6 月重启，当时预计两台核电机组分别于 2012 年和 2013 年产生电力。然而，该项目受到了各种问题的困扰，截至 2016 年 5 月，估计该工程在 2016 年年底或 2017 年年初完工的时候总成本已增加到 51 亿欧元（合 5.72016 亿美元）。根据 SE 公司报道，截至 2016 年第四季度，3 号核电机组已经完成了超过 94%，而 4 号核电机组则超过了 80%。然而，在 2017 年 3 月，SE 公司宣布，该项目将进一步推迟，目前预计这两台核电机组将于 2018 年年底和 2019 年开始运行。这又额外增加了两年的建设期，但官方预计只增加 3 亿欧元（3.33 亿美元）的成本，因此进一步的成本超支很有可能出现。新的建设时间计划意味着，这些反应堆的建设进度比 2009 年重新开工时制订的计划晚了 6 年。

除了延期和成本超支外，当前 30 欧元 /MWh（33 美元 /MWh）的电力价格和萧条经济形势下的电力需求也使人们对电力市场的现状产生了担忧。预计当 Mochovce 核电机组完工后，他们的产能将主要用于出口，因此考虑到欧洲市场低迷的电价，SE 公司收回其不断增长的投资的可能性似乎很小。斯洛伐克外交政策协会能源分析师卡雷尔·赫曼（Karel Hirman）说：“Mochovce 核电站扩建项目是一笔负债。EPH 公司正在购买数百吨可能在未来产生利润或亏损的混凝土。”

2009 年，为了在 Jaslovské Bohunice 核电站建造新的核电容量，斯洛伐克国有公司 JAVYS 和捷克公司 CEZ 成立了一家合资企业 Jadrová Energetická Spoločnosť Slovenska（简称 JESS）。JAVYS 公司目前负责 Jaslovské Bohunice 核电站一座 A1 型反应堆和两座 V1 型反应堆的停运工作以及斯洛伐克放射性废弃物的管理工作。所谓的 Bohunice NJZ（Nová Jadrová Zdroj）1200 MW 新建项目计划在 2025 年之前完成，成本为 40 亿—60 亿欧元（4.5 亿—6.8 亿美元）。JAVYS 公司拥有该项目 51% 的股份，CEZ 公司拥有 49% 的股份。CEZ 公司在 2013 年寻求将这份股权出售给 Rosatom 公司，但谈判在 2014 年 3 月失败了。

CEZ 公司后来与中国进行了谈判，也没有什么成果。斯洛伐克环境部于 2016 年 4 月批准了该项目的环境影响评估报告。下一步，预计该项目将在技术方面进行招标。目前还没有公布时间表。

斯洛文尼亚与克罗地亚共同拥有一座西屋公司建造的 696-MWPWR——Krsko 核电站。2016 年，该核电站的发电量为 5.4TWh，占斯洛文尼亚国家总发电量的 35.2%（低于 2005 年 42.4% 的最大占比）。该反应堆于 1981 年启动，最初计划运行期限为 40 年，但运营商打算将该反应堆的运行期限延长 20 年。2015 年 7 月，一个州际委员会同意将核电站的运行期限延长至 60 年，因此该反应堆将持续运行至 2043 年，同时为乏燃料建造一个干桶存储设备。在 2017 年 3 月，该核电站运营商向美国公司 Holtec 提供了一份未公开金额的合同，用于供应一个干桶存储设备。

2010 年 1 月，核电运营商向经济部提出申请再建一台核电机组，但从这以后，该项目没有任何进展。

苏联

在距离亚美尼亚首都埃里温 30 千米处的 Medzamor（也被称为 Metsamor 或亚美尼亚）核电站还有一台反应堆机组在运行。2016 年 Armenian 核电站 2 号机组提供了 2.2TWh，占国家总发电量的 31.4%，低于 2009 年核能占比最高时的 45%。

该反应堆于 1980 年 1 月开始发电，是苏联设计的第一代 VVER 440-230 型反应堆。1988 年 12 月，亚美尼亚发生大地震，造成大约 2.5 万人死亡，同时导致 1989 年 3 月两台反应堆机组的迅速关闭。

在严重事故管理（以下简称 SAM）计划的制订和实施方面进展相当慢，推迟了原先的时间表。各种基本问题都尚未解决

在 20 世纪 90 年代初，苏联解体之后，亚美尼亚与阿塞拜疆之间的领土争

端导致了对亚美尼亚的能源封锁，进而造成了亚美尼亚严重的电力短缺，这使得其政府在 1993 年决定重启 Medzamor-2 号机组。2012 年 10 月，亚美尼亚政府宣布 Medzamor 核电站的机组将运行到 2026 年。

2016 年 6 月，欧洲核安全监管组织（ENSREG）发布了“关于亚美尼亚核电站压力测试的欧盟同行审议报告”。该报告证实了许多与安全有关的问题，例如：

尽管有各种国际援助和支持的方案，但严重事故管理（以下简称 SAM）方案的制订和实施进展相当缓慢，并且推迟了原来的时间表。各种基本问题尚未解决。关于硬件改进，特别是应急核心冷却系统的改进，气密性控制，氢气监测和控制以及密封喷雾系统的改进应优先处理。

最后一句话就像一个最优先需要相关安全改进要点的列表。

2016 年 9 月，在国际原子能机构大会上，土耳其能源部长贝拉特·阿尔巴克拉克（Berat Albakrak）呼吁关闭该核反应堆，他说：“我们再次强调，采取一切必要措施，消除与该核电站有关的风险。”

亚美尼亚 -2 号机组的设计寿命及其运营许可证于 2016 年 9 月到期。从那时起，至少到 2018 年 6 月运营商提交更新的安全分析报告（以下简称 SAR）之前，反应堆将在“临时许可”的基础上继续运行。在 2021 年之前，许可证延期的最终决定是不确定的。

2014 年 12 月，亚美尼亚和俄罗斯签署了一项政府间协议，俄罗斯政府将资助亚美尼亚核电站一项升级计划，使反应堆可以运行至 2026 年。合同于 2015 年 7 月签署，由俄罗斯国家贷款提供 2.7 亿美元，无偿援助提供 3000 万美元。

多年来，亚美尼亚一直就建设新的 1000MW 核电机组与俄罗斯进行谈判，并于 2010 年 8 月签署了政府间协议。2014 年 3 月，亚美尼亚能源部长承认，由于吸引资金困难难以开工建设。2015 年 9 月，援引能源副部长奥瑞格·盖斯塔亚（Areg Galstyan）的话说，亚美尼亚正在考虑兴建两座 600MW 的核电机组，而不是一个 1000MW 的机组。投产目标从 2027 年推迟到 2036 年。

2016 年 9 月回到一台机组的选择，奥瑞格说："我们大约有 10 年的时间在同一个地方（Metsamor 核电站的位置）开始建造新的核电机组。我们 100% 肯定该反应堆将使用压水堆堆型。我们有一年，最多两年时间来最终决定选择项目的类型。"

在俄罗斯，核电站的历史最高发电量达 184.1TWh。2016 年，核能的发电量占该国电力组合的 17.1%，比前两年的历史记录（18.5%）略有下降。然而，Rosatom 希望在未来几年核能发电量进一步提高，预计到 2019 年发电量将达到 214TWh。

俄罗斯有 7 座正在建设的反应堆，仅次于中国，与印度相当。其中两个是"浮式反应堆"（Akademik Lomonosov 核电站 1 号和 2 号反应堆），每个功率都是 32MWe。这些订单于 2009 年 2 月签订，预计将于 2012 年年底交付给客户。2016 年，项目很明显已经再次推迟了，Rosatom 的创新管理总监维亚切斯拉夫・皮尔舒科夫（Vyacheslav Pershuko）表示，他们计划于 2019 年 9 月开始部署该核电站，随后进行试运行和启动。该项目的批评者指出，浮式核电站发生事故的风险将大大增加，因为他们更容易受到盗窃的威胁，如果广泛部署会增加核材料扩散的风险。

2012 年 2 月，开始建设波罗的海 1 号机组，一个 1109MW 的 VVER-491 型反应堆。然而，由于各种原因，包括意识到电力市场规模有限，2013 年 6 月暂停建设。因此，WNISR 将该项目从建设列表中撤出。尽管没有迹象表明该项目会重新启动，该项目在国际原子能机构的统计数据中仍然处于"在建"状态。

圣彼得堡附近 Leningrad 核电站的两座 VVER-1200 MW 机组分别于 2008 年和 2010 年开始建设。在签订合同时，预计分别将在 2013 年和 2016 年完成启动。然而，延误一再发生，预计要到 2018 年才能完成第一台机组的建设。尽管没有新的启动日期公布，但整套系统的冷却测试要到 2017 年 4 月才开始。

2016 年，Novovoronezh 核电站 VVER1200 型反应堆（核电站的 6 号机组）建设完成并在 10 月达到了临界，这比计划的时间晚了两年。而启动后不久，就因电源故障导致反应堆脱机，直到 2017 年 1 月才恢复正常运行。由于欧洲，美国和中国的 EPR 和 AP1000 建设的延误，VVER1200 是第一个完成的第三代 + 核反应堆。该核电站正在建设第二台机组。Rostov 核电站正在建造另一座反应堆，预计将于 2017 年投入运行。

2016 年 6 月，俄罗斯监管机构 Rostechnadzor 批准了 Kursk II 核电站第 1 机组的建造许可证。根据建议，2017 年已经拨出 165 亿卢布（2.74 亿美元）用于机组建设，预计在 2022 年完成。这会是一个特别重要的项目，因为这将是俄罗斯最新设计的第一台 VVER-TOI 型机组，该机组装机容量为 1200MW，采用第三代 + 设计，主要面向出口。

2015 年 1 月俄罗斯审计署的报告显示，当时的 9 个在建机组中有 7 个，比计划日程延迟了 12 到 38 个月，这可能还是低估的。报告还指出，Rosenergoatom 建筑方案的财务状况较差，预算在 2009—2015 年缩减了 18%。此外，由于电价下降，Rosenergoatom 被迫贷更多的款以使项目建设继续进行，因此不得不使用项目中 68%的资金储备来支付利息费用。报告还提到该项目的施工没有通过俄罗斯国家环境评估总局审查，在这种情况下可能会带来令人担忧的环境和安全问题。在 Leningrad2 号机组的施工过程中设备的交付和安装缺乏同步的进度，所以在有些设备完成装机的时候，它可能已经超过了保修范围。

2016 年 8 月，政府要求到 2030 年再建造 11 座反应堆，其中包括两座新的快速增殖反应堆，Kola 的 VVER600 反应堆机组和 Kola，Smolensk，Nizhny Novgorod，Kostrom 以及 Tatar 的七个新的 VVER-TOI 型机组。随着到期反应堆的关闭，这意味着到 2030 年装机容量可能将达到约 30GW。由于俄罗斯 2017 年度预算草案将核电由 687 亿卢布（11 亿美元）下降到 548 亿卢布（8.77 亿美元），尚不清楚这一缩减了的发展计划如何获得资金。然而，有人甚至担心快速反应堆建设计划开始的可能性，在 2017 年 1 月，由于其成本高昂，Rosatom 将其开始日期无限推迟了。

2016 年 12 月，Novovoronezh 核电站的 3 号机组被明确关闭了。核电行业的一个关键问题是如何管理其老化的反应堆。主要有三类反应堆在运行：RBMK（切尔诺贝利类型的石墨沸水反应堆），VVER440 型和 VVER1000 型反应堆。RBMK 和 VVER440 都被准许延长 15 年的寿命，使它们能够运行 45 年，尽管有计划将其中一些延长到 60 年，而 VVER1000 型反应堆被预计将工作长达五十年。截至 2017 年中期，已有 22 座反应堆运行超过 30 年，并且其中的 8 座已经运行超过 40 年。根据 Belona 的说法，在没有进行必要的环境影响评估的情况下，延长运营运行时间，这既导致了抗议活动，又扩大了"某些法律灰色地带"。

2017 年 2 月，Rosatom 的新负责人阿列克谢·李科哈切夫（Aleksei Likhachev）宣布，他们的订单在 2016 年年底的价值是 1330 亿美元，比年初的 1100 亿美元有所上涨。其中包括两个孟加拉国的 VVER 反应堆，伊朗布什尔的 2 号和 3 号机组，印度 Kudankulam 核电站 5 号和 6 号机组以及土耳其 Akkuyu 核电站的 4 台机组。

这些项目的大部分资金来自俄罗斯财富基金。然而，由于石油和天然气价格走低，卢布贬值以及持续的制裁，这些资金也被用于稳定俄罗斯经济。其中一个储备基金的储备金从 2008 年的 1420 亿美元下降到了 2016 年的 320 亿美元。信贷评级机构给出了俄罗斯经济和能源部门在这些发展上的评级。2017 年 2 月，由于国家经济环境的整体下滑，穆迪将 Atomenergoprom 和其他三家与能源相关公司的评级从稳定下调至不稳定。尽管其在国际市场上拥有深度的垂直整合能力和强势的市场垄断地位，但由于国内监管环境的相对不成熟，海外业务存在执行和政治风险，所以只获得了 Ba 1 的评级。

乌克兰有 15 座在运的核反应堆，两个采用的是 VVER440 型设计，其余都是 VVER1000 型。2016 年的发电量为 76.08TWh，占总发电量的 52.3%，比上年的 82.4TWh，56.5%的占比有所下降。尽管如此，运营商 Energoatom 表示，今年收入增加了 10%，达到约 430 亿乌克兰格里夫纳（约合 16 亿美元）。

该国 15 座反应堆中有 12 个在 20 世纪 80 年代完成，最初的设计寿命为 30 年。核电运营商建议将反应堆的寿命再延长 20 年。这一建议被接受，并作为政府核电战略的核心被批准。15座反应堆的安全升级计划总共大约需花费14.5亿欧元（约合16.2亿美元），其中欧洲复兴开发银行和欧洲原子能共同体将提供6亿欧元（约合6.7亿美元）的支持。到目前为止，Rivne的两座核反应堆的使用寿命已经获准再延长20年，在乌克兰南部有两台机组获准再延长10年，另外在Zaporizhzhya核电站的两台机组也已经获准再延长10年。Zaporizhzhya核电站3号机组正在计划采取必要的措施，以确保在2017年11月完成许可证延期的核准。

在"埃斯波公约"的跨界环境影响评估（以下简称EIA）中，Rivne核电站1号和2号反应堆的寿命延期是持续争议的一部分，评估认为乌克兰在决定延长这些已满30年技术寿命的VVER440型反应堆之前，没有履行EIA的规定。乌克兰的环保团体呼吁欧洲机构停止支持"风险"的延期计划。2016年，埃斯波公约执行委员会（以下简称ECIC）根据非政府组织中东欧地区银行监督网络提供的资料，公开了关于乌克兰南部和Zaporizhzhya延期的新信息收集情况。

官方记录中，Khmelnitsky核电站3号和4号两座反应堆正在建设中。而WNISR将其从列表中删去。该建设工程始于1986年和1987年，但在1990年停止了。2011年2月，俄罗斯和乌克兰签署了政府间协议以完成反应堆的建设，2012年乌克兰议会通过立法为项目融资提供了一个框架，其中80%资金来自俄罗斯。目前还不清楚已经完成了多少工作，跨界环境影响评估报告的文件显示其分别完成了35%—40%和5%—10%，而运营商NNEGC"Energoatom"在其网站上表示，3号和4号机组的建设分别完成了75%和28%。然而，2015年9月，乌克兰议会投票决定取消该项目，能源副部长阿列克谢·李科哈切夫（Alexander Svetelik）指责俄罗斯"不履行协议义务"，并表示将寻求"替代伙伴"。2017年1月，俄罗斯政府确认，在2016年5月12日，完成该项目机组的2011年协议已经被取消。

Energoatom表示，2017年的投资预算将从2016年的62亿乌克兰格里夫纳（约合2.43亿美元）翻一番，达到140亿乌克兰格里夫纳（约合5.4亿美元）。然而，由于63亿乌克兰格里夫纳用于安全改进，43亿乌克兰格里夫纳

（约合 1.66 亿美元）用于现场基础设施（如道路和培训中心）的建设和 15 亿乌克兰格里夫纳（5790 万美元）用于反应堆外部建设，已经几乎没有资金可用于 Khmelnitsky 核电站 3 号和 4 号机组的建设了。

2017 年 3 月，Energoatom 提出，可以将 3 号机组和 4 号机组建完后直接连接到波兰电网，为欧盟创造“能量桥梁”。这种直接连接，将使电力可以在 2019 年出口欧盟并为该项目提供足够的资金。根据 Energoatom 的说法，互连的成本相对较小，为 5500 万美元。然而，融资不是完成计划所面临的唯一问题。首要应关注的是合适的反应堆压力容器。鉴于俄罗斯与乌克兰之间糟糕的政治关系，常规的供应是不太可能了，最有可能的替代方案是改由捷克的斯柯达公司供应，而该公司是由俄罗斯天然气工业银行间接部分拥有的，所以对方案可行性表示怀疑。

附录 2. 日本反应堆重新启动前景

核监管局审查和反应堆重启前景

服从 2013 年 7 月生效的核监管局指导方针，是对公共事业公司反应堆重启计划的要求，同时要“确保当地公众的了解”，以及得到当地镇长、县议会和省长的批准。新的标准涵盖了与核电站安全风险有关的一系列问题，包括地震、海啸评估以及公共事业公司采取的保护措施、消防、在发生场外电力损失事故时对反应堆的管理、冷却功能和意外事故管理，其中意外事故管理包括防止氢气爆炸以及防止将密封或过滤放射性物质泄漏到环境中。在地震评估的情况下，不允许位于活动断层上方的反应堆恢复运行。反应堆拥有者还需评估其反应堆遭受火山爆发的易损性，根据风险规模，可能停运或采取具体应对措施。紧急疏散计划也被要求与核电站附近 30 千米内的当地社区达成一致。经过安全状况报告的初步批准，核监管局举办了一系列地方公共信息会议，一个问题引起了争议，即“不在电厂附近的但也面临严重事故风险的社区，是否参加”。

迄今为止核监管局只完成了对压水堆 PWR 的审查，基于监管机构的分析，与沸水反应堆 BWR 相比，压水堆更容易抵抗地震。此外，核监管局只有一个约 20 名员工的沸水堆审查小组，相比之下，有三组约 60 名员工正在从事压水堆检查工作。有 10 座沸水堆和 11 座压水堆正在审查中（详见表 13）。

就 NRA 审查进展最快的反应堆而言，预计将有四座反应堆在 2017 年 12 月之前获得最终批准。九州岛佐贺县的九州电力公司拥有的 Genkai 核电站 3 号和 4 号压水堆，被发现与 2017 年 1 月 18 日核监管局的监管标准相符。五位核监管局专员一致通过批准了反应堆的升级计划。九州电力公司在 2013 年 9 月首先对核监管局提出了申请后，花了三年半的时间来获得更改反应堆安装的许可（基本设计批准）。核安全局批准的是三阶段过程中的第一过程，在重新启动前还有两个过程：重启前检查和操作安全计划审查。Genkai 核电站这两台 1180MW 机组是到目前为止通过核监管局监管标准的装机容量最大的机组。

表 13 日本核反应堆队伍现状（截至 2017 年 7 月 1 日）

运行方	反应堆	MW	启动时间	使用年限	关闭时间 日/月/年	停用时间	核监管局合规		状态
							申请时间	批准时间	
中部电力公司	Hamaoka-3（沸水式反应堆）	1056	1987	30.4		6.6	15/06/15		LTO
	Hamaoka-4（沸水式反应堆）	1092	1993	24.4	29/11/10	6.1	14/02/14		LTO
	Hamaoka-5（进步型沸水堆）	1325	2004	13.2	13/05/11	6.1			LTO
中国电线工业株式会社	Shimane-2（沸水式反应堆）	789	1988	29.0	14/05/11	5.4	25/12/13		LTO
北海道电力公司	Tomari-1（压水堆）	550	1988	28.6	27/01/12	6.2	08/07/13		LTO
	Tomari-2（压水堆）	550	1990	26.8	22/04/11	5.8	08/07/13		LTO
	Tomari-3（压水堆）	866	2009	7.6	26/08/11	5.2	08/07/13		LTO
北陆电力株式会社	Shika-1（沸水式反应堆）	505	1993	24.5	05/05/12	6.3			LTO
	Shika-2（进步型沸水堆）	1108	2005	12.0	01/03/11	6.3	12/08/14		LTO
日本原子能公司	Tokai-2（沸水式反应堆）	1060	1978	39.3	11/03/11	6.1	20/05/14		LTO
	Tsuruga-2（压水堆）	1108	1986	31.0	21/05/11	5.8	05/11/15		LTO

续表

运行方	反应堆	MW	启动时间	使用年限	关闭时间日/月/年	停用时间	核监管局合规		状态
							申请时间	批准时间	
韩国电力公司	Mihama-3（压水堆）	780	1976	41.1	14/05/11	6.1	17/03/15	16/11/16	LTO
	Ohi-1（压水堆）	1120	1977	39.5	10/12/10	6.6			LTO
	Ohi-2（压水堆）	1120	1978	38.7	16/12/11	5.5			LTO
	Ohi-3（压水堆）	1127	1991	26.1	02/09/13	3.8	08/07/13	24/05/17	LTO
	Ohi-4（压水堆）	1127	1992	25.0	15/09/13	3.8	08/07/13	24/05/17	LTO
	Takahama-1（压水堆）	780	1974	43.3	10/01/11	6.5	17/03/15	10/6/16	LTO
	Takahama-2（压水堆）	780	1975	42.5	25/11/11	5.6	17/03/15	10/6/16	LTO
	Takahama-3（压水堆）	830	1984		20/02/12	（3.9）	08/07/13	09/10/15	重新启动9/6/17d
	Takahama-4（压水堆）	830	1984		21/07/11	（5.8）	08/07/13	09/10/15	重新启动22/05/17
九州电力公司	Genkai-2（压水堆）	529	1980	37.1	29/01/11	6.4			LTO
	Genkai-3（压水堆）	1127	1993	24.0	11/12/10	6.6	12/07/13	18/01/17	LTO
	Genkai-4（压水堆）	1127	1996	20.6	25/12/11	5.5	12/07/13	18/01/17	LTO
	Sendai-1（压水堆）	846	1983		10/05/11	（4.3）	08/07/13	27/05/15	重新启动14/08/15
	Sendai-2（压水堆）	846	1985		01/09/11	（4.2）	08/07/13	27/05/15	重新启动15/10/15

续表

运行方	反应堆	MW	启动时间	使用年限	关闭时间日/月/年	停用时间	核监管局合规		状态
							申请时间	批准时间	
四国电力公司	（压水堆）Ikata-2	538	1981	35.9	13/01/12	5.5			LTO
四国电力公司	（压水堆）Ikata-3	846	1994		29/04/11	（5.3）	08/07/13	19/04/16	重新启动15/08/16
东京电力公司	Kashiwaza kiKariwa-1（沸水堆）	1067	1985	32.4	06/08/11	5.9			LTO
东京电力公司	Kashiwaza kiKariwa-2（沸水堆）	1067	1990	27.4	19/02/07	10.4			LTO
东京电力公司	Kashiwaza kiKariwa-3（沸水堆）	1067	1992	24.6	16/07/07	10.0			LTO
东京电力公司	Kashiwaza kiKariwa-4（沸水堆）	1067	1993	23.5	16/07/07	10.0			LTO
东京电力公司	Kashiwaza kiKariwa-5（沸水堆）	1067	1989	27.8	25/01/12	5.4			LTO
东京电力公司	Kashiwaza kiKariwa-6（高级沸水堆）	1315	1996	21.4	26/03/12	5.3	27/09/13 e		LTO
东京电力公司	Kashiwaza kiKariwa-7（高级沸水堆）	1315	1996	20.5	23/08/11	5.9	27/09/13 e		LTO

续表

运行方	反应堆	MW	启动时间	使用年限	关闭时间日/月/年	停用时间	核监管局合规		状态
							申请时间	批准时间	
东北电力公司	Higashi Dori-1（沸水堆）	1067	2005	11.8	06/02/11	6.4	20/06/14		LTO
	Onagawa-1（沸水堆）	498	1983	33.6	10/09/11	5.8			LTO
	Onagawa-2（沸水堆）	796	1994	22.5	06/11/10	6.7	27/12/13		LTO
	Onagawa-3（沸水堆）	796	2001	26.1	10/09/11	5.8			LTO

a - 关闭日期来自日本原子能工业论坛（JAIF），“日本核电站—在运和在建”，截至 2014 年 6 月 10 日，见 http://www.jaif.or.jp/english/news_images/pdf/ENGNEWS02_1402531967P.pdf，访问于 2014 年 6 月 13 日。

b - 灰色日期是指第一步（反应堆安装许可证的更改许可）。所有其他表明三步合规审查的最终协议。

c - 对于 Takahama-1 号和 2 号反应堆，一致性审查的前两个步骤于 2016 年 4 月 10 日完成。2016 年 6 月 20 日，核监管局（NRA）批准了 KEPCO 公司 20 年的延长运行期，并批准了 Takahama 核电站关于这两个机组的老化管理技术评估和长期维护政策的运行安全方案。详细情况：核监管局，“核监管局批准了延长 Takahama-1 号和 2 号机组运行期”，2016 年 6 月 21 日，见 https://www.nsr.go.jp/data/000154256.pdf，访问于 2017 年 7 月 14 日。

d - Takahama-3 号反应堆在法院判令关之前，在 2016 年 1 月 29 日至 3 月 10 日简短的运行了。“停机时间”计算到这一重新启动之前。

e - 2017 年 6 月 16 日，东京电力公司向核监管局重新提交申请，以确认 Kashiwazaki-Kariwa 核电站 6 号和 7 号机组的安全要求。核监管局于 2017 年 2 月要求其重新提交申请。

到 2017 年 3 月底，公共事业公司目的是完成安全措施工作，包括重大事故规避计划和抗震增强措施。2017 年 4 月 6 日，九州电力公司提交其 57 卷（包含 45000 页）工程工作计划，这构成了核监管局的核电站运行前检查计划的基础。一份修订过的 Genkai-3 号反应堆的文件于 2017 年 6 月 13 日提交。核监管局平均花费 139 天时间完成 Sendai-1 号反应堆、Sendai 核电站 2 号反应堆和 Ikata-3 号反应堆的运行前检查，这表明可能在 2017 年 8 月完成 Genkai 反应堆运行前检查。截至 2017 年 6 月 13 日，九州电力尚未提交实际运行前检查的请求。

然而 2017 年 4 月，有人提出申诉质疑核监管局的 Genkai 核电站地震安全性评估。根据《行政上诉法》，允许上诉和重审政府的决定。压水堆安全评估组成员之一——Yamato Sugita在2017年4月24日表示，核监管局预计将在“几个月”内对申诉做出回应。这个申诉称，在Genkai核电站工厂假设最坏情况地震造成620gal地面运动是核监管局的“评估不足”，因为审查人员和公司官员只考虑了“有风险”的地震断层。向核监管局提交的报告指出，尽管日本鸟取地区没有“有风险”的地震断层，但在2016年10月21日，该地区仍然发生了6.6级地震。

Genkai核电站3号反应堆将使用20个钚混合氧化物（以下简称MOX）燃料组件，该组件由阿海珐公司制造的并于2010年6月交付。过去两年来，公民发起的一系列以安全为由禁止Genkai核电站燃料使用MOX的法律诉讼均在法庭上败诉。

缺乏与核电站30千米以内社区的商榷成为日本争议日益严重的问题

佐贺市市长——山口正雄（Yoshinori Yamaguchi）于2017年4月24日批准重启两台Genkai核电站机组的计划，并声称主要使用可再生能源更可取，但不幸的是，它不能提供整体稳定的电力，而且“考虑到现在情况，我们别无选择（只能重启核电站）”。Genkai核电站的30千米半径内的四个政府都反对重新启动，但是他们对这个决策没有发言权，缺乏与距离核电站30千米以内社区的商榷成为日本争议日益严重的问题。有55000人口的伊万里市市长在2016年夏天说：“无论我们多么强烈地反对（公共事业公司重启反应堆的计划），我们仍被冷落，但我们却被迫面对发生严重事故的风险。这太不公平了。”

九州电力公司于2017年6月13日获得胜利，佐贺地方法院拒绝了来自包括佐贺和福冈的17个县的202名公民提交的请求，请求发布临时禁令来停止Genkai核电站3号和4号反应堆的重启。佐贺地方法院认定，核监管局安全评估中“没有不可接受的缺陷”。佐贺公民已经向福冈高等法院提出上诉。

预计如果没有任何其他重大干扰，Genkai 核电站的两座反应堆将在 2017 年第 4 季度至 2018 年年初重新启动。

KEPCO 公司拥有的两座 Ohi 核电站 1127 MW 反应堆，是核监管局检查过程中排在最前下两座。KEPCO 公司于 2013 年 7 月 8 日向核监管局提交了 Ohi-3 号和 4 号反应堆的安全检查申请。这两座日本反应堆自 2013 年 9 月以来都没有运营。2017 年 5 月 24 日，核监管局批准了两座反应堆的安全检查。截至 2017 年 7 月 1 日，KEPCO 公司尚未提交施工工作计划，该计划是详细设计监管审批的依据。KEPCO 公司估计 Ohi-3 号和 4 号反应堆的改造费用为 1220 亿日元（约合 10 亿美元）。

Ohi 核电站的一个主要问题是在核电站及周边地区存在地质断层。地震问题是 2014 年 5 月 22 日福井区法院对 Ohi 核电站反应堆运行做出的具有里程碑意义裁决的一个中心内容，该判决并不是强制令，因为没有重新启动的直接风险。福井法院裁定支持了 200 名原告认为该核电站对活跃的地震断层没有足够的抵抗力，而且场地的加速度可能超过 1260gal。KPEGO 对福井法院的裁决提出上诉，该判决目前正由石川县名古屋高等法院金泽支部受理。

前核监管局副主席和东京大学地震学名誉教授 Kunihiko Shimazaki 于 2016 年 7 月表示他对 Ohi 反应堆的强烈关注以及对核监管局关于地震风险分析方法的危机感。Shimazaki 曾领导审查了 Ohi 反应堆对于 2011 年福岛核灾难之后新规定的适应度。他是 NRA 五名成员中唯一的地震学家，在他 2014 年辞职之前负责检查公共事业公司对地震和海啸的准备工作。在给核监管局的证据中，他分析了在 2016 年 4 月中旬发生的熊本地震的地震运动数据后，要求对 Ohi 核电站进行再次检查，声称他已经意识到被 KEPCO 采用、被核监管局接受的计算公式存在问题。2016 年 7 月 27 日核监管局宣布不会修改其评估核电站抵抗的地震方法，并认为 Shimazaki 的评估没有达到让核监管局应该基于先进科学技术成果推荐的水平。

在 2016 年夏天，Shimazaki 将分析结果提交给了正在受理 KEPCO 公司上诉的金泽法院。于 2017 年 4 月 23 日，Shimazaki 向法庭作证，核监管局由于在地震烈度计算公式中所用 3.5 因素低估了潜在的地震影响。该案件正在进行中。

预计核监管局进一步审查的是 Tomari 压水堆核电站，该反应堆由日本北岛的北海道电力公司所有。Tomari 核电站 3 号反应堆是核监管局审查中最先进的。北海道电力公司于 2016 年 9 月放弃了早期重启的计划。审查申请是 2013 年 7 月提交给 NRA 的。然而，2016 年 7 月，核监管局从北海道电气公司收到了关于积丹半岛西海岸活跃断裂线问题的证据，Tomari 核电站正位于此。此问题仍在审议之中，该问题可能对核电站设计基准地震运动和海啸风险评估产生负面影响。Tomari-3 号反应堆（或其他两座反应堆）在未来几年重新启动的前景实际上为零。公民的法律质疑正在日本札幌地方法院进行，地震风险成为焦点。

Shimazaki 向法庭作证，核监管局用于计算地震的规模的公式通过一个 3.5 的因素低估了潜在的地震影响

日本原子能公司（以下简称 JAPCO）在 2015 年 11 月 5 日向核监管局提交了 Tsuruga-2 号反应堆复审申请，成为第 26 个审查对象。然而，自 2012 年以来，在核监管局和日本原子能公司之间存在持续的关于核电站地震断层线性质的争议。活跃断层的定义是一个在未来很可能滑动，而且从晚更新世（约 120000—130000 年前）以来，一直处于活跃状态的断层。2012 年 12 月，核监管局的专家小组表示，断层线可能是活跃的，2013 年 5 月，核监管局的评估报告确定位于 Tsuruga-2 号反应堆下方的 D-1 断裂带处于活跃状态。日本原子能公司和一个由国际专家组成的团队则一直宣称该断层线非活跃。尽管日本原子能公司反对，在 2015 年 3 月，核监管局专员同意了断层处于活跃状态的最终评定。这个评定对于日本原子能公司来说是至关重要的，它只拥有两座反应堆（另一座是 Tokai-2），反应堆重新启动的前景接近于零。因此，不可能运行 Tsuruga-2 号，这意味着日本原子能公司作为核电站运营商的结束，日本原子能公司必须将资产负债表中的机组从资产转移到负债，而且引发退役的重要财务问题。日本原子能公司是 9 家核电企业创立拥有，尚未接受核监管局的判

决。此后，依从 2013 年准则于 2015 年 11 月提交的 Tsuruga-2 号反应堆审查文件。除非核监管局推翻自己的决定，否则没有 Tsuruga-2 号反应堆被批准重新启动的前景。

与核监管局存有争议的另一个核电站和公共事业公司是北陆电力公司及其正处于审查中 Shika 核电站 2 号反应堆。2016 年 3 月 3 日，核监管局专家组成的小组发布了一份报告，得出一个处于在 Shika 核电站 1 号反应堆建筑下的断层带在未来可能成为一个活跃断层带的结论。北陆电力公司对这个报告提出了反对。运营年限较长的 Shika 核电站机组不在核监管局审查之内，它的退役基本上能够得到确定。然而，核监管局还得出在 1 号机组和 2 号机组的涡轮机建筑下面的两条断层带也处于活跃状态。2016 年 7 月，核监管局专员还没有对这个问题作出最后决定，要求公共事业公司提供更多的信息。Shika-2 号机组反应堆是 1100MW 的高级沸水反应堆（以下简称 ABWR），在 2005 年才开始运行。核监管局裁定 Shika-2 号反应堆下的断层处于活跃状态，这可能使北陆电力公司像日本原子能公司一样，没有处于运行中的反应堆。

青森县的 Ohma 高级沸水式反应堆正在官方的“在建中”，并受核监管局的审查。

东京电力公司未来的核反应堆

位于日本海岸新潟县由东京电力公司所有的 Kashiwazaki-Kariwa 核电站的未来运行，在过去 12 个月中变得更加不确定。

2015 年 8 月，核监管局宣布正在将位于日本东京电力公司的 Kashiwazaki-Kariwa-6 号和 7 号反应堆放在优先名单上进行筛选，表明这将是总共 10 座沸水反应堆中第一批提前通过审查过程的。核监管局审查反应堆的程序在过去几个月里已经被推迟。2016 年 10 月，东京电力公司通知核监管局，由于发现地震造成的土壤液化可能使核电站海啸墙塌陷，将重新审查启动 6 号和 7 号机组的计划。2007 年新潟地震期间发生了土壤液化现象。日本原子能公司提交给核监管局的分析结论是，如果出现土壤液化情况，保护 1 至 4 号机组的海啸墙将会被破坏，很有可能会影响该核电站其他机组的运行，包括在紧急情况下运行的 6 号和 7 号机组。试图抵抗地面液化风险的大规模建设预计至少要花费一年的时间，这些措施的有效性被质疑。因此，东京电力公司将进一步推迟向核监管局提交审查核电站其余反应堆的申请。2017 年 2 月，日本原子能公司向核监管局证实计划中的应急响应中心（ERC）不符合监管机构的抗震要求。现场应急中心将在发生严重事故时必不可少。东京电力公司起初称这座建筑可以承受日本震级最高的 7 级地震。然而，在核监管局的筛查过程中，它承认甚至可能连所假定强度一半震动都无法承受。日本原子能公司称，在 2014 年意识到抗震强度不足，但该信息未在公司内部共享也没有与核监管局沟通。针对披露事宜，核监管局主席表示——它“给我们留下了挥之不去的猜疑”。

2017 年 1 月，东京电力公司将核电站升级改造的预计费用修改为 6800 亿日元（60 亿美元）。迄今为止的投资已经建成了 15 米海啸墙，而且安装了过滤通风口和催化氢复合器（以防止氢气爆炸）。另外一个措施包括在 6 号和 7 号反应堆压力容器（以下简称 RPV）下安装所谓的“护芯盾”，已于 2016 年 5 月完成了 7 号机组的安装，努力遏制发生严重事故时熔融燃料将破坏主安全壳事故的发生。

2017 年 6 月 16 日，东京电力公司向核监管局重新提交确认 Kashiwazaki-Kariwa-6 号和 7 号反应堆是否符合安全规定的申请。2017 年 2 月，核监管局要求东京电力公司重新提交。东京电力公司提交的文件包括如何减少核电站断电（以下简称 SBO）在内的更加严重事故的处理措施。东京电力公司现在将假设核电站断电后将会出现直流电源的不可用、安全壳泄压阀的失效。东京电力公司的管理层将提交内容描述为“这是我们能做的最好的”，它并不是十分完美。

2016 年 10 月选举后，新潟新任县长被任命，东京电力公司的政治问题变得更加复杂，Kashiwazaki-Kariwa 核电站的运行仍然是一个核心的问题。Yoneyama 当选县长的主要原因之一是由于他反对早期重启新潟的反应堆，出口民意调查显示 73% 的选民反对重新启动日本新潟反应堆，而只有 27% 的选民是支持的。县长的首届任期至 2020 年年中，超过日本原子能公司提议的

2019年作为最早的启动日期。2017年6月中旬，县长表示一个即将成立的咨询委员会将复查2011年的福岛核事故及其产生的健康影响，以及检查新潟县的疏散演习。检查估计需要三年时间，在此期间，当地社区、地方议会和县长将不可能发出重新启动的同意书。

2017年5月18日公布的东京电力公司新业务计划的一个关键因素是试图每年获得5000亿日元（约合44亿美元）的资金用于福岛事故费用。这些资金的主要来源是Kashiwazaki-Kariwa-6号和7号机组的重启。东京电力公司依靠这些反应堆在未来10年提供1600亿日元（14亿美元）到2150亿日元（19亿美元）之间的税前利润。6号和7号机组分别自2012年和2011年以来一直停机，东京电力公司迄今没有说服当地和县里对重启的反对。这些停机反应堆每年预计花费日本原子能公司240亿日元（约合21亿美元），而不能提供收入。当东京电力公司在2014年向日本政府提交了它的第二个业务计划时，曾预计6号和7号机组将于2014年中期重新启动，1号和5号机组将在2014年年底重新启动。

东京电力公司的第三个新业务计划推迟了Kashiwazaki-Kariwa核电站的再次启动，提议称最早将在2019年启动。日本原子能公司的商业核电站可能有三种情景，公司预计在2019年、2020年或2021年重新启动6号和7号机组；对于其他的Kashiwazaki-Kariwa反应堆，东京电力公司将重新启动1号和5机组的目标日期定位2021年和2023年之间；将重启2号、3号和4号机组的目标日期定位2024年至2026年之间；最坏的情况下是东京电力公司将不再重启2号机组。

Kashiwazaki-Kariwa核电站的退役前景已成事实，2017年1月1日，柏崎市市长宣布作为允许重新启动6号和7号反应堆的条件，东京电力公司必须在2019年之前至少提出1号到5号反应堆（这些将被永久关闭的反应堆的数量不会有上限）中其中一个的退役计划。市长表示，不可避免地要削减下核电站的规模，“考虑到福岛核事故，七座反应堆太多了。”

为了克服重启Kashiwaza-kiKariwa核电站反应堆的政治障碍，2016年10

月，日本经济贸易产业省为东京电力公司的核电运营想出一个了创建子公司的主意，然后与另一个核运营商合并。“这将会使合并变得更加容易，”一个核退役基金官员说，东京电力公司拒绝发表评论。除了这样的兼并可能带来的经济利益之外，它还被认为，与其他公共事业公司共同运行的 Kashiwazaki-Kariwa 核电站有助于克服新潟县当地对重启的反对。而且日本经济贸易产业省可能会要求东北电力公司加入东京电力公司来接管 Kashiwazaki-Kariwa-6 号和 7 号反应堆的运行。新潟县居民熟悉东北电力公司，而不是东京电力公司，因为新潟县是东北电力公司销售电力的地区。

日本政府一直极力倡导这种做法，将其描述为“必不可少的”并认为这将是东京电力公司走向“排毒”的积极一步。

日本核电公共事业公司对这一建议没有表现出热情。除了多重实践、法律、责任和财务风险问题，各公司优先考虑克服多个障碍重启自己的反应堆。2017 年 5 月，北陆电气公司总裁表示：“我们对于他们进行核电并购并不感兴趣……改变核电站的经营者将更难获得当地公民对核电站运行的信任”，中部电力公司表示了类似意见。

尽管对与东京电力公司的并购缺乏热情，但在 2017 年 5 月，该提案已成为其新业务计划之一，然而，目标日期已经推迟了十年，到 2026 年。

核监管局重点关注 Kashiwazaki 核电站高级沸水式反应堆的决定也意味着三个其他沸水反应堆的审查将延迟，这三个反应堆分别为日本电力公司的 Shimane 核电站 2 号反应堆、东北电力公司的 Onagawa 核电站 2 号反应堆和中部电力公司 Hamaoka 核电站 4 号反应堆。然而，考虑到东京电力公司 Kashiwazaki-Kariwa 核电站 6 号和 7 号反应堆的重启时间被推迟到最早 2019 年，未来几年，有可能这些反应堆中的一座或多座将会投入使用。对于这些沸水反应——Hamaoka 核电站 4 号反应堆、Tokai 核电站 2 号反应堆、Shimane 核电站 2 号反应堆和 Onagawa 核电站 2 号反应堆——都处于不同的审查阶段，包括地震评估，但每座都面临着一系列技术、政治以及在某些情况下的法律问题，这些问题将推迟在未来几年内任何核电站的运营。

附录 3. 主要评级机构的评级标准

穆迪		标准普尔		惠誉		
长期	短期	长期	短期	长期	短期	
Aaa	P-1	AAA	A-1+	AAA	F1+	优先级
Aa1		AA+		AA+		高等级
Aa2		AA		AA		
Aa3		AA-		AA-		
A1		A+	A-1	A+	F1	中高等级
A2		A		A		
A3	P-2	A-	A-2	A-	F2	
Baa1		BBB+		BBB+		中低等级
Baa2	P-3	BBB	A-3	BBB	F3	
Baa3		BBB-		BBB-		
Ba1	Not prime	BB+	B	BB+	B	非投资级投机
Ba2		BB		BB		
Ba3		BB-		BB-		
B1		B+		B+		高度投机
B2		B		B		
B3		B-		B-		
Caa1		CCC+	C	CCC	C	存在潜在风险
Caa2		CCC				深度投机
Caa3		CCC-				完全投机性
Ca		CC				
		C				
C		D	/	DDD	/	债务违约
/				DD		
/				D		

资料来源：Wikipedia，"Credit Rating"，Last Update 12 July 2017

附录 4. 作者简介

迈克·施耐德（Mycle Schneider）是一位从事能源和核政策研究的独立国际顾问，居住于巴黎，是国际能源咨询委员会（IEAC）的创始董事会成员，并担任首尔国际能源咨询委员会（SIEAC）的协调员。迈克（Mycle）是易裂变材料（以下简称 IPFM）国际专家组（总部设在美国普林斯顿大学）成员。他给比利时能源部、法国和德国环境部、美国国际发展机构、国际原子能机构、欧洲委员会、欧洲议会技术评估组织以及法国核安全与防护研究所提供信息和咨询服务。迈克曾在 14 个国家的国家议会和欧洲议会做过报告。2004—2009 年，他曾在南特负责法国矿院联合大学国际硕士的环境与能源战略课程。他曾给世界各地的 20 所大学和工程学院授过课。1983 年，他创立了能源信息署 WISE-Paris，并一直指导工作到 2003 年。1997 年，他和日本的金泽高木（Jinzaburo Takagi）获得正确生活方式奖，该奖项也被称为“诺贝尔环境奖”。

安东尼·福罗格特（Antony Froggatt）在伦敦担任独立欧洲能源顾问。自 1997 年以来，他一直是欧盟和周边国家之能源和核能政策问题的自由研究者兼作家。他为欧洲各国政府、欧盟委员会和议会、非政府环保组织、商业机构和媒体广泛开展与欧盟能源相关的工作。他曾在奥地利、德国、英国和欧盟议会向调查和听证会提供相关材料。他兼任伦敦查塔姆的皇家国际事务研究所的资深研究员，也是埃克塞特大学能源政策小组的协会成员。在成为自由工作者之前，安东尼曾有九年担任国际绿色和平组织核活动家和协调员。

大卫·弗里曼（S. David Freeman）在指导联邦、地区和地方能源政策方面有四十多年的经验。1977 年，他被总统吉米·卡特（Jimmy Carter）任命为田纳西河谷管理局（以下简称 TVA）的主席，他率先推出了一项大规模的节能计划。随后，弗里曼先生又担任过几家大型公共机构的总经理 20 年，包括洛杉矶水电部、纽约电力局、下科罗拉多河管理局和萨克拉门托市政公共事业部。他拥有佐治亚理工学院土木工程学士和田纳西大学法学学士。他在 1974

年出版了《能源：新时代》、2007年出版了《赢得我们的能源独立：能源内部人士如何展示》，最近出版的《全电动美国》和题为《绿色牛仔》的自传。

朱莉·哈斯曼（Julie Hazemann）是总部设在法国巴黎的EnerWebWatch的主任，该组织是2004年推出的专注于能源和气候问题的文档监控服务。作为信息工程师和研究人员，她自1992年以来，一直维护着世界核反应堆数据库，并为世界核电产业状况报告（WNISR）进行数据建模和数据可视化工作。在信息和文件项目管理方面，她对信息结构，数据和电子信息产品的开发具有强烈的兴趣。她还为具体项目承担专门的翻译和研究活动。她也是n é ga Watt（法国）的成员之一，并在Coopaname Coop的框架下开发了EnerWebWatch。

松田忠雄（Tadahiro Katsuta）获得广岛大学等离子物理学博士学位（1997年）。目前他在日本东京的明治大学担任副教授。在2014—2015年间，他担任美国普林斯顿大学科学和全球安全（PSGS）计划的访问学者。他正在研究日本乏燃料管理问题。他还在研究福岛第一核电站事故，并从技术和政治角度关注新监管标准。他被日本核监管机构（以下简称NRA）任命为研究小组成员，负责商业核电反应堆、核燃料设施、研究性反应堆和核废料储存/处置设施的新法规要求。2008—2009年间，他作为PSGS的访问学者，进行了多边核燃料循环系统的研究。2006—2008年间，他在东京大学研究了与Rokkasho后处理厂相关的分离钚的问题。1999—2005年间，他在东京的公民核信息中心（以下简称CNIC）担任研究员。

拉玛纳（M.V. Ramana）是加拿大温哥华英属哥伦比亚大学刘氏全球问题研究所的西蒙斯主席，主要负责裁军、全球和人类安全。他在波士顿大学获得理论物理学博士学位。拉玛纳是《承诺的力量：审视印度的核能》（企鹅出版社，2012）一书的作者，参与编辑了《核梦想的囚犯》（东方朗文出版社，2003年）。他是国际裂变材料小组（以下简称IPFM）的一员，也是美国物理学会获得古根海姆奖和利奥·西拉德奖的人士。他在2016—2017年度被科学研究学会选为杰出讲师。

胡安·卡米洛·罗德里格斯（Juan Camilo Rodriguez）是金融机构独立

股权研究提供者 AlphaValue 能源部门的股权分析师。自 2014 年以来，他一直为 AlphaValue 工作，协调研究和估值研究在股票市场上交易的主要欧洲能源公司。2013 年，他在巴黎核风险经济实验室（全称 LERN：Laboratorial Economique des Risques Nucl é aires）工作，这是辐射防护与核安全研究所（全称 IRSN：Institut de Radioprotection et Sûret é Nucl é aire）的重点经济小组，负责衡量核风险的经济影响。（胡安）Juan 拥有索邦大学和巴黎经济学院实证与理论经济学（以下简称 ETE）和经济与金融数学模型（以下简称 MMEF）的双硕士学位。他同时也拥有佛罗里达国际大学（以下简称 FIU）的经济与金融双学士学位。他对金融市场的专业知识和对欧洲电力效用范围的财务分析，考虑到了公共和私人关于能源政策的决策和这些决策的财务影响，以及估值指标和股票市场表现的预期变化。2016 年，他向法国国民议会核电退役工作专家组提供了专家证据。

安德烈亚斯·鲁丁格（Andreas Rüdinger）担任能源和气候政策独立顾问，与非政府组织、研究机构和公共机构合作。他是法国巴黎可持续发展与国际关系研究所（以下简称 IDDRI）的副研究员。自 2011 年以来，他曾为 IDDRI 的能源与气候项目工作，参与合作了法国和欧洲能源转型政策的各种研究项目。2013 年，他作为专家委员会成员和主席劳伦斯·图比亚娜（Laurence Tubiana）的顾问，参加了法国国家能源转型辩论会。他的专业知识涵盖了地方、国家和欧洲层面的能源转型战略和政策的多个方面：能源效率政策，可再生能源的支持机制和市场一体化，融资工具以及管理和公众参与问题。他多次发表关于能源课题的研究和研究论文。安德烈亚斯拥有波尔多科学院和斯图加特大学政治学和国际关系学的双硕士学位。他曾在巴黎科学院（以下简称 PSIA），HEC 商学院，AgroParisTech 和 ISAE-SupAéroToulouse 担任客座讲师。

阿格尼丝·斯蒂安（Agnès Stienne）是一位艺术家，制图师和独立平面设计师。十多年来，她为法国《世界报》杂志和 Visionscarto.net 网站的制图工作做出了贡献。她创造了许多“叙述性的地图”，来说明一系列复杂的主题和问题，包括关于武装冲突的国际论文，以及战争的损害。她目前主要从事与农业实践相关的研究项目，如“侵占土地”等基础农业和食品问题。她的研究结果在 Visionscarto.net 网站上被列为“地理诗意”简报，她用水彩画将她的研究结果转化为地图和可视化的数据。2017 年夏天，在“组合艺术节”的框架下，“Géopoétiquedes champs”展览在巴黎的巴黎设计博览会上展示了她的作品。她完成的工作包括 2014 年出版的联合国“全球海洋偷猎报告：1995—2003 年地理空间分析”的设计。

附录 5. 缩写

ABB：阿西布朗勃法瑞公司

ABWR：高级沸水反应堆

ACRO：西方放射性控制协会（法国）

AEC：原子能委员会（台湾）

AECL：加拿大原子能有限公司

AES：俄罗斯国家原子能公司反应堆设计

AFP：法新社—法国新闻社

AGEB：能源平衡工作组（德国）

AGEE-Stat：可再生能源统计工作组（德国）

AGR：改进型气冷式堆

AHWR：先进重水反应堆

ANS：美国核学会（美国）

AP：美联社

APR：先进的电力反应堆或加压反应堆

ASE：俄罗斯出口核电设备和服务的外贸工程公司

ASLB：美国核管理委员会原子能安全与许可委员会

ASN：核安全管理局（法国）

ASTRID：先进钠工艺工业示范快堆

ATMEA：阿海珐（AREVA）反应堆的设计

B&W：巴布科克和威尔科克斯公司

BBC：英国广播公司

BFE：联邦能源局（瑞士）

BKW：伯尔尼发电厂—伯尔尼电力生产与配电公司（瑞士）

BMWI：联邦经济与能源部（德国）

BNDES：巴西国家开发银行

BNEF：彭博新能源财经

BOO：建设 – 拥有 – 运营

BP：超越石油

BUND：德国环境与自然保护联盟—德国地球之友

BWR：沸水堆

CANDU：加拿大氘铀

CAREM25：阿根廷设计和开发的 25 MWe 小型压水堆的原型堆。

CB&I：芝加哥桥梁钢铁公司（美国）

CCS：碳捕捉和碳封存

CEA：中央电力管理局（印度）或原子能委员会（法国）

原子能与可替代能源委员

CEO：首席执行官

CfD：差价合约

CFSI：伪造、欺诈和可疑物品

CGN：中国广核集团有限公司

CNAAA：阿尔瓦罗·阿尔贝托核电站（巴西）

CNEA：国家原子能委员会（西班牙）

CNEC：中国核工业建设集团公司

CNIC：公民核信息中心（日本）

CNNC：中国核工业集团公司

CNNPC：中国核能电力股份有限公司（中国核工业集团子公司）

CNP：核准备金委员会（比利时）

COD：商业运行日期

COL：施工及营业执照

ComEd：英联邦爱迪生公司

CRE：能源监管委员会（法国）

CSN：核安全委员会（西班牙）

CWE：中西欧

CWIP：合并在建工程

DEC：东方电气集团（中国）

DECC：能源与气候变化部（英国）

DIB：债务人持有资产

DOE：能源部（美国或南非）

DPP：民进党（中国）

DSSA：结构性资产的开发和销售

E.ON 德国意昂集团：E.ON 公司

E&P：勘探与生产

EBITDA：利息、税项、折旧及摊销前利润

EBRD：欧洲复兴开发银行

EC6：增强型 CANDU-6（加拿大氘铀）

ECIC：埃斯波公约执行委员会

EDF：法国电力公司

EGAT：泰国国家发电局

EIA：环境影响评估（乌克兰），能源信息管理局（美国）

EnBW：巴登－符腾堡州能源电力公司（德国）

ENEC：阿联酋核能公司（阿联酋）

ENEL：意大利国家电力公司

ENSI：联邦核安全监察局（瑞士）

ENSREG：欧洲核安全监管组织

EPDC：电力发展有限公司（日本）

EPH：捷克斯洛伐克能源产业私人控股公司

EPR：欧洲加压水反应堆或进化加压水反应堆（美国）

EPSA：电力供应协会

EPZ：南荷兰电力生产公司

ERCOT：得克萨斯州电力可靠性委员会（美国）

ERD：经济关系司（孟加拉国）

ETE：实证与理论经济学

ETS：碳排放交易体系

EU：欧盟

EU28：欧盟 28 个成员国

EÜAS：国有发电公司（土耳其）

Euratom：欧洲原子能共同体条约

EVN：越南电力公司

EWEA：欧洲风能协会

FANC：联邦核管理局（比利时）

FEPC：电力公司联合会（日本）

FERC：联邦能源管理委员会（美国）

FIU：佛罗里达国际大学（美国）

FL3：弗拉芒维尔核电站 3 号反应堆（法国）

FOA：投资机会公告

FS：法兰克福学派（德国）

FY：财政年度

GDA：通用设计评估

GDF-Suez：法国加兹——现在被称为法国天然气苏伊士集团

GDOS：环境总局（波兰）

GDP：国内生产总值

GE：通用电气公司

GP ESPN：核压力设备专家组

GWEC：全球风能理事会

HM：女王陛下

HPC：Hinkley Point 核电站（英国）

HSBC：香港上海汇丰银行有限公司

HTR：高温反应堆

IAEA：国际原子能机构

IANS：印度亚洲新闻社

IDDRI：可持续发展与国际关系研究所（法国）

IEA：国际能源署

IESO：独立电力系统运营商

INDAG：国际核能海水淡化咨询组

INDCs：拟定的国家捐款

INRAG：国际核能风险评估团体

IPCC：国际气候变化小组

IPFM：普林斯顿大学国际裂变材料专门委员会（美国）

IPO：首次公开募股

IPS：综合项目进度表

IRENA：国际可再生能源机构

IRID：国际核退役研究所

IRP：综合资源计划（南非）

IRRS：综合监管审查服务（国际原子能机构）

IRSN：辐射防护和核安全研究所（法国核安全局）

ISO：国际标准化组织

ITC：投资税收抵免

J-Power：电力开发公司（日本）

JAEA：日本原子能机构

JAEC：约旦原子能委员会或日本原子能委员会

JAIF：日本原子能工业论坛

JAPCO：日本原子能公司

JAPEIC：日本动力工程及检验总公司

JAVYS：国有能源公司（斯洛伐克）

JCER：日本经济研究中心

JCFC：日本铸锻钢株式会社

JESS：核电公司（斯洛伐克）

JMA：日本气象厅

JNFL：日本核燃料有限公司

JPY：日元

JSFR：日本钠快堆

JSW：日本制钢所

KA-CARE：阿卜杜拉王国原子和可再生能源城（阿联酋）

KAERI：韩国原子能研究所

KAPP：卡拉帕尔（印度）

KEPCO：韩国电力公司

KFK：为逐步淘汰核能而筹措资金的独立核能委员会（德国）

KGHM：铜矿冶炼与工业集团（波兰）

KHNP：韩国水电与核电有限公司

KINS：韩国核安全研究所

千米 T：中国国民党

KRW：韩元（韩国）

LCOE：平准化发电成本

LEU：低浓缩铀

LNG：液化天然气

LTO：长期停运

LTS：长期关闭

METI：经济产业省（日本）

MHI：三菱重工

MHLW：卫生劳动福利部

MISO：中部独立系统运营商（美国）

MMEF：经济金融数学模型

MOEA：经济部（中国台湾）

MoSPI：统计和计划执行部（印度）

MoU：谅解备忘录

MOX：混合氧化物

MSC：迈克施耐德咨询公司

NAO：国家审计署—英国政府商业，能源和工业战略部（英国）

NEA：国家能源局（中国）

NEB：加拿大国家能源局

NEI：核能研究所（美国）或国际核工程

NGO：非政府组织

NIA：核工业协会（英国）

NISA：核工业安全局（日本）

NIW：核情报周刊

NJZ：一个新的核资源

NNEGC：国家核能发电公司（乌克兰）

NP：核电

NPAD：新政治民主联盟（日本）

NPCIL：印度核电公司

NPP：核电站

NPS：国家政策声明（英国）或核电站（日本）

NRA：核监管局（日本）

NRC：核监管委员会（美国）

NSG：核供应国集团

NSSC：核安全委员会（韩国）

NW：核能周刊

NYPSC：纽约公共服务委员会（美国）

OAH：国家原子能办公室（匈牙利）

OECD：经济发展和核能源合作机构

OFEN：能源联邦办公室（瑞士）

OKG：奥斯卡港核电站（瑞典）

OL：奥基洛托 3 号或 4 号机组（芬兰）

ONR：核监管局（英国）

OPG：安大略发电厂（加拿大）

OPPD：奥马哈公共电力区（美国）

OPR：韩国的反应堆设计

ORS：南卡罗来纳州监管机构办公室（美国）

PFBR：原型快中子增殖反应堆

PG&E：太平洋燃气和电力公司

PGE：波兰能源集团

PHWR：加压重水反应堆

PIE：欧洲电力

PJM：宾夕法尼亚州 - 新泽西州 - 马里兰州联合公司（美国）

PLEC：日本核电厂生命工程中心

PLEX：核电站延役

PPA：电力购买协议

PRIS：国际原子能机构的电力反应堆信息系统

PSC：佐治亚州公共服务委员会（美国）

PSGS：科学和全球安全计划（美国普林斯顿大学）

PTC：生产税收抵免

PV：光伏

PWR：压水反应堆

PXE：中欧电力交易——布拉格证券交易所

PZEM：荷兰泽兰省能源公司

RAB：监管资产基础

RAPP：拉贾斯坦邦（印度）

RAV：监管资产价值

RBMK：大功率通道反应堆

REN21：二十一世纪可再生能源政策网络

ROCE：资本回报率

ROE：股本回报率

RPV：反应堆压力容器

RTE：高压电网（法国）

RTO：区域输电组织

RWE：莱茵威斯特法伦电力股份公司

S&P：标准普尔公司

SAFCEI：南非宗教社区环境研究所

SAM：严重事故管理

SAR：安全分析报告

SCE&G：南加州电气公司（美国）

SE：斯洛伐克电力公司；国家公共事业公司（斯洛伐克）

SIEAC：首尔国际能源咨询委员会

SL：严重性级别

SMART：系统集成模块化高级反应堆

SMR：小型模块化反应堆

SNN：国家核电公司（罗马尼亚）

SNPTC：国家核电技术公司（中国）

SPIC：国家电力投资公司（中国）

SPP：西南电力联合公司（美国）

SSE：安全停堆地震

STUK：辐射与核安全局（芬兰）

SÚJB：国家核安全局（捷克共和国）

TASS：塔斯通讯社（苏联）

TEPCO：东京电力公司（日本）

TMI：三哩岛（美国）

TVA：田纳西河谷管理局（美国）

TVO：核电公司（芬兰）

UNECE：联合国欧洲经济委员会

U.A.E.：阿拉伯联合酋长国

U.K.：英国

U.S.：美国

UAE：阿拉伯联合酋长国

UAMPS：犹他州联合市政电力系统公司（美国）

UCLA：加利福尼亚大学洛杉矶分校（美国）

UN：联合国

UNEP：联合国环境规划署

UNFCCC：联合国气候变化框架公约

U.S.DOE：美国能源部

VVER：俄罗斯加压水反应堆设计

WACC：加权平均资本成本

WNA：世界核能协会

WNISR：世界核能产业发展报告

WNN：世界核能新闻

WSJ：华尔街日报

WWS：风力、水力和阳光

ZEC：零排放信贷

WWTP：污水处理厂

电气及其他单位

kW：千瓦（装机容量单位）

kWh：千瓦时（单位电力生产或消耗）

MW：兆瓦（106 瓦特）

MWe：兆瓦电（不同于兆瓦，MWt）

GW：吉瓦（109 瓦特）

GWe：吉瓦电

TWh：太瓦时（1012 瓦时）

Bq：贝克勒尔

Bq/l：贝克勒尔每升

Bq/km^2：贝克勒尔每平方千米

Bq/m^2：贝克勒尔每平方米

PBq：1015 贝克勒尔

Gy：灰度（1kg 被辐照物质吸收 1 焦耳的能量为 1Gy）

mSv：毫西弗特

mSv/h：毫西弗每小时

person-Sv：全身暴露的集体剂量单位

Sv：西弗特

Sv/h：西弗特每小时

Sv/y：西弗特每年

附录 6. 世界核电发展现状

表 14　全球核电现状（截至 2017 年 7 月 1 日）

国家	核电站					功率电力百分比	能源商业首要能源份额
	运营中			长期停运（单位：座）	正在施工（单位：座）		
	数量	装机容量（MW）（单位：兆瓦）	平均工作年限（单位：年）				
阿根廷	2	1032	23.2	1	1	5.6%（=）	2.1（=）
亚美尼亚	1	375	37.5			31.4%（-）	
白俄罗斯					2		
比利时	7	5913	37.3			51.7%（+）	16（+）
巴西	2	1884	26.1			2.9%（=）	1.2（=）
保加利亚	2	1926	27.8			35%（+）	19.7（+）
加拿大	19	13554	34			15.6%（=）	7（=）
中国	37	32384	7		20	3.6%（=）	1.6（=）
捷克共和国	6	3930	26			29.4%（-）	13.7（-）
芬兰	4	2764	38.3		1	33.7%（=）	19.6（=）
法国	56	60920	32.3	2	1	72.3%（-）	38.7（-）
德国	8	10799	31.1			13.1%（=）	5.9（=）
匈牙利	4	1889	32			51.3%（-）	16.6（=）
印度	20	5948	20.2	1	6	3.4%（=）	1.2（=）
伊朗	1	915	5.8			2.1%（=）	0.5（=）
日本	5	4198	31	33	1	2.2%（+）	0.9（=）
韩国	24	22501	19.6		3	30.3%（-）	12.8（=）
墨西哥	2	1552	25.4			6.2%（=）	1.3（=）
荷兰	1	482	44			3.4%（=）	1.1（=）
巴基斯坦	5	1320	13.9		2	4.4%（=）	1.5（=）
罗马尼亚	2	1300	15.5			17.1%（=）	7.7（=）
俄罗斯	35	26111	30.4		6	17.1%（-）	6.6（=）
斯洛伐克	4	1814	25.3		2	54.1%（-）	21（=）
斯洛文尼亚	1	688	35.7			35.2%（-）	?
南非	2	1860	32.6			6.6%（+）	2.9（=）
西班牙	7	7121	32.4			21.4%（+）	9.8（=）
瑞典	8	8629	36.9			40%（+）	27.2（+）
瑞士	4	2968	40.8	1		34.4%（=）	18.3（=）
台湾	5	4448	35	1		13.7%（-）	6.4（=）
阿联酋	0				4		

续表

国家	核电站					功率 电力百分比	能源 商业首要 能源份额
	运营中						
	数量	装机容量（MW）（单位：兆瓦）	平均工作年限（单位：年）	长期停运（单位：座）	正在施工（单位：座）		
英国	15	8883	33.4			20.4%（=）	8.6（=）
乌克兰	15	13107	28.4			52.3%（－）	21.1（－）
美国	99	99868	37.1		4	19.7%（=）	8.4（=）
欧盟	125	117058	32.4	2	4	25.9%（=）（2）	11.6（=）
全球	403	351083	29.30	39	53	10.5%（=）（2）	4.5（=）

资料来源：WNISR，IAEA-PRIS，BP，2017

附录 7. 全球在建核反应堆

表 15 全球“在建”核反应堆（截至 2017 年 7 月 1 日）

国家	数量	装机容量（单位：兆瓦）	型号	开始建造时间（日 / 月 / 年）	预计入网时间	是否延期
阿根廷	1	25				
Carem25		25	CARE（PWR）	08/02/2014	2019	是
白俄罗斯	2	2218				
Bela rusian-1		1109	VVER V-491	06/11/2013	2019 年底（商业运行）	是
Bela rusian-2		1109	VVER V-491	03/06/2014	2020 年以后（商业运行）	
中国	20	20500				
Fangchenggang-3		1000	HPR-1000（Hualong One）	24/12/2015	2019	
Fangchen ggang-4		1000	HPR-1000（Hualong One）	23/12/2016	2020	
Fuqing-4		1000	CPR-1000	01/10/2012	7/2017	
Fuqing-5		1000	HPR-1000（Hualong One）	07/05/2015	6/2020（完成）	是
Fuqing-6		1000	HPR-1000（Hualong One）	22/12/2015	2020	
Haiyang-1		1000	AP-1000	24/09/2009	2018（商业运行）	是
Haiyang-2		1000	AP-1000	21/06/2010	2018	是
Hong yanhe-5		1000	ACPR-1000	29/03/2015	2019	
Hongyanhe-6		1000	ACPR-1000	24/07/2015	2020	
Sanmen-1		1000	AP-1000	19/04/2009	2018	是
Sanmen-2		1000	AP-1000	17/12/2009	2018	是
Shidao Bay-1		200	HTR-PM	01/12/2012	2018	是
Taishan-1		1660	EPR-1750	28/10/2009	S2/2017	是
Taishan-2		1660	EPR-1750	15/04/2010	S1/2018	是
Tianwan-3		990	VVER V-428M	22/12/2012	2/2018	是
Tianwan-4		990	VVER V-428M	27/09/2013	3/2019	是
Tianwan-5		1000	ACPR-1000	27/12/2015	12/2020（商业运行）	
Tianwan-6		1000	ACPR-1000	07/09/2016	10/2022（商业运行）	
Yangjiang-5		1000	ACPR-1000	18/09/2013	11/2017	

续表

国家	数量	装机容量（单位：兆瓦）	型号	开始建造时间（日/月/年）	预计入网时间	是否延期
Yangjiang-6		1000	ACPR-1000	31/12/2013	7/2019	是
芬兰	1	1600				
Olkiluoto-3		1600	EPR	12/08/2005	2018	是
法国	1	1600				
Flamanville-3		1600	EPR	03/12/2007	2019 年第二季度	是
印度	6	3907				
Kakrapar-3		630	PHWR-700	22/11/2010	2018（商业运行）	是
Kakrapar-4		630	PHWR-700	22/11/2010	2018（商业运行）	是
Kudankulam-3		917	VVER1000	29/06/2017	mid-2023（商业运行）	
PFBR		470	FBR	23/10/2004	2018	是
Rajasthan-7		630	PHWR	18/07/2011	2018（完成）	是
Rajasthan-8		630	PHWR	30/09/2011	2019	是
日本	1	1325				
Shimane-3		1325	ABWR	12/10/2007	?	是
巴基斯坦	2	2028				
Kanupp-2		1014	ACP-1000（Hualong One）	20/08/2015	2021	
Kanupp-3		1014	ACP-1000（Hualong One）	31/05/2016	2022 年以后	
俄罗斯	6	4359				
Leningrad 2-1		1085	VVER V-491	25/10/2008	5/2018	是
Leningrad 2-2		1085	VVER V-491	15/04/2010	11/2019	是
Leningrad 2-2		1085	VVER V-491	15/04/2010	11/2019	是
Novovoronezh 2-2		1114	VVER V-392M	12/07/2009	10/2018	是
Rostov-4		1011	VVER V-320	01/01/1983	12/2017	是
Akademik Lomonosov-1		32	KLT-40S 'Floating'	15/04/2007	2019	是
Akademik Lomonosov-2		32	KLT-40S 'Floating'	15/04/2007	2019	是
斯洛伐克	2	880				
Mochovce-3		440	VVER V-213	01/01/1985	End 2018（运行）	是
Mochovce-4		440	VVER V-213	01/01/1985	End 2019（运行）	是
韩国	3	4020				

续表

国家	数量	装机容量（单位：兆瓦）	型号	开始建造时间（日/月/年）	预计入网时间	是否延期
Shin-Hanul-1		1340	APR-1400	10/07/2012	4/2018（商业运行）	是
Shin-Hanul-2		1340	APR-1400	19/06/2013	2/2019（商业运行）	是
Shin-Kori-4		1340	APR-1400	19/09/2009	9/2018（商业运行）	是
阿联酋	4	5380				
Barakah-1		1345	APR-1400	19/07/2012	2018	是
Barakah-2		1345	APR-1400	30/05/2013	2018	?
Barakah-3		1345	APR-1400	24/09/2014	2019	?
Barakah-4		1345	APR-1400	30/07/2015	2020	?
美国	4	4468				
Summer-248		1117	AP-1000	09/03/2013	2020	是
Summer-3		1117	AP-1000	02/11/2013	2020	是
Vogtle-3		1117	AP-1000	12/03/2013	2019 年中	是
Vogtle-4		1117	AP-1000	19/11/2013	2020 年中	是
全球	53	52310			2017-2023	37
Mochovce-4		440	VVER V-213	01/01/1985	End 2019（运行）	是
韩国	3	4020				
Shin-Hanul-1		1340	APR-1400	10/07/2012	4/2018（商业运行）	是
Shin-Hanul-2		1340	APR-1400	19/06/2013	2/2019（商业运行）	是
Shin-Kori-4		1340	APR-1400	19/09/2009	9/2018（商业运行）	是
阿联酋	4	5380				
Barakah-1		1345	APR-1400	19/07/2012	2018	是
Barakah-2		1345	APR-1400	30/05/2013	2018	?
Barakah-3		1345	APR-1400	24/09/2014	2019	?
Barakah-4		1345	APR-1400	30/07/2015	2020	?
美国	4	4468				
Summer-248		1117	AP-1000	09/03/2013	2020	是
Summer-3		1117	AP-1000	02/11/2013	2020	是
Vogtle-3		1117	AP-1000	12/03/2013	2019 年中	是
Vogtle-4		1117	AP-1000	19/11/2013	2020 年中	是
全球	53	52310			2017-2023	37

附录 8. 执行摘要与结论

《2017 世界核能产业发展报告》（WNISR2017）对核电站的相关数据进行了全面的回顾，包括运营、生产和建设各方面。报告评估了当前核电国家以及潜在的新兴核电国家新建项目的情况。该版 WNISR2017 包括以股权分析的角度对全球核电行业的财务危机以及最大的核电产业巨头进行的全新评估。福岛现状报告不仅提供了核事故发生 6 年后核电站内外的最新情况，而且还提供了最新官方以及独立机构的灾难成本评估。重点章节对法国、日本、韩国、英国和美国的核电现状进行了深入的分析。“核能与可再生能源对比”这一章将全球核电投资额、装机容量和发电量的数据与风能和太阳能进行比较。最后，附件 1 对其他运营核电站的国家逐个进行阐述。

全球核反应堆现状和核电发展计划

新启与关停。2016 年有 10 座核反应堆启动，其中中国有 5 座，其余 5 座分别位于印度（Kudankulam-2）、巴基斯坦（Chasnupp-3）、俄罗斯（Novovoronezh-2-1）、韩国（Shin-Kori-3）和美国（Watts Bar-2，历时 43 年建造）。2016 年有两座核反应堆关闭，分别是俄罗斯的（Novovoronezh-3）和美国的（Fort Calhoun-1）。

2017 年上半年，世界上有两座核反应堆开始投入运营，分别是中国的（Yangjiang）和巴基斯坦的（Chasnupp-4，中国公司承建）。关闭了韩国（korin-1，运营了 40 年）和瑞典（oskarshamn-1，运营了近 46 年）的两座最老的核反应堆。

运营和兴建资料

核反应堆营运现状。目前有 31 个国家在运营核电站。这些国家总共有 403 座核反应堆（不包括长期停运的核反应堆），与 2016 年中期相比，只增加了一台，比 2002 年的峰值 438 台减少了 35 台。在过去的一年里，全球核电总装机容量达到 351GW，增加了不到 1%，与 2000 年的水平相当。2006 年核电总装机容量的历史峰值为 368GW。2016 年核电发电量达到 2476TWh，比上一年增长了 1.4%，但比 2006 年的历史发电峰值低了近 7%。与 2015 年相同，2016 年全球核电发电量增长的 35TWh 主要是由于中国核电发电量增长的拉动作用（增长 23%，达到 36.6TWh）。

WNISR2017 将 33 座日本反应堆划分到长期停运（LTO）的类别中，比 WNISR2016 少了 3 座，3 座中 2 座为重启（Ikata-3 和 Takahama-4），Monju 反应堆被永久关闭。

除上述日本反应堆外，两座法国的反应堆（bugey-5，paluel-2），还有阿根廷（Embalse）、印度（kakrapar-2）、瑞士（Beznau-1）和台湾（chinsha-1）各有一座反应堆符合 LTO 标准。

所有福岛第一核电站和第二核电站的 10 座反应堆被认定永久关闭，因此不算在运营中的核电站数量当中。

核电占比。核电所占比重在历经 1996 年最高峰的 17.6% 后便持续下降，直至过去 5 年才保持相对稳定，2016 年为 10.5%。核能在全球主要商业能源消费的占比维持在 4.5% 左右，2014 年则达到自 1984 年以来的历史新低。

2016 年世界五大核电国家为美国、法国、俄罗斯、中国和韩国（依发电量排序），其核电发电量占全球核电发电总量的 70%。中国比去年上升一位。美国和法国的核电发电量占全球核电发电量的 48%。

反应堆年龄。若先排除来自中国的新建核电项目，各国在运机组的平均年龄将在 2017 年中达到 29.3 年。其中超过一半的机组，也就是 234 台机组，已运转超过 31 年，其中有 64 台机组更是超过了 41 年。

延长运行期。超过原设计寿命期延长运行一事，不同国家有不同的规定。在美国 99 座运行反应堆中，有 84 座已经获得许可延长运行期至 60 年。而法国只允许延长 10 年，且安全部门已经明确表示，不能保证所有机组都能通过 40 年运行期所需深度安全评估。此外，法国核电站延长运行期的提议也与在

2025 年前将核电占比从目前的 3/4 降至 1/2 的法定目标相矛盾。

核电站运转年限预期。如果全球所有运行反应堆皆在运行时间达 40 年后如期关闭（除去 72 座已经运行超过 40 年的反应堆），即使所有在建的反应堆如期完成，到 2020 年全球核反应堆总数仍将比 2016 年年底减少 11 座，但装机容量增加 4GW，这是因为很多老旧反应堆的输出能力要低于目前在建的绝大多数新反应堆。在接下来的 2020 年至 2030 年 10 年间，将有 194 台（总装机容量达 179GW）机组需要被替换，这个数字几乎是过去 10 年新建机组数量的 4 倍。即便所有延期运行申请均获准，到 2020 年，全球运行反应堆总数也仅能增加 5 台，装机容量增加 16.5GW。到 2030 年，163 台机组将被关闭，由此导致 144.5GW 的电力缺口将需要通过其他发电方式来弥补。

核电站建设情况。目前有 13 个国家正在建设核电站，比去年减少了 1 个。巴西唯一的新建设项目——angra-3，也因高级管理人员受腐败指控而被叫停。

截至 2017 年 7 月 1 日，正在建设的反应堆有 53 座，比一年前减少了 5 座，比 2013 年减少了 15 座，其中 20 座在中国。在建反应堆的总装机容量为 53.2GW（-8%）。

目前 53 座在建反应堆的平均建设时间为 6.8 年，比去年增加了 0.6 年。这主要是受新开建减少和新增延迟的影响。到 2017 年年中，计划启动的 17 座反应堆中，有 11 座反应堆已经至少被推迟至 2018 年。

13 个在建反应堆的国家中，有 8 个国家都发生了延期，大部分都要延期一年甚至更长时间。超过 2/3（37 个）的建设项目存在进度滞后的情况。其余在建的 16 个项目中（其中 9 个在中国），大部分都是在过去的 3 年里开始建造的，或者还没有到开工日期，因此很难评判他们的进度是否正常。

据报道，在 WNISR2016 发布的全球 37 座建设进度滞后的核反应堆中，在过去的一年时间里，有 19 座反应堆的进度进一步滞后。

有三座反应堆的建设时间超过 30 年：分别是斯洛伐克的 Mochov3 和 Mochovce-4 以及俄罗斯的 Rostov-4。

有两座反应堆被列入“在建项目”已超过十年，分别是印度的原型快中子增殖反应堆（PFBR）和芬兰的 Olkiluoto-3。与此同时，日本的 Shimane-3 和法国的 Flamanville-3 的建设时间也将于 2017 年年底前达到 10 年。

从 2007 年到现在的过去 10 年中，在 10 个国家中最近的 51 座核反应堆的平均建设周期为 10.1 年，其分布从 4 年到 43 年不等。

开工与新建问题

新开工。2016 年共有 3 座核反应堆开工建设，其中中国有 2 座，巴基斯坦有 1 座（由中国公司承建）。相比之下，2010 年有 15 台机组动工，其中仅中国就有 10 台。2017 年上半年，仅印度有一座开工建设。历史上，世界核反应堆建设高峰是在 1976 年（44 座）。

取消兴建。1977 年到 2017 年 7 月 1 日，在 17 个国家中总共有至少 91 个兴建计划（占所有计划的 1/8）在不同推进阶段被停止或暂缓。

新计划延迟 / 取消。白俄罗斯和阿联酋是所有首次兴建核电站的国家中仅有的两个在实际进行反应堆建设的国家。白俄罗斯的 Ostrovets 项目进度一度停顿，当时反应堆压力容器在安装中落下而不得不更换。阿联酋则宣布，由于本国缺乏有经验的和有执照的专业人员，不得不将四座反应堆中第一座的启动时间推迟至 2018 年。

过去一年，在孟加拉国、埃及、约旦、波兰、沙特阿拉伯、土耳其等新兴核电发展国家，都出现了核电计划进一步延期的现象。由于电力需求放缓、对安全以及建造成本的上升的担忧，越南放弃了其新建核电站的计划。

核电财务：艰难的市场环境

历史核电巨头东芝—西屋公司的破产。在美国建设项目 V. C. Summer 和 Vogtle 出现技术问题、工程延期以及大规模成本超支之后，日本东芝集团于 2017 年 3 月对其美国子公司西屋电气公司申请破产保护。其结果是，美国的两座 V. C. Summer 反应堆的建设被叫停。

阿海珐财务崩盘（另一个新事件）。法国国家控股的综合核电公司阿海珐（AREVA）在经历了六年累计高达123亿美元的亏损之后，宣布技术性破产了。法国政府已经向其提供53亿美元的紧急救助，并继续采取分拆策略。法国电力公司EDF接管了其核电建设和服务子公司AREVA-NP。救助计划已得到欧盟委员会的批准。阿海珐已从2017年8月起被巴黎股票市场摘牌。这家陷入困境的公司还在艰难应对一场大规模的质量控制丑闻，这次丑闻导致法国的12座反应堆暂时关闭。成千上万的档案必须被检查是否存在违规或伪造情况。安全隐患仍有待评估。

困境中的核电业。很多传统的基于核电和化石燃料的电力公司持续与低批发电价、客户群萎缩、电力消耗下降、债务负担沉重、设备老化带来的生产成本上升，以及特别是来自可再生能源的激烈竞争。

欧洲方面，英国的Centrica公司、法国的EDF与Engie公司、德国的E.ON与RWE公司，在过去的一年信用等级均遭调降。与他们过去10年的股市峰值相比，2017年7月初上述公司都损失了大部分的股票市值：RWE（-82%）、E.ON（-87%）、EDF（-89%）、Engie（-75%）。

亚洲方面，日本东京电力公司在福岛核事故后实际上已国有化，截至2017年7月初，其股票市值仍较2007年2月的峰值水平低了89%。东芝集团受其美国子公司西屋电气公司破产的影响，其股价再次缩至2007年峰值水平的1/4。2014年12月在香港上市的中国中广核公司，在过去一年半里，该公司股价仍未从2015年6月的峰值60%的跌幅中恢复过来。韩国KEPCO公司是唯一一家在2016年达到其峰值股价的核电公司，在过去的一年里，由于关税削减、运营费用增加以及四座反应堆的临时关闭，该公司的市值已缩水37%。此外，韩国新总统的当选也加剧了局势的恶化。

德国的优势。德国的私营公司RWE和E.ON在战略上做出了一分为二的选择，这是由德国较低的电力和商品价格、不断加剧的市场竞争和国家能源转型等原因造成的。他们将自己的发电和交易活动从电网运营和可再生资源中分离出来，试图减少他们对商品价格波动的风险敞口，同时提供新的增长机会和价值创造。在此之后，德国政府成立了一个独立委员会（KFK）来审查这一过程。因此，德国政府设立了一个专门的核废料基金来支付未来核废料的存储成本，将风险从运营商转移给政府。

低利率环境。金融危机之后的低成本债务带来的积极效应对核电运营商有其他影响。在许多情况下，核电生产者也是电力网络的运营商，监管机构对允许的回报率进行了下调，以避免过度的收益。此外，低利率意味着核运营商今天不得不为未来的预期成本留出更多的资金，增加所需经费总额。

行业的发展

排放权交易系统（ETS）价格接近历史低位，而欧盟采取新措施，通过减少补贴供应来提高中期的价格。世界范围内正在将新的交易系统植入到与欧洲模式相似的情况，以遵守 COP21 协定。

电力价格在 2016 年上半年触及历史低位，在下半年出现反弹，2017 年继续回升。电力价格的增长是由能源短缺导致的煤炭价格反弹，原因是法国针对阿海珐不规范行为对反应堆的检查，导致其核能发电量减少。虽然电力价格反弹会对其 2018 年以后的收益产生积极影响，但预计 2017 年的收益将会进一步收缩，因为大部分的发电量已在低电价位签约交易。

福岛核电站现状

2011 年 3 月 11 日，日本东部大地震引发了福岛第一核电站爆炸（后面报告中称为 3/11）。至今，福岛事故已经过去了六年半。福岛核电站出现了大量的场内及场外的双重挑战，直到今天这些挑战仍然很大。

场内挑战。政府中长期路线图的最新修订本（2016 年 6 月）确定了新的目标日期，不过其中一些部分在一年后的今天也已经过时了。

乏燃料移除。3 号机组的乏燃料原计划于 2017 财政年（FY）移除完毕，但现在将完成期修改为 2018 年中期。1 号机组的乏燃料移除工作原计划于 2020 财政年之前进行，现在修改为最早于 2021 年开始动工。还没有可用于 2

号机组新的时间表。

熔融燃料的移除。反应堆内的辐射水平仍然很高，因此无法采用人工作业。1 号机组的燃料碎屑清除工作已经被推迟到 2021 年才开始。2 号机组引入了机器人作业，但它被困在废墟中。没有确切的影像资料，无法判断熔融燃料的实际位置。另外，压力容器附近检测到的辐射剂量达到了 210 Sv / h 的水平。

污水管理。每天仍然有超过 200 立方米的水被注入三座反应堆熔化堆芯部位以冷却熔化的燃料。被高度污染的水从破裂的容器流入地下室，与从地下河渗入的水混合在一起。用于减少水量涌入的冻土墙壁于 2016 年 3 月底投入使用，然而其效果有限，涌入水量只从 760m³ 减少到 580m³。去年一年累计增加了 100000m³，达到 750000m³。启用的专门旁路系统和地下水抽水系统将涌入地下室中的污染水减少到每天约 130m³。相当数量的水已经进行了一定程度的除污，但仍因含有高浓度的氚（辐射剂量达每升 500000Bq 以上），而被存放于储存槽中。

员工问题。每个月约有 8000 名工人参与反应堆退役工作，现场发生了几起致命事故。2016 年 12 月，卫生部第一次承认四十多岁的 TEPCO 员工所患甲状腺癌为职业病。

场外挑战。成千上万的撤离居民的未来、对灾后的健康后果的评估、辐射废弃物处理及相关成本，这些成为主要的场外挑战。

人员疏散与补偿。根据政府统计数据，截至 2017 年 3 月，福岛县撤离民众约 79000 人，少于 2012 年 5 月的约 165000 人。2017 年 3 月 31 日 / 4 月 1 日，政府撤销了 32000 人的限制令。根据灾后重建局对居民意向的调查，位于撤离区的五个市镇中的三个里面，最多只有 18% 的家庭希望返回原居所。政府已经决定在 2018 年 3 月前停止发放给撤离人员每人每月 900 美元的赔偿金，不包括那些尚未计划撤销撤离令的难返重灾区。自愿撤离的约 12400 个福岛县家庭的补偿费用也于 2017 年 3 月终止。终止补偿款的发放其社会影响非常严重。

健康问题。围绕健康问题，特别是对于甲状腺癌的争议仍在继续。目前，核泄漏地区的儿童中发现的癌症病例数是全国平均水平的 30 倍左右。官方调查结果一致表示："无法确定检查中甲状腺癌的发生率是否由福岛事故的核泄漏所致"，这暗示着其因果关系还不能排除。

除污。到2017年3月底，共有22000个住宅区，8500公顷农田，5800公顷森林和1400公顷的道路被"除污"。尽管环境部声称地面以上一米的辐射率减少量达到道路上61%以及住宅地71%，但这些措施的有效性仍然令人怀疑，特别是在木质房屋只净化了周围20米范围的情况下。

事故损失。官方估计数字在过去的几年中增加了一倍，只去年一年就增加了三分之一，达到2000亿美元左右，其中36%用作关闭反应堆和赔偿，18%用于除污，其余10%用于临时储存废弃物。一项新的独立评估将事故损失估算为4440—6300亿美元（取决于水的净化程度）。

小型模块化反应堆（SMR）

WNISR2017提供了2015年全球小型模块化反应堆（SMR）项目评估的最新情况。虽然一些设计已经进入了建设阶段，中国的一座反应堆也计划于2018年启动，然而全球对该项技术的兴趣却在减少，一些最有前景的设计（韩国的SMART和美国的mPower）没有找到任何买家。虽然SMR旨在解决大型核电站的规模问题（装机容量和投资方面），但他们还是受到了全球对新建核电站的兴趣普遍下降的影响。

核能与可再生能源部署对比

投资额和装机容量。在2015年超过3100亿美元的历史最高水平之后，全球对可再生能源新能源发电量的投资下降到约2400亿美元。不过，投资额下降23%主要反映出每GW发电成本的快速下降。2016年可再生能源发电装机容量（不包括大型水电）达到138.5GW，高于上一年的127.5GW。可再生能源发电已经占全球新增发电量的62%。

目前，中国仍然是最大投资者，投资额为780亿美元，其太阳能发电装机容量翻了一倍，累计达到78GW。同时风电装机量增加了20GW，达到了近150GW，超过了欧洲装机容量的总和。相比之下，2016年中国新增核电4.6GW，总装机容量达到32GW。

2016年全球核电装机容量增加9GW，而太阳能发电和风电装机增加量创下新高，分别达到75GW和55GW。从2016年7月起的一年时间内，核电装机增加量又被限制在3GW。

2000年以来，世界各国向全球电网增加了451 GW风电和301GW光电，而同期核电装机容量仅增加了36GW，其中包括所有长期停运状态的核电站。考虑到截至2016年年底有36GW的核电处在长期停运状态没有运营的事实，当前的核电装机容量实际只与2000年相当。

发电量。巴西、中国、德国、印度、日本、墨西哥、荷兰、西班牙和英国，这个名单包含了世界四大经济体中的三个国家，这些国家的可再生能源发电量（不含水电）都超过了核电。

2016年，全球太阳能发电年增长率为30%，风电近16%，核电为1.4%，这主要归因于中国的增长。

与1997年签署“京都议定书”时相比，2016年全球核电发电量增加212TWh，而风电和太阳能光伏发电量分别增加了948TWh和332TWh。

自2012年以来，中国每年仅风能发电量就超过了核电发电量。2016年中国风电发电量为241TWh，核电发电量为198TWh。印度也出现了同样的现象，风电发电量（45TWh）超过核电发电量（35TWh）。事实上，自2014年以来印度每年的核能发电量只增加了5TWh，而仅太阳能发电量年增加7.5TWh。

欧盟的数据说明了核电的作用迅速下降：1997—2014年期间，风力发电量增加了293 TWh，太阳能发电增加了111 TWh，而核能发电量下降了82TWh。

低价记录。比起现有核电站的运行和维护成本，新的可再生能源以更低价格加入市场竞争。在智利、墨西哥、摩洛哥、阿联酋和美国，可再生能源电力拍卖创下了低于30美元/MWh的低价。相比之下，美国核电平均摊销成本在2015年为35.5美元，约为世界平均水平的四分之一。

2017 世界核能产业现状报告
编译审校者信息

负责人

宋　梅　中国矿业大学（北京）教授 / 博士生导师

参编人员　单位：中国矿业大学（北京）

郭鹏超　常力月　郝旭光　朱亚旭

刘启源　历颖超　孙兴恒　张碧凝

审校人员

王　焱

第二篇

中国专题报告

2

中国核电产业发展及未来展望

徐玉明*

摘　要：

中国已经连续多年成为全球第一大能源生产国和消费国。近年来，非化石能源的占比有所上升，但中国以煤炭为主的能源结构仍未根本改变。核电具有设备利用小时高、发电成本低、运输贮存方便等特点，可以大规模代替煤炭、为电网提供稳定可靠的电力支撑。发展核电是中国绿色低碳能源体系建设的重要组成部分。

截至2016年12月31日，中国（不包括台湾地区）已经投入商业运行的核电机组35台，总装机容量为3363万千瓦，占全国电力装

* 徐玉明，中国核能行业协会。

机的 2 %；2016 年 1—12 月累计发电量约占全国同期全部发电量的 3.56%。在建核电机组 21 台，总装机容量 2390 万千瓦，是全球在建核电机组最多的国家。在建核电机组既有成熟的“二代加”机型，也包括了几种先进的第三代压水堆及具有固有安全性的高温气冷堆。

“十三五”期间，中国将进一步加大核电技术的自主创新，新建核电机组将采用国际最高安全标准，从过去以“第二代”核电技术为主转变为以“第三代”核电技术为主，技术创新的路径也从过去以引进消化吸收为主转变为以自主创新为主，着力打造核电产业的核心竞争力。2020 年全国核电装机将达到 5800 万千瓦，在建规模 3000 万千瓦以上，平均每年新开工建设的核电机组 5 至 6 台，投资超过 1000 亿元人民币。重点是在沿海地区建设一批“第三代”核电机组，通过“十三五”建设，中国核电产业的技术水平和创新能力将大幅提升，初步实现从核电大国到核电强国的转变。

在核电发展带动下，中国已经形成一条完整的核电产业链，包括核电项目投资、核电运营、核岛研究设计、工程管理、核电设备供应、核电站土建安装、核燃料供应和乏燃料管理、运行维修，以及其他社会化服务等环节，为促进核电规模化发展和“走出去”提供了有力支撑。

中国核电发展正处在一个重要的战略机遇期，面临难得的历史机遇，有许多支撑中国核电持续发展的有利因素。与此同时，中国核电发展也存在诸多挑战，包括核电安全性问题、核电技术的自主创新、核电的经济性，以及邻避效应和核电的公众沟通等。要顺利推进核电产业健康发展，达到规划预定的发展目标，必须处理好各方面关系，克服面临的各种挑战。

关键词：

中国核电　三代核电　自主创新　核电产业链　机遇与挑战

能源是现代文明社会发展的基础和动力。能源消费水平，特别是电力消费水平，已经成为一个国家或者地区发展程度的重要标志。

改革开放以来，中国经济飞跃发展，社会发展和人民生活水平有了长足进步，能源生产与消费水平快速增长。2015 年，中国（不包括台湾地区）能源消费总量达到 43 亿吨标准煤，是 2000 年的 4 倍，已经连续多年成为全球第一大能源生产国和消费国。

长期以来，中国的能源消费以化石能源为主。近年来非化石能源的占比有所上升，但以煤炭为主的能源结构仍未根本改变。2015 年，一次能源生产构成中原煤占 72.1%，原油占 8.5%，天然气占 4.9%，一次电力及其他能源占 14.5%。2016 年，全国火力发电量 42886 亿千瓦时，占全部发电量（42886 亿千瓦时）的 71.5%。

为了应对全球气候变暖，进一步减轻能源生产与消费对环境污染的影响，中国政府制定了“2020 年非化石能源占一次消费能源的比例到 15%左右”“2030 年非化石能源占比提高到 20%左右”的发展目标。要实现这个目标，必须大力发展包括核电在内的绿色、低碳能源，逐步提高可再生能源和核能的占比。

核能发电是利用核裂变产生的能量，发电过程不产生二氧化碳。核能发电产生的放射性废物一直处于有效控制之下，不会对环境产生不良影响。核电具有设备利用小时高、发电成本低、运输贮存方便等特点，可以大规模代替煤炭、为电网提供稳定可靠的电力支撑。发展核电是中国绿色低碳能源体系建设的重要组成部分。

一、中国核电发展现状

中国核电从 20 世纪 80 年代开始起步。截至 2016 年 12 月 31 日，中国（不包括台湾地区）已经投入商业运行的核电机组 35 台，在建核电机组 21 台。在役及在建的 56 台机组分布在中国沿海浙江、广东、江苏、辽宁、福建、广西、海南、山东 8 个省区的 13 个核电厂址（见图 1-1）。

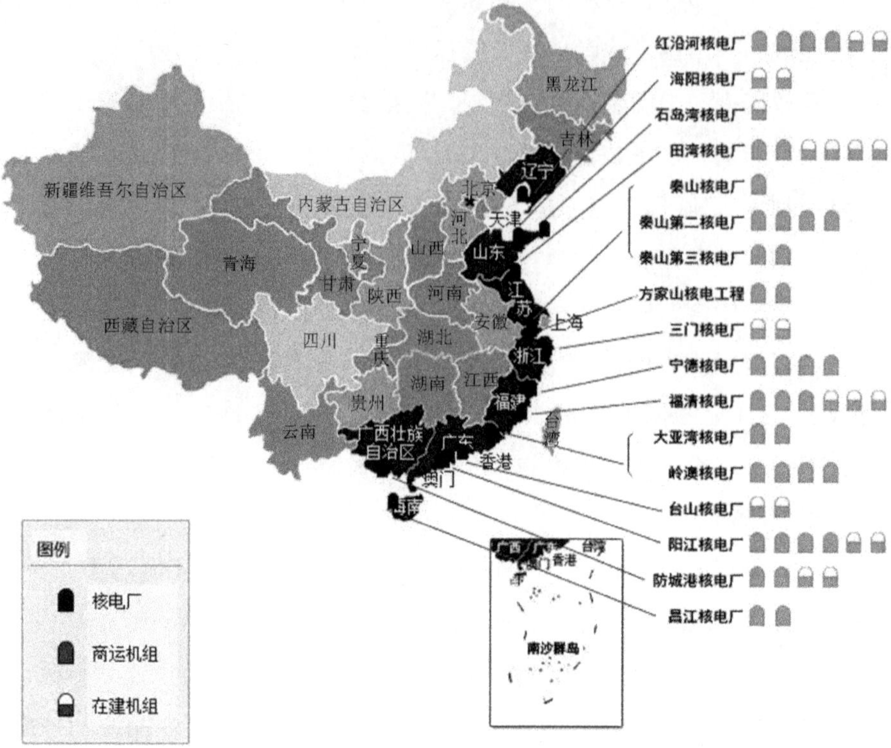

图 1-1　中国大陆核电厂分布图

资料来源：中国国家核安全局网站，其中阳江 4 号是 2017 年 3 月新投入运行。

（一）运行核电机组

已经投入商业运行的 35 台核电机组的基本情况见表 1-1。

表 1-1　2016 年 1—12 月中国运行核电机组概况

运行核电机组		机型	装机容量（MWt）	发电量（TWH）	设备利用小时数
浙江秦山核电厂		CP300	310.0	2.580	8322
广东大亚湾核电厂	1#机组	M310	984.0	7.561	7684
	2#机组	M310	984.0	7.611	7735

续表

运行核电机组		机型	装机容量（MWt）	发电量（TWH）	设备利用小时数
浙江秦山第二核电厂	1#机组	CP600	650.0	5.044	7760
	2#机组	CP600	650.0	4.833	7436
	3#机组	CP600	660.0	5.619	8514
	4#机组	CP600	660.0	5.310	8045
广东岭澳核电厂	1#机组	M310	990.0	8.619	8706
	2#机组	M310	990.0	7.300	7374
	3#机组	CPR1000	1086.0	8.512	7838
	4#机组	CPR1000	1086.0	7.700	7090
浙江秦山第三核电厂	1#机组	CANDU6	728.0	5.932	8148
	2#机组	CANDU6	728.0	4.932	6774
江苏田湾核电厂	1#机组	VVER1000	1060.0	7.525	7099
	2#机组	VVER1000	1060.0	7.848	7404
辽宁红沿河核电厂	1#机组	CPR1000	1118.8	6.520	5828
	2#机组	CPR1000	1118.8	5.657	5056
	3#机组	CPR1000	1118.8	5.887	5262
	4#机组	CPR1000	1118.8	1.211	1082
福建宁德核电厂	1#机组	CPR1000	1089.0	7.312	6714
	2#机组	CPR1000	1089.0	6.262	5750
	3#机组	CPR1000	1089.0	6.592	6053
	4#机组	CPR1000	1089.0	3.963	3639
福建福清核电厂	1#机组	CP1000	1089.0	7.255	6662
	2#机组	CP1000	1089.0	6.611	6071
	3#机组	CP1000	1089.0	1.795	1648
广东阳江核电厂	1#机组	CPR1000	1086.0	7.551	6953
	2#机组	CPR1000	1086.0	7.373	6789
	3#机组	CPR1000	1086.0	8.118	7475

续表

运行核电机组		机型	装机容量（MWt）	发电量（TWH）	设备利用小时数
浙江方家山核电厂	1#机组	CP1000	1089.0	8.333	7652
	2#机组	CP1000	1089.0	7.783	7147
海南昌江核电厂	1#机组	CP600	650.0	4.010	6169
	2#机组	CP600	650.0	1.619	2491
广西防城港核电厂	1#机组	CPR1000	1086.0	7.746	7133
	2#机组	CPR1000	1086.0	1.995	1837
	35 台		33632.0	210.519	6987

资料来源：表 1-1 数据分别引自中国核能行业协会《中国核电行业发展概况（2014）》及该协会网站信息

35 台机组总装机容量为 3363 万千瓦，占全国电力装机的 2 %。2016 年 1—12 月累计发电量 2105 亿千瓦时（210.5TWH），约占全国同期全部发电量的 3.56%，比 2015 年同期增加了 25%。

2016 年核电机组的平均设备利用小时数为 6987。其中，有 13 台机组的设备利用小时数超过 7400，最大的为岭澳核电厂 1 号机组，设备利用小时数达到 8706；有 5 台机组的设备利用小时数不到 3000，都是当年投产的新机组。

在役核电机组 95%是压水堆，其中，M310 机型及其改进型 CPR/CP1000 占到在役机组总数的 70%。这种在业内被称作“二代加”的核电机组，在满足安全要求的同时，造价和发电成本比较低，具有较高的性价比，是我国现阶段核能发电的主力。

中国重视核电机组的安全，始终把保证核电安全、严格控制核电机组安全风险放在核电运行的首要位置。

核电厂通过全员培训、建章立制、邀请国内外通行进行第三方评估等多种措施，深入挖掘安全隐患，加强企业和全体员工的核安全文化建设，取得了良好的效果。中国运行核电机组一直保持良好的安全运行记录，迄今未发生过国际核事件（事故）分级（INES）二级或二级以上运行事件，也没有发生过较大级别的环境事件、辐射污染事件、火灾爆炸事故或职业病危害事故，是我国工业领域劳动生产安全状况最好的行业之一。

中国核电运行和管理水平得到国际同行的高度肯定。对照世界核电运营者协会（WANO）的运行指标，中国核电厂运行状况普遍处于全球中值以上水平，约一半指标处于国际先进值之上。在国际同类机组的年度评比中，中国核电机组多次夺得第一名。

核电厂严格控制放射性流出物（液体、气态排出物）的排放，所有运行核电厂放射性排出流的排放量均远低于国家相关标准的要求。从核电机组开始运行之日起，国家和核电厂所在地环境保护部门对核电厂周围地区的环境辐射水平进行24小时不间断的连续监测。监测结果表明，核电厂周围地区环境空气吸收剂量率一直保持在当地本底辐射水平正常涨落范围之内，核电厂的建设与运行对当地辐射环境没有带来任何不利影响。由于核电不排放二氧化碳和其他污染物，核电厂周围地区的生态状况普遍好于其他区域。

2017年9月，中国第十二届全国人民代表大会常务委员会第29次会议通过了《中华人民共和国核安全法》（以下简称《核安全法》）。《核安全法》对核设施的选址、设计、建造、运行，核材料以及相关放射性废物实行全过程、全链条的监管和风险防控；在制度设计上采用严格的标准、严密的制度、严格的监管、严厉的处罚，对于保障中国核能行业的安全、高效发展具有重要意义。

（二）在建核电工程

截至2016年12月31日，中国在建核电机组21台，总装机容量2390万千瓦（见表1-2），是全球在建核电机组最多的国家。

在建核电机组既有成熟的“二代加”机型（CPR1000/CP1000、VVER 1000），也包括了先进的第三代压水堆（AP1000、EPR、华龙一号）及具有固有安全性的高温气冷堆（HTR-PM）。

表 1-2 在建核电机组概况（截至 2016 年 12 月）

在建机组		机型	装机容量（Mt）	开工时间
江苏田湾核电厂	3#机组	VVER1000	1060	2012/12
	4#机组	VVER1000	1060	2013/09
	5#机组	CP1000	1080	2015/12
	6#机组	CP1000	1080	2016/09
辽宁红沿河核电厂	5#机组	CPR1000	1080	2015/03
	6#机组	CPR1000	1080	2015/07
广东阳江核电厂	4#机组	CPR1000	1086	2012/11
	5#机组	CPR1000	1086	2013/09
	6#机组	CPR1000	1086	2013/12
浙江三门核电厂	1#机组	AP1000	1250	2009/03
	2#机组	AP1000	1250	2009/12
山东海阳核电厂	1#机组	AP1000	1250	2009/09
	2#机组	AP1000	1250	2010/06
广东台山核电厂	1#机组	EPR	1750	2009/11
	2#机组	EPR	1750	2010/04
福建福清核电厂	4#机组	CP1000	1089	2012/11
	5#机组	华龙一号	1100	2015/05
	6#机组	华龙一号	1100	2015/12
广西防城港核电厂	3#机组	华龙一号	1100	2015/12
	4#机组	华龙一号	1100	2016/12
山东石岛湾核电厂		HTR-PM	200	2012/12
			23900	

资料来源：表 1-3 数据分别引自中国核能行业协会《中国核电行业发展概况（2014）》及该协会网站信息，经笔者整理而成。

21 台机组中，福清 4 号、阳江 4、5、6 号、红沿河 5、6 号、田湾 5、6 号等均采用二代加技术（CPR1000/CP1000），这 8 台机组都是 2011 年日本福岛核事故以后开工的，它们在继承我国二代加机组成熟先进和国产化程度高等特点的同时，根据国家核安全局 2012 年发布的《福岛核事故后核电厂改进行动通用技术要求（试行）》，进行了一系列技术改进，加强了新建机组抵抗严重事故的能力，进一步提高了机组的安全性。8 台机组工程进展良好，其中阳江 4 号机组和福清 4 号机组已经在 2017 年 3 月和 7 月投入商业运行。

在建的田湾二期（3、4 号）采用与田湾 1、2 号机组相同的俄罗斯 VVER1000 技术，核岛部分由俄罗斯设计制造，常规岛部分由国内设计制造。在田湾 1、2 号机组成功建设的基础上，田湾二期工程进展良好，3 号机组已于 2017 年 8 月进行首次装料，预计 2018 年一季度可以投入商业运行。

在建的浙江三门 1、2 号、山东海阳 1、2 号机组是国务院确定的 AP000 国产化依托项目。三门项目业主是中核集团控股的三门核电公司，海阳项目业主是国家电投山东核电公司。两个项目的核岛工程总承包都由国核工程公司负责，核岛设计和部分设备采购由美国西屋公司（WH）牵头的联合体负责，常规岛和 BOP 分别由两个业主负责。

AP000 是国际公认的“革命型”第三代核电技术，它采用非能动安全系统，设计寿期由 40 年延长到 60 年，对系统和设备提出了更高的要求。三门和海阳项目是 AP000 机组的全球首次建造，由于设计修改多，关键设备研制难度大等原因，工程建设进度比原计划有较大延误，首堆建设工期由原计划的 50 多个月延长了将近一倍。目前影响工程建设的各种问题已经得到解决，三门 1 号和海阳 1 号已具备首次装料条件，预计 2018 年上半年可以投入商业运行。

广东台山 2 台机组采用法国的第三代压水堆——EPR（欧洲压水堆），由法国 AREVA 公司负责设计和建造，2009 年 12 月份开工，是全球第三台 EPR 机组。EPR 建设过程中也遇到许多困难和问题，建设进度严重滞后。与先前开建的芬兰奥尔基洛托 3 号机组（2005 年 10 月开始建造）和法国弗拉芒维尔 3 号机组（2007 年开始建造）的工程进度相比较，中国台山 1 号的延误相对最少，有可能成为投入运行的 EPR 全球首堆，预计 2018 年可以投入商业运行。

在建第三代机组还包括中国自主开发的第三代核电技术“华龙一号”。2015 年 5 月 7 日，华龙一号首堆福清 5 号开始浇灌第一罐混凝土（FCD），目前工程进展情况良好，有望按计划在 2020 年投入商业运行。此外，中核集团福清6号机组、广核集团广西防城港3号、4号机组分别于2016年2月、2015年12月和2016年12月正式开工（FCD）。中核集团承包的、同样采用华龙一号技术的巴基斯坦卡拉奇核电二期工程（K2/K3）也同步进入建设阶段。

石岛湾高温气冷堆核电站（HTR-PM）采用模块式高温气冷堆，是中国清华大学在10MW高温气冷实验堆基础上研究开发的新堆型。它的燃料采用包覆颗粒燃料构成的“全陶瓷型”球形燃料元件，堆芯设计可以保证燃料元件最高温度不超过其安全限值1620℃。具有较高的固有安全性。2006年1月，国务院将“大型先进压水堆和高温气冷堆核电站示范工程”列为国家重大专项。2012年12月底，20万千瓦的石岛湾高温气冷堆核电站示范工程开工。目前工程已经全面转入安装及调试阶段，计划2018年并网发电。

二、中国核电的未来发展

（一）“十三五”期间新建核电项目情况

“十三五”时期（2016—2020年）是中国核电发展的关键时期。

2016年以来，中国政府相继发布了《中华人民共和国国民经济和社会发展第十三个五年规划纲要》《能源发展“十三五”规划》《电力发展“十三五”规划》《能源技术创新“十三五”规划》等一系列文件，对核电新项目建设提出了明确要求。

“十三五”期间，中国将进一步加大核电技术的自主创新，新建核电机组将采用国际最高安全标准，从过去以“第二代”核电技术为主转变为以“第三代”核电技术为主，技术创新的路径也从过去的以引进消化吸收为主转变为以自主创新为主，着力打造核电产业的核心竞争力。

按照规划要求，2020年全国核电装机将达到5800万千瓦，在建规模3000万千瓦以上，平均每年新开工建设的核电机组5至6台，投资超过1000亿元人民币。重点是在沿海地区建设一批“第三代”核电技术的机组，包括CAP1000、华龙一号和CAP1400等。通过“十三五”建设，中国核电产业的技术水平和创新能力将大幅提升，初步实现从核电大国到核电强国的转变。

（二）新建核电项目的技术特点

“十三五”期间新建核电的主要机型有华龙一号、CAP1000、CAP1400、快中子堆、高温气冷堆等。表2-1列出其中部分项目的机型选择情况。由于新建核电项目还没有核准，以后核准过程中项目及机型都有可能会发生变化。

表2-1 “十三五”期间部分核电新项目情况

机型	装机容量（MWt）	拟建项目
华龙一号	1100x2	宁德二期；福建漳州；广东惠州；
CAP1000	1250x2	海阳二期；辽宁徐大堡；广东陆丰； 三门二期；浙江苍南；河北海兴；
CAP1400	1500x2	山东石岛湾CAP1400示范工程（2台）
快中子堆	600	福建霞浦；
高温气冷堆	600	江西瑞金；福建万安；
VVER	1060x2	田湾4期
ACP100	100	海南昌江

1. 华龙一号

华龙一号是中核集团和广核集团联合研发的自主第三代核电技术。它的主要设计特点有：反应堆堆芯采用177个燃料组件、安全系统采用“能动和非能动相结合”的多重冗余、单堆布置、双层安全壳、全数字化仪控系统（DCS）、基准地面水平加速度0.3g、设计寿命60年等。经过国内外专家多次评审，认为华龙一号的安全指标和技术性能达到了国际三代核电技术的先进水平。

华龙一号的关键设备制造立足于我国现有工业体系。国产化率可以达到85%以上。目前，福建宁德二期（5/6号）、福建漳州（1/2号）、广东惠州（1/2号）等新建核电工程准备选用华龙一号。

2. CAP1000

CAP1000是上海核工院在引进美国AP1000基础上形成的本土化的AP1000技术。除了少数关键设备外，CAP1000的关键设备都可以实现本土化制造，国产化率达到80%以上。

AP1000 是美国西屋公司开发的大型商用压水堆，单台机组电功率 125 万千瓦，设计基准地面水平加速度 0. 3g，设计寿命 60 年，核电厂可利用率不小于 93%。AP1000 采用“非能动安全”的理念，在应对事故情况下的紧急冷却时，利用自然对流、重力、蒸发、冷凝等自然界物质固有的规律带走堆芯的热量，确保反应堆的安全。在严重事故后 72 小时内，可完全依靠非能动系统来保障核电厂和环境的安全，不需要厂外电源和人员干预。

AP1000 的全球首堆于 2009 年 4 月在中国三门开始建设，目前已经完成首次装料前的所有工作，即将装料和投入运行。在三门、海阳 4 台 AP1000 机组建设过程中，设计和主要设备国产化水平不断提升，由第一台的 25%提高到第四台的 70%左右。根据上海核工院介绍。目前中国版本的 CAP1000 标准设计已经完成，设备和材料的国产化率可以超过 80%。山东海阳二期、辽宁徐大堡、广东陆丰等核电项目已经确定用 CAP1000 技术，计划 2018 年上半年开工。浙江三门二期、浙江苍南、河北海兴等核电项目也准备选用 CAP1000 技术。

3. CAP1400

根据中美达成的 AP1000 技术转让合同，中国可以自主开发拥有自主知识产权、功率超过 135 万千瓦的非能动大型压水堆核电站。在国家重大科技专项支持下，国家核电技术公司开发了 CAP1400 核电技术，先后完成了非能动堆芯冷却系统（ACME）、非能动安全壳冷却系统（IVR）、熔融物堆内滞留（PCS）、反应堆结构水力模拟、堆内构件流致振动模拟、蒸汽发生器性能等六大关键技术试验研究，为 CAP1400 的自主开发奠定了基础。

CAP1400 加大了堆芯燃料组件装载量，燃料组件数由 AP1000 的 157 增加到 193，核电厂功率由 AP1000 的 1250MWe 提高到 1500MWe，可以满足热工安全余量大于 15%的要求。同时还加大了钢制安全壳的尺寸，外层具有抗击大型商用飞机撞击的能力。既保留 AP1000 先进设计的主要特点（非能动安全系统、严重事故缓解措施、模块化设计施工、设计基准地面水平加速度 0. 3g、全数字化仪控）又优化了反应堆冷却剂系统、专设安全系统、主设备、核岛厂房布置等，主要技术指标优于或相当于 AP1000（表 2-2）。

表 2-2 CAP1400 主要技术指标

主要技术指标	AP1000	CAP1400
热（电）功率	3400MWth（1250MWe）	4058MWth（1500MWe）
堆芯损坏概率	5×10^{-7}/堆年	4×10^{-7}/堆年
电站可用率	>93%	>93%
热工裕量	>15%	>15%
操纵员响应时间	72 小时	72 小时

资料来源：表 2-2 引自上海核工程研究设计院的报告。

CAP1400 示范工程拟建在山东石岛湾核电基地，项目业主是国核示范核电公司，工程总承包及采购由国核工程、上海核工院和国核电力院组成的国核联队负责。核岛土建安装分别由中国核工业建设集团下属的中核华兴公司、中核二三公司和浙江火电公司承担，常规岛土建安装分别由山东电建、江苏电建承担。

2016 年 2 月，CAP1400 示范工程初步安全分析报告（PASR）通过国家核安全局的评审，2016 年 4 月，通过了国际原子能机构（IAEA）的通用反应堆安全评审（GRSR），认为总体达到 IAEA 安全法规标准的最新要求。目前，CAP1400 示范工程前期工作基本完成，正在等待政府核准，预计建设工期为 56 个月。

4. 快中子堆核电站

中国原子能院建造的热功率 65MW 的中国实验快堆（CEFR）于 2011 年 7 月成功并网发电。鉴于快堆在提高天然铀资源利用率、嬗变长寿命放射性废物方面的特殊作用，中国政府决定在 CEFR 基础上发展电功率为 60 万千瓦的商用快堆电站，厂址确定在福建漳州。目前，漳州快堆电站的各项前期工作正在积极推进，计划 2017 年年底浇灌第一罐混凝土（FCD）。

5. 高温气冷堆核电站

20 世纪 80 年代中期，中国清华大学开展 10MW 高温气冷实验堆研究，2003 年 1 月实现满功率并网发电。2012 年 12 月底，20 万千瓦的石岛湾高温气冷堆核电站示范工程开工，计划 2018 年并网发电。

由于模块式高温气冷堆具有固有安全性，以及用途广泛等优点，清华大学正在与有关方面合作，积极推进商用60万千瓦高温堆核电项目建设。60万千瓦高温堆核电机组采用模块式，由6台电功率10万千瓦的反应堆及1台60万千瓦汽轮发电机组组成。其主要技术特点与石岛湾HTR-PM保持一致。由于规模扩大，60万千瓦高温堆核电机组的经济性将有所提升。

目前，中核建设集团与清华大学合作推进高温气冷堆产业化，已在福建、广东、江西、湖南等多个省市开展了60万千瓦高温气冷堆项目前期工作。

6. 小型核电机组

小型核电机组是指电功率在300MW以下的核电机组。小型反应堆初始投资小、建造周期短、可有效解决中小电网输电问题，得到了世界各国的关注。中国正在研发的小型反应堆包括中核集团的ACP100、广核集团的ACPR 50S、清华大学的NHR200-II等。

中核集团开发的ACP100采用多项一体化结构，具有源项小及非能动的安全特性。2016年4月，国际原子能机构（IAEA）向中核集团提交了ACP100通用反应堆安全审查终版报告，ACP100成为世界上首个通过IAEA安全审查的小堆技术。ACP100已经完成所有科研攻关，反应堆压力容器等核岛主设备及汽轮发电机组均可实现自主制造，计划在海南昌江建设ACP100示范工程，2017年年底启动，规划容量125MW，建设周期36个月，2020年12月建成投产。

广核集团开发的ACPR 50S是紧凑型、多用途海上小型堆，单堆热功率200MW，可为海上油气田开采、海岛开发等提供电力。ACPR 50S采用长周期换料方案，较海上常规能源具有竞争力。目前正在开展ACPR 50S示范项目初步设计，计划2017年启动示范项目建设，2020年建成发电。

清华大学开发的NHR 200-II以5MW低温核供热堆为原型，经过放大规模和适应性改进后可以实现热电联供。目前正在合作推进NHR200-II的市场应用。

7. 其他先进堆的研究开发

中国在“第四代核能系统国际论坛（GIF）”框架下合作开展第四代核能系统研发。其中，中国核动力院和上海交通大学等开展超临界水冷堆

（SCWR）的研究开发，提出了超临界水冷堆总体技术路线，完成了最高百万千瓦级超临界水冷堆 CSR1000 总体设计方案和材料选型方案，搭建了设计与实验研究平台。中国科学院上海应用物理研究所牵头开展钍基熔盐堆（TMSR）研究开发，争取 2020 年左右建成世界首个 10MW 固态燃料钍基熔盐实验堆。中国科学院核能安全研究所等开展加速器驱动次临界系统（ADS）研究开发，计划 2030 年前建立示范性的 ADS 嬗变系统和中国铅基反应堆（CLEAR）。中核集团与美国泰拉能源公司合作，正在开展行波堆的研究开发。

三、中国核电产业的基本情况

在核电规模化发展推动下，中国已经形成一条完整的核电产业链，核电产业链为促进核电规模化发展和“走出去”提供了有力的支撑。

中国核电产业链包括核电项目投资、核电运营、核岛研究设计、工程管理、核电设备供应、核电站土建安装、核燃料供应和乏燃料管理、运行维修，以及其他社会化服务等相关环节（表 3-1）。

表 3-1　中国核电产业链的主要组成

	产业链环节	主要企事业单位
1	项目投资	（控股）中核集团，广核集团，国家电投，华能集团 （其他股东）地方政府投资机构，境内外电力投资公司等
2	核电运营	秦山核电运营公司，大亚湾核电运营公司，江苏核电公司，福清核电公司，昌江核电公司，红沿河核电公司，宁德核电公司，阳江核电公司，防城港核电公司
3	核岛研究设计	中国核动力研究设计院，北京核工程研究设计院，深圳中广核核电研究设计院，上海核工程研究设计院，中国原子能科学研究院，清华大学核能与新能源技术研究院
4	工程管理	中国核电工程公司，中广核工程公司，国核工程有限公司；核电业主
5	核电设备供应	中国一重、上海电气、东方电气、哈尔滨电气（主设备）； 其他核电设备供应商

续表

	产业链环节	主要企事业单位
6	核岛土建安装	中国核工业建设集团；广东火电，山东火电
7	核燃料供应和乏燃料管理	中国核燃料公司；广核铀业公司； 清原公司；瑞能公司等
8	运行维修	核电运营公司；核电公司； 设备供应商；专业化技术支持单位
9	社会化服务	银行、保险等金融机构；高等学校，培训机构等人才培养基地；法律服务等

1. 核电项目投资

一座双机组百万级核电厂的建设费用在300亿元人民币以上，除银行贷款外，投资方的资本金（20%）至少需要60亿元。

中国核电项目的投资方由多个投资主体按一定股比组成，其中有一家投资主体作为控股方或实际控股人，负责整个项目的建设及运行。例如，浙江三门项目由中国核能电力股份公司（股比51%）、浙江浙能电力股份公司（股比20%）、中电投核电公司（股比14%）、华电福新能源股份公司（股比10%）、中核投资公司（股比5%）等5家企业共同投资建设，中国核能电力股份公司为控股方。辽宁红沿河一期是由中广核集团（股比45%）、中电投集团（股比45%）等股比投资，其余10%由大连建设投资公司出资。红沿河一期工程（1—4号机组）建设由中广核集团负责，二期工程（5、6号机组）由中电投集团（2015年重组为国家电力投资集团）负责。

中国政府对核电项目控股设置了准入门槛和资质要求。在国家能源局拟定的《核电管理条例（征求意见稿）》中，要求核电项目控股股东或实际控制人必须具有“至少8年的参与核电项目建设、运行经验”“一个机组的全建设周期及其3年运行经验”以及“足够数量的符合核电相关资质要求的人才队伍”等条件，目的是保证核电项目的主要管理人员在资质和素质方面能够满足项目管理和核安全法规要求，保证核电机组的建造质量和运行安全。

已经获得核电控股资质的有三家企业，即中国核工业集团公司、中国广核集团公司和国家电力投资集团公司，它们可以会同地方政府主管部门（发改委、能源局）向国家申报核电新项目。此外，国务院已经同意华能集团公司作为山东石岛湾高温气冷堆示范项工程的控股方（股比 47.5%）。

目前已经投运的 35 台机组中，中核集团控股 16 台，总装机容量 1325 万千瓦；广核集团控股 19 台，总装机容量 2036 万千瓦。2015 年，两个集团先后成立了中国核能电力股份公司和中国广核电力股份公司，分别在上海证券交易所和香港证券交易所上市。

在建的 21 台机组中，中核集团控股 9 台，广核集团控股 6 台，广核与国家电投等比例控股 2 台（红沿河 5、6 号），国家电投集团控股 2 台（山东海阳 AP1000 机组），华能集团控股 1 台（山东石岛湾高温气冷堆机组）。

2. 核电厂运营

在役的 35 台核电机组分属 13 个核电厂（见表 1-1）。其中，浙江秦山基地的 9 台机组由中核集团秦山核电运营公司负责运营，大亚湾基地的 6 台机组由广核集团大亚湾核电运营公司负责运营，其余的机组分别由江苏核电公司、福建福清核电公司、海南昌江核电公司、辽宁红沿河核电公司、福建宁德核电公司、广东阳江核电公司、广西防城港核电公司负责运营。

按照中国核安全法规的规定，核电厂业主承担全面核安全责任，对于委托运营公司运营的机组，由核电厂业主和运营公司共同承担核安全责任。

3. 核岛研究设计

2007 年以后，中国核电研究设计及管理体制发生了较大变化，形成了中核集团、中广核集团、国家电投集团“三足鼎立”的局面。

中核集团的核岛研究设计单位有中国核动力研究设计院（核一院）、北京核工程研究设计院（核二院）和中国原子能科学研究院（原子能院）。核一院负责压水堆核电站反应堆和一回路冷却系统设计，核二院负责中核集团所有核电项目的总体设计、燃料装卸系统设计、核岛厂房设计和辅助系统（BOP）设计。目前，两个院承担的项目有福清 5、6 号机组、巴基斯坦卡拉奇 K2/K3 机组（华龙一号）、田湾 5、6 号机组（CP1000），以及小型模块化反应堆等。原子能院是我国快中子堆的主要研发基地，负责福建霞浦 800MW 商用快堆的核岛设计。

中广核控股的项目主要由深圳中广核核电研究设计院设计，该院2004年成立，先后完成了红沿河、宁德、阳江、防城港等十余台CPR1000系列核电机组的设计工作，目前正在开展防城港3、4号机组（华龙一号）的设计。此外，中广核研究院、北京广利核公司等从事先进核能系统研究开发、关键设备研发，以及核电厂数字化仪控系统（DCS）研发。

国家电投下属的上海核工程研究设计院始建于1970年，2007年整建制划归国家核电技术公司。上海核工院设计了中国第一座核电站——秦山核电站，近年来承担了AP1000引进、消化、吸收和再创新任务，完成了CAP1000标准设计、CAP1400研究设计等工作。目前承担的任务包括CAP1400示范电站、海阳二期、三门二期、陆丰等CAP1000项目。此外，国核电力规划设计院、国核（北京）科学技术研究院分别承担AP/CAP系列常规岛设计，和核电设计软件研发、核电试验技术和先进核电材料开发等研究设计任务。

石岛湾200MW高温堆工程（HTR-PM）核岛设计由清华大学核能与新能源技术研究院负责，高温堆核电站工程设计由中核能源科技有限公司负责。

4. 核电工程管理

中国核电工程项目的管理早期由业主负责，业主在设计院支持下，组织工程管理队伍，负责现场管理、工程招标及设备采购。目前，核电工程管理已经普遍采用“精干业主加工程公司总承包、专业公司分包”的EPC管理模式，由核电工程公司对建设项目进行总承包，再将核岛、常规岛的土建和安装工程分包给有资质的专业化公司。

三个集团核电项目的工程管理分别由各自的核电工程公司承担。中核集团的中国核电工程公司先后承接了福建福清、浙江秦山扩建（方家山）、海南昌江、江苏田湾等项目的总承包。广核集团的工程公司承包了广东岭澳二期、辽宁红沿河一期、福建宁德一期、广东阳江、广西防城港等项目的建设，目前还有8台在建机组。国家电投的国核工程公司是AP1000依托项目总承包牵头单位，与美国西屋、绍尔等公司组成联队，对三门、海阳的4台机组进行管理。

5. 核电站土建安装

中国核电站核岛土建安装全部由中国核工业建设集团承担，它是国内外唯

——家连续30余年不间断从事核电建造的企业，承担了国内压水堆、快中子反应堆、重水堆等不同堆型核电机组，以及巴基斯坦恰希玛核电站一期、二期工程的建造工作。集团下属的核岛土建和安装企业（22公司、24公司、华兴公司；23公司、上海5公司）有丰富的工程经验，并且已经形成专业化的核电建造技术体系。2010年12月，中国核工业建设股份公司成立，2016年6月股份公司在上海交易所上市。

在核电发展带动下，一些原先从事常规岛土建安装的常规电力建设企业也开始进入核岛施工和安装。其中，广东火电工程公司、山东电力工程公司分别中标阳江5、6号机组和石岛湾CAP1400示范工程的核岛安装。

6. 核电设备制造

一座典型的压水堆核电厂有几千种设备，总数达4—5万套件，类型有机械设备、电器设备、仪器仪表等。按照设备所在部位及其功能，核电站设备通常分为核岛设备、常规岛设备、电站辅助系统（BOP）设备三大类。

核岛设备，尤其是构成反应堆冷却剂回路系统的主设备，处于高温、高压、高辐射环境中，还要承担保证核电安全、防止放射性外泄的重任，技术要求很高。核岛主设备的数量仅占核电站全部机械设备的1%，但造价占到全部设备费用的五分之一以上，国际上仅有少数国家可以制造。

我国核电起步晚，20世纪80年代从法国进口的大亚湾核电站，几乎全部关键设备都是从法国进口，设备国产化率不到5%。历经多年的努力，目前我国核电设备综合国产化率已经提高到80%以上，而且所有的核岛关键设备都有两家以上的企业能够制造，核岛主设备供应实现了国产化、市场化。

我国对核安全级设备的设计和制造实行严格的安全许可制度。已经有一批制造企业取得了国家核安全局颁发的核级设备设计和制造资质，并且有了良好的业绩。例如，制造大型锻件及反应堆压力容器、蒸汽发生器、稳压器等核岛主设备的有中国一重、东方电气、上海电气、哈尔滨电气、中国二重等；制造控制棒驱动机构、堆内构件等核岛精密设备的有上海一机床、东方电气武汉核设备制造厂、四川华都核设备公司等；制造三代锻造主管道的有台海玛努尔、吉林昊宇等，每年可以提供第三代核岛的主设备10台套以上。长期依赖进口的一回路冷却剂主泵国产化也取得突破，哈电动力装备公司和东方AREVA公司已经可以自主供应二代加机组及华龙一号的主泵，AP1000/ CAP1400 的屏蔽式主泵正由哈电动力装备公司和沈阳鼓风机公司联合攻关。

在核电发展带动下，一直依赖国外的核级数字化控制系统（DCS）、核级泵阀、蒸汽发生器传热管材料、核级焊接材料等自主化研制取得重大突破。北京广利核研发的核级数字化仪控系统（DCS）、江苏宝银和浙江久立生产的镍基合金 690、哈尔滨焊接所和四川大西洋焊材公司研制的 26 个品牌的核级焊接材料等，不仅实现了国产化生产，而且已经用于核电工程，生产能力可以满足每年新建 6—8 台核电机组的需要。

7. 核燃料供应和乏燃料管理

我国天然铀供应利用国内国外两个市场。国内天然铀生产由中核集团金原铀业公司负责，海外铀资源开发由中核海外铀业公司、中广核铀业公司等多家公司参与。目前，国内天然铀生产能力达到历史最高水平，国外已经掌握的铀资源储量超过 40 万吨，加上国际市场进口的天然铀，现有供应渠道完全可以满足未来一二十年我国核电发展对天然铀的需求。

我国核燃料加工能力集中在中核集团，依托核军工时期建立起来的核燃料基地，铀转化、铀浓缩及核燃料组件制造等核燃料加工能力完全可以满足核电发展的需要。四川宜宾核燃料公司和内蒙古包头北方核燃料公司已经形成完整配套的核燃料组件制造能力。国内所有的二代加机组、重水堆机组、VVER 机组，以及我国承建的巴基斯坦核电机组的燃料组件全部由国内供应。AP1000 机组的核燃料组件已经实现了国产化，三门一期第一个循环结束以后，燃料将由国内供应。包头北方核燃料公司还建成了年产 30 万个球的高温气冷堆燃料球生产线，为高温堆核电站供应燃料。

我国每年产生的压水堆乏燃料约 600 吨（重金属），预期 2020 年左右将达到每年 1000 吨。乏燃料保留了核裂变过程中产生的绝大多数放射性核素，同时还不断释放衰变热，乏燃料的安全管理是核电发展必须关注的重大问题。

中国乏燃料管理采用基金制度。根据财政部等相关部门颁布的《核电站乏燃料处理处置基金项目管理办法》，已经投入商业运行 5 年以上的压水堆核电机组，按照实际上网电量缴纳乏燃料管理基金，基金收取标准为每度电 0.026 元。乏燃料基金用于乏燃料转移、离堆中间贮存、乏燃料后处理、高放废物处理处置活动。整个乏燃料管理过程中，保证足够的冷却条件、防止重返临界、保持乏燃料包壳的完整性是安全管理的核心内容。中国政府对从事乏燃料管理活动的单位、乏燃料管理必需的关键设备都有明确的资质和审批要求，以保证乏燃料管理活动安全有效。“十三五”期间，在“公路—铁路—水路联运”方式、“干式”中间贮存、乏燃料后处理，以及高水平放射性废物的处理处置方面将取得新的突破，为中国核电的可持续发展提供充分保证。

8. 运行维修

核电厂运行期间的大修一般安排在电厂换料期间进行。核电运营公司和业主在设备供应商、专业化的检测公司等相关单位的技术支持下开展工作。

9. 其他社会化服务

核电发展离不开银行、保险公司等金融机构支持。由于核电风险的特殊性，核保险相对于其他常规保险而言是一种特殊的巨灾保险。目前全球提供核保险的市场主体分为核共体体系、核互保组织及新兴核保险市场三大类，已经形成了一个产业。我国核保险制度基本建立，核保险体系尚待进一步完善。

四、中国核电发展的机遇与挑战

（一）核电发展的机遇

中国核电发展正处在一个重要的战略机遇期。支撑中国核电持续发展的有许多有利因素，其中包括：

1. 社会经济发展对能源和电力的持续增长需求

2015 年，中国全社会用电量 5.55 万亿千瓦时，其中新能源（核电、风电等）发电 4375 亿千瓦时，是全球能源生产与消费数量最多的国家。但是中国人口众多，人均电力消费水平仍大大落后于发达国家。

根据国际权威机构对 2015 年世界电力消费最多的前 20 个国家的统计（表 4-1），中国人均电力消费量为 474 W（瓦），仅为美国人均电力消费量（1843W）的 26%、为欧亚发达国家人均电力消费量（800—1100W）的一半。

表 4-1　2015 年电力消费量最多的前 20 个国家人均消费量

排名	国家（地区）	电力消费量（年份）① TWh/年	人口数（年份）② 百万人	人均耗电量③ 瓦（W）/人
—	世界	25320.4	7155.7（2014）	385
1	中国	5463.8（2014）	1360.7	474
2	美国	4686.4	317.8（2014）	1843
—	欧盟	3237.0	503.5	788
3	俄罗斯	1016.5	146.0（2014）	801
4	印度	983.8（2014）	1242.7（2014）	152
5	日本	910.7	127.1（2014）	941
6	德国	782.5	80.7	1160
7	加拿大	570.8	36.6（2014）	2185
8	巴西	493.5	201.0	301
9	韩国	482.4	50.2	1038
10	法国	451.1	65.9（2014）	904
11	英国	353.3	63.7	822
12	意大利	327.2	60.0	781
13	土耳其	264.1（2015）	78.7（2015）	335
14	西班牙	253.1	46.6	875
15	中国（台湾）	244.3	23.3	1080
16	南非	234.2	54.0	415
17	墨西哥	232.0	121.4（2014）	101
18	沙特阿拉伯	231.6	29.2	781
19	澳大利亚	229.6	23.0	1610
20	伊朗	216.3（2014）	77.8（2014）	317

中国政府确定了“两个一百年”的奋斗目标。到 2049 年（新中国成立

① 表中未注明年份的数据均为 2012—2013 年的统计数据。
② 表中未注明年份的数据均为 2012—2013 年的统计数据。
③ 人均电力消费（W）= 总人口电力消费（TWh/yr）$\times 10^{12}$/（365.25×24×人口数）

100年）左右，中国要基本实现现代化，达到中等发达国家水平。根据预测，中国的人均电力消费量需要比现在增长一倍。因此，今后几十年，中国能源和电力增长仍有巨大的空间。

2. 低碳、绿色发展的需要

长期以来，中国能源生产以化石能源为主。近年来，非化石能源的比重有所上升，但以煤炭为主的能源结构仍未根本改变。大量燃煤带来的生态环境劣化已经成为全社会难以忍受之痛。依靠增加燃煤来进一步提高电力供应是不可接受的。尽快改变以煤为主的能源结构，建设包括核电在内的绿色低碳、安全高效的现代能源体系，是中国面临的一项紧迫任务。

2016年，中国全部电力装机为1646 GW（十亿瓦特），其中，火电装机1054 GW，占比64%；水电、风电、太阳能发电及核电等非化石能源装机592GW，占比36%（见表4-2）。2016年火电发电量42886亿千瓦时，占全部发电量的71.6%；核电发电量2132万千瓦时，占全部发电量的3.56%，核能发电的比例不仅远低于OECD国家25%的平均水平，而且与全球平均水平（11%）也有很大差距。

表4-2　2016年中国电力机组及发电量概况

	装机容量	发电量	比2015年增加	发电量占全球同类电源比例
火力发电	1054 GW	4288.6 TWh	+2.4 %	
水力发电	332 GW	1180.7 TWh	+4.0 %	28.9 %
风力发电	149 GW	241.0 TWh	+29.4 %	23.8 %
太阳能发电	77 GW	66.2 TWh	+71.5 %	17.1 %
核能发电	34 GW	213.2 TWh	+25.0 %	8.5 %
总共	1646 GW	5989.7 TWh		24.1 %

资料来源：表4-2的数据分别来自《中国电力发展报告2016》《2016年全国电力工业统计快报》及世界核协会WNA网站。

从表4-2中可以看出，中国的核能发电与其他可再生能源发电相比，占比低而效率高。

2016年，中国核电装机容量34GW，相当于风电装机容量（149 GW）的22.8%；发电量2132亿千瓦时，占到风力发电的（2410万千瓦时）的88,4%。核电装机容量相当于太阳能发电（77GW）的44.1%，发电量相当于太阳能发电（662万千瓦时）的3.22倍。每千瓦核电装机的发电量相当于风电的3.9倍，相当于太阳能发电的7.3倍，而且核电不受季节和天气影响，可以全天候发电，为电网提供稳定可靠的优质电力。

从各类能源在全球同类能源的占比来看，2016年，中国核电发电量在全球的份额为8.5%，而同期中国水力发电（28.9%）、风力发电（23.8%）、太阳能发电（17.1%）以及总发电量（24.1%）的占比都比核电高很多（表4-2）。中国的核电不是多了，而是少了，有足够的发展空间。

绿色低碳、安全高效的现代能源体系是多样化的、稳定可靠的能源体系，需要多种能源相互支撑、相互补充。无论国内的需求还是国际的比较，中国核电都需要加快发展，核电在中国能源发展中将长期扮演重要的角色。

3. 中国核电产业已经具备了规模化、批量化发展的条件

经过30多年的发展，中国已经建成了完整配套的核电工业体系。核电研究设计、设备制造、核燃料供应以及核电站建造等核电产业链的主要环节都具有很强的实力，自主化、国产化水平不断提高。中国的核电设备等硬件制造能力已经位居全球第一，每年可以满足新建6—8台机组的需要。核电的规模化、批量化发展，不仅为优化中国能源结构、减少二氧化碳排放做出贡献，而且也有利于中国高端制造业的发展和制造业产能的合理释放。

根据“十三五”规划，2020年我国核电装机将达到5800万千瓦，在建机组数量3000万千瓦以上。按照规划要求，2016—2020年平均每年新建核电机组600万千瓦以上。

2030年，中国核电发电量占比将达到8%左右，依此推算，核电装机容量将达到1.2亿千瓦，年发电量8400亿千瓦时以上。

2050年，中国核电发电量占比将达到目前的世界平均值（接近11%），届时核电装机容量将超过1.5亿千瓦。

（二）核电发展面临的挑战

中国核电发展面临难得的历史机遇，但也存在许多挑战，有的挑战还是前所未有的。要顺利推进核电产业健康发展，特别是要达到规划的发展目标，必须处理好各方面关系，克服面临的各种困难。

1. 核电安全问题

从反应堆首次装料开始，核电机组进入了运行阶段，核安全和放射性物质外泄可能引发的辐射安全成为社会广泛关注的大事。

我国核电起步较晚，具有后发优势。在引进国外先进技术和吸取国际同行经验教训的同时，核电建设和运行在技术和管理两个方面都有了巨大改进。由于在机型选择、厂址条件论证等方面采用了国际最先进的标准，我国不存在发生苏联切尔诺贝利核事故和日本福岛核事故那样极端事故的条件，在技术层面已经做到了可以实际消除放射性的大规模释放，核电安全是可控的。

但是，目前的核电技术还不能完全排除发生堆芯熔化（例如美国三哩岛事故）这一类严重事故的可能性。从国外经验来看，曾经发生的严重事故几乎都是因为设备故障叠加人为操作失误引发的，设备的可靠性和工作人员的素质是保证核电安全的关键因素。

核电是风险高度敏感的行业。核电厂发生的任何事故，即使是普通工业部门常见的一般性事故，都有可能引起社会的高度关注，影响核电发展和公众对核电安全的信心。在核安全问题上，任何时候都不能麻痹松懈和心存侥幸。在进一步提高核电设备可靠性的同时，特别要防止关键岗位工作人员的误操作。必须强化全行业的核安全文化建设，把核安全理念落实到每一个员工，特别是关键岗位的工作人员，做到人人敬畏核安全，处处守护核安全，确保万无一失。

核电安全是“干”出来的，也是“管”出来的。经验表明，政府核安全监管部门的严格要求和科学监管是保证核电安全的重要环节。在核电机组数量不断增加的大背景下，核安全监管部门要进一步加强队伍建设和能力建设，增加监管工作的透明度，提高核安全监管的有效性，把一切安全隐患消灭在萌芽之中，为核电安全高效发展提供坚强保障。

除了运行机组安全外，还有加强对核电乏燃料和放射性废物的安全管理。乏燃料和放射性废物管理出了问题，同样会对人员和环境带来不良影响。

安全是核电发展的生命线，一旦核安全出了问题，不管是国内的还是国外的，无论事故大小，都会对核电发展带来冲击，延迟甚至断送核电的发展，历史上的教训太深刻了。

2. 核电技术自主创新能力

中国核电发展的头20年间，大型商用核电站基本都是走“引进—消化—吸收—再创新”的路子。引进国外先进技术可以较快地解决核电有无问题，但高技术是买不来的，国外在出售产品和转让技术的同时，也设置了许多限制条件。到目前为止，引进核电机组的一些关键技术仍不在中国人手里，一部分关键设备还需要依赖进口。

目前，中国已经成为世界核电大国，发展速度和新建核电机组数量都是世界第一。中国核电要继续向前发展，要由“大”变“强”，走向世界，仍然沿用过去的老路已经难以为继。必须加大自主创新和原始创新的力度，努力占领世界核电技术的制高点，尽快实现由“核电大国”向“核电强国”的转变。

“十三五”期间，要把提高自主创新能力，突破三代技术瓶颈作为最重要的任务。要尽快补齐技术短板和薄弱环节，全面掌握华龙一号、CAP1000、CAP1400、高温气冷堆、快堆等先进堆型的关键技术，形成一批高质量的自主知识产权和自主品牌的核电技术、核燃料产品，进一步提升核电设计建造的自主化国产化能力及技术水平，为中国核电走向世界奠定坚实基础。

3. 核电的经济性

发电成本低是核电的优势所在和规模发展的推动力，核电发展的规模与效益在很大程度上取决于它的经济性。核电经济性在以下几方面面临挑战。

一是福岛核事故后核电安全标准提高加大了核电厂建造成本。EPR、AP1000等世界著名第三代核电技术在中国和国外的建设都遭遇了工期延误、建造成本大幅增加的问题，工程建设的承包商（法国AREVA、美国西屋公司）因此陷入破产重组，项目业主也承受了巨大的经济压力。

二是核电电价的压力。中国经济进入新常态以后，电力供求关系发生变化。过去“皇帝女儿不愁”的电力供应出现了局部过剩，电网企业和地方政府采用电价竞价上网、限制上网电量等措施来降低电网运行成本，核电设备利用小时数持续下滑，核电的“标杆电价”得不到保证，降低了核电的经济性。

三是核电相对于其他电源以及能源形式的经济竞争力。由于技术进步和规模化发展等因素，风力发电、太阳能发电等新能源的价格呈现下降趋势，对核电上网电价构成一定压力。近年来，天然气、页岩气、氢能以及干热岩等新能源的开发利用，给核电的市场竞争及规模发展带来巨大压力。

4. 邻避效应和核电的公众沟通

在人民生活水平提高和环境保护意识加强的大背景下，任何一个新建工业项目都会受到邻避效应的困惑，核电建设也不例外。

新建核电项目的特殊性在于，一方面是普通民众对核电知识缺乏了解，另一方面，往往是远离核电厂址的某些社会群体和个人更热心于进行反核的宣传和操作。一旦不理智的反核力量形成声势，地方政府就无法支持核电项目的立项，即使是像核燃料产业园这样不可能造成放射性外泄的项目。

世界各国发展核电的经验表明，核电发展体现了国家意志，需要在国家权威性规划指导下有序发展。要保持与周围民众的合作与沟通，进行核电知识的科学普及工作，建立有效的及时通报制度和利益共享机制，让周边地区民众共享核电发展成果。公众对核电的理解及支持程度在很大程度上成为核电项目能不能落地的一个重要指标。

五、结论

核电具有设备利用小时高、发电成本低、运输贮存方便等特点，可以大规模代替煤炭、为电网提供稳定可靠的电力支撑。发展核电是中国绿色低碳能源体系建设的重要组成部分。

中国目前已经投入商业运行的核电装机容量占全国电力装机的2％，核电发电量约占全国同期全部发电量的3.56％。中国也是全球在建核电机组最多的国家。在建核电机组包括了世界最先进的第三代压水堆及具有固有安全性的高温气冷堆。

中国将进一步加大核电技术的自主创新，新建核电机组将采用国际最高安全标准。“十三五”期间，中国将在沿海地区建设一批“第三代”核电机组，核电建设将实现历史性转变：从过去以“第二代”核电技术为主转变为以“第三代”核电技术为主，技术创新路径从过去以引进消化吸收为主转变为以自主创新为主，着力打造核电产业的核心竞争力。通过“十三五”建设，中国核电产业的技术水平和创新能力将大幅提升，初步实现从核电大国到核电强国的转变。

在核电发展带动下，中国已经形成一条完整的核电产业链，包括核电项目投资、核电运营、核岛研究设计、工程管理、核电设备供应、核电站土建安装、核燃料供应和乏燃料管理、运行维修，以及其他社会化服务等环节，为促进核电规模化发展和“走出去”提供了有力支撑。

中国核电发展正处在一个重要的战略机遇期，面临难得的历史机遇，有许多支撑中国核电持续发展的有利因素。与此同时，中国核电发展也存在诸多挑战，包括核电安全性问题、核电技术的自主创新、核电的经济性，以及邻避效应和核电的公众沟通等。要顺利推进核电产业健康发展，达到规划预定的发展目标，必须处理好各方面关系，克服面临的各种挑战。

B 3

大力提升核安全监管水平推进我国核安全治理体系和治理能力现代化的实践与思考

柴国旱　王晓峰　王桂敏*

摘　要：

核安全是核能与核技术利用事业发展的生命线。十八大以来，习近平总书记提出了理性、协调、并进的中国核安全观，核安全被纳入国家安全体系，写入了《国家安全法》。多年来，在严格的核安全监管下，我国核电厂始终保持良好的安全业绩，核电安全处于国际先进水平。本文阐述了我国的核安全现状，总结了我国核安全监管的良好实践，并就新时期我国在推进核安全治理体系和治理能力现代化过程中所面临的艰巨挑战进行了深入思考。

关键词：

核安全　治理能力　治理体系　核安全监管　良好实践

* 柴国旱、王晓峰、王桂敏，环境保护部核与辐射安全中心。

核安全是核能与核技术利用事业发展的生命线。党的十八大以来，习近平总书记提出了理性、协调、并进的中国核安全观，核安全被纳入国家安全体系，写入了《国家安全法》，这更加肯定了核安全与放射性污染防治工作的战略地位。十八届三中全会提出了国家治理体系现代化和国家治理能力现代化的建设目标，核安全监管作为国家治理体系的组成单元，也确立了“核安全监管体系现代化”和“核安全监管能力现代化”的目标。核与辐射安全监管体系和监管能力现代化是“十三五”时期核与辐射安全监管自身建设的目标和纲领，是新时期做好核与辐射安全工作的必然要求和重要保障。

长期以来，我国核安全监管部门秉承“安全第一，质量第一”的根本方针，遵循“独立、公开、法治、理性、有效”的监管原则，坚持依法从严监管，积累了宝贵的实践经验，收获了丰硕的监管成果，为中国从核大国向核强国转变提供有力支撑。当前，我国核能与核技术利用事业处于快速发展期，核活动日益频繁，核安全监管部门将面临更加严峻的安全形势和更加繁重的监管任务，公众对于核与辐射安全监管的诉求将会更多、关注更高，这些都对核与辐射安全事业的发展提出了严峻挑战，核安全监管部门必须保持客观认识，高瞻远瞩，综合施策，保证核与辐射安全监管工作有力、公平、合法、可信，并为公众认可，为监管体系现代化和监管能力现代化建设提供全方位支持。

一、我国核与辐射安全现状

（一）核安全水平不断提高

截至 2017 年 11 月，我国共有 36 台运行核电机组、20 台在建核电机组，在建运行规模加起来，排在美国、法国之后，位列全球第三。我国核电厂采用国际通行标准，按照纵深防御的理念进行设计、建造和运行，核电安全达到国际先进水平，运行核电机组安全性能指标位于国际同类机组前列；在建机组质量受控；新建核电机组设计指标满足国际最新核安全标准，具备较为完善的严重事故预防和缓解措施；运行核电机组、民用研究堆持续保持安全运行良好记录，核电厂未发生过国际核事件分级（INES）2 级及以上运行事件。研究堆安全整改活动持续开展，现有研究堆处于安全运行或安全停闭状态。核燃料生产、加工、贮存和后处理设施保持安全运行，未发生过影响环境或公众健康的核临界事故和运输安全事故。核材料管制体系有效。核安全设备的设计、制造、安装和无损检验活动全面纳入核安全监管，设备质量和可靠性不断提高。

（二）放射性污染防治稳步推进

近年来，我国不断加大放射性污染防治力度，早期核设施退役和历史遗留放射性废物治理稳步推进：多个微堆及放化实验室等早期核设施退役项目已经完成；建成了一批中、低放废物处理设施，放射性废物处理处置能力进一步提高，处理处置了一批历史遗留放射性废物；完成了一批铀矿冶设施的退役任务，基本完成重点地区铀地质勘探设施的退役和治理任务，环境风险不断降低。

（三）放射源辐射事故发生率持续降低

我国对放射源实施全过程管控，辐照装置防卡源专项整治工作取得成效，安全管理水平逐步提高，放射源辐射事故年发生率下降到历史最低水平，由“十一五”时期的平均每万枚源2.5起下降至2起以内，未发生特别重大辐射事故。各类废旧放射源及时得到收贮，确保了公众和环境安全。

（四）核安全保障体系渐趋完善

在深入总结国内外经验和教训的基础上，参考国际原子能机构和核能先进国家有关安全标准，我国已基本建立了覆盖各类核设施和核活动的核安全法规标准体系①，《核安全法》作为规定安全管理基本制度的顶层法律，已于第十二届全国人民代表大会常务委员会第二十九次会议表决通过，为保障核安全奠定了良好基础；国家核安全局作为独立的核安全监管机构，自1984年成立后，通过不断探索、学习、实践和创新，从无到有、从小到大，逐步建立了一套既

① 《核安全与放射性污染防治“十二五”规划及2020年远景目标（摘编）》，《中国能源报》2012年06月25日，第4版。

与国际接轨，又符合中国国情的核与辐射安全监管体制，形成了以环境保护部（国家核安全局）总部为行政核心、以核与辐射安全地区监督站为监督主力、以核与辐射安全中心和辐射环境监测技术中心为主要技术依托的三位一体的监管组织体系①，塑造了一支事业心强、业务精通、执法严格、拼搏进取的核与辐射安全监管队伍，监管能力不断增强；国家核与辐射安全监管技术研发基地已开工建设，国家辐射环境监测网络基本建成；核安全文化建设不断深入，专业人才队伍配置渐趋齐全，质量保证体系不断完善；核应急体系进一步完善，已形成由国家、省、营运单位构成的核电厂核事故应急三级管理体系，着力加强应急能力建设，形成统一调度的核事故应急工程抢险力量，使其具备执行重特大核事故处置任务的能力，核安全保障体系发挥了重大作用。

二、我国核安全监管所取得的显著成效

党的十八大以来，我国核安全监管部门深入贯彻习近平总书记系列重要讲话精神，积极主动做好顶层设计，努力践行核安全文化，扎实开展立法、审评、许可、监督、监测、执法和应急等工作，不断提升自身能力，不断推进核与辐射安全监管现代化。

（一）制定顶层法律，完善制度体系

政策法规是核与辐射安全监管的标尺，也是避免系统性风险的根本保障。我国核安全监管部门一直致力于推动核与辐射安全法规标准体系科学化、规范化，努力提升核与辐射安全监管的有效性。

制定核安全政策。牵头组织多部委开展国家核安全相关政策制定，完善了国家核安全顶层设计。在核安全领域创新建立风险分析机制，构建了核安全风险防控和保障体系。

推进核安全立法。《核安全法》得到社会高度重视，已于2017年9月通过全国人大审议，2018年元旦起正式实施。《核安全法》作为核安全领域的顶层

① 《国家核安全局的后福岛时代》，《中国环境报》2016年3月11日，第6版。

法律，是国家安全法律体系的重要组成部分，建立从高从严核安全标准体系，为实现核能的持久安全和健康发展提供了坚实的法制保障①。经过不懈努力，中国已基本上建立起一套与国际接轨的核与辐射安全法规体系。现行的法规体系由国家法律、国务院行政法规和部门规章等层级构成。截至 2017 年 9 月，共制定发布法律 2 部，行政法规 7 项，部门规章 29 项，导则 93 项。

组织实施国家规划。与发展改革委、财政部、能源局、国防科工局联合编制完成《核安全与放射性污染防治“十三五”规划及 2025 年远景目标》，为推进我国核安全治理体系和治理能力现代化绘制了一幅清晰的蓝图和路线图。

（二）立足监管实际，优化监管机制

立足我国监管实际，逐步建立起一套集审评、监督、执法、监测、应急于一体的监管机制，确保监管效率，提高监管效能。

在审评方面，对核电厂安全重要构筑物、系统、设备的设计实行严格的技术审评，在确认满足相关法规标准要求后，才允许向其颁发相应的行政许可②。为了适应当前核电建设的快速发展，核电技术的不断升级，我国在技术审评方面持续开展探索和研究工作，对 AP1000、CAP1400、华龙一号等新堆型安全系统性能开展独立校核计算和试验验证；鼓励概率安全分析应用；研究编制核电厂标准审评大纲，不断推动审评活动的规范化、权威性和有效性，坚持审评从严。

在许可方面，坚持保守决策，对核电厂实行分阶段的核安全许可证制度，在厂址选择、建造、装料、运行和退役等各阶段，核电厂只有得到相应的核安全许可证后，才能开展该阶段各项核安全相关活动③。根据福岛核事故经验反馈和国际核安全最新要求，我国及时开展对于新建核电厂设计安全要求的相关研究，组织修订相关核安全法规，坚持许可从严。

---

① 朱宁宁：《“严”字当头确保绝对核安全》，《法制日报》2017 年 10 月 10 日，第 11 版。

② 童克难：《国家核安全局有关负责人就台山核电厂及全国核电安全监管情况答记者问》，《中国环境报》2015 年 4 月 14 日，第 6 版。

③ 同上。

在监督方面，对核电厂的设计、制造、建造、调试、运行直至退役等活动进行全过程的核安全监督，通过日常检查、例行检查、非例行检查和专项检查确保核电厂所有核安全重要活动均被纳入监管范围，派驻现场监督员，坚持监督从严，必要时实行"四不两直"：事先不发通知，不打招呼，不陪同，不接待，直达第一现场，直达生产一线。

在执法方面，《核安全法》的发布，进一步强化了依法从严监管，从高从严建立核安全标准，实施全过程全方位严格管理，对核安全违法行为加重处罚，为核安全监管铁腕执法提供了法律武器。创新协作机制，探索实施各省级环保部门与其他部门的联动执法，不断加大核与辐射安全执法力度，严惩违规操作、弄虚作假等违法行为，坚持执法从严。

在环境监测方面，建立了比较完善的全国辐射环境监测体系，基本覆盖直辖市、省会城市、部分地级市和边境地区，开展辐射环境质量监测、国家重点监管的核设施监督性监测及事故应急监测，保持24小时连续监测。除此之外，各核电厂也建立了自身辐射环境监测体系。

在应急管理方面，建立了一支统一指挥调度的核与辐射事故应急响应专业队伍，颁布实施了核与辐射事故应急响应计划、应急预案等制度文件，形成了从民用核设施选址到退役全过程各个阶段的全方位应急监管体系，实现了对全国民用核设施应急准备与响应的有效监管。

（三）壮大机构队伍，提升能力水平

在机构队伍、监管投入、软硬件设施建设等方面持续发力，为监管能力提升创造有利条件。

机构队伍持续壮大。福岛核事故后，国家核安全局部机关、地区监督站和核与辐射安全中心编制大幅增加，辐射环境监测技术中心实现挂牌双管，建立新一届核安全与环境专家委员会，"三位一体"的监管组织体系高效运转。地方核与辐射安全监管机构也逐步壮大，核安全监管队伍的规模已经迅速发展至局机关100人、中央本级1000人、地方10000人。同时监管人员的培训工作也在不断强化，初步建立了以核与辐射安全监管初任、中级、高级培训为基础的培训体系框架。

基础建设取得重要突破。习近平总书记在第四届核安全峰会上宣布，将依托核与辐射安全监管技术研发基地，帮助有需要的国家提升安全监管能力，为提高全球核电安全水平做出贡献。该项目落实建设用地218亩，建设规模9万多平方米，一期基建投资近7.5亿元，现已开工建设，计划2—3年建成。基地将成为核与辐射安全监管的技术研发中心、审评中心、信息中心，也将成为监管人才培养的摇篮，为全面提升监管能力提供有力支撑。

辐射环境监测、应急和反恐应急能力大幅提高。建立了比较完善的国家辐射环境监测网，包括辐射环境空气自动监测站和陆地、水体、海洋生物、土壤、电磁辐射共计1400余个质量监测点位，辐射环境质量监测、国家重点监管的核设施监督性监测及事故应急监测能力得到显著提升。建立了较为完善的核与辐射事故应急准备与响应体系，具备全国运行核电机组关键数据实时监控、全国辐射环境监测数据实时获取、全国核设施信息管理、全国应急监测力量调度、核与辐射事故状态诊断与快速后果评价等能力。在国家反恐工作的统一部署下，组织开展以反核恐为背景的辐射反恐演练，并完成了一系列重大活动辐射安保备勤任务；组织制定城市放废库安保标准，推动提升放射源安保水平，反恐应急能力不断加强。

科研能力显著提升。初步形成了涵盖不同层次、涉及不同专业领域、满足不同需求的科研体系，培养了一批科技骨干人才，具备独立开展核与辐射安全校核计算，进行试验验证与评价，承担国家科技重大专项、中科院战略先导专项、国家自然科学基金等科研项目的能力。

（四）重视经验反馈，持续安全改进

核电厂的事故可能带来难以挽回的影响，运行经验反馈作为一项管理工具，在国内外的核电厂中得到了广泛应用①。通过对厂内厂外、国内国外、甚至是其他行业各类事件的深入分析，查找直接原因和根本原因，采取相应的、有效的改进措施，消除安全隐患，可有效提高核设施的运行安全水平。

汲取日本福岛核事故的教训，在我国开展一系列核与辐射安全综合检查，

① 崔俊溪：《运行经验反馈在核电厂中的应用分析》，《科研》2016年第1期，第10页。

发布《福岛核事故后核电厂改进行动通用技术要求》，针对薄弱环节，开展安全改进行动，提高了核设施应对极端外部事件和严重事故的能力。建立了运行和在建核电厂经验反馈平台，形成了运转有效的核电厂经验反馈体系，对国内、国际发生的各类核事件的原因、过程与后果进行认真分析和总结，汲取经验教训，并在技术和管理两个方面提出安全改进措施，促进全行业开展经验反馈的及时性和有效性。借鉴天津港“8·12”特大火灾爆炸事故教训，排查核安全领域隐患，并对常规消防、危险化学品以及特种设备的安全管理予以重点关注，要求营运单位采取措施进行改进。研究马航、法航空难事件，高度关注核设施操纵员等特殊岗位人员心理健康问题，提出了改进和加强核设施操纵员心理健康管理的意见和措施。

（五）推动国际合作，提升国际影响

努力推动核与辐射安全国际合作，搭建多边、双边国际合作平台，密切跟踪国际核安全发展趋势，积极借鉴国外先进做法和经验，提高我国核安全国际话语权。

积极参与核安全公约和联合公约履约工作，我国一直积极履行公约规定的各项义务，按公约规定的机制，公开透明地接受其他缔约方对我国履约情况的审议。我国在核安全监管方面的工作多次被履约审议大会列为“良好实践”，供各缔约方借鉴参考。开展国际核安全政策研究，国际动态跟踪与分析，国际舆情监测等。积极开展与美、法、日、韩、巴基斯坦等国家核安全监管机构及其技术支持单位的双边国际合作，与欧盟、经济合作组织核能署等国际组织的多边核安全合作以及海峡两岸核安全交流与合作等，通过国际会议、学术研讨、业务培训、派遣访问学者等方式，加强与各国的交流沟通，不断提升国际影响力。

（六）开展专项行动，培育安全文化

正确的观念、认识是正确行动的前提。始终重视核安全文化的引领作用，用文化的精神感召力、形象影响力、道德约束力来深化从业人员以及社会大众对安全的理解，并落实为自觉行动。

2015 年 1 月 14 日，国家核安全局联合能源局和国防科工局发布《核安全文化政策声明》，阐明我国政府重视核安全文化的态度立场，为全行业培育核安全文化提供指南。组织开展历时一年的核安全文化宣贯推进专项行动，实现两个“全覆盖”，即覆盖全体持证单位，覆盖全体骨干人员；落实两个“零容忍”，即对弄虚作假零容忍、对违规操作零容忍。全国参与单位超过 2 万家，参与人数超过 50 万人，消除安全隐患近 2000 处。着重加强监管队伍自身核安全文化建设，积极开展监管工作人员核安全文化培训，强化自我约束意识，提高监管人员核安全文化素养；促进核安全文化与管理体系深度融合，实现管理体系系统化和工作流程标准化；大力开展宣传教育，加强监督检查和考核评估，推动核安全文化持续改进。全面推进行业核安全文化建设，地方环保部门利用专项行动契机开展核与辐射科普宣传；核能行业协会等组织积极开展行业研讨；各集团公司、企业单位，认真开展有针对性的核安全文化宣贯推进专项行动，取得了明显成效。

（七）推进公众沟通，提升公众信心

推进公众沟通，提升公众信心，是保证核能健康发展的重要一环。实现良好的公众沟通，必须加强科普宣传、推进信息公开、强化公众参与、加强舆情正面引导。

国家核安全局作为我国独立的核安全监管部门，注重建立公开、透明的核安全监管体系。构建“中央督导、地方主导、企业作为、社会参与”的公众沟通机制，加强顶层设计，出台公众沟通工作方案，积极推进核安全科普宣传、信息公开、公众参与和舆情引导工作。通过传统媒体和新媒体普及核基础知识，组织中学生核与辐射知识竞赛，搭建多媒体互动平台和科普网站，推进核与辐射安全知识普及活动进校园、进社区、进党校和干部学院；完善政府网站，搭建信息公开平台，积极推进涉核项目环评报告、全国辐射环境质量监测结果、项目审批信息和相关文件公开；在政策制定、项目环评过程中广泛听取公众意见，要求企业拓展公众参与渠道，提高项目建设阶段的公众参与程度；针对社会热点问题，加强信息解读，积极回应公众关切，积极正面引导社会舆论。

三、新时期我国核安全监管所面临的挑战

随着核电建设和核技术利用行业的高速发展，核与辐射安全监管工作的任务将日益繁重，核与辐射安全监管工作将面临更为复杂严峻的形势和挑战。

（一）核电安全监管任务日趋繁重

目前，我国核电在建规模世界第一，机组数量位居世界第三。到 2020 年我国核电机组数量预计将达到 90 台左右，装机容量将超过法国，成为世界第二核电大国。短期内核电装机规模总量的快速增长将给我国的核与辐射安全形势带来巨大挑战，核与辐射安全审评和监管压力大幅增加。同时，我国核电建设从起步到当前发展阶段一直存在多国引进、多种堆型、多类标准和多种技术共存的局面，这也为监管工作的开展增加了技术难度，对监管人才队伍培养、技术水平提升、审评监督手段完善和监管资源的配置提出了更高要求。

（二）核技术利用安全监管压力持续加大

放射源、辐照装置、射线装置等放射性物质在工业、农业、医疗、科研等方面普遍使用，我国已成为世界上最大的放射源使用国。全国共有核技术利用单位约 6 万家，在用放射源 12 万多枚，射线装置 13 万多台（套），放射源使用数量庞大、应用领域广泛、各类放射源事故时有发生。由于相关企业维修经费和运行经费的匮乏，安全管理问题渐趋严重。

（三）老旧核设施存在安全隐患

我国老旧核设施种类多样，数量众多，其存在的问题集中体现在自身安全隐患多。此类核设施分布广、投运时间长、技术差别大，普遍存在安全设计标准低、设备和部件老化、经费短缺、运行队伍不稳、管理落后等问题，随着老化问题的日渐严重，一批老旧核设施退役工作亟待推进。

（四）历史遗留放射性废物风险依然存在

历史遗留放射性废物处理处置进程滞后，尤其有些高放废物随着时间推移风险逐渐累积。我国核电机组数量快速增加，乏燃料和放射性废物数量也随之增长，我国放射性废物处理和处置能力不足问题开始显现；同时，各类核设施产生的放射性废物分属不同部门，管理方式、所处地区、产生环节、产生时间不同，部分放射性废物处于重要水源地或敏感区，处理和处置难度较大。国家虽然对这些废物处理和处置投入了大量人力和物力，但一些技术难度大、投入高、潜在环境危害严重的问题仍未得到根本解决。

（五）核恐怖主义威胁日益凸显

恐怖活动已成为现代国际社会的公害。恐怖分子除了使用常规袭击手段外，恐怖组织利用“脏弹”等发动核恐怖袭击的可能性日益增加，对核材料和放射源等放射性物质管控能力的要求大幅提高。面对这一核安全领域出现的新情况，也对我国核安全监管提出了新要求。

（六）核能社会接受度亟待提高

于公众而言，核电由于其特殊的技术复杂性带来社会高度敏感性，加上福岛核事故等带来的较多负面影响，导致民众“恐核”心理，对核能的和平利用心存疑虑，“邻避效应”日益突出，表现为对核电建设项目的抵制和反对情绪不断升级。社会接受度已经成为核事业发展的瓶颈和难题，如果处置不当，极易引发社会风险。核安全公众沟通工作任重道远。

四、应对挑战、持续提升核安全监管水平的相关思考

“十三五”是我国全面建成小康社会的决胜期，是推进结构性改革的攻坚期，是我国由核能核技术利用大国迈入强国的转型期，是实现核与辐射安全监管体系和监管能力两个现代化的关键时期。核与辐射安全监管工作必须紧跟时代脚步，分析新形势，解决新问题，探索新思路，谋划新策略，实施新举措，

将监管工作落到实处，切实保障核与辐射安全。

（一）切实加强核与辐射安全法规体系建设

紧密衔接国家法律法规，以核安全领域的顶层法律《核安全法》为支撑，全面统筹核与辐射安全法规制修订工作，重视标准制定修订进程，统筹做好标准立项、起草、审查、实施和监督等各项工作，让法律确立的各项制度真正“落地生根”，不断夯实核与辐射安全监管法治基础。

加强核与辐射安全规划体系建设。以“十三五”时期核安全工作的顶层设计《核安全与放射性污染防治“十三五”规划及2025年远景目标核安全规划》为指导，编制科研、监管能力等核与辐射安全专项规划和实施方案，形成系统的核与辐射安全规划体系。

强化核与辐射安全监管体制机制建设。广泛建立各部门、各单位的沟通协调机制，切实加强中央各有关部门之间，监管机构与监管对象之间的交流互动；强化内部协调机制，增进自身各机构之间的信息交流，加强协作，发挥人员、机构的资源整合优势，建设独立监管、部门协作、权责分明、运转高效、分工负责的核安全管理体系；加强对地方政府核与辐射安全工作指导，在制度建设、监管能力、人员培训等各方面提供有效指导。

（二）持续提升核能核技术安全水平

一是推进核设施安全改进，提高核设施安全水平。充分汲取日本福岛核事故经验教训，督促运行和在建核电厂持续开展安全改进，确保核电厂运行指标保持良好，在建核电厂建造质量受控；高标准建设新的核电厂，从设计上实现消除大量放射性物质释放的可能性；重点跟踪早期建造研究堆的老化效应，开展安全改进或升级，加快核燃料循环设施安全隐患整改和安全改造，降低研究堆和核燃料循环设施风险，不断提高设施安全水平。

二是开展放射源安全行动计划，降低核技术利用风险。强化放射源作业安全管理，降低放射源事故发生率；完善废旧放射源辐射安全管理及城市放射性废物库安保措施；全面升级国家核技术利用辐射安全监管系统，开展放射源安全专项检查行动；强化高风险移动源辐射安全监管，建立实时监控系统。

三是加快老旧核设施退役和放射性废物治理，消除安全隐患。采取有力措施，加快早期核设施退役进程，处理和处置历史遗留放射性废物。加强放射性废物处理处置能力建设，“十三五”时期建成一批放射性废物处理设施，开展5座低中放固体废物处置场选址、建设，形成低中放固体废物处置的合理布局，开工建设高放废物地质处置地下实验室。

（三）探索创新核与辐射安全监管方法手段

完善安全审评方法，推进审评方式的标准化。形成相对独立、较为完整的核与辐射安全分析评价、校核计算和试验验证能力；对重要的许可证申请审查，优化实行A/B角制度，确保审评深度和质量；做好重大不符合项审评以及许可证遗留项管理。

优化监督检查方法，提高监督检查工作的规范化。对核电厂探索开展风险指引型核安全监管模式，提高监管的针对性；完善监督机制，加大监督检查力度，全面、及时发现安全隐患；深化驻厂监督制度，坚持例行检查与非例行检查相结合，保证检查频度和检查深度，提高监督效率；进一步完善监督管理反馈机制，实现监督经验共享。强化对地方辐射安全监管督查，层层传导压力，督促地方政府依法履责。

加大执法力度，树立执法权威。加强对运行事件的调查处理，针对检查中发现的问题，落实责任分工、细化整改任务、划分时间节点、明确标准要求；坚持对弄虚作假和违规操作“零容忍”，针对核安全设备和核技术利用领域深入开展执法检查，对违法违规事件，依法从严从重开展处罚，在行业内形成强大震慑力。

（四）着力提高核与辐射安全监管能力

提高核与辐射安全科研能力。开展核与辐射安全科技研发顶层设计，推动核安全科研纳入国家科研重点研发计划，加强战略性、全局性、前瞻性核安全科技问题研究，补足核安全科技研发短板，突破一批核能科技关键项目，为核与辐射安全监管提供有效支撑。

提高核与辐射安全监管能力。加强人才队伍建设，出台相关法规促进核安全监管人才队伍建设与发展，完善核安全人才培养体系，强化监督管理人员、特种工艺人员、监测应急人员等各类人员的专业培训，建立健全核安全监督和审评人员资格管理制度和培训体系，不断提升监管人员的素质和专业化程度；推进“一网、一站、一基地”建设。加强“一网”建设，就是完善国家辐射环境监测网，强化监督性监测，完善应急监测手段，加强边境及敏感地区事故应急监测和处置能力；加强“一站”建设，就是强化地区核与辐射安全监督站能力建设和省级监管机构能力建设；加强“一基地”建设，到2020年全面建成国家核与辐射安全监管技术研发基地，提高核与辐射安全监管的技术支撑能力①。

提高核与辐射事故应急响应能力。着力完善应急预案体系、指挥体系、应急救援体系和技术支持体系，适时修订各级应急预案，强化各级核应急指挥中心建设。提升核电集团应急支援能力，建立健全核电厂间相互支援机制。完成中国核应急救援队组建，使其具备执行重特大核事故处置任务的能力。加强核应急各专业技术支持中心能力建设。注重实战，定期开展应急演习，加强对各级核应急组织管理人员的专业培训。

（五）积极促进核安全国际合作

加强双边核安全国际合作。拓展与核能发达国家的合作，继续加大与欧盟的核安全合作力度。与核电出口对象国建立合作关系，支撑核电“走出去”。加强多边核安全国际合作。加强国际公约履约及谈判，加强履约成果转化。积极参与国际规则制定，推动建立公平、合作、共赢的国际核安全体系。

（六）大力强化核与辐射安全公众沟通

与有关部门、地方人民政府密切配合，形成有效的跨部门、跨地区涉核社会风险防范化解联防联控机制。完善以政府为主导的公众沟通制度，组建专家库，搭建公众沟通网络平台，强化公众宣传，制定工作程序，建设国家与地方科普基地，加强与媒体的沟通交流，推进公众宣传常态化发展。强化信息公

---

① 郭承站：《我国核与辐射安全监管现状及对策》，《核安全》2013年S1期，第1页。

开，完善信息公开方案，拓宽信息公开渠道，扩大信息公开内容，加强公开信息解读。强化公众参与，制定核与辐射安全公众参与管理办法，加强建设项目公众参与。强化舆情监测与应对，完善舆情监测手段，建设覆盖传统媒体和新媒体的监测体系，建立多方舆情信息共享机制，建立专家研判制度，加强舆情研判。组织舆情应对培训，开展应急演练。建立多方联动机制，积极回应媒体和公众关切。

（七）全面推进核安全文化建设

推动全行业核安全文化建设。完善顶层设计，分领域制定推进核安全文化建设实施方案。编制系列文件，明确行业核安全文化建设要求。积极推广核安全文化建设良好实践，树立核安全文化建设示范单位。加强核与辐射安全监管队伍自身核安全文化建设。将核安全文化理念和要求纳入规章制度、融入各项监管工作中，加强监管系统内部核安全文化交流，共同提高监管系统核安全文化水平。核安全监管部门还应要推动建立相应的评估体系，定期开展核安全文化试点评估活动，推动行业协会等社会组织开展核安全文化同行评估。

小　结

中国共产党第十九次代表大会报告指出，我国要建设的现代化是人与自然和谐共生的现代化，既要创造更多物质财富和精神财富以满足人民日益增长的美好生活需要，也要提供更多优质生态产品以满足人民日益增长的优美生态环境需要。绿色发展要求构建清洁低碳、安全高效的能源体系，核能是清洁能源的重要支撑。安全发展核能是中国走向能源清洁化、低碳化的重要选择。我国核安全监管部门应认真贯彻中国核安全观，深入落实国家安全战略，强化依法治核理念，不断创新，实现治理体系和治理能力现代化，切实履行保障核安全、环境安全和公众健康的根本宗旨，为全面推进“五位一体”总体布局和协调推进“四个全面”战略布局做出新的贡献！

B 4

从环境公平角度审视内陆核电的环境安全

陈晓秋　侯杰　刘永叶*

摘　要：

为推进非化石能源的可持续发展，在加快推进沿海核电项目建设的同时，要超前谋划核电发展，“积极开展内陆核电项目前期论证工作，加强厂址保护”。“安全高效发展核电”成为我国核电发展的基本方针。核电厂的基本安全目标是保护人类和环境免于电离辐射的有害影响。而这一保护人类（个人和集体）和环境的基本安全目标必须在对引起辐射危险的设施运行或活动的开展不存在不当限制的情况下实现。内陆核电厂与沿海核电厂的安全目标是相同的，论及内陆与沿海核电厂的区别，确切地说，这种区别就是厂址环境之间的差异。基于目前核电运行的实践和认知水平，本文从环境公平的角度审视了内陆核电厂的环境安全问题，包括安全目标要求、厂址安全、环境保护和应急准备。分析表明，内陆核电的核安全是有保障的，环境风险可控。

---

* 陈晓秋，辐射防护与环境保护专业博士，研究员，供职于环境保护部核与辐射安全中心；侯杰，辐射防护与环境保护专业在读博士，工程师，供职于环境保护部核与辐射安全中心；刘永叶，辐射防护与环境保护专业博士，高级工程师，供职于环境保护部核与辐射安全中心。

关键词：

内陆核电　环境公平　安全目标　环境安全

1. 概述

能源是支撑人类文明进步的物质基础，推进生态文明建设离不开清洁低碳、安全高效的现代绿色能源。据世界银行和国际原子能机构（IAEA）统计数据，2016 年世界电力供应约 12%来自核电，低于水电的 16%和化石燃料的 66% ①。面对着能源需求的不断增长、全球变暖的气候威胁和环境污染减排的挑战，中国政府始终倡导共同但有区别的责任原则、公平原则和各自能力原则，坚守《巴黎协定》承诺，采取切实行动应对气候变化。为实现 2030 年单位国内生产总值二氧化碳排放比 2005 年下降 60%—65%、非化石能源占一次能源消费比重达到 20%左右的目标，加快能源结构调整的步伐，向清洁低碳、安全高效能源的转型升级已迫在眉睫。

核电运行实践表明，核电是清洁低碳、安全高效的现代能源，任何人都不能忽视核电在突破资源制约、保障能源安全和保护生态环境方面的作用。1980 年以来，全球核电累计发电量相当于 237 亿吨标准煤的发电量，相当于 2016 年全球煤电发电量的 8 倍，这个数字反映出核电在应对气候变化中所做出的贡献②。

目前，利用核能发电的国家中，法国是所有核电国家中核电发电量占全国总电力比例最高的国家，美国是全球拥有核电机组数最多的国家，而中国是世界上在建核电机组数最多的国家。2016 年，法国运行的核电机组有 56 台，核电发电量约占总发电量的 72. 3%；美国运行的核电机组有 99 台，核电发电量占比约为 19. 7%；中国运行的核电机组有 36 台，核电发电量占比还很小，只

---

① 中国报告网：《目前全球核能发电情况分析》（2017-08-15），http：//free. chinabaogao. com/dianli/201708/0Q52923Y2017. html。

② 钱智民：《不辱使命不负众望为促进核能行业发展发挥更大作用》，《中国核能》2017 年第 3 期，第 33 页。

占总发电量的3.6%①。

核电链排放温室气体的归一化排放量（即每生产单位电量所排放污染物的量）约为煤电链的1%，若用核电替代相同电功率的燃煤发电，一座百万千瓦（1000MWe）电功率的核电机组运行，每年可以节约发电用煤300多万吨，可以减少碳排放600多万吨，同时也可大量消减其他污染物的排放②。因此，在未来能源结构调整中，核电完全可以做出更大的贡献。

我国《能源发展“十三五”规划》指出，为推进非化石能源的可持续发展，在加快推进沿海核电项目建设的同时，超前谋划核电发展，并明确要求“积极开展内陆核电项目前期论证工作，加强厂址保护”。“安全高效发展核电”成为我国核电发展的基本方针。

在内陆核电项目前期论证中，环境公平是内陆核电环境安全的首要原则。当环境公平的合理原则（经济方面）、合法原则（法规方面）与合情原则（伦理方面）达到平衡而统一的时候，这就是人们追求的环境公平的“最佳状态”。

IAEA等9个国际组织共同倡议的《基本安全原则》中，正当性原则（可能引起辐射危险的设施和活动必须能够产生总体效益）、最优化原则（必须实现防护的最优化，以提供合理可行的最高安全水平）、剂量限值应用原则（控制辐射危险的措施必须确保任何个人都不会承受无法接受的伤害危险），以及保护当代和后代原则（必须保护当前的和今后的人类和环境免于辐射危险）奠定了环境公平原则的基础。

基于目前核电运行的实践和认知水平，本文从环境公平的角度审视内陆核电厂的环境安全问题，包括安全目标要求、厂址安全、环境保护和应急准备。

---

① *Nuclear Power Reactors in the World* 2017 *Edition*, IAEA, 2017.

② 潘自强、姜子英：《核电——现阶段最好的低碳能源》，《中国核电》2014年第3期，第194页。

2. 内陆核电厂的环境安全问题

2.1 核电厂的安全要求与环境公平的合理原则

核安全是指保护人类和环境免于辐射危险以及引起辐射危险的设施和活动的安全。社会公众对核与辐射安全的认知水平，是影响核电安全高效发展的重要因素。日本福岛第一核电厂核事故的发生，使得一些社会公众对于核电的安全性再次产生了质疑。人们对于核电安全的担忧，主要源于不同的安全视角：

安全视角一：过分看重核事故后果的严重性，而忽视了事故发生的可能性。

通常"风险"被定义为某一事件发生的概率和其潜在后果的乘积。实际上，人类所从事的所有活动都有一定的风险，只是风险的可接受程度与减少风险需付出的代价不同。风险是需要严格实施管控的，必须考虑到所有可合理预见的事件，并做出一切实际努力防止和减轻核事故，主要手段是"纵深防御"，通过一系列连续和独立的防御层次的结合，防止事故对人员和环境造成危害。纵深防御贯彻于安全有关的全部活动，以保证这些活动均置于各种独立的、不同层次措施的防御之下。即使有一种故障发生，它将由适当的措施探测、补偿或纠正。从风险管理的角度看，既要考虑到事故后果的严重程度，也要考虑到事故发生的概率。核电安全不是追求零风险，而是将事故的环境风险控制在基于社会风险水平而合理确定的社会公众可以承受的一个较低的水平，而概率安全评价结果表明，核电厂核事故的风险水平不超过其他事故风险水平的千分之一①。

安全视角二：过分关注电离辐射可造成生物组织损伤的属性，而忽视了所受辐射剂量的大小。

电离辐射防护涉及两类伤害效应，即确定效应（有害的组织反应）和随

① USNRC, *State-of-the-Art Reactor Consequence Analyses* (*SOARCA*) *Report*, 2012 (NUREG-1935, Washington: NRC, 2012), p. 85.

机效应（癌症或遗传效应）。高剂量引起确定效应，常常是急性的，仅仅在剂量超过阈值时表现出来，高于该阈剂量时损害的严重程度，包括组织恢复能力的损害，随剂量的增加而增加。在低剂量照射情况下，不会在临床上表现出功能损伤，流行病学和实验研究结果表明，随机效应发生率的增加存在一个小的概率，并且在本底剂量之上与辐射剂量的增加成正比。从辐射危害管理的角度看，在低剂量照射情况下，给定的剂量增量与随机效应发生概率的增量成正比，且无阈值存在。这符合联合国教科文组织倡导的“谨慎的原则”①。而据联合国原子辐射影响科学委员会（UNSCEAR）估计，核电厂对当地和区域有代表性人群所致年人均辐射剂量，大致相当于几分钟乘机飞行受到的宇宙射线照射的剂量②。

安全视角三：过分追求将照射剂量做到“尽可能的低”，而忽视了利益与代价的平衡。

核安全是利益与代价的平衡，即社会公众认可的安全水平与所能承受的代价之间的平衡。将照射剂量做到“尽可能的低”的提法本身带有“无论付出什么样的代价都可以”的含义。但过低的安全水平会丧失社会公众信心，过高的代价则会导致社会公众放弃核电。而在随后的实践过程中，国际放射防护委员会（ICRP）意识到，一切应在权衡了利益与代价的前提下决定，“究竟什么样的照射水平是恰当的”这一问题成为争议的焦点，表达方式从“尽可能的低”最后变更为“可合理达到的尽量低”。现在，ICRP 对此问题的见解是：在考虑了经济和社会因素后，遭受照射的可能性、受照射人员数量以及个人所受剂量的大小均需控制在可合理达到的尽量低水平。这种见解成为防护“最优化原则”。同时，强调了具有约束的防护最优化，以限制由于固有的经济和社会判断可能导致结果的不公平③。

---

① *The Precautionary Principle*, United Nations Educational, Scientific and Cultural Organization (UNESCO), 2005.

② *Sources and Effects of Ionizing Radiation*, United Nations Scientific Committee on the Effects of Atomic Radiation (UNSCEAR), UNSCEAR 2008 Report to the General Assembly with Scientific Annexes, VOLUME I, United Nations Publication, 2010.

③ 国际放射防护委员会著：《国际放射防护委员会 2007 年建议书》（潘自强等译），北京：原子能出版社 2008 年版，第 88 页。

核电的可持续发展必须适应于国家社会经济基础、环境保护和生态文明建设需要。因此，从风险和辐射危害管理角度以及环境公平角度看待现行的核安全要求，有助于人们增进对核安全的认知水平。

伴随着核电技术的发展，国际上对新设计的核电厂提出了更高的安全要求。为进一步提高我国核电厂安全水平，充分汲取日本福岛核事故经验反馈，在研究国际核安全标准、日本福岛核事故后核电厂改进行动以及我国现行标准和综合技术能力的基础上，经广泛征求意见，国家核安全局重新修订并发布了《核动力厂设计安全规定》（HAF102-2016）①。

核电厂的基本安全目标是保护人类和环境免于电离辐射的有害影响。而这一保护人类（个人和集体）和环境的基本安全目标必须在对引起辐射危险的设施运行或活动的开展不存在不当限制的情况下实现。为了实现基本安全目标，《核动力厂设计安全规定》（HAF102-2016）提出了辐射防护设计和安全设计方面的安全要求和必须采取的措施，环境公平的合理原则（利益与代价的平衡）得到充分的体现。

2.2 内陆核电项目建设与环境公平的合法原则

目前，我国在建和运行的核电厂都位于沿海厂址。考察核电厂址的适宜性，本无沿海和内陆之分，均需严格满足核电厂选址和运行安全规定的要求，即遵循环境公平的合法原则（正当性、最优化和个人剂量限值的应用）。

判断核能利用正当性的责任通常落到政府或国家管理部门身上，以确保最广泛意义上的社会整体利益，因而不必追求对每个个人有益。在多数情况下，涉及效益和危险有关的重要决策都是在政府高层做出的，例如国家做出启动核电计划——“七二八工程（中国第一个核电工程）”的决定，发展核电的正当性毋庸置疑。国家对核设施的选址、建设进行统筹规划，科学论证，合理布局。我国《电力发展“十三五”规划（2016—2020年）》确定了核电发展目标，“十三五”期间，全国核电投产约3000万千瓦、开工3000万千瓦以上，2020年装机达到5800万千瓦，年均增速为16.5%。考虑到能源结构调整中大

① 国家核安全局：《核动力厂设计安全规定》，HAF102，2016。

规模发展核电的需要，以及内陆省份的能源需求和环境保护要求，建设内陆核电厂成为核电进一步发展的理性选择，势在必行。

纵观全球核电机组的分布，除英国、日本、韩国等岛国之外，在临海的核能利用国家中，核电机组大多数都分布于内陆，并积累了良好的运行经验。

法国是核电发电量占比最高的国家，有58台机组分布在19座核电厂址，其中40台机组分布在14座内陆厂址，占法国核电机组数的69%，有1000多堆年的运行经验。在法国五大河流之首的罗纳河沿岸就有4座核电厂，运行着14台核电机组。

美国是核电运行机组数最多的国家，有99台机组分布于65座核电厂址，其中64台机组分布于39座内陆厂址，占美国核电机组数的64.6%，有超过2000堆年的运行经验。在美国的“母亲河”——密西西比河流域就建有21座核电厂，运行着32台核电机组。

中国是在建核电机组数最多的国家，也不乏内陆核电建造和运行的经验，中国核工业集团作为我国核电建设和运行的主力军之一，已建成和正在运行着多个内陆核反应堆。巴基斯坦恰希玛核电站是我国自行设计、建造的第一座出口的内陆商运核电站，该内陆厂址的4台核电机组已从2000年起陆续投入运行。

影响正当性判断的因素包含很多方面，国家、监督管理部门、企业等将会参与且负有责任。在这样的背景下，核与辐射安全已成为重要决策过程的一个依据。然而，做出正当性判定的输入信息可能包括诸多方面，可能是由政府部门以外的企业、科学技术机构、社会团体或公众告知的。同样，正当性的判定将经常通过公众磋商过程告知，依据之一就是核与辐射安全。

目前，我国已有《核安全法》和《放射性污染防治法》2部法律、7部行政法规、29项部门规章、93项导则以及百余项技术文件，建立了一套接轨国际、符合国情、相对完善的核与辐射安全法规体系，明确了核与辐射安全法规、安全基本标准和多层次的安全与防护的审管要求，形成了严格的许可证制度和有效的监督机制，可以确保核电厂安全运行，实现基本安全目标：保护人类和环境免受电离辐射的有害影响，而对核电厂的运行不存在不适当的限制。

在环境保护方面，内陆核电厂与沿海核电厂所适用的法律和法规也是完全相同的，都要求其建造和运行活动不带来社会风险的明显增加，确保环境安全和公众健康。由于对公众的辐射剂量限值和危险限度代表着法律上的可接受上限，在这种情况下“限值”本身不足以确保实现最佳可行的防护，因而必须通过辐射防护最优化加以补充。所以，实施辐射防护最优化以及限制公众个人承受的剂量和危险都是达到理想的安全水平所必需的。

为此，环境保护部（国家核安全局）持续地评价来自国际和国内科学组织最新的辐射防护建议，促进最佳可行技术（BAT）和最佳环境实践（BEP）的应用，以保证采用适当的环境辐射防护标准。目前，在建立和采纳的环境辐射防护标准中，针对核电厂流出物向环境的排放，已经形成了环境辐射防护审管控制的四个保护层次，即：公众个人剂量的法定限值、核电厂所致公众个人剂量的约束值、流出物排放的总量控制和浓度控制。

国内外核电厂多年运行的实践表明，核电厂流出物中放射性核素的排放已经控制在很低的水平，液态流出物排放对受纳水体实际造成的累积影响极小，内陆核电厂运行中流出物排放对周围公众产生的照射低于天然辐射源照射所致公众剂量的1%，是完全可以接受的①。

内陆核电厂厂址的选择也充分地考虑了极端外部自然灾害可能造成的影响，通过核电厂的设计、厂址保护措施或管理程序，使核电厂具备足以抵御极端外部自然灾害事件的能力，包括地质、地震、气象事件、洪水泛滥、土工危害以及外部人为事件（化学品爆炸、飞机坠毁等），以及其他可能危及核电厂安全的重要外部事件（危险气源释放、飞射物、电磁干扰等）。

截至2016年年底，全球核电厂已获得近17000堆年的运行经验。国内外实践表明，在内陆建设核电的工程技术和运行管理是完全成熟的。内陆核电的核安全是有保障的，环境风险可控②③。福岛核事故后，全国民用核设施综合安全检查结果也表明，我国运行核电厂满足我国核安全法规和IAEA最新标准

---

① 陈晓秋等：《内陆核电厂的安全及环境问题》，载于潘自强主编：《内陆核电厂及核能发展中的几个重要安全、环境问题研究》，北京：原子能出版社2015年版。

② 周如明等：《内陆核电厂环境影响评估》，载于潘自强主编：《内陆核电厂及核能发展中的几个重要安全、环境问题研究》，北京：原子能出版社2015年版。

③ 潘自强等：《我国内陆核电发展的环境风险可控性探析》，《环境保护》2014年第42卷第11期，第10—14页。

的要求，具备足够的应对核电厂设计基准事故的能力，也具备较完善的严重事故预防和缓解的措施，核电厂的运行安全是有保障的，安全风险可控。新建核电厂选址、设计、制造、建造的安全技术已处于世界先进水平，具备较完善的应对严重事故的能力。

当核电的安全性能够被接受之后，就没有理由排除在符合要求的内陆厂址发展核电的机会，这不仅完全符合环境公平的合法原则，也有利于实现不同地域、不同人群之间的环境公平，进一步缩小沿海与内陆经济发展的差距。从环境公平的角度看，内陆核电厂与沿海核电厂的安全目标和安全要求是相同的。也就是说，内陆核电厂周围的公众与沿海核电厂周围的公众应受到同样的保护，享有同样的环境权（即享有在安全和舒适的环境中生存和发展的权利）。

2.3 内陆核电厂环境安全与环境公平的合情原则

保护人类和环境免于电离辐射的有害影响是核电厂的基本安全目标，ICRP 建议对人类和非人类物种采用共同的防护方法，并得到广泛的共识。人类与非人类物种的放射防护的共同目标是：用防止发生确定效应和限制个体的随机效应并使其对群体的影响减到最小的方法保护人类健康；用防止或减小可能引起动物或植物早期死亡或繁殖率减小，使其对物种保护、生物多样性的保持或自然栖息地或群落状态的影响达到可忽略水平的方法保护环境。

内陆核电厂环境安全主要涉及厂址安全、环境保护和应急准备三个方面。在论证核电厂址的适宜性时，如果针对这三个方面进行的厂址评价表明该厂址是不可接受的，并且其缺陷不能通过工程设计特点、厂址保护措施或行政管理程序予以弥补，则必须认为该厂址是不适宜的①。这是国际上对核设施选址基本要求的共识，也是确保环境安全的基本准则。

中国工程院《内陆核电厂及其核能发展中的几个重要安全、环境问题研究》报告②、中国核能行业协会《内陆核电厂环境影响的评估》报告③，以及

---

① *Site Evaluation for Nuclear Installations*, IAEA, NS-R-3, 2003.

② 潘自强主编：《内陆核电厂及其核能发展中的几个重要安全、环境问题研究》，北京：原子能出版社 2015 年版。

③ 赵成昆等：《内陆核电厂环境影响的评估》，中国核能行业协会，2013。

美国核管理委员会（NRC）《应急计划和实施大规模撤离的评价》报告[①]，对内陆核电厂的厂址安全、环境保护和应急准备方面做了科学论证，表明内陆核电的核安全是有保障的，环境风险可控。内陆核电厂与沿海核电厂的安全要求既有共性，也有特性。其中共性是主要方面，特性是次要方面。

论及内陆与沿海核电厂的区别，确切地说，这种区别实质上就是不同厂址环境之间的差异。由于内陆和沿海地区自然环境有差异，使得核电厂选址关注的因素及其采取的工程措施有所不同。如针对内陆厂址提出应包括降雨、上游溃坝、河道阻塞等因素及其组合产生的洪水，在确定厂址设计基准洪水位的评价中，必须考虑极端洪水事件及洪水事件组合的影响；考虑到我国水资源相对短缺，内陆核电厂通过厂址合理布局，采取适宜的用水模式（如二次循环冷却、空冷和中水再利用等），降低核电厂的用水量和耗水量，以满足核电厂用水保证率的要求，并消除与其他用户的用水矛盾。

放射性废物是核能利用的必然产物，考虑到放射性废物辐射危险可能的跨界影响，而且可能长时间持续存在。在判断控制辐射危险的措施是否充分时，必须考虑到当前的行动对现在和将来可能产生的后果。“以安全为目的，以处置为核心”[②] 的放射性废物安全管理是内陆核电与沿海核电面临的共性问题。

为保证放射性废物安全，《中华人民共和国核安全法》（2017）明确规定：对放射性废物应当实行分类处置。低、中水平放射性废物在国家规定的符合核安全要求的场所实行近地表或者中等深度处置。高水平放射性废物实行集中深地质处置。放射性废物处置场所的建设应当与核能发展的要求相适应。

处置是不考虑对废物再行回取的，是放射性废物的最终归宿，这意味着废物安全将不再依赖于人工管理。放射性废物从产生到排放和最终处置，涉及不同的技术过程和管理环节，也涉及不同的责任主体，因此，实施放射性废物从产生到排放、最终处置的全过程的有效监督管理是实现放射性废物安全的必要保证，重点是要做好对排放和处置的控制。这是因为放射性废物排放和处置涉

---

① USNRC, *Assessment of Emergency Response Planning and Implementation for Large Scale Evacuations*, 2008（NUREG/CR-6981, Washington：NRC, 2008.

② 陈式：《我国放射性废物管理标准研制概述》，《辐射防护通讯》1998 年第 18 卷第 9 期，第 3 页。

及由废物产生者的责任转移到全民的社会责任，由废物产生者短期的责任转变为社会长期的责任。

从环境公平的角度来看，环境安全标准应当不仅适用于当地民众，而且也适用于远离设施和活动的人群（地域公平）；在影响可能跨越几代人的情况下，后代人必须得到充分的保护，而无须采取任何重要的防护行动（代际公平）。只有实现地域公平和代际公平方能体现环境公平的合情原则。

对放射性废物的管理必须避免给子孙后代造成不应有的负担：即产生废物的几代人必须为废物的长期管理寻求并采用安全、切实可行和环境上可接受的解决方案。必须借助于采用低废物产出工艺、有效利用资源、防止和减少对环境影响等适当的设计措施和程序将放射性废物的产生量保持在实际可行的最低水平。

3. 结论

全球核电厂已获得近17000堆年的运行经验。国内外实践表明，在内陆建设核电的工程技术和运行管理是完全成熟的，内陆核电的核安全是有保障的，环境风险可控。

在内陆核电项目前期论证中，环境公平是内陆核电环境安全的首要原则。从环境公平的角度审视内陆核电的环境安全，可以获得如下认识：

核电厂的基本安全目标是保护人类和环境免于电离辐射的有害影响。而这一保护人类（个人和集体）和环境的基本安全目标必须在对引起辐射危险的设施运行或活动的开展不存在不当限制的情况下实现。核安全是利益与代价的平衡，一切应在权衡了利益与代价的前提下决定，即体现环境公平的合理原则。

为确保最广泛意义上的社会整体利益，判断核能利用的正当性成为政府或国家管理部门的责任，即国家负有谨慎行事之职责和勤勉管理之义务。

内陆核电厂与沿海核电厂的安全目标和安全要求是相同的。也就是说，内陆核电厂周围的公众与沿海核电厂周围的公众应受到同样的保护，享有同样的环境权。当核电的安全性能够被接受之后，就没有理由排除在符合要求的内陆厂址发展核电的机会。考察核电厂址的适宜性，本无沿海和内陆之分，均需严格满足核电厂选址和运行安全规定的要求，即遵循环境公平的合法原则。

内陆核电厂与沿海核电厂的安全要求既有共性，也有特性。其中共性是主要方面，特性是次要方面。放射性废物安全管理是内陆核电与沿海核电面临的共性问题，放射性废物处置场所的建设应当与核能发展的要求相适应。

环境安全标准应当兼顾代内公平（不同地域和不同人群之间的公平）和代际公平（当代人与后代人之间的公平，也可以看作特殊意义上不同群体之间的公平），只有实现地域公平和代际公平方能体现环境公平的合情原则。

B 5

夯实核安全基础　提升核电社会公众认同

李勇　尹向勇*

摘　要：

福岛核事故后，核电发展受到广泛的公众关注，如何获取核电社会公众认同是核电行业发展的重要环节。本文作者分析了我国核工业邻避和舆情事件的现状及发生的原因，总结了中广核集团加强核安全文化建设、推动提升核电社会公众认同的良好实践，针对我国当前核电发展特点，提出有关建议。

关键词：

核电　核安全文化　公众认同

* 李勇，中国广核集团有限公司研究中心主任。尹向勇，中国广核集团有限公司研究中心研究员，中国电机工程学会首席科学传播专家团队成员。

1. 前言

福岛核事故以前，我国大陆地区（以下简称“我国”）核设施建设和运营、选址很少受到公众质疑和反对，期间仅发生了1986年香港地区百万人联署签名反对大亚湾核电站建设①和山东乳山居民反对红石顶核电项目等少量事件。

2011年日本福岛核事故后，我国发生了多起涉核项目邻避运动②和舆情事件，相关事件的发生呈上升趋势：2012年2月，安徽省望江县退休的四位老同志公开发表反对江西彭泽核电项目建设的文章，引发了内陆核电前期工作的全面停滞不前；2012年年底至2013年，山东威海网民先后发起了反对华能石岛湾高温气冷堆以及国核先进压水堆示范工程上马的舆情事件；2013年2月21日广西北海市人大常委会全票通过北海市政府“提请审议暂不在北海市发展核电事业”的议案；2013年7月，广东省江门鹤山市核燃料工业园项目因公众反对而取消；2014年7月，广西壮族自治区防城港市人大通过不建设白龙核电站的有关决议；2016年8月10日，连云港市人民政府决定暂停核循环项目选址前期工作。此外，我国台湾地区的环保团体、政党团体等举办了多场反对台湾第四核电厂（龙门核电厂）建设的游行，基本完工的龙门核电厂被迫停建。

如何赢回公众信任成为摆在中国核工业从业者面前的重大挑战，政府和企业需要认真分析原因，发现并解决问题。

---

① 1986年，我国首座大型商用核电站大亚湾核电站开工前夕，受苏联切尔诺贝利核事故和海外势力干预、香港电视和报纸等传统媒体对核事故的宣传、解读影响下，香港地区发生了百万人联署签名反对大亚湾核电站建设的事件。

② 邻避：“Not In My Backyard”，指的是人们担心某些项目对身体健康、环境质量和资产价值带来负面影响，希望该项目“不要建在我家后院”，从而采取强烈和坚决的，有时高度情绪化的集体反对甚至抗争行为。

2. 我国涉核邻避和舆情事件发生的初步原因分析

根据统计，截至2017年9月30日，我国投入商业运行的核电机组共37台，装机容量达到35807MWe，在建核电机组19台，装机容量为222697MWe。

我国核电安全业绩总体优秀。无论是福岛核事故前还是福岛核事故后，我国核电始终保持安全稳定运行，没有发生国际核事件分级表界定的2级及以上运行事件，也未对周围环境和公众造成不良影响。各运行核电厂未发生较大及以上环境事件、辐射污染事件，未发生火灾爆炸事故，未发生职业病危害事故。

我国核电安全有保障。福岛核事故后，国家核安全局会同有关部委对运行和在建核电厂开展了为期9个月的核安全检查。检查结果表明：我国核电厂具备一定的严重事故预防和缓解能力，安全风险处于受控状态，安全是有保障的。但为了汲取福岛核事故经验教训，国家核安全局对各在运、在建核电厂提出了采取设置移动电源、移动泵、增设匹配接口和对核电厂的消氢设施进行必要的改进等多项具体的改进要求，组织编制了《福岛核事故后核电厂改进行动通用技术要求（试行）》（以下简称《通用技术要求》），指导国内各核电厂后续改进行动。我国核电行业全面落实福岛改进技术措施，进一步提升了核安全风险防范能力。2016年世界核电运营者协会（WANO）规定的性能指标统计中（如表1所示），我国在运核电机组中有37%的机组PI值（综合统计指标）达到世界先进水平，位列全球前1/4的水平，总体运营业绩与美国、法国等西方核电发达国家相当。

表1 2016年我国核电先进机组WANO运行性能指标统计分析表

2016年WANO运行性能指标	PI值	机组能力因子(UCF/%)	非计划能力损失因子(UCL/%)	强迫损失率(FLR/%)	7000临界小时非计划自动停堆次数(UA7)	7000临界小时非计划停堆次数(US7)	工业安全事故率(ISA)	电网相关损失因子(GRLF/%)	承包商工业安全事故率(CISA)
优秀值(前1/10)	100.00	99.02	0.00	0.00	0.00	0.00	0.00	0.00	0.00
先进值(前1/4)	96.74	93.83	0.09	0.03	0.00	0.00	0.00	0.00	0.00
世界核电机组最优值	100.00	100.00	0.00	0.00	0.00	0.00	0.00	0.00	0.00
国内核电机组最优值	100.00	99.81	0.00	0.00	0.00	0.00	0.00	0.00	0.00
中国达世界先进值台数占比(%)①	36.67	30	50	46.67	90	90	94.11	90	76.47

显然，我国现有核安全的运营业绩不是引发公众担忧和质疑、反对的诱因，发生涉核邻避和舆情事件是另有原因的。

2.1 担心相关利益诉求得不到满足

核电项目与项目所在地的公众有着明显的利益交集，项目范围内公众因征地拆迁产生了利益损失，项目周边公众也可能因为相关拆迁等存有利益损失，核电业主在前期项目中会依据国家法律法规足额进行相关补偿。但有部分利益相关方因各种非业主原因正常利益受到损害，也有部分利益相关方获得的补偿

① 该占比是我国核电机组达先进值的机组比例。

低于心理预期，还有部分人员甚至在项目前期就担心利益受损，因此表达出反对意见。

2.2 部分公众质疑前期工作程序

尽管我国政府在重大建设项目的前期工作程序上设置了一些征求公众意见的环节，但决策过程公众主动参与程度实际上是不高的。部分公众质疑核电前期工作程序的正当性，因此提出反对意见。

2.3 核安全风险感知带来的影响

1993 年，学者 Sandman 总结将公众风险认知影响因素归纳为 20 个愤怒因素（outrage factors），这些因素会激发公众的负面情绪，从而影响公众风险认知的风险属性，具体为：（1）是否自愿接受；（2）是否受个人自身控制；（3）是否熟悉；（4）是否公平；（5）是否具有收益性；（6）是否可能带来灾难性后果；（7）被理解程度的高低；（8）不确定性的大小；（9）造成的影响是长期的还是即时性的；（10）对儿童的影响；（11）对未来时代的影响；（12）受影响者的可辨识度；（13）是否造成恐惧、威胁或忧虑；（14）信任程度；（15）媒体报道量的大小；（16）事故的历史；（17）危害是否具有可逆性；（18）是否关乎个人的利益；（19）伦理/道德本质；（20）人为或自然造成。上述 20 个风险因子会影响风险感知度的强弱和风险接受度的高低。

分析前述每一起涉核邻避或舆情事件，我们能够清楚地发现关于核安全风险感知因素的问题，如自愿接受、熟悉、理解风险的长期影响及对象、媒体对历史重大核事故的反复报道等：一是部分公众在自觉接受、熟悉和理解核安全风险上存在差异。无论从设计安全水平，还是统计安全水平，与其他工业相比，核电站安全水平要高出很多，核事故发生的概率低很多。但很多公众感知并非如此，他们认为核事故后影响范围大、后果也很严重，只要发生概率不是零，心理就难以接受涉核项目。虽然三厘岛、切尔诺贝利和福岛等三起严重核事故都发生在国外，但核电行业是一个“一损俱损”的行业，国际核工业的事故也严重影响了国内公众接受度。二是媒介对以往核事故反复传播的影响。福岛核事故，电视等传统媒体对福岛核事故进行了持续的跟踪报道，反复给予并强化了核安全风险暗示；部分意见领袖则在其核心目标的指引下，选择性地反复强调核工业的风险，充分利用微博等自媒体平台，通过传播寻求了更为广泛的公众支持，实质起到了诱导、鼓动或阻碍社会公共事务的决策作用。

3. 国内公众沟通的良好实践

社会稳定是国家安全的重要基石，建立和谐的公共关系是核电企业社会责任重要的一环。作为一个以核电为主业的央企，中国广核集团有着高度的使命感和社会责任感，高度重视涉核舆情应对以及防范涉核邻避运动发生。

中国广核集团高度重视企业与社区的关系建设。企业与社区就像树与土一样存，相互促进。社区为我们提供生存、土能育树，树能固土；两者相互依发展的土壤；我们有责任带动社区发展与进步。集团在项目前期开发中创造性地提出了社区沟通 3N 模式：安邻、友邻、暖邻。其中，安邻行动（Safety）重点是确保核电安全运营，坚持透明沟通，将核电神秘感转变为安全感，做让您安心的邻居。友邻行动（Friendly）重点是保护社区、人文与生态环境，做与您友好相处的邻居。暖邻行动（Warmly）重点是真情回馈，携手共赢，做让您暖心的邻居。

图 1　中国广核集团社区沟通 3N 理念模式

为提升公众核安全风险认知，集团将 3N 行动细化为一系列有效举措，包括：（1）持续保持良好的安全运营业绩；（2）推动核电产业链上下游对于核电安全质量标准的共同认知；（3）建设公开透明的核安全文化体系，依法建立并执行主动的信息报告和披露制度；（4）利益相关方的有效参与，在规制规则中协调立场；（5）加强核相关知识的普及教育；（6）加强与环保 NGO 等组织的有效沟通；（7）尊重不同意见者的诉求；（8）积极推动立法。

3.1 强基固本，夯实公众信任基础

核安全是国家安全的重要组成部分，是公众信任和接受核电的基础、安邻的首要举措，是核能与核技术利用事业的生命线。“十二五”以来，党中央、国务院更加重视核安全，将核安全纳入到国家总体安全体系中，并写入国家安全法。中国广核集团强调核安全重于泰山，守护好核安全是最大的政治责任，要求全体干部员工全面强化核安全管理，以坚实的核安全业绩夯实公众信任基础。

组织开展核电站安全复核，切实落实国家核安全改进举措。福岛核事故后，中国广核集团积极组织福岛事故分析以及内部的核安全大检查，从核电新项目厂址到在建、在运核电站，一一对照核电法规标准进行技术复核，得出了我国不具备发生福岛核事故同类事故条件的结论，第一时间给各级政府和公众以信心。在此基础上，中国广核集团积极跟进国际社会关于福岛核事故的系列分析结果，积极参与制定并落实国家福岛后核安全大检查后的改进措施，进一步提升了集团核电机组的核安全保障水平。

以核安全文化为统领，全面加强核安全管理。一是在“核安全高于一切”的核心理念和“安全第一、质量第一、追求卓越”的基本原则基础上，集团确立了具有中广核特色的企业文化理念体系和行为规范，树立了“一次把事情做好”的核心价值观，建立了“率先垂范、善于经营、关爱员工、公正廉洁”的管理人员行为规范和“诚信透明、专业规范、有效执行、团队协作”的员工行为规范；二是积极在内部开展“安全震撼教育”“安全文化再教育”“领导干部下现场、在现场”等活动，制订核电安全管理提升专项行动方案、带领集团高管做出安全承诺等措施，在内部营造出了良好的核安全文化氛围，严格按程序办事，落实安全管理保守决策理念，传承集团这些年积淀的良好实

践，确保人人都是一道安全屏障；三是营造共建共享核安全氛围，在《核安全文化政策声明》指引下，将核安全文化理念向产业链相关企业进行延伸，在核电产业链上下游企业之间建立大协同，从核安全文化渗透、质量管理技能提升、质量风险联防联控、经验反馈平台共享等多方面开展了大量工作，覆盖范围从主设备供应商一直延伸到部件、原材料供应商，构建了一个讲文化、高标准、重实效的核电设备生态圈，确保了产业链各种核安全要素处于一种相互协调的状态，大大提升了国产化设备质量，保障了在建项目的安全建成投产。

坚持以优异的核安全业绩来夯实公众信任基础。2010 年以来，中国广核集团在运核电机组运营和工程业绩持续保持国际先进水平。在衡量机组安全运行水平的 WANO 指标方面，全集团商运三年及以上成熟机组 WANO 指标进入世界前 1/10 的比例达到 58.33%，新机组 WANO 指标进入世界前 1/4 的比例达到 76.52%；核电工程领域连续实现零死亡，20 万工时事故率仅为 0.006，持续处于国际先进水平并稳步提升。

3.2 公开透明，主动搭建公众认同的桥梁

过去以来，由于核工业的专业性和保密度比较高，公众对于核能和核工业知识了解太难、太少，对核工业的感觉是神秘和高风险。中国广核集团积极推动信息公开、科普宣教和公众沟通，主动“安邻”，有效地建立了“透明核电”的品牌形象，提升了公众认可度，实现了企业与社会的和谐发展。

在大亚湾核电站建造和运营过程中，中国广核集团探索出了一套建立信息公开和建设良好周边公共关系的办法。包括：在粤港两地举办核电展览，请专家举办讲座，邀请各界人士参观大亚湾核电站，邀请粤港两地代表性人士组建核电安全咨询机构、公开环境辐射监测信息等措施。这系列举措有效地减缓和消除了粤港两地公众对大亚湾核安全的质疑和担忧，提升了公众对于大亚湾核电基地安全运营的信心。

中国广核集团高度重视公众关切，依法公开各在运在建核电站的信息。集团将大亚湾核电的信息公开做法推广到了集团各个在运电厂，在国内率先建立“核电站核与辐射安全信息公开”平台，把核安全的信息、要求、状态主动公开，社会公众可通过该平台及时了解到每台机组的安全运营信息、环境监测信

息等相关信息，该做法得到了国家核安全局的认可。国家核安全局在总结大亚湾实践和国际经验基础上制定了《核与辐射安全监管信息公开管理办法》《核与辐射安全监管信息公开方案》等程序文件，并发布了《关于加强核电厂核与辐射安全信息公开的通知》，积极推动落实核电厂信息公开工作。

3.3 积极提升公众价值认同，提前化解舆情危机

中国广核集团认真总结了国内外涉核和非核领域邻避事件经验教训，充分重视价值“认同”的重要性。认同可以分为正当性认同、抵抗性认同和计划性认同三种。正当性认同是构筑社会/国家的基石，抵抗性认同是构筑社群的基石，计划性认同是一种价值理念的重构。充分认识到各种认同的机理、群体基础、认同的对立面以及其目标，对防范“邻避运动”有着较大帮助。价值观上的认同是构筑国家、社会或社群的基石，更是核电行业发展必须要有的软环境。但目前在提升公众价值认同工作方面面临着较大困难，舆论场正面传播的效力往往远低于负面传播的效力，特别是在信息化、全球化、网络化的当下，新传播媒介为公众提供了价值观的多元化表达手段。新媒体平台既可以成为企业信息发布和科普的新平台，也能成为互联网负面情绪积聚的平台。公众很难从新媒体中判别信息的虚实真假和观点的正确与否，人们也很容易超越区域地方束缚，而演进为价值认同而碰撞，直至负面情绪的快速积聚。如不能及时发现这种负面情绪积聚、不及时进行对话和疏解，就会有巨大的蝴蝶效应，产生严重的后果。环境保护部副部长、国家核安全局局长刘华在一次接受采访时指出，核安全是社会公众的高度关切；要破除涉核项目“邻避效应”，必须加强科普宣传、推进信息公开、强化公众参与、加强舆情正面引导。中国广核集团建立了立体化的官方微信、微博等企业新媒体矩阵，主动发布重要信息，主动向公众推介核电知识，全面向公众介绍核安全知识以及辐射安全风险识别的知识，传播核安全文化，引导公众合理认知安全风险。集团积极举办各项展览，累计接待参观者超过 6 万人，集团六大在运核电基地向公众开放预约参访，累计接待人数突破 50 万人。

中国广核集团认识到，没有可以忽略的利益相关方，反对者也应得到尊重，需要为不同意见者搭建充分表达意见和沟通的平台，降低激烈冲突对抗的

可能性。集团加强了内部新媒体工作的管理，持续做好舆情监测，及时跟进公众各种异见、质疑，基石疏通问题所在，避免舆情事件过度发酵；主动收集公众关切问题，包容、理解、尊重受众，高度重视并把握社会对各种能源的关切重点，通过合理的渠道、合理的方式进行答疑、释疑，制订并实施切合可行的分类专项沟通方案。

中国广核集团非常重视公众沟通的组织体系建设。核设施项目公众沟通是一项难度较大的工作，一是沟通对象及其认知一直在动态变化，二是对参与公众沟通的相关工作人员能力要求较高，既要具备专业知识，还要具备相当的沟通技巧。为有效组织与公众沟通，中国广核集团在集团层面成立了专门的公共关系领导小组，审议各在运、在建、拟建电站的各种公众沟通方案，组织对公众沟通相关工作人员进行系统性培养。福岛核事故后，国家核安全局加大了前期公众参与的力度，陆丰核电项目成为全国首个开展此工作的试点项目。中广核集团克服了陆丰复杂的社情、民情，克服了江门核燃料产业园邻避事件的影响，创新形成了“中央督导、地方主导、企业作为、社会参与”的多方协力运作方式，做好了风险研判、舆情引导、应对预案等方面的内部能力建设工作和利益协商等外部工作，深入项目所在地各家各户做工作，圆满完成了前期公众参与工作。陆丰前期项目因此也被国家核安全局树立为公众沟通工作的典范。

3.4 创新科普宣传和教育方式，立足长远提升公众价值认同

中国广核集团认识到，提升公众对核电的价值认同是一个长期的过程。要说服不同意见者，使其从担心、抗拒转变为接受，最核心的是要解除心结，但这不可能一蹴而就，需要从长计议。公众在核电、核安全以及风险认知本身的相关知识掌握程度，与公众核安全风险的认知直接相关。目前，部分公众对于核电安全风险远低于水电、煤电等其他工业活动并不了解甚至于不认同。要提升公众核安全风险认知度，国家和企业需要向公众普及推广相应知识，包括辐射知识、辐射安全防护知识、核科学知识，核能在能源转型、应对气候变化中的贡献及地位，公共风险和安全问题的认知和应急响应知识等，要引导建立以风险最小化为目的价值认知体系，将项目风险和收益、保障机制讲透彻。美国

在核安全风险认知教育推广方面有良好的实践。美国核管会提出了“两个千分之一”的核电安全目标，并通过广泛宣传，成功引导了社会公众对核电的安全水平和收益进行认知。国家核安全局核二司副司长汤博认为“风险概率衡量安全水平是目前科学界主流认为更合理的尺度”，应该建立类似于美国的公众可理解的量化安全标准。但目前，国内核工业界在这方面的工作不够，对风险概率的解读及宣传不够，公众也缺乏对核安全量化标准的了解。

中国广核集团积极创新科普宣传和教育方式，取得良好的科普效果。集团连续五年举办全国核行业品牌活动——“8·7”公众开放体验日，邀请政府部门、监管机构、行业协会、媒体记者、意见领袖、社区代表、网民共同参与。这一品牌活动，已成为全国核电行业的共同行动。集团创新地引入“真人秀”方式开展公众沟通活动，在全国征集了30对夫妻到核电站拍免费婚纱照，邀请知名网红到电站进行科普直播，相关视频点击率累计超过1000万人次，创造了核电行业新纪录。集团致力于建立完善的公众教育机制，培养提高公众对核能的认知和公众的科学素养，增强对核能的信心。集团在行业内率先推动“科普进校园”行动。目前，核电科普课程已经在所有九个核电项目周边超过100所学校落地，参与学生超过16000人，科普宣教工作在陆丰、惠州、苍南等项目的前期工作中取得了显著的成效。

3.5 积极与政府部门协同推动公众沟通相关工作

政府在教育和科学推广方面有着独特的渠道，在各种应急情况下具备统筹调配社会资源的能力，在有效协同利益相关方立场方面作用独特；政府的行业监管部门有着独立的第三方作用，信息公开披露更权威、更具公信力，可起到客观理性引导舆论和坚定公众信心的作用；政府主管部门是项目前期行政许可工作流程的制定者，也是规范公众参与工作的主导者。

中国广核集团在工作中高度重视与政府部门的工作协同，遵守法律法规，服从政府部门关于前期工作的各项要求，主动向政府部门信息公开平台报送相关信息；及时汇报有关舆情，与政府有关部门共同推动核电科普宣教和公众沟通工作，引导公众正确认知和应对；积极参与国家有关部委组织的各种公众沟通国内外交流会。

中国广核集团在工作中积极与地方政府协商，支持项目所在地地方政府发展，做到“建设一个电站，带动一方经济，造福一方百姓”。以大亚湾核电基地为例，累计缴纳各项税费超过400亿元人民币，其中对地方财政收入贡献超过160亿元人民币；每年缴纳教育附加费1亿元以上，建立了“大亚湾核电社区基金”，用于当地基础设施建设，至今累计投资超过7000万元，有效促进了当地的城市建设和教育水平提升；创造就业机会，实现家门口就业，为当地提供超过6000个社区岗位；带动消费，促进第三产业发展。

4 改进核电公众参与的几点改进建议

4.1 公众参与的法规还需进一步细化和规范

要有效防范邻避运动，既需要企业加大科普宣传、推进信息公开、加强舆情正面引导，更需要从法律法规上进一步规范公众参与的方式方法、意见处置、决策流程，引导公众依法参与。

综合各种涉核和非核邻避运动发生事件，发生邻避运动的根本原因是价值观不认同和利益冲突，并非项目在技术上不可行。目前，我国公众参与的法律法规过于粗线条，没有给出具体的工作细则，例如，谁应该是项目利益干系人（公众参与的地理范围应该多大），互联网参与议事的规则是什么，哪方面的意见业主必须处理，什么样的利益应该被考虑，公众可以怎样参与这些规则制定？我们建议有关部门可学习美国核管会的做法，既要求公众参与者提出具体受项目影响的程度、受到影响的原因并给出受到影响的证明依据，又要项目业主单位和环评单位给出接到相关意见后向公众反馈不采纳意见的原因或拟采纳的情况、缓解的措施，政府机关及其下属单位给出独立第三方评价。

4.2 科普宣教和公众沟通体系建设还待加强

目前，影响对项目认同的因素不仅仅是来自于项目所在地的公众，传统媒体和新媒体、项目所在地以外的公众也都深刻影响到项目所在地公众的认同。但核电企业、行业专家力量只能局限在特定的区域、圈子里进行科普宣教和沟通，这种作用是有限的。因此建议：一是国家有关部委或行业协会组织牵头搭建成体系的、有广泛传播途径的立体式公众沟通平台，以科学态度和精神对核工业的发展进行客观宣传，避免放大公众的恐慌情绪；二是中国核工业界、企业以及专家必须及时发声，及时客观地针对不实指责和谣言进行辩驳，理直气壮地为核工业的环境友好性代言，借助国内外案例，如大亚湾核电安全业绩、基地周边社区与核电站之间的友好相处，以及美国核电站人工湖列为自然保护区且和谐共处等，理性引导舆论和公众认知，以坚定公众信心；三是要客观认识和发挥新媒体传播的特点以及其在新时代舆论引导中的巨大作用，新媒体时代具有去中心化的特点，而长期的动态性互动沟通有助于利益相关方达成共识，行业和专家要长期维系和发挥一个正面引导作用的中心非常困难，需要坚持不懈做好引导工作。

4.3 进一步提升企业公众沟通人员能力

从事公众沟通的人员需要有综合能力，既要熟练掌握本行业的基本知识，还需要掌握心理学、传播技巧，要能够用通俗语言、翔实的案例、工具（图像、数据、视频等）来向公众传递具象知识；要能够剖析和掌握公众心理，普及相应的价值观、方法论，让受众学会在混沌的传媒新时代中形成价值判断方法和自己的感知体系，形成情感聚集，赢得改变。

目前，各个集团在这一方面缺乏足够的人才，需要进一步加大企业公众沟通人员的培养。一是通过聘请内外部专家，培育提升公众沟通参与队伍的专业素养，基本达到“首问负责”的水平，培养公众沟通参与队伍构筑话语权的能力、绿色传播的能力，使得工作人员在日常沟通工作中达到可在新媒体、传统媒体上的“润物无声”能力。二是要培养突发事件的沟通能力，确保在突发事件中能够达到保持理性、有效互动、力争化异见者为友的能力，在沟通中能够技巧性呈现应有的诚意、善意和尊重，以情感人，能够表述出正确的观点，传递理性思考、行动的建议。三是要培养与 NGO、媒体的专业沟通能力，形成专业指南，提升有效正确沟通、防范陷阱的能力。四是要进一步加强网络舆情监控和分析、快速应对能力培养，形成一定的方法论和不同场景下的应对预案体系。五是针对部分公众沟通通用性工作，在各核电集团层面设置公众通用问题及答复网页（国外核电公司通常使用的FA&Q）、公众问题答复400企业电话和邮箱等。

5. 结语

中国广核集团在内外部积极倡导和建立核安全文化，打造了“透明核电”的企业形象和优异的核安全业绩，有效开展了公众沟通工作，保持了公众的信任，既为同行企业树立起了标杆，也为“十一五”“十二五”期间我国核电规模化发展做出了贡献。

但当前公众对核安全风险认知程度不高，核电发展仍受质疑，还存在再次出现邻避运动和重大舆情的可能。而国家提出了核电安全高效发展的方针，并规划到2030年建成1.2亿—1.5亿千瓦、2050年建成4亿千瓦的核电装机。要实现这一宏伟的发展目标，必须获得公众认同。因此，各核电集团需要共同进步，真正履行央企的社会责任和政治责任，夯实核安全工作基础，按照《中华人民共和国核安全法》要求，进一步完善公众沟通和公众参与程序，共享共建核电安全高效发展的社会生态圈，提升公众认同度。

B 6

中国压水堆核电站乏燃料管理与产业发展思路研究

白云生　石磊　张红林*

摘　要：

核燃料循环产业是核能系统的大动脉，对于核能的安全可持续发展具有重要意义。中国大陆采取“热堆—快堆—聚变堆三步走”发展战略，并实行核燃料闭式循环政策。当前，随着中国核电规模化发展，乏燃料产生量和累积量呈快速上升趋势。根据预测，2020年，核电站乏燃料产生量将累计达到7000吨，2030年将达到26000吨。需要从整体考虑，尽快明确国家乏燃料安全管理思路、技术路线、能力建设布局及未来核燃料循环后段产业发展的顶层设计。

本文结合了中国乏燃料的贮存现状和未来的管理需求，针对核电站乏燃料中间贮存、运输、后处理等核燃料循环后段产业提出协调发展的思路与对策。

关键词：

乏燃料　管理　产业　发展

* 白云生、石磊、张红林，中国核科技信息与经济研究院。

引言

随着中国经济社会的持续发展，核能在保障能源安全、保护环境与促进节能减排方面的战略作用越来越明显。截至目前，中国大陆在运核电机组年发电量（指 2016 年）居世界第三，在建核电装机居世界第一，成为名副其实的核电大国，并正在按照“热堆—快堆—聚变堆”三步走的核能发展战略继续推进核能事业发展。

一般情况下，一台百万千瓦压水堆核电机组每年产生 20—25 吨乏燃料，根据预测，2020 年，中国大陆核电站乏燃料产生量将累计达到 7000 吨（重金属含量，下同）。2030 年将达到 26000 吨。目前，中国大陆早期建设的部分核电机组在堆乏燃料水池已经或接近满容，急需离堆外运，并且这一形势随着时间的推移越来越严峻，对大陆乏燃料外运能力、贮存能力以及之后环节的管理提出了紧迫的要求。

中国坚持实施乏燃料后处理的闭式循环政策，通过后处理提取回收铀、钚材料实现循环再利用，可以实现资源的最大化利用，减少高放废物量。同时，构建中国完整先进的核燃料循环体系“大动脉”，是推进实施快堆发展战略的关键一环，同时将有力地促进中国进核能全产业链“走出去”战略，对于建设核电强国战略具有深远意义。

当前，需要从整体考虑，尽快明确国家乏燃料安全管理实施思路、技术路线、能力建设布局及未来核燃料循环后段产业发展的顶层设计，为建设系统高效的乏燃料管理体系提前谋划。本文主要针对中国乏燃料的管理和乏燃料贮存、运输、后处理以及高放废物处置等核燃料循环后段产业的发展做出了思路研究。通过对中国大陆乏燃料管理现状与问题的分析、未来增长趋势的预测，并借鉴国外核能发展大国（美国、法国）的管理经验，提出了若干启示与建议。

一、压水堆核电站乏燃料未来增长规模预测

截至2017年9月底，中国大陆核电并网机组37台，装机3581万千瓦，2016年年核电发电量世界第三；在建核电机组19台，装机2227万千瓦，在建规模世界第一。除了秦山三期2台重水堆以及1台高温气冷堆外，在运和在建堆型均为压水堆核电站。据统计，大陆压水堆核电机组已累计产生乏燃料接近4000吨。

按照国家《核电中长期发展规划（2011—2020年）》《能源发展“十三五”规划》《电力发展“十三五”发展规划》等文件规定，到2020年核电在建在运总装机容量目标为8800万千瓦，到2030年，核电在建在运总装机容量可望达到1.3亿—1.5亿千瓦。

考虑到大陆新建核电机组在堆水池有效容量可以贮存20年核电运行产生的乏燃料量，为了更便于进行压力测试和评价，设定两种情景：一种是在堆贮存满8年开始外运（乏燃料外运高情景），另一种基于乏燃料在堆贮存达到有效容量70%开始外运（乏燃料外运低情景），两种情景均不考虑秦山三期重水堆、山东石岛湾高温气冷堆等非压水堆核电站。两种情景下，对乏燃料年产生量、累积产生量、年离堆外运量及累积离堆外运量进行测算，数据如表1、表2、图1、图2所示。

乏燃料离堆贮存方面，通过数据分析，如果2030年前，核电保持平稳规模建设，大陆压水堆核电站卸出的乏燃料将以每5年多800吨的速度增长。2020年，压水堆核电站每年卸出的乏燃料达到1000多吨，2025年达到1800多吨，2030年乏燃料年产生量达到近2700吨，累积产生乏燃料26000吨。届时，如果没能建成能力与之匹配的核燃料循环后段产业，累积产生的乏燃料将遭遇无处安置的窘迫困境，影响中国核电安全可持续的发展。

乏燃料离堆运输方面，在外运高情景下，据测算，2020年每年需要离堆外运乏燃料近280吨，2025年每年需要离堆外运近750吨，2030年达到近1300吨；在外运低情景下，2020年每年需离堆外运乏燃料近210吨，2025年达到近350吨，2030年达到近1000吨。两种情景分析结果表明离堆外运规模

呈快速增长趋势，但是现有运输能力仅为 50 吨/年，存在巨大缺口。

表 1　乏燃料在堆贮存达到有效容量 70%外运量测算表　　单位：吨

年　份	年产生量	累积产生量	年需外运量	累积需外运量
2020 年	1088	7278	212	2168
2025 年	1806	14727	347	3631
2030 年	2686	26372	992	7561

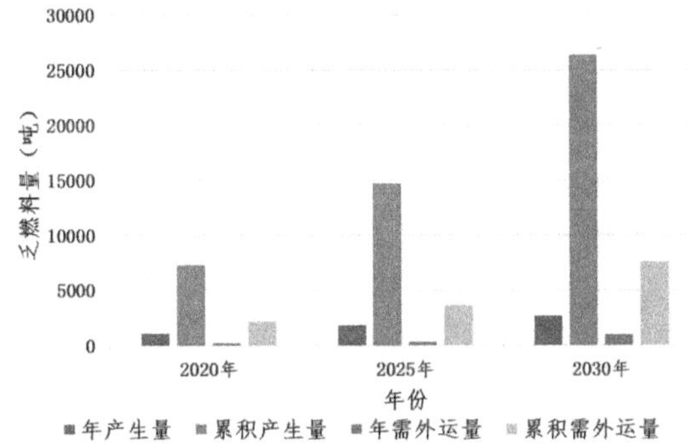

图 1　乏燃料在堆贮存达到有效容量 70%外运量情况图

表 2　乏燃料在堆贮存 8 年外运量测算表　　单位：吨

年份	年产生量	累积产生量	年需外运量	累积需外运量
2020 年	1088	7278	279	1984
2025 年	1806	14727	746	4483
2030 年	2686	26372	1292	10179

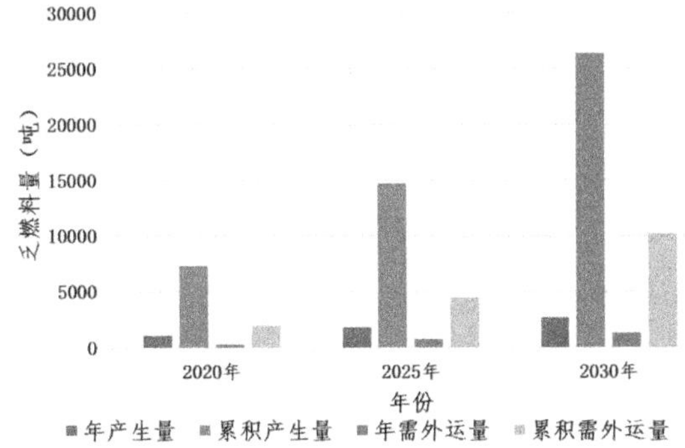

图 2　乏燃料在堆贮存 8 年外运量情况图

目前，秦山、大亚湾、田湾等基地早期建造的核电站机组在堆乏燃料水池已经满容或接近满容。然而，对比于中国相对比较完善的核燃料循环前段，由于前期对乏燃料运输、离堆贮存以及处理处置的复杂性、迫切性认识不足，导致核燃料循环后段产业规划和建设相对滞后。如何安全、经济、可持续地发展乏燃料后段产业，已成为中国核电可持续发展面临的重大问题。

二、乏燃料管理现状

（一）管理体制机制与法规现状

目前中国大陆与乏燃料管理有关的政府部门有国家国防科工局、环保部（国家核安全局）、财政部、发改委、公安部、国家能源局、卫生部和交通部等。不同部委从乏燃料管理的不同环节以及不同方面实施审管和监督管理。如：国家国防科工局是乏燃料管理的主管部门；国家核安全局负责乏燃料管理中的核安全监管；财政部负责国家财政拨款项目投资的审批与监督，以及核有关基金（如乏燃料处理处置基金、大型核设施退役基金）的监管；公安部主要负责核设施与活动的安全保卫、实物保护，以及乏燃料和放射性物品道路运输的安全监管；国家能源局主要负责组织核电厂建设、运行和核事故应急等政府管理工作。

为了对乏燃料及放射性废物实施管理，中国大陆建立了相对有效地法规体系。主要包括《放射性污染防治法》《民用核设施安全监督管理条例》《核电厂放射性废物管理安全规定》《放射性废物管理规定》《核反应堆乏燃料道路运输管理暂行规定》《放射性物质安全运输规程》《放射性物品运输安全管理条例》《放射性废物安全管理条例》《核电站乏燃料处理处置基金征收使用管理暂行办法》和《核电站乏燃料处理处置基金项目管理办法》等。近期，核安全监督顶层法律《中华人民共和国核安全法》获得通过，将于 2018 年 1 月 1 日实施。

在乏燃料基金管理方面，中国大陆于 2010 年和 2014 年先后发布实施了《核电站乏燃料处理处置基金征收使用管理暂行办法》和《核电站乏燃料处理处置基金项目管理办法》，对乏燃料基金的征收使用、项目管理等相关内容进行了规定。

（二）产业发展现状

1. 乏燃料贮存

目前，大陆压水堆核电站共产生乏燃料3800吨左右，其中绝大部分均在堆贮存。早期大陆压水堆在堆乏燃料水池贮存能力可以满足贮存10年的运行换料，近年来新建的核电机组按照可以贮存20年换料。大亚湾核电机组于2003年已经达到满容，并开始外运，目前已经外运近400吨，2012年后通过向同址的岭澳核电厂进行倒料，保障核电厂的正常运行。此外，田湾、秦山等核电机组在堆水池也已面临满容。据统计，目前在堆贮存的乏燃料水池中，卸出冷却满5年的乏燃料累计约1460吨，冷却满8年的乏燃料约900吨。

在离堆贮存能力方面，目前，在乏燃料后处理中试厂拥有配套的乏燃料贮存水池500吨（已经贮存大亚湾乏燃料，满容），在原址扩建800吨贮存能力设施已于近期投入使用，可以满足一部分核电站乏燃料的贮存需求。为了应对部分核电站的乏燃料贮存紧迫需求，已经批复大亚湾核电厂和田湾核电厂的厂内应急干法贮存建设。随着自主的200吨后处理厂开工建设，新的配套乏燃料贮存水池近期将开工建设。

2. 乏燃料运输

大陆已成立了以乏燃料运输业务为主的专业核运输队伍，并建成了包括运输容器、车辆、装卸料操作、运输运行、质量保证、核材料实物保护、辐射防护、应急指挥与通信系统等在内的一套公路运输体系，具备运输能力50吨/年，并且正在扩充运力。2003—2012年，通过14次公路运输，已经安全及时从大亚湾核电站运走约400吨（702组组件）乏燃料到后处理中试厂乏燃料贮存水池，保证了大亚湾核电厂正常运行。

3. 乏燃料后处理与高放废物处置

目前，中国已经研究掌握了后处理主要工艺流程，乏燃料后处理中试厂于2010年完成热调试，自主建设200吨后处理示范工程项目已开工建设。中法合作建设大型商业核燃料后处理再循环工厂商务谈判进入尾声，计划2030年前后建成具备年处理800吨乏燃料后处理能力的大厂。

中国高放废物地质处置研究工作起步于20世纪80年代中期。2011年确定甘肃北山为中国高放废物处置首选预选区。并以北山坑探设施为平台，初步掌握了在北山预选区浅部岩层进行光面爆破、超前探测和注浆支护等技术方法，建立了地下实验室建设过程安全技术体系。目前，地下实验室项目主项工作正在进行。

三、乏燃料管理存在的主要问题

一是法规体系需要进一步完善。

中国的现行法律法规体系仍不完善，核能领域的“宪法”《原子能法》久未出台，《乏燃料管理条例》编制工作已持续十多年，至今尚无定论。由于缺少“上位法”，各行政主管部门的部门规章也无法系统、配套的制定，乏燃料管理所涉及国家、核电业主、乏燃料承运及接收单位等各方的责权边界也不清晰，具体工作推进困难。

乏燃料的基金管理缺少具体实施细则，尚未建立基金的征收使用评价标准、基金保值增值以及对重大项目的评价机制等，缺少后段成本风险控制措施和手段。具体项目实施过程中，相关各方的权责利益边界不清晰、流程不规范。

二是现有乏燃料贮存能力及方式不能满足需求。

一直以来，对乏燃料中间贮存作为核燃料闭式循环的重要一环的重要性认识不够，技术路线单一，缺少对干法贮存技术的研发储备。

从近期来看，早期建设的核电站乏燃料水池已经或接近满容，而后处理能力尚不具规模，中间贮存设施建设滞后。因此面临着即使有足够运力将乏燃料从核电站运出，却无处接收的窘境。

三是乏燃料运输方式单一且难以拓展。

由于目前仅有的乏燃料离堆贮存设施地处西北甘肃，运输距离长，受冰雪、冰冻、台风等气候影响，每年平均仅能执行两次运输任务。随着乏燃料运输需求的大大增加，若继续以公路方式运输，在中国部分经济发达地区经济活动最为频繁的时段（季节、公路占用、社会活动等影响），公路网将基本处于瘫痪状态。因此，目前面临着运输能力有限，运输方式单一等问题。

四是乏燃料后处理基础薄弱，尚未形成商用能力，高放废物管理进展需加快。

总体来看，中国后处理产业仍处于起步阶段，商用后处理厂关键设备设计制造技术、远程维修与控制技术、高放废液玻璃固化设备与先进国家存在较大差距。另外，商用后处理厂候选厂址初步定于沿海地区，但是后处理大厂的具体选址、商业模式等一系列问题还有待确定。

中国高放废物地质处置工作虽取得了一定进展，但总体上处于起步阶段。在管理机制、法规建设和科研水平等方面，与瑞典、法国等发达国家存在明显差距。高放废物处置研发缺少相关法规和标准，地下实验室工程进展缓慢，经费投入不够，废物处置筹资机制有待完善。

四、国外乏燃料管理现状及启示

对于核电站产生的乏燃料，国际上已经形成一个普遍的共识，即："乏燃料处理处置的负担不应留给子孙后代，而应该由乏燃料的产生者负责。"为此，大多数发展核电的国家都制定了乏燃料处理处置的有关计划并开展了大量工作，包括开展相关研究工作，制定乏燃料管理有关制度和政策，建立相关法律法规体系，设立相应组织机构以及建立专门的乏燃料处理处置专项基金（资金）等。目前，对于如何处理、处置乏燃料，取决于各个国家的核燃料循环政策：一种是采用闭式核燃料循环，即进行"后处理"的技术政策，主要有法国、日本、俄罗斯、印度、比利时、德国、荷兰、瑞士、英国等，它们或在本国或在外国（一部分在外国）进行后处理。目前，对外承担后处理业务的国家主要有法国、英国、俄罗斯。另一种是"一次通过"，即不进行后处理的技术政策，主要有美国、加拿大、西班牙、芬兰、瑞典等国家。还有一些国家采取"等着瞧"的做法，即延后做出决策，等待研究进展情况，主要有阿根廷、巴西、韩国、捷克等国。本文主要以美国与法国的乏燃料管理与产业发展经验作为案例，进行分析研究，并为中国乏燃料管理与产业发展提出了若干启示与建议。

（一）美国

美国在役核电机组99台，在建机组2台。基于反恐和防核扩散等多因素考虑，目前实行“一次通过”的乏燃料管理策略。国会负责颁布法律，提供拨款的立法指导，确认选址，为完成项目提供适当的资金；核管制委员会负责高放废物处置的许可；安全委员会则负责建立公众健康和安全标准。能源部负责高放废物处置的实施，下设民用放射性废物管理办公室，作为乏燃料管理活动的执行机构专门负责该项工作；同时，作为乏燃料经费管理实体负责收费和管理资金平衡。核废物技术评议委员会作为乏燃料管理活动的监督机构，负责提供独立的技术和科学监督，并向国会和能源部长报告执行结果。美国对于乏燃料及放射性废物的管理形成了一套完整的法律法规体系。从最高法层面的《原子能法1954》，到政策层面的《国家环境政策法（NEPA）1969》《核废物政策修正法案（NWPAA）1987》，再有《能源政策法1992》加以辅助。对乏燃料管理的各方面具有很强的针对性，且将乏燃料管理提高到与核能发展的同一高度。

对于乏燃料的贮存，由于美国乏燃料后处理厂很早关停，乏燃料及高放废物处置场建设计划又推迟，处置场未建成之前，大部分乏燃料在核电站厂区内贮存。当前，美国乏燃料总库存约72000 tHM，并以每年2000—2400吨速度增加。其中，在堆湿法贮存50390 tHM，在堆干法贮存20114 tHM；离堆干法贮存2420 tHM，湿法贮存34 tHM。核电站卸出的乏燃料湿法贮存量占70%以上，在堆贮存以湿法为主，离堆贮存以干法为主。近期，特朗普政府有望重启早前被撤销的尤卡山核废物处置库计划，使其与生物圈长期安全隔离，美国核监管会已经通过了能源部的尤卡山高放废物处置计划的有关申请。按照《核废物政策修正法案》，美国建立了核废物基金（NWF），规定从1998年开始，各电力公司对每千瓦时核电电力，需向联邦政府支付0.001美元的费用。2013年，能源部依据蓝带委员会报告建议和“基于协商一致”的核设施选址政策，发布了乏燃料管理战略计划，明确了未来管理处置技术方案及措施（见表3）。

表 3 美国能源部 2013 年出台的新乏燃料管理战略计划

要素	描述
地质处置	一个处置库
运输模式	以铁路为主
贮存设施	中试规模临时贮存设施、更大规模集中贮存设施
中试规模临时贮存设施投运	2021 年
更大规模集中贮存设施投运	2025 年
处置库投运	2048 年
最终处置	2099 年
最终监护	2149 年
关闭	2157 年

（二）法国

法国在役核电机组 58 台，在建机组 1 台。法国是长期坚持后处理技术路线的国家之一，不仅研究掌握了后处理的先进技术和工艺，还建立了相当规模的后处理生产能力，并对放射性废物管理制定了较为完善的法律和管理政策，已成为世界上后处理和钚铀氧化物混合燃料（MOX 燃料）工业实践方面的佼佼者。法国由国会制定法律，政府由工业部、环境部、科技部、卫生部负责制定政策和颁发许可证，同时承担监督职责。国家放射性废物管理处（ANDRA），作为执行机构负责法国国内所有放射性废物的长期管理。原子能委员会（CEA）负责研究。国家评估委员会（CNE），为监督和咨询机构负责评估放射性废物的研究和开发项目，并为国会和政府提供建议。核安全机构负责核安全和辐射防护管理。阿海珐（AREVA）负责后处理和再循环运行。与其他国家不同的是，法国没有专门的经费管理机构，由废物生产者对经费进行储备，根据五年计划向 ANDRA 提供资金。法律法规方面，有最基本的法律《关于废物处置和材料回收法律，75-663 号法令》，该法囊括了如何减少废物产生、废物来源的可塑性、废物产生者要承担直接处置的全部责任等。其他一些法律还包括《关于放射性废物管理研究的法律，91-1381 号法令》和《放射性物质和废物管理的计划法案，2006-739 号法令》等。

法国一直坚定不移地走后处理道路，其乏燃料来源于在运核电机组和在运研究堆。其中，主要来源为 58 台在运压水堆机组（隶属于 EDF），涉及的乏燃料种类包括传统的 UO_2乏燃料和 MOX 乏燃料；次要来源为 9 座在运研究堆（多种类型，隶属于 CEA）。EDF 的乏燃料管理策略是对乏燃料进行后处理，同时优化核燃料的能量产值。大部分乏燃料组件在燃料厂房内的乏燃料水池中冷却一段时间之后，被运往阿海珐的阿格后处理厂（La Hague），将可回收利用物质与高放废物分离，可回收利用物质制成 MOX 燃料（钚）或堆后铀（RepU）燃料。将后处理形成的高放废物进行玻璃固化整备压缩，未来存入地质深埋处置库中予以最终处置。保留部分乏燃料作为未来可供快堆使用的燃料。CEA 的管理策略是尽可能将所有不可重复使用的燃料送至后段燃料循环设施进行后处理。在运往阿格后处理厂或进行地质深埋处置之前，CEA 的乏燃料存放在卡达拉奇（Cadarache）厂址的 2 座贮存设施内，其中一座是干式贮存库结构（CASCAD），另一座是湿式贮存池结构（CARES 池）。大部分乏燃料都送往阿格后处理厂进行后处理，少部分乏燃料进行地质深埋处置。

乏燃料的后处理由阿海珐集团承担，首先将乏燃料装运至阿格后处理厂，贮存在冷却池中冷却一段时间后进行后处理。阿格后处理中心的 UP2 和 UP3 后处理厂总的运行能力达到 1700t/a。其中，UP2 厂用于处理国内乏燃料，UP3 厂主要用于后处理国外（包括德国、日本、瑞士、荷兰等国）委托的乏燃料。UP2 和 UP3 拥有自己独立的运行许可证。截至 2009 年年底，阿格后处理厂已处理了大约 2.7 万吨轻水堆（LWR）乏燃料。目前阿格厂采取优先处理 UO_2乏燃料的策略，可回收利用的产物根据市场条件，或立即进行 MOX 燃料生产，或留待以后进行循环利用（快堆应用），最终废物在阿格后处理厂整备打包后装入专用运输容器，运回至废物产生单位。同时，阿格后处理厂已尝试着开始处理 MOX 和 RepU 乏燃料组件，用作未来第四代反应堆的燃料。

乏燃料运输同样由阿海珐承担。通过海路、铁路和公路等多种途径开展乏燃料的运输工作。所有这些放射性材料的运输均遵守国际原子能机构（IAEA）颁布的“放射性材料的运输管理条例”，并接受 IAEA 的监督。对于高放废物的处置，于 2004 年建成了地下实验室，并开展了一系列的现场试验，并建立了较为成熟的高放废物处置技术体系。预计 ANDRA 将在 2021 年前后开始处置库建设，2025 年进入试运行阶段，2030 年经国家核安全局许可后投入运营。

（三）启示与建议

1. 从国家层面制定乏燃料管理的技术政策和战略规划

美国与法国普遍高度重视乏燃料安全管理及相关立法，结合各自国情，从国家利益出发、从核能发展的实情出发，综合外交政治、乏燃料处理处置技术水平、防核扩散等因素，分别制定了相应的法律法规、技术政策、管理战略或白皮书，并将乏燃料安全管理上升到可持续发展的高度。中国铀资源状况等与美国不同，应与法国一致，坚持乏燃料后处理策略，坚持“热堆—快堆—聚变堆”核能发展三步走的总体战略。同时中国应不断完善高层次的、可操作性强的法律法规，并做好与当前国情和核能形势相适应的乏燃料管理技术政策和有关战略规划。

2. 完善乏燃料基金资金使用机制

美国采取的是“核废物基金”制。美国一系列拨款法对基金使用做出规定，但乏燃料处置工作所需经费难以及时、足额拨付。中国同美国类似，设立了“乏燃料处理处置基金”，相关征收使用暂行办法于 2010 年 10 月 1 日开始施行。暂行办法划定了基金的使用范围，包括乏燃料运输、离堆贮存、后处理，高放废物的处理处置等。该暂行办法现已施行多年，但目前面临使用困难的现实问题，仍需进一步完善乏燃料基金的使用机制，充分发挥基金的效率和作用。

3. 发展乏燃料中间贮存，提升运输力，推进后处理以及高放废物处置稳步进展

法国坚持乏燃料后处理路线，将中间贮存设施建在后处理厂内，并采用湿法贮存乏燃料。中国的乏燃料管理政策与法国基本一致，目前大陆核电建设已具有一定规模，部分运行核电站的乏燃料贮存能力已告急，同样需要建设乏燃料中间贮存设施。在乏燃料运输方面，以中间贮存厂以及后处理厂的选址为依据，适当开通海路、铁路和公路等多种途径开展乏燃料的运输工作。在中间贮存设施以及后处理厂选址过程中，应借鉴国外经验和做法，加强与地方政府和公众的沟通。

五、中国乏燃料产业发展的措施建议

（一）产业发展总体思路建议

未来20年，在坚持核燃料闭式循环技术路线前提下，以建立完善的核电站乏燃料运输、离堆贮存、后处理服务体系为目标，统筹考虑科研攻关、能力建设、技术路线选择，适度超前布局，实现乏燃料贮存、运输、后处理、回收材料再利用、高放废物处理处置的协调发展。积极发挥市场在乏燃料管理中的作用，探索乏燃料运输及贮存环节的建设运营有序放开。不断完善法律法规以及标准体系，进一步优化管理流程，做好公众宣传和公众沟通，确保核电站运行安全和乏燃料管理安全。中国乏燃料产业的安全、高效、可持续发展需要做到以下四个坚持：

1. 坚持国家主导与市场化运作相结合

乏燃料管理在政治上具有高度敏感性，在安全上具有特殊重要性，要加强乏燃料的集中管理，必须充分发挥国家在乏燃料管理中的主导作用，完善涉及乏燃料管理的法律法规和标准，明确乏燃料技术政策、技术路线、发展规划，建立有效的乏燃料管理体系。在运作层面，要充分发挥市场机制的作用，一方面，乏燃料处理处置相关企业要按照市场规则运行，在国家的统筹指导下强化经济意识、成本意识，发挥市场配置资源的功能；另一方面，要充分发挥相关企业和核电业主的积极性和主动性，通过适度竞争的方式，营造能力建设和业务管理的良性氛围。

2. 坚持远期需求与近期需求相结合

战略的制定与实施既要立足于长远需求，又要立足于解决当前实际问题。近期应尽快完善乏燃料管理的技术政策，加快乏燃料中间贮存能力建设，发展干式贮存技术，丰富中国乏燃料中间贮存技术手段，尤其是针对大亚湾、田湾等核电站乏燃料外运需求非常紧迫的情况，以试点的方式加快开展乏燃料干式中间贮存设施建设，掌握干式贮存技术，完善相关法律法规，积累干式贮存管理经验。未来较长一段时间内，重点根据中国乏燃料管理的顶层设计，系统研究乏燃料管理的立法、技术路线的统筹和完善、基金的合理管理和使用、各环节能力建设与衔接和配套等，制订乏燃料管理战略方案并推动实施。

3. 坚持整体性与局部利益相结合

根据管理需求，从整体性、系统性的角度出发，从核燃料循环全产业链的角度出发，综合乏燃料管理工作的可操作性、经济性、安全性等因素，推进乏燃料管理各环节的工作，实现整体性发展。同时，更考虑具体相关单位、企业的自身利益要求，对乏燃料管理进行通盘考虑、顶层设计，保障中国核电的可持续发展，取得各方利益的整体最大化。

4. 坚持基金的国家管理与专业化运作相结合

完善的筹资机制和资金管理措施是实施乏燃料管理的有效保证。乏燃料基金属于政府性基金，应首先坚持国家宏观管控，建立有效的监督约束机制，但操作上具有普通基金的属性，应积极探索和建立第三方专业化管理、市场化运作的模式，加强基金的保值增值。管理过程中，允许包括核电业主在内的多方共同参与使用，充分发挥核电业主的主动性和管理优势。

（二）各环节发展思路建议

1. 乏燃料贮存

考虑未来中国乏燃料管理战略，乏燃料离堆贮存设施选址应尽量靠近乏燃料后处理设施，以便未来随着后处理能力的发展以及闭式燃料循环体系的完善，可以根据需求便利地从附近的中间贮存设施中取出乏燃料进行后处理。目前，商业后处理大厂选址重点考虑东南沿海地区，建议在后处理选址过程中，同步考虑中间贮存设施的建设，并预留场地。

离堆贮存设施建设以及运营管理模式上，要发挥专业化优势，组建专业化的建设和运营公司，采取市场化的手段，构建乏燃料中间贮存建设运营体系。

在能力建设方式上，近中期借助后处理厂的配套水池、应急贮存设施等途径解决主要核电站乏燃料离堆贮存需求，从长期看，规模化建设离堆中间贮存设施势在必行。

2020 年前，借助乏燃料后处理中试厂配套扩建的 800 吨水池以及大亚湾、田湾厂内应急干法贮存设施建设，可以有效解决部分核电站乏燃料的紧迫性需求。2020—2030 年，以 200 吨后处理厂配套水池（1200 吨）结合 800 吨商用后处理大厂配套水池（预计分两期建设，每期 3000 吨）为基础，可以一定程度上解决中期核电厂乏燃料外运需求。

综合考虑经济性、安全性以及未来乏燃料管理便利性，采取湿法与干法贮存相结合的离堆贮存技术路线具有重要现实意义。考虑到目前大陆对干法贮存技术及运行经验的储备不足问题，可积极借助大亚湾、田湾等厂内应急干法贮存设施的建设，尽快掌握自主干法贮存设施的设计、建造技术，实现乏燃料干法贮存容器自主化设计、制造能力。

未来 10—20 年，大陆压水堆核电站乏燃料贮存能力建设路线图建议见图 3,以此来有效解决乏燃料离堆贮存能力问题。

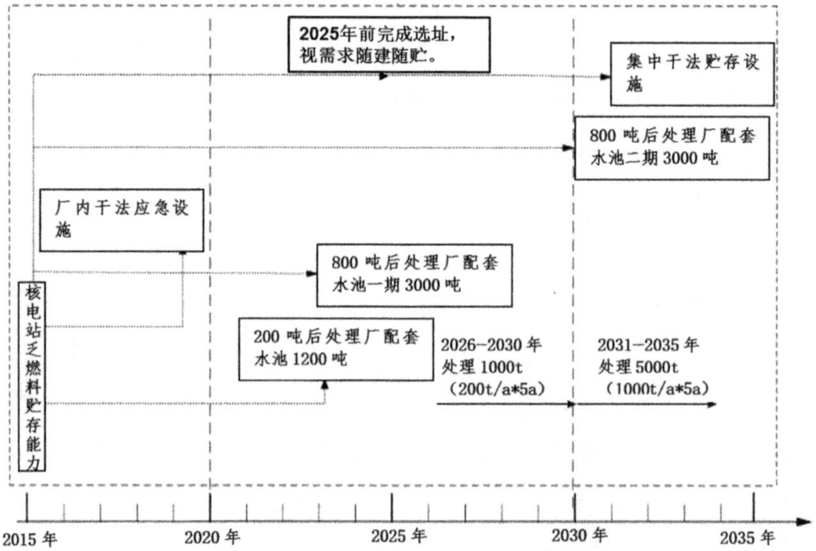

图 3　大陆乏燃料贮存总体路线图设计建议

2. 乏燃料运输

在运输管理运营模式上，未来可以考虑三种方式，一是各核电业主分别成立托运公司，负责自己核电乏燃料的运输；二是由各核电业主出资成立合资托运公司的方式统一负责中国境内乏燃料的运输；三是国家指定委托专业化运输公司负责中国境内的乏燃料运输工作。综合考虑乏燃料运输安全、安保及经济性、发挥市场作用等因素，建议采取第二种方式，减少重复投资和建设。

在运输能力建设方面，综合考虑各方因素，适度扩大现有公路运输能力的基础上，加快铁路海运能力建设，是大陆当前与未来乏燃料运输能力建设的根本途径。具体建设路线图为：

2020年前，进一步完善乏燃料运输容器配置以满足“十三五”期间乏燃料公路运输需求；打通铁路运输，完成铁路专用车辆的设计制造以及径路选择论证，具备实施铁路运输条件；同步开展海运体系建设，海铁联运中转码头选址与改造，海运航线选择论证，专用船型选择、论证并开始设计；建立乏燃料运输、接收贮存接口标准与共享机制，促进关键设备国产化创新能力形成，初步实现乏燃料运输容器国产化量产能力；初步建成满足近期乏燃料运输容器定期检查、维修维护能力与容器或货包暂存条件。

2025年前，完成专用船的设计和建造、中转港和核电站配套码头论证、许可，正式引入海运，形成高效公—海—铁多模式乏燃料运输体系，形成500—800吨运输能力；自主化的运输容器满足大陆乏燃料运输需求；及时完成大陆不同核电基地乏燃料向后处理厂配套水池或离堆贮存设施运输任务，确保核电运行安全。

2030年前，形成先进、安全、高效的市场化运输能力体系，具备1500—1800吨/年以上的运输能力，确保核电站乏燃料及时运往离堆贮存设施，具备乏燃料国际运输能力。

3. 乏燃料后处理

后处理大厂建设运营模式方面，可以采取两种方式，一种是国有独资核循环公司方式，核循环公司是核循环项目统筹运营管理实施主体，业务上涵盖技术引进谈判、厂址开发、项目申报、项目建设、项目调试、项目运行、乏燃料水池运行等。另一种方式可以采取成立股份制公司的方式，由各核电集团公司作为核循环公司主要股东，支持社会力量参与，即由股份制核循环公司负责上述活动。

对于后处理技术发展，应依托200吨后处理厂示范项目，在现有的基础上安全、环保、经济的稳步发展。确保中试厂在2020年前后实现连续运行。200吨后处理示范工程运行后，通过重大科技专项与核能开发等科研，全面掌握大型压水堆乏燃料后处理厂的设计、建造、后处理关键设备制造、特殊材料、仪控、无盐化流程、MOX 元件制造等技术，满足压水堆乏燃料后处理和快堆燃料供应的需求。玻璃固化设施、干法后处理、金属快堆燃料开展科研攻关。

争取中法 800 吨商用后处理厂 2030 年前后投运。在 2040 年前后适时（视快堆发展）建成第二座商用后处理厂。同时，以快堆乏燃料后处理为目标，开展干式后处理技术研发，争取在 21 世纪中叶实现快堆乏燃料后处理技术的工业化，实现快堆核燃料闭式循环。

4. 高放废物管理

在高放废物管理方面，结合法国等核能发展大国经验，在核行业管理部门内，设立专门的放射性废物管理机构，统筹负责中国境内放射性废物（含高放废物）的处理、处置工作。当前，应着重开展高放废物处置技术研发，稳步推进高放废物处置库选址、设计和建造。争取地方政府与公众支持。

能力建设方面，2020 年前开工建设地下实验室，继续开展处置库场址特性评价，初步选出 1—2 个处置库候选场址。到 2035 年，掌握处置库场址评价技术，提出处置库推荐场址。通过在地下实验室开展的工程屏障和核素迁移等现场试验，掌握地下实验室现场试验技术，掌握处置库设计和建造技术，完成处置库设计和可行性研究。在 2050 年前后建成处置库，完成高放废物示范处置，开始接受高放废物。

六、结语

完整先进的核燃料循环体系建设是中国在世界舞台上由核大国向核强国转变的关键因素。目前，中国核燃料循环后段相比于前段相对滞后，乏燃料贮存、运输、后处理以及高放废物处置能力不能满足未来需求，需要从法律法规、产业政策、科技研发、工程设计、能力建设、民众参与、文化意识等多方面考虑，借鉴世界核能发展大国的乏燃料管理经验，并结合中国国情与能源战略发展规划，做好顶层设计，推进工作，从而推动安全、高效的核燃料循环体系“大动脉”的早日建成，助力中国核能走出去。

B.7

中国新一代核电技术研发与中长期发展战略

汪永平　张萌*

摘　要：

先进核电技术的研发为中国核电可持续发展奠定了重要基础。为尽快适应未来核电市场需求，缩小与核电发达国家的差距，结合中国新一代核电技术研发实际，积极探索核电技术中长期发展战略十分重要。本研究首先对中国新一代核电技术研发情况进行了梳理，并分析了我国新一代核电技术发展存在的主要问题。其次，结合中国新一代核电技术发展的实际，阐述影响核电技术发展的主要因素。最后，研究提出中国新一代核电技术发展重点领域、中长期发展目标和发展路径，并针对核电技术发展的主要影响因素，提出相关措施与建议。

关键词：

新一代核电技术　核电技术研发　中长期发展战略

---

* 汪永平，中国核科技信息与经济研究院研究员，中国能源研究会研究咨询部副主任。张萌，中国核科技信息与经济研究院高级工程师。

一、前言

为适应未来国内外核电市场的不同需求，尽快缩短中国核电技术与核电发达国家的差距，迎头赶上世界先进水平，在国家政策的大力支持下，中国在积极跟踪世界核电技术发展趋势，努力实现第三代压水堆核电技术从引进、消化吸收到自主创新的飞跃的同时，加强先进核能系统（第四代核电）技术及其他先进堆型的研究开发，积极开展了钠冷快堆、高温气冷堆、超临界水堆、熔盐堆、铅基堆及ADS系统和适用于不同地域、不同用途的小型模块化反应堆，以及核聚变等的核技术研发工作。先进核电技术研究开发，为中国核电可持续发展奠定了重要基础①。

鉴于中国已明确坚持压水堆核电技术路线和“热堆—快堆—聚变堆”三步走发展战略，并积极实施国家科技核电重大专项等情况，本研究报告中，中国新一代核电技术主要指中国自主化的第三代压水堆和高温气冷堆技术，以及快堆和核聚变堆等未来先进核电技术。

二、中国新一代核电技术开发与应用取得新进展

当前，中国在新一代核电技术的科技研发、工程设计、设备制造和建设安装等方面的能力和水平，都在向新的高度快速提升。

（一）新一代压水堆核电技术

目前，中国自主第三代压水堆核电技术主要包括“华龙一号”、AP/CAP1400及相关小型堆技术。

1. 华龙一号（HPR1000）

“华龙一号（HPR1000）”是由中国两大核电企业中国核工业集团和中国

① 中国能源研究会，国家能源局2016年研究课题——“中国核电发展战略定位和发展策略”研究报告，2016年12月，第46页。

广核集团联合研发的第三代核电技术①，其主要技术性能指标和安全指标满足中国及当前全球最新安全要求，具有完全自主知识产权，通过了国际原子能机构反应堆通用设计审查。

“华龙一号”的性能指标达到了国际三代核电技术的先进水平，具有三个主要特点：一是反应堆堆芯采用177组燃料组件，在提高堆芯输出功率的同时，大幅度降低了堆芯平均线功率密度，裕量由原来二代加的5%—10%提升到15%，充分保证安全性。二是“华龙一号”的燃料组件采用自主研发的CF系列先进核燃料，具有完全自主知识产权。三是基于成熟技术的渐进型设计研发，大量采用了经过验证的技术和设备。压力容器、蒸汽发生器、稳压器、主泵、堆内构件、控制系统等核心装备都具有很高的国产化率，可以充分利用中国制造业的优势，具有良好的经济性，保证了“华龙一号”安全性、先进性与经济性的统一。

目前，政府已核准和建设的“华龙一号”两个国内示范项目（中核福清5、6号机组和中广核防城港核电站3、4号机组）进展顺利，漳州一期、宁德二期等后续项目正稳步推进。“华龙一号”国家重大工程标准化示范项目也于2017年4月正式启动。

“华龙一号”在国际市场开发取得重大突破。目前，海外首堆巴基斯坦卡拉奇项目已开工建设，并进展顺利；中阿共同新建阿根廷第四座核电站的合同正式签署；英国项目也签署了投资协议等。此外，中国已与20余国开展洽谈，后续将进一步推介。

2. AP/CAP1400

CAP1400是中国通过AP1000技术引进、消化、吸收和再创新，自主开发的大型先进压水堆核电技术。CAP1400主要性能设计目标为：屏蔽泵采用50赫兹电源，外层安全壳可防大型商用飞机的撞击，设计寿命60年，电功率大于140万千瓦，堆芯热工裕量大于15%，堆芯损坏概率和大量放射性物质释放概率等指标，满足核安全法规要求，电厂可利用率大于93%，换料周期为

---

① 邹勇平：《融合的华龙，必然的选择》，提交给“第八届核电前沿高峰论坛”的论文，华龙国际核电技术有限公司，2016年12月，第1页。

18—24 个月。

CAP1400 核电技术，是在消化、吸收、全面掌握中国引进的第三代先进核电 AP1000 非能动技术的基础上，通过再创新开发出具有中国自主知识产权、功率更大的非能动大型先进压水堆核电机组。CAP1400 是中国核电从“大国”走向“强国”的标志性项目①，特别是在自主化和国产化方面，摆脱了中国核电产业链受制于人的局面，其拟建的示范电站位于山东省威海市荣成石岛湾，拟建设 2 台核电机组，设计寿命 60 年，单机容量超过 150 万千瓦。

目前，中国重大科技专项研究成果之一的 CAP1400，已通过国家核安全局组织的安全审评和国际原子能机构的通用反应堆安全审评，符合国内、国际法律法规标准，自主化燃料、主泵、数字化仪控系统等关键设备研制进展顺利，其自主化依托项目正在核准中。CAP1400 核电示范工程将成为中国自主设计的单机容量最大的核电项目，也将强劲推动国内核电规模化建设和“走出去”进程。

3. 中国先进压水堆小型堆核电技术

小型堆通常指电功率在 30 万千瓦以下的小型堆技术。小型堆技术因其安全性、灵活性和多用途等方面的独特优势，在新一轮核能技术变革和国际产业竞争中的作用日益凸显。中国先进小型压水堆核电技术主要有“玲珑一号”模块式小堆（ACP100）和 ACPR50S。

目前，中国海上小型堆已启动实验堆建设，陆上小型堆研发也在推进中，且已在中国先进压水堆核电技术发展中积极布局。

模块式小堆（ACP100）“玲珑一号”是中核集团基于军用核动力和成熟压水堆技术研发的、具有完全自主知识产权的小型压水堆，是军民深度融合、创新发展的重大成果。“玲珑一号”是全球首个通过 IAEA 通用反应堆安全审查（GRSR）的先进小堆技术，目前，其研发设计工作已经全部完成，具备工程建设条件。

中广核研发出了具有自主知识产权的 ACPR50S 海上小型堆和 ACPR100 陆上小型堆。ACPR50S 采用全非能动安全系统设计，事故情况下不需要厂外电力，7 天内可不需要人员干预，半潜式深吃水设计，充分利用海水作为最终热

① 《CAP1400 是中国核电走向强国标志性项目》，国家电力投资集团官网，2017 年 2 月 23 日。

阱并提供天然的辐射屏蔽，可有效避免由于冷源损失造成类似福岛事故的严重后果。

（二）高温气冷堆

高温气冷堆以石墨为慢化剂，以氦气为冷却剂，能实现高温运行。高温气冷堆具有固有安全特性，即使遇到福岛这样地震叠加海啸的极端自然事件，也不会造成威胁场外公众和环境的严重事故后果。此外，高温气冷堆的燃料元件也更有利于防止核扩散。国际上普遍认为高温气冷堆，是先进核能系统重点发展方向之一。

中国高温气冷堆技术已具备良好的发展基础。在“863”计划支持下，经过关键技术攻关、系统集成验证、实验堆建设等阶段，形成了中国具有自主知识产权的完整的高温气冷堆技术。国际上第一座具有固有安全性的球床模块式10兆瓦高温气冷堆实验堆（HTR-10）于2000年建成临界，2003年实现满功率并网发电。中国2012年12月启动模块式高温气冷堆核电厂（HTR-PM）示范工程建设。该电厂拥有2座250 MWt/105MWe高温气冷堆，示范工程现已进入调试阶段，设备的国产化率已达到90%。预计2018年发电，实现商业化应用。

（三）钠冷快堆

快堆是由快中子引起链式裂变反应所释放出来的热能转换为电能的核电站。快堆在运行中消耗核燃料（易裂变核素）的同时，又生产出多于所耗的新易裂变核素，能实现核燃料的增殖，提高铀资源利用率。快堆还能嬗变长寿命高放废物、减少核废物。目前国际上所有在运行的快堆均是使用钠作为冷却剂，行波堆是钠冷快中子堆的一种特殊设计，其基本理念是利用高性能燃料和材料技术，通过长寿命和深燃耗使占天然铀中绝大部分的U-238在堆内实现原位增殖和焚烧，从而显著提高快堆的经济性。

从国际上看，目前世界上已经建成22座钠冷快堆，积累了约400堆年的实践经验。俄罗斯BN-600已经运行30年，具有良好的安全性、可靠性和经济竞争力；目前俄罗斯BN-800已经满功率发电，BN-1200的开发路线图也已提出。包括美国、法国、日本在内的主要核大国均考虑将钠冷快堆作为下一代核电的主力堆型之一，与目前的第三代压水堆技术协调发展，实现核能的长期可持续性发展。

中国快堆技术的开发始于20世纪60年代中期。2010年7月中国实验快堆实现首次临界，2011年7月成功并网发电。中国快堆研究已形成了一批针对钠冷快堆技术的研究试验设施和工业配套能力，成立了快堆产业联盟，为后续快堆电站研发奠定了重要基础。

（四）聚变堆

与裂变正好相反，核聚变是轻核素发生原子核互相聚合作用并伴随着能量释放的核反应过程。核聚变能是几乎无穷无尽、安全和无放射性的能源。实现核聚变有多种方式。目前，国际上有关核聚变研究处于概念设计阶段。

中国积极参与了“国际热核聚变实验堆（ITER）”计划，在核聚变领域进行广泛的国际交流与合作。目前，中国建成了HL-2A和EAST实验装置，并成功实现高约束模（H-模）放电，这是中国磁约束聚变实验研究史上具有里程碑意义的重大进展，标志着中国在H-模物理机制研究和长脉冲H-模运行方面跻身国际最前沿。

三、影响中国新一代核电技术发展的主要因素分析

目前中国已领跑世界先进第三代核电技术试验验证和工程示范建设，并取得重大进展，基本具备批量建设条件。然而，2016年至今中国核电建设项目“零”核准，可能影响核电中长期发展规划目标的实现，而新一代核电技术的开发与应用是影响中国核电近、中期发展的关键因素之一。

（一）自主创新的新一代核电技术处在工程验证阶段

核电市场化、规模化发展必须以安全为基础和前提，核电安全不仅仅是设计理念的先进性，还包括核电技术的成熟性、可靠性、工业化水平，以及运营管理有效性等综合因素。从世界核电发展的普遍规律看，新的核电技术在具备

批量建设条件之前，需要经过工程建设的检验和一定时期的运行验证。

核电先进发达国家的经验证明，开发和利用拥有自主知识产权的堆型是非常必要的，能使得本国可以通过持续改进不断提升核电机组性能，这是一条有效的途径。目前中国在役核电站的设计和运行已居全球先进水平。根据中国装备制造业的现实基础和国产化能力状况，借鉴 AP1000、EPR 等技术的先进设计理念，结合福岛核事故经验反馈，在近 30 年中国核电引进、消化、吸收、再创新的基础上，开发和利用拥有自主知识产权的第三代核电堆型是必要的、现实可行的，符合中国核电发展的现实需求。但“华龙一号”和 CAP1400 等，作为中国自主创新的新一代核电堆型技术，需要一定时期的建设与运营的验证，更好地满足具备自主知识产权和“走出去”的需求。而在完成验证和具备产业化条件前有必要适度控制新的发展节奏，稳妥推进中国核电安全高效发展。

按照国际上通行做法和经验，除了在技术开发阶段需要进行实质性研发（R&D）以外，新机型必须经过原型电厂（或示范电厂）建设、试运行等不同阶段的验证，需要经过至少一个燃料循环（建成以后 3—5 年）的考验才可以批量推广。中国自主创新的第三代核电堆型技术的批量化建设启动时间，主要取决于两个因素：一是其依托工程或示范工程的建设进展情况、投入运行以后的业绩（稳定可靠性）及经济可接受性；二是关键设备的自主化、国产化程度。

（二）核设备制造能力有待进一步提升

核电新技术的发展需要相配套的装备制造业来支撑，且其依托的装备制造能力需要一定时期的培育。中国核电工业基础的形成和发展与核电技术产品的系列化、标准化、批量化建设密不可分，二代改进堆型的国产化率从 30%上升到 80%，历经 15 年左右。目前，中国核电装备制造从二代向三代升级。AP1000 依托项目综合国产化率平均为 55%，第 4 台机组达到 72%。“华龙一号”、CAP1400 设备实现了自主化设计、自主化制造，国产化率达 85%以上。

但目前来看，与世界核电强国相比，中国核电装备制造能力和水平还有差距，而新一代核电技术安全性要求更高，新设备需要制造厂家和设计院之间反复计算验证，一些技术设备、部件等可能要进一步开展样机鉴定和型式试验，且鉴定和试验的技术和设备需要实现“固化”，满足国内批量化建设和“走出去”目标国对新一代核电技术研发和设备研制提出的更高要求。

（三）小型堆的开发利用仍面临诸多挑战

小型核电适用于电力需求规模小、电网基础设施薄弱的国家和地区，也可用于边远地区供电、居民供暖和工业供热、海上石油开采、海水淡化等领域，具有非常广阔的市场前景。小型核电也被工业界认为是替代退役电站和增强电网调节能力的极佳选择。

中国小型模块化反应堆科研开发取得积极进展，但是要将中小型反应堆用于发电，一般只适用于一些特殊的市场要求，如电网规模小，不能容纳大机组、用电负荷增长缓慢等，而将核反应堆引入发电市场还需要做很多相关的工作，如进一步提高小堆经济性、制定选址及建设标准、提高公众接受度等。

四、中国核电技术中长期发展战略

中国核电技术中长期发展战略，要以深入推进核能技术革命为宗旨，按照当前世界核能前沿技术的发展方向以及中国能源发展需求，有序推动核能生产利用方式变革，为建设清洁低碳、安全高效的现代能源体系提供技术支撑。要加快具有自主知识产权的先进压水堆核电技术开发利用，实现核电技术的可持续发展，尽快开发出具有自主知识产权、安全性更高、更具有竞争优势的先进堆型，实现固有安全目标，经济上与其他能源形式相比要保持竞争力。

中国核电技术发展重点领域及中长期发展目标和发展战略措施的主要内容如下：

（一）积极推进核电生产方式革命性发展

当前，要以推进核能供给侧结构性改革与发展为导向，积极推进自主三代核电技术的标准化、系列化、批量化发展，加快核电数字化设计和智能工程建设、智慧运维、核电厂网络信息安全、无线通信技术在核电行业的应用，以及云和大数据在核电行业的应用，提升核电装备制造和工程建设能力，尽快实现中国新一代压水堆技术品牌化水平达到国际领先水平，努力实现压水堆与先进的核能系统匹配发展。

1. 积极推动自主三代核电技术的系列化、批量化发展

为实现自主第三代核电技术成为中国核电发展规划实施的重要技术选择，成为中国调整能源结构、实施能源“四大革命”重要依托的发展目标，更好地承担起中国核电“走出去”和促进“一带一路”战略的实施的庄严使命，未来数十年中国要在压水堆的统一技术路线下，进一步鼓励和推进多种机型并行发展，加快自主创新，满足市场需求，打造具有完全自主知识产权的“华龙一号”和 CAP1400 等技术品牌。要以 CAP1400 和“华龙一号”示范工程为基础，开展核电标准化示范，健全自主压水堆核电标准体系，支撑中国核电技术和装备“走出去”。

2020 年前形成具有完全自主知识产权的核电技术品牌。要考虑国家政策要求和市场需求，结合三代技术各自机型特点，积极推进“华龙一号”和 CAP1400 等国内首堆开工建设形成示范效应，并对各机型实行差异化发展，做好核电市场的全谱供应商培育工作。为了满足不同用户需求及“走出去”的战略需求，打造中国自主核电品牌，针对中国自主三代技术“华龙一号”和 CAP1400 开展系列化研发工作，推动自主三代核电技术的系列化、批量化的开发应用，每种技术型号持续建设 30 台以上，积极完善相关技术与管理，提高中国全面参与国际市场竞争的能力。

2. 加快实现三代压水堆技术品牌化水平达到国际领先水平

以第三代压水堆核电站为对象，通过先进核能理论开发应用及信息化建设，提升核电安全性和经济性。研发覆盖核电站全寿期的集成数字化反应堆平台，开发应用先进精细化计算模型的反应堆计算软件、超大规模高性能并行计算系统，开展数字化核电厂耦合、协同与集成技术研究（智能化技术）、海量数据可视化处理与虚拟现实技术研究、数字化核电厂集成应用平台研发、数字化核电厂设计与验证应用技术研究、数字化核电厂虚拟实验应用技术研究、数字化核电厂虚拟制造应用技术研究、数字化核电厂虚拟运行保障及退役应用技术研究等，为核电站的研发设计、设备制造、试验、建造、运行保障及退役提供智能高效的技术支撑①。

至2020年，要结合核电发展需求和运营技术现状，进一步探索和建立智慧核电运营系统，研发适应核电环境的智能核电机器人及智能系统，并进行示范应用。通过加快核电数字化设计和智能工程建设、智慧运维、核电厂网络信息安全、无线通信技术在核电行业的应用，以及云和大数据在核电行业的应用，并通过贯穿核电厂全生命周期覆盖的人、财、物的整合与标准化实现资源的优化配置，提高核电企业及行业的运营效率和经营水平，为进一步提高核电技术安全管理水平和核电开发利用规模奠定坚实基础。

进一步面向第三代压水堆、小型堆等核电技术，以保障核反应堆安全、经济、高效运行为目标，通过智能辐射防护监控、智能巡检、智能设备管理等技术研究，实现核电智慧运营；研究和实现先进无损检测新方法、高精定量在役检测技术和应用；研制核电站智能检修机器人，通过核电智慧运营关键技术研究和应用，实现人因数据采集与分析系统的应用；开展辐射剂量监测定位技术、自动抄表技术等智能巡检技术，以及设备全生命周期资产管理技术等智能设备管理研究开发和应用等，力争2030年实现中国第三代压水堆技术设计、研发、建设和运行全面处于国际领先水平。

3. 加快实施核电装备制造和工程建设能力赶超战略

在当今日益开放的国际环境下，虽然中国有更多的机会利用国外先进技术，但引进技术不等于引进技术创新能力。坚持自主创新，是发展中国核电技术的必由之路。发展核电带动装备制造业发展，就是要通过自主创新，提升核电装备产业的研发、设计、制造、管理等水平，具备核电站关键设备的设计、制造能力，形成具备建设核电厂全部自主供货能力的目标，实现中国核电自主化，促进核电"走出去"，并带动国内核电装备的出口，迈进核电强国行列。

安全是核电发展的生命线，促进核电装备制造业发展，切忌"冒进"，应将核安全意识融入核电设备制造和生产全过程之中，落实设计、制造全方位的责任意识，不惜代价、不讲条件地确保核电设备的质量和安全。要以安全为前

① 国家发改委、国家能源局：《能源技术创新"十三五"规划》和《能源发展"十三五"规划》，2016年12月，第59—63页。

提，以形成的配套能力为基础，与设计和设备自主化能力相协调，与公众接受程度相适应，从实际出发，加大投入，完善保障条件建设，分阶段稳步推进。

要以市场为导向，明确各阶段核电装备制造业发展目标，以及核电设备和技术开发重点，合理确定不同时期建设的规模，加大政策支持力度，以“互联网+”构建智能化设计、敏捷化采购、集约化施工、系统化调试、协作共享的核电建设项目管理等能力为重点，统筹协调设计、研发和采购、建安工期优化，促进中国新一代核电技术开发利用的连续平稳推进。

（二）协调推进未来先进核电技术发展

重视先进核能系统科研方式的深度信息化相关工作，在整体协调推进先进核能系统发展的同时，重点推进钠冷快堆核能系统开发利用，力争2030年能初步具备压水堆和快堆协调发展能力，努力实现快堆增殖提高铀资源利用率，以及快堆及其燃料循环的铀和超铀一起循环，满足其分离-嬗变的目标要求。民用核聚变，将继续瞄准世界核聚变科技前沿和国家对战略能源发展的需求，以建成安全可靠、经济性能优异、无环境污染的核聚变电站为目标，最终设计建造中国聚变示范堆，实现核聚变能源商业利用。

1. 明确先进核能系统技术发展路线图

2020年要在熔盐堆、行波堆等先进堆型关键材料及部分技术方面取得重要突破；2030年开展先进模块化小型堆实现标准化、规模化建设，力争熔盐堆等先进堆型关键设备材料取得重大突破，具备建设示范工程条件。2050年中国第四代核能系统要全面实现“可持续性、安全性、经济性和核不扩散”的要求，核能在供热、化工、制氢、冶金等方面具备规模建设条件。（请参见图1先进核能技术发展路线图）[①]。

① 国家发改委、国家能源局：《能源技术革命创新行动计划（2016—2030年）》和《能源技术革命重点创新行动路线图》，2016年5月，第23—28页。

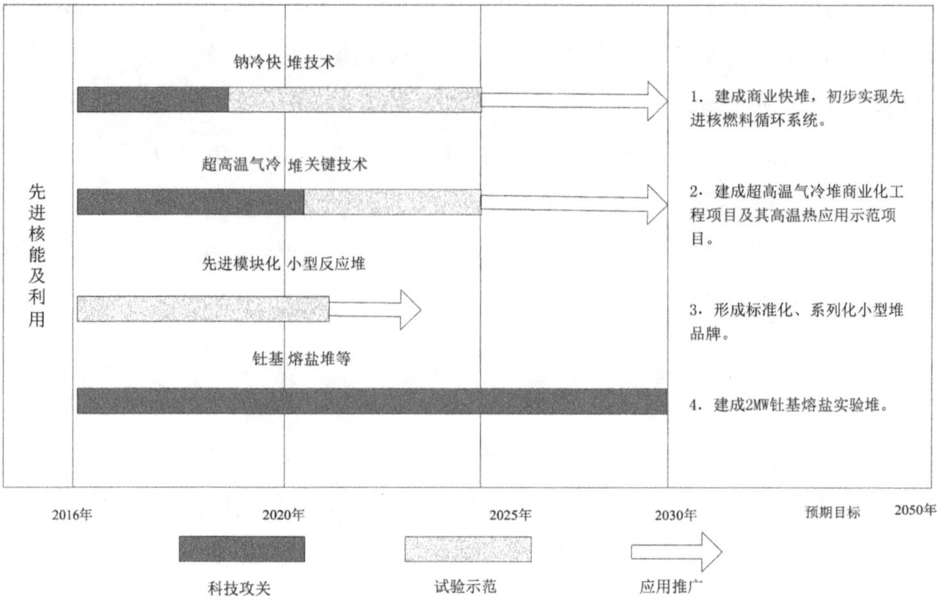

图1　先进核能系统开发利用和技术发展路线图

2. 确立先进核能系统和核聚变技术发展重点

（1）重点推进钠冷快堆核能系统开发利用

中国快堆发展的“三步走”战略（实验堆—示范堆—商用堆），要求统筹考虑快堆与相关核燃料配套技术引进和开发应用，推动相关核燃料循环配套技术发展，为建立快堆先进核能系统做准备，力争2025年前建成示范快堆（CFR600）电站、商业规模快堆MOX燃料制造厂、商业规模压水堆乏燃料后处理厂等，初步形成工业规模闭式燃料系统（“后处理—燃料制造—快堆电站”模块），实现示范应用，开展快堆及其燃料循环技术的工业规模验证；2030年前后建成百万千瓦级大型高增殖商用快堆，2035年实现规模化建造，重点发挥快堆在增殖核燃料、提高铀资源利用率，以及嬗变长寿命高放废物、减少核废物等方面的重要作用。

为实现核燃料闭式循环，要加快钠冷快堆配套核燃料制造等环节的科研开发、工程验证工作进展。在通过快堆增殖提高铀资源利用率的同时，中国将加大对快堆嬗变技术的研发投入，为实施快堆及其燃料循环的铀和超铀一起循环策略，满足其分离-嬗变的目标要求，积极推进基于中国实验快堆、后处理等的嬗变实验研究，并为未来在快堆核电站中整体或部分使用含次锕系核素（MA）燃料的方式，开展必要的研究开发工作①。

（2）积极推进高温气冷堆的工程化及产业化应用

高温气冷堆未来的 2 个主要发展方向是多模块高温气冷堆热电联产和超高温气冷堆技术。中国将在高温气冷堆核电站示范工程（HTR-PM）示范工程的基础上，发展安全、高效、经济的产业化多模块高温气冷堆，完成多模块高温气冷堆产业化的研发，重点研发 60 万千瓦高温气冷堆热电联产项目，在城市热电联供及燃煤替代等领域推广应用；同时研究进入第二阶段——制氢，为更高效的安全发电、大规模核能制氢奠定基础。此外，要积极将核能的利用拓展到煤化工、石油化工、金属冶炼等多种高温工艺热应用领域，为节能减排做出重大贡献。

同时，围绕高温气冷堆未来发展的关键技术，积极参与国际合作，解决材料、燃料、设计及设备等方面的问题，进一步降低成本，形成多模块高温气冷堆产业化机组系列，以适合不同的国际市场需求，增加国际竞争力。

2020 年前在完成示范电站建设的基础上，开展高温气冷堆小批量产业化的后续研发工作，完成超高温气冷堆在 950℃ 高温运行及核能制氢的可行性论证，建设高温气冷堆 700℃ 工艺热示范工程；2030 年建设完成 950℃ 超高温气冷堆及高温热应用商业化工程；2050 年建成超高温气冷堆商业化工程项目及其高温热应用示范项目②。

（3）继续开展核聚变能科学技术探索研究

对于核聚变，中国将继续瞄准世界科技前沿和国家对战略能源需求，围绕国家核聚变能源研究发展战略规划，积极开展进一步的研究。

中国将继续积极参与 ITER 计划，进行广泛的国际交流与合作。并重点在 ITER 的设计和建造、堆芯物理和聚变堆工程技术、聚变工程技术试验平台（FETP）自主设计建造，掌握聚变堆芯燃烧等离子体的实验、运行和控制技

① 杜祥琬、潘自强、阮可强、徐銤、周培德：《关于加强利用快堆嬗变长寿命高放废物研发工作的建议》，中国工程院院士《建议》，2013 年第 16 期，第 3 页。

② 清华大学核能与新能源技术研究院：《核电重大专项高温堆分项“十三五”发展规划》，2015 年 4 月，第 48 页。

术，开展大型托卡马克聚变堆装置设计、建造和运行等方面开展研发与攻关。在此基础上逐步独立开展核聚变示范堆的设计和研发，最终设计建造中国聚变示范堆，实现核聚变能源商业利用。

3. 积极推进先进核能技术科研方式的深度信息化

在核能科研领域，利用大数据、云计算、物联网、移动互联、虚拟现实、可视化等科研信息化手段，实现反应堆复杂物理问题模拟，提供协同工作环境，对提高科研创新能力、缩短开发周期具有十分重要的意义①。要以变革核能科研创新模式、构建核信息化文化、促进科研方式与理念深度信息化为目标，建立和完善数字反应堆系统，开发应用数字社会环境下的虚拟核电站平台，进一步发展核能信息化科研协同平台并推动其广泛应用，积极推进从数字反应堆及其先进核能系统到虚拟核电站及其核能系统的研究与开发应用。

（三）积极实施小型堆的多用途开发利用战略

当前，世界小型堆已从纸上谈兵发展到落地阶段，应高度重视小型堆的多用途开发利用。小堆不但可以用于发电，包括中小型电网和偏远地区供电、分布式发电、替代退役燃煤电厂、海岛供电等，还可以用于社区供暖、工艺供热、海水淡化、海洋能源平台、核能制氢、与煤化工耦合成核能混合能源系统实现煤炭清洁利用等。考虑到高温气冷堆示范工程和北方城市核能纯供热项目等的陆续开展，以及中核 ACP100、中广核 ACPR50S 等先后获得国际原子能机构（IAEA）及国内相关部门的评估认可，目前小堆发展面临的主要问题是市场开发和工业化应用，在确保安全性的前提下进一步提高市场竞争力。

1. 小型堆的多用途开发利用战略

解决小型堆发展的办法要重点在用户侧，应该采取针对不同用途研究开发不同系列小型堆的发展策略，积极推进核能供给侧结构性改革与发展。为推进市场开发和工业化应用，可参照现有核电法规标准和核安全监管要求，尽早依次在相关领域开展小型堆工程示范建设，适时启动智能小型堆研发，并在应用

① 中国科学院核能安全技术研究所，中国科学院中子输运理论与辐射安全重点实验室：《核能信息化与虚拟核电站应用实践》，《中国科研信息化蓝皮书 2015》，北京：科学出版社 2015 年版，第 169—178 页。

开发实践中，加快相关设计和技术、设备及系统的实验验证，进一步完善相关法规标准体系，将小型堆的发展化整为零，渗透到多个领域，力争在实现中小型电网和偏远地区供电、分布式发电、替代退役火电机组、核能供热、海水淡化、海洋能源平台建设、核能制氢及核能混合能源系统的开发应用的全球市场中占据主动。

2. 小型堆开发利用目标

2020年中国要针对陆上模块式小型堆，突破关键设备、模块化建造技术、运行技术及安全审查技术，完善法规标准；针对海上核动力平台，开展工程设计、设备制造、工厂化总体建造和海上运行调试技术研究，建设示范工程，完善法规标准；开展大功率空间核反应堆电源技术研究，突破设计、关键材料、装备、运行技术等；建成先进模块化小型堆示范工程（含海上核动力平台）、第一个核能单纯供热示范工程。

2030年实现先进模块化小型堆标准化、规模化建设，实现基于模块化小堆技术的核能多用途利用。首先，要根据用户的需求开发系列化的小堆产品，包括陆基和海基部署的模块化小堆，以及未来部署的铅铋快堆、微堆等小型堆。其次，要根据小堆在多领域的开发利用情况，尽早开展相关堆型工程示范建设，在应用实践中，加快相关设计和技术、设备及系统的实验验证，进一步完善相关法规标准体系，在全球市场占据主动权，提高公众对小堆的接受程度。

3. 小型堆多用途开发利用要突出发电领域的开发应用

（1）努力实现中小型电网和偏远地区供电

中国内陆一些大型设备运输不便、地震条件相对不佳、缺乏一次能源、电网和基础设施比较薄弱的地区，适合批量化建造包括高温气冷堆在内的小型堆。

（2）小堆要在分布式发电中占有一席之地

中国政府大力推动分布式发电，促进节能减排和可再生能源发展，已发布《分布式发电管理暂行办法》的一系列文件，从电网接入、税收优惠、电价补贴等方面予以政策扶持。为满足分布式发电灵活接入与就近消纳的要求，小型堆要开发“即插即用”功能，与各类发电方式（包括集中式发电与分布式发电）和储能装置实现无缝衔接，实现集中式电源和分布式电源的协调运行。

（3）努力推进替代退役火电机组取得实质性进展

中国即将有大量的中小型火电机组退役，可考虑积极利用退役火电机组的厂址，节约场地平整、征地搬迁等工程前期准备等费用，以小型堆来替代退役的火电机组，从而提高竞争力。

五、结束语

中国能源发展已经进入了一个新的时期，新一代核电技术面临着风电、太阳能、页岩气、分布式能源等新能源技术的竞争与挑战。核电的长远可持续发展最终还是要依靠创新，面向未来，立足于安全高效发展，中国会进一步加大先进核能技术的研发力度，努力在核能市场开发、核电安全性和经济性等方面取得新的突破。

B 8

中国核电装备制造业的现状与未来

唐洪驹　张义*

摘　要：

2005年开始，中国核电进入规模化发展阶段，中国核电装备制造业的装备能力、技术水平得到快速提升，核电主设备全面实现了国产化，三代核电的关键技术取得突破。中国已经具备了核电所需关键核级锻件和原材料的生产能力，批量化制造核电主设备的能力，除了能满足我国核电持续稳定发展的需求外，还能为国际市场提供充足的具有竞争力的核电装备。

关键词：

核电　装备　制造能力

* 唐洪驹，东方电气股份有限公司核电事业部副总经理。张义，东方电气股份有限公司核电事业部高级工程师。

装备制造是核电产业健康和高效发展的重要基础，是国家综合国力、工业现代化程度和科技发展水平的重要体现。改革开放近40年来，在中国政府的大力推动下，通过几代核电人的不懈奋斗，我国的核电装备制造能力从无到有、由弱变强，产能已经跃居世界第一，而且软硬实力兼备、运行业绩良好，成为当之无愧的核电大国。《能源发展“十三五”规划》明确了安全高效发展核电，逐步向自主三代主力堆型集中的核电发展思路，为中国核电装备制造业的发展指明了方向。随着具有中国自主知识产权的国核示范工程CAP1400以及福清5号、6号机组、防城港3号、4号机组等“华龙一号”三代核电技术核电站建设的筹备及开工，中国核电装备将完成“制造国产化”向“设计自主化”的蜕变，逐步实现中国核电走出去的目标，将在全球核电市场中占得一席之地。

一、我国核电站建设和核电装备产业概况

（一）目前我国核电站建设情况

截至2017年3月31日，我国大陆地区运行核电机组共36台，装机容量约3472万千瓦；除秦山三期采用加拿大重水堆技术的2×700MW机组外，其余均为压水堆技术，运行情况良好。

我国核电建设中，一个核电厂址一般按6台机组规划建设，以利群堆管理。已经形成的大型核电基地有：秦山核电基地，9台机组装机容量约626万千瓦；大亚湾、岭澳核电基地，6台机组装机容量约600万千瓦；红沿河核电基地，6台机组（现已经有4台机组发电，2台在建）；宁德核电基地，6台机组（现有4台机组发电）；福清核电基地，6台机组（现有3台机组发电，3台在建）；阳江核电基地，6台机组（现有4台机组发电，2台在建）；田湾核电基地，8台机组（现有2台机组发电，4台在建）；防城港电基地，6台机组（现有2台机组发电，2台在建）等。

在建核电机组20台，装机容量约2311万千瓦。其中在建的三代核电机组达到10台，装机容量1310万千瓦；它们是三门2×1250MW、海阳2×1250MW采用三代AP1000压水堆技术；台山2×1750MW采用三代EPR压水堆技术；

福清5号、6号，防城港3号、4号采用华龙一号三代压水堆技术。

（二）我国核电装备制造业历史沿革

从20世纪80年代到21世纪初，近二十年时间里，我国相继开工建设了秦山一期300MW核电站、大亚湾1000MW核电站、秦山二期600MW核电站、岭澳一期1000MW核电站，并自行设计、建造我国第一座出口商用核电站——巴基斯坦恰希玛300MW核电站，我国装备制造业经历了国家决策、首套制造、攻坚克难、曲折起步的历程。

从21世纪初到目前的十多年时间里，我国相继开工建设了二代改进型岭澳二期、红沿河、宁德、阳江、福清、方家山、防城港等1000MW级核电站，以及三代台山EPR、三门和海阳AP1000等核电站，中国核电装备制造业经历了技术引进、以我为主、批量产出的历程。形成了实力雄厚的中国核电装备制造产业。

随着具有中国自主知识产权的国核示范工程CAP1400以及福清5号、6号机组、防城港3号、4号机组等“华龙一号”三代核电技术核电站建设的相继开工，中国核电装备正在实现由“制造国产化”向“设计自主化”的蜕变。

以东方电气、上海电气、哈尔滨电气、中国一重、中国二重为代表的我国重型装备制造企业，以国家振兴装备制造业的总体战略、方针和政策为指引，以核电项目为依托，以市场为导向，以国产化、批量化、自主化和全球化为路径，通过技术引进消化吸收和自主创新，以主设备和关键原材料为重点，突破了三代核电装备制造的技术瓶颈，实现了核电设备制造能力的跨越式提升。

二、我国核电装备制造业发展现状

（一）总体情况

1. 规模大

我国核电起步虽晚，但是发展很快，尤其是2007年我国核电中长期发展规划颁布以后，一批核电新项目陆续上马，成为全球核电建设规模最大，发展最快的国家：2010 年以来，投产核电机组 25 台。目前有 20 台机组正在建设，占了全球在建机组的三分之一。

2. 产能强

据不完全统计，国内围绕核岛主设备的制造，几大重装集团共投资约 300 亿元人民币，用于提高重型装备批量制造能力，和为改善运输条件完成了重型装备沿海基地建设。现在国内核电主设备自主化产能已达到每年 8—10 台/套，中国核电产能已经位居世界第一。

3. 软硬实力兼备

我国从核能利用之初，就十分重视核安全文化的培育。既引进了世界上最先进的技术标准体系，也建立了严格的核安全监管体系。既形成了一批专业的研发设计专业人才队伍，也培育了一批装备精良、配套能力很强的装备制造企业，同时也积累了丰富的核设施建设经验，并使核安全文化意识逐步深入人心。

“十二五”以来，我国装备制造企业积极参与国家重大专项课题研究，在核岛关键设备制造技术，常规岛汽轮发电机组设计制造自主化方面取得了重大成果，为自主化品牌三代核电“华龙一号”、CAP1400 研发成功打下坚实基础。

4. 运行业绩良好

我国核电经过 30 年的发展，全面实现了“四个自主”，即自主设计、自主制造、自主建设、自主运营，取得重大进展，一批核电站先后成功投运。世界核电运营者协会（WANO）每年都要做核电站运行参数的统计和对比，中国核电站的表现在全球对比中排名是靠前的，我国核电整体运行和管理水平也因此受到同行业的赞誉。

（二）重装集团情况

一重集团：分别在富拉尔基和大连投入技术改造，打造了世界一流的重型铸锻件制造基地和核电设备制造基地；掌握了热加工和焊接等关键制造技术，实现了所有二代改进型和三代核电站压力容器、蒸汽发生器、稳压器锻件的自主制造，已具备批量生产核电主设备大型锻件的能力。具有蒸汽发生器、堆内构件的制造资质。

二重集团：围绕提升核电重型装备制造能力进行了大规模的技术改造，相继攻克了二代改进型核岛成套主设备、AP1000 主管道、核电常规岛整锻发电机半速转子及焊接汽轮机半速转子等关键设备的锻件制造技术。

东方电气集团：国内最早承担百万千瓦级核电站核岛和常规岛主设备制造的企业。现已建成南沙、德阳、武汉、自贡四个核电装备制造基地，具备反应堆压力容器、蒸汽发生器、堆内构件、控制棒驱动机构、稳压器和主泵等配套齐全的核岛关键设备的制造能力，汽轮发电机组的设计制造能力。产品覆盖二代改进型、AP1000、EPR、“华龙一号”、CAP1400 等堆型。蒸汽发生器、轴封主泵市场占有率领先；率先获得具有自主知识产权（CAP1400 和“华龙一号”）汽轮发电机组订单，汽轮发电机组市场占有率领先。

上海电气集团：是中国最早生产核电设备的制造集团，形成了临港和闵行核电核岛、常规岛主设备和重型铸锻件生产基地。有配套齐全的核电设备制造能力，在二代改进型核电核岛主设备和汽轮发电机组、三代（AP1000、EPR、“华龙一号”、CAP1400）和高温气冷堆示范项目关键设备制造方面都取得了技术突破。

哈尔滨电气集团：形成了以生产核岛主设备为主的秦皇岛核电基地、以生产核岛主冷却剂泵组及主泵电机为主的哈南工业新城泵阀基地和以生产核电站常规岛主辅机为主的哈尔滨“三大动力”老基地等三大基地。在核岛主泵及电机、蒸汽发生器等主设备、常规岛汽轮发电机组、核电辅机等的制造方面，实现了多项核心技术突破。

三、核电装备行业未来发展趋势

2013 年 2 月 5 日发布了《国家核与辐射安全规划（2011—2020 年）》《核电安全规划（2011—2020 年）》《国家核电中长期发展规划（2011—2020 年）》，2016 年 12 月发布了《能源发展“十三五”规划》，为我国核能的和平利用和发展营造了良好的政策环境。这些已颁发的能源政策都保持了“2020 年中国核电装机将达 5800 万千瓦，在建 3000 万千瓦”的发展目标。对于设备制造，规划要求：全面实现核岛关键设备自主化，2020 年前形成每年 8—10

套的自主化供应能力；实现关键材料自主生产，建立满足规模化发展需要的核电配套工业体系；进一步提高设备制造质量；培育装备制造企业设备研发、设计能力，推动相关企业开展多种形式合作，逐步打造核岛主设备成套供应商。

（一）全面实现核电关键设备自主化

“十二五”以来，装备制造企业在实现核岛关键设备国产化、批量化生产后，积极参加国家重大专项研究，以核电项目为依托，在“华龙一号”、CAP1400 核岛关键设备自主化取得了积极成果，保证了“华龙一号”福清 5 号机组的建设进度，福清 5 号、6 号机组国产化率可以达到 85%以上。2017 年 5 月，东方电气、上海电气、哈尔滨电气、一重集团的“华龙一号”项目管理团队分别被中国核电工程有限公司、福建福清核电有限公司授予“华龙一号”示范工程福清 5 号机组实现穹顶按期吊装的先进团队称号。

在福清 5 号机组上，核岛主设备已全部实现自主化，常规岛主设备已全部由国内企业负责设计、制造和供货。

CAP1400 项目的关键、重大设备研制工作有序推进。2017 年 3 月一重集团研制的第一台 CAP1400 反应堆压力容器已经完成水压试验，蒸汽发生器、主泵等关键设备的研制工作都在按计划推进。CAP1400 的汽轮发电机组研制工作取得重大进展，2017 年 6 月完成了首台低压缸扣缸，9 月完成了发电机整机型式试验。“华龙一号”和 CAP1400 堆型的关键设备已全面实现自主化。

（二）实现关键材料自主生产，建立满足规模化发展需要的核电配套工业体系

骨干企业是核电设备国产化成功实施的中坚力量。两大重机和三大发电设备制造集团作为落实国家核电设备国产化战略的“主力军”，以科技创新和核心能力建设为重点，加快推进核电重型装备和铸锻件自主化工作，并培养和带动了近百家与核电重型装备制造相配套的国内中小制造企业。在福清 5 号机组上，核岛主设备重型铸锻件已全部实现自主化，半速发电机整锻转子和汽轮机焊接转子的锻件已实现自主化。配套的蒸汽发生器传热管，核电用焊材等都实现了自主研发制造。

（三）培育装备制造企业设备研发、设计能力

在国家核工业产业原有布局中，我国核电装备制造企业不负责设计，只负责制造。因而制造集团的设计力量比较薄弱，这种局面不利制造企业功能优势的发挥和技术能力的完整。近年来，在政府部门的大力推动和扶持下，三大电气集团都构建了设计队伍，上海电气和东方电气都相继获得了国家核安全局的设计资质证书，正在培育设计研发能力。今后将在核电主管部门和业主集团的全力支持下逐步形成装备制造企业的核设备研发和设计能力，以项目为载体，打造集设计、制造、服务于一体的核电设备成套供应商，培育具有国际竞争力的核电装备制造集团，这也是国际知名核电企业集团的发展之路。

（四）积极参加“华龙一号”核电标准化示范

2017 年 4 月，国家能源局会同国家标准化管理委员会、国家核安全局在北京组织召开《“华龙一号”国家重大工程标准化示范实施方案》（以下简称《方案》）发布会，启动“华龙一号”国家重大工程标准化编制工作，依托“华龙一号”示范工程开展核电标准化示范，将利用 4 年左右的时间，进一步完善优化现有压水堆核电标准体系，健全一套自主的、能够满足“华龙一号”国内建设与出口需求的、涵盖核电全生命周期的压水堆核电标准体系。

核电标准化我国已经开展了近二十年的工作，从岭澳一期我国核电国产化开始，国家相关部门就组织相关企业开展核电标准化工作。特别是近十年来，我国建设的几十台核电机组分别采用了法国 RCCM 标准和美国 ASME 标准，对装备制造企业来讲，由于我们同时生产“华龙一号”、CAP1400、AP1000 和二代加核电产品，使用两个及以上核电标准，增加制造企业技术管理的难度，不利于有效控制成本。各装备制造企业集团将积极参与我国核电标准体系的建立，编制符合核电技术发展方向和符合我国工业技术水平的核电技术标准，推动我国核电的标准化和系列化，提高核电产品的质量，树立中国核电品牌。

“华龙一号”是在二代加堆型的基础上改进的自主三代堆型。我国二代加项目已大批量投运，运行业绩良好，积累了丰富的建设经验和运行经验，是研发“华龙一号”的扎实基础。“华龙一号”按照中国标准实施，一旦按期完

成、成功投运，其安全性、可靠性和经济性必将使之成为三代核电的重要堆型之一。

（五）实现中国核电走出去

经过近年的努力，国内核电装备制造企业的生产制造能力实现了跨越式发展，并有效支撑了国内核电的高效发展。我国核电装备制造企业的硬件设施已经达到国际先进水平，产品在相同质量条件下还具有明显的成本优势。随着管理水平的提升、制造工艺的不断优化，核电装备制造企业参与国际核电市场竞争的能力将进一步提升，为我国核电“走出去”提供了坚实基础和有力支撑。

我国已经形成的核电装备制造能力，加上 CAP1400 和“华龙一号”自主知识产权堆型，为中国核电装备“走出去”提供了条件。随着“一带一路”倡议的实施，沿“带”沿“路”国家间国际合作的增强，为核电装备“走出去”提供了国际环境。亚洲基础设施投资银行可为这些国家的核电建设提供金融支持，中国核电装备企业满足国内、国际两个市场需求的局面是完全可以形成的。

第三篇

国际专题报告

9

复兴与挑战：全球核科技人才教育培养体系与竞争力评价

杨军　杨章灿　黄晓宏*

摘　要：

近十年来，全球范围内的核能复兴和核技术应用发展导致了对核科技人才需求的快速增长。然而，由于20世纪末出现的核科技人才断层、近年发生的核事故以及公众对核能尚存的疑虑等原因，导致核科技人才需求难以被充分满足。在广泛调研的基础上，本文讨论了全

* 杨军，华中科技大学能源与动力工程学院教授，博士生导师，核工程与核技术系主任，湖北省核学会理事，国家“千人计划”青年专家。杨章灿，华中科技大学能源与动力工程学院副教授，核工程与核技术系副主任。黄晓宏，武汉新能源研究院研发部负责人。

球范围内核科技人才教育体系的发展现状和竞争力，以及存在的相关问题。重点研究了国内外核学科高等教育的发展状况。目前我国核电发展正进入快车道，核科技教育也随之呈现井喷式发展。多所高等院校及研究院所正致力于复兴和重振核相关专业。为适应新的核安全法规要求和不断更新的知识体系，核科技教育体系的完善和人才培养质量的提高面临着新的机遇和挑战。

关键词：

核科技人才培养　核工程　核技术　核教育　核能复兴

一、引言

人类对核能的和平利用已经有六十多年的历史，核技术也在工业制造、勘探检测、医学等领域得到了广泛应用。近十年来，出于对环境保护、气候问题和能源安全的关注，核能在全球范围内出现了复兴。国际原子能机构（IAEA）的动力堆信息系统（PRIS）数据显示，截至 2017 年 10 月，全球共有 30 多个国家利用核能发电，核反应堆机组共有 448 台，还有 57 台商用反应堆在建。中国（大陆）已有 38 台核电机组在运，仅次于美国、法国、俄罗斯，居全球第四；在建核电机组为 19 台，居世界首位①。

核能与核技术的可持续发展与创新依赖于源源不断的人才培育。20 世纪 50—70 年代，在包含中国在内的一些国家里，核科技研究与开发主要由国防与军事工业所引领，经历了一段快速发展期，培养和积累了一批专业人才。80 年代后，由于国际形势变化和一些重大核事故的影响，美国、中国等国家的核工业与核科技研发均发展迟缓，一批核科技人才流失。21 世纪以来，受新的形势和政策影响，我国核工业快速发展，核电技术从引进吸收过渡到全面自主化，并已作为制造业出口的代表走出国门，这导致核科技人才需求快速增长。而目前核科技人才短缺有可能成为影响核工业发展的关键因素之一，这个问题

① “Power Reactor Information System,” http：//www. iaea. org/pris/.

也在世界上其他一些国家也显露端倪。本文将对全球范围内的核科技人才教育培养体系和发展现状和竞争力进行综合分析。

二、国际核教育发展回顾

经济合作与发展组织的核能委员会（OECD/NEA）于2000年发布了一份报告，以 *Nuclear Education and Training—Cause for Concern?* （《核教育与培训——忧思有因?》）为题，对OECD成员国乃至全球范围内出现的核教育与培训缩减现象进行了总结分析，表达了一定的关注，并提出了相关建议①。国际原子能机构（IAEA）在2001年的一份通报中以 *The Best & Brightest* （《最优秀的和最聪明的》）为题对当时的核教育相关情况进行了简要总结②。

美国：20世纪80年代之后没有新的核电建设计划，因此核工程专业规模缩减，毕业生逐年下降。同时，核科技人员不断退休，研究型反应堆的数目也在减少。相关委员会于2000年发表报告，呼吁采取行动为核教育和研究投入更多资金和支持。

加拿大：20世纪90年代，核专业学生和教师人数相对稳定，但核工业改组、核研究计划缩减给未来带来了一些不确定性。21世纪以来，由于核电机组的运营和改进需求，核工程专业就业市场有所改观。

英国：接受过核教育的大学生人数在1990—1998年保持稳定，但核专业招聘和研究方面的需求有所减少。一些公司，例如英国核燃料公司（BNFL）正在与大学进行教育合作。

法国：作为核电大国，核专业毕业生暂时未见短缺，足以维系专业知识延续一定年限。

匈牙利：制订了核动力、放射化学和核测量技术方面的专门计划，并在IAEA帮助下，建立了一个核维护中心。

日本：一些大学的核学科被能源或系统研究等学科取代，招聘一流毕业生

---

① OECD/NEA, "NUCLEAR EDUCATION AND TRAINING CAUSE FOR CONCERN?" 2000.

② IAEA, "THE BEST & BRIGHTEST CONCERN OVER TOMORROW'S WORKFORCE," IAEA BULLETIN, No. 43, January, 2001.

到核领域工作比较困难，政府、业界和大学正在协同努力改变这一趋势。

墨西哥：开展了对核领域从业人员的培训，包括组织到国外参加专门培训。高等核教育计划面临一定的困难。

中国：从1956年开始，陆续在多个工科院校开设了核专业。但只有少数几所如清华大学、上海交通大学、西安交通大学、哈尔滨工程大学等一直延续了下来①。2000年前后，核科技人才需求量较大，但更多的大学生正在投身信息技术、经济学等其他学科，尚需寻求“迅速有效地吸引优秀大学生学习核工程”的方法②。

三、国际核教育现状

国际原子能机构（IAEA）、世界核协会（WNA）、经合组织核能机构（OECD/NEA）及世界核电营运者联合会（WANO）共同倡议并于2003年成立了世界核大学（World Nuclear University）。

OECD/NEA在2012年发布后续报告，主题为*Nuclear Education and Training—from Concern to Capability*（《核教育与培训——从忧思到能力》）。对十来年的发展进行了总结，整体上对全球核教育的复苏表达了乐观态度③。

（一）美洲

美国的核教育正从低谷走向复苏。据美国新闻与世界报道杂志（U. S. NEWS）排名，对于核工程学科，密歇根大学、麻省理工学院、威斯康星大学、得州农机大学、北卡罗来纳大学、加州大学伯克利分校、田纳西大学、宾州州立大学、佐治亚理工大学 、伊利诺依大学、普渡大学等最受好评④。其中，宾州州立大学面向全球开设了核工程专业硕士的在线学习项目

① Zheng Junming, “Education and Training in Nuclear Technology in China, in Technical Meeting on the Asian Network for Education in Nuclear Technology (ANENT) ”, Hanoi, Vietnam, 2005.

② Wang Kan& Jia Baoshan, “NUCLEAR ENGINEERING EDUCATION AT TSINGHUA UNIVERSITY IN BEIJING, ” 2000.

③ OECD/NEA, “Nuclear Education and Training: From Concern to Capability,” 2012.

④ “U. S. NEWS Best Colleges,” https: //www. usnews. com/best-colleges.

(MENE)。总计30学分，无论文要求，须有一个经认证的工学学士学位为前提①。另外，作为推进先进教育资源共享的措施之一，麻省理工学院发布了各学科的公开课件（Open Course Ware），包括核工程学科②。21世纪初，美国进入核专业的学生人数从减少转为增加，与原先遭到裁撤或缩减为更小的专业方向相反，核专业在很多大学开始复建或者扩大，这方面的例子如弗吉尼亚理工大学（Virginia Tech）。

1956年弗吉尼亚理工大学成为美国最早开设核物理专业的大学之一。1960年建造了一座研究型反应堆。1985年，核专业被废除，1990年反应堆退役。2007年该校重新开设核工程专业，提供本科和研究生课程。2013年获得核工程硕士和博士学位授予资格。核专业在计算流体力学方面利用机械系的专业课程，在核材料方面吸纳材料系的知识，在中子物理和加速器方面利用物理系的师资，在辐射医疗和诊断方向与其他院校开展前期合作③。

政府部门，如能源部（DOE）采取了多种措施支持核教育：大学核基础设施计划、DOE/工业配合补助金计划、国际学生交流计划、核工程教育研究（NEER）计划等④。其他组织，如美国核管会（US NRC）、美国核学会（ANS）等也对核教育提供多种形式的资助和支持。

加拿大拥有核学科的大学包括：安大略理工大学（University of Ontario Institute of Technology）、麦克马斯特大学（McMaster University）、皇家陆军学院（Royal Military College of Canada）、滑铁卢大学（University of Waterloo），以及西安大略大学（University of Western Ontario）。麦克马斯特大学拥有一台研究型反应堆。安大略理工大学拥有一所较全面的核学院。还有一些大学如皇后大学（Queen's University），新不伦瑞克大学（University of New Brunswick），卡尔加里大学（University of Calgary）等有与核相关的课程或研究⑤。

---

① "Master of Engineering in Nuclear Engineering Online Program," http://www.worldcampus.psu.edu/degrees-and-certificates/nuclear-engineering-masters/overview.

② "Open Course Ware (Nuclear Engineering)," http://ocw.mit.edu/courses/nuclear-engineering/.

③ 弗吉尼亚理工大学核工程专业，http://nuclear.ncr.vt.edu/aboot.html。

④ 吴王锁：《国外核教育发展现状》，《中国核工业》2012年第7期，第18—19页。

⑤ Nuclear Canada wiki, http://nuclearcanada.ca/index.php?title=Universities.

在南美洲，巴西拥有一些与核能研究和应用有关的研究所，如巴西核能研究所（原圣保罗原子能研究所）、坎皮纳斯大学、空间技术中心、农业原子能中心等。巴西核能研究所拥有放射化学、放射性物质处理、放射性同位素和辐射、加速器、伽马射线源的运转和应用、核冶金和核化学工程等方面的研究室①。

阿根廷国家原子能机构（Argentine Commission of Atomic Energy，CNEA）成立于1950年。目前阿根廷国内有五座实验堆，INVAP 工程设计公司（www. invap. com. ar）承担了相关的核反应堆项目，并已向国外出口实验堆。政府与企业合作加强对核科技人才的培养。

（二）欧洲

2003年，欧洲核教育网络协会（ENEN—association）在法国成立，旨在加强大学、研究中心和企业的合作来共同推动核高等教育与研究。该协会实施了欧洲核工程科学硕士培养计划（EMSNE）。欧盟委员会启动了“欧洲核培训平台与大学组织”计划（NEPTUNO）②。

一些国家建立了全国性的核教育网络。例如比利时的核高等教育网络 Belgian Nuclear Higher Education Network（BNEN），芬兰的核教育网络 Finnish Nuclear Education Network（FINNEN），英国的核技术教育联盟 Nuclear Technology Education Consortium（NTEC），德国的核技术技能联盟 Alliance for Competence in Nuclear Technology（Kompetenzverbund Kerntechnik），意大利的核技术研究大学联盟 Consorzio Interuniversitario per la Ricerca Tecnologica Nucleare（CIRTEN）等③。

英国拥有不少核科技研发中心和实验室如国家核能实验室（NNL）、卡拉姆核聚变研究中心（CCFE）、卢瑟福阿普尔顿实验室等。一些大学也设立了核能研究中心，包括曼彻斯特大学达尔顿核学院、布里斯托尔牛津核研究中心、

---

① 沈安：《巴西核能开发的特点和问题》，《拉丁美洲丛刊》1985年第2期，第25—30页。

② 吴志功、张娟：《欧洲核工程教育及其启示》，《高等工程教育研究》2008年第5期，第125—128页。

③ OECD/NEA，“Nuclear Education and Training：From Concern to Capability，” 2012.

帝国理工皇家工程核能研究学院、剑桥大学核能中心、谢菲尔德大学核能中心、中央兰开夏大学—约翰廷德尔核学院、利兹大学核能中心、伯明翰大学核能中心等①。同时，利物浦大学、兰卡斯特大学、斯凯莱德大学、萨里大学和曼城大学也有核相关课程和研究。英国的新兴核电项目促进了相关的人才培养。

法国共有二十多所工程学院和综合性大学提供核工程类的硕士学位。国立核科学技术学院（Institut National des Sciences et Techniques Nucléaires, INSTN）创立于1956年，隶属于法国原子能署（CEA），是知名的核能教育中心。法国与其他国家（包括中国）开展了广泛的合作，利用其师资和教育资源协助他国开展核教育。

德国当前选择弃核政策，部分大学如卡尔斯鲁厄理工大学（KIT）、斯图加特大学（University of Stuttgart）、慕尼黑技术大学（Technical University of Munich）等仍保留了核方面的研究。相关机构如联邦经济及能源部（BMWi）等提供核科技相关的研究资金。

意大利曾有七所大学（Bologna，Milano，Palermo，Pavia，Pisa，Roma and Torino）开设核工程课程，每年约有100名毕业生。目前，在比萨大学（Pisa）设有核安全和安保专业的国际硕士项目，博洛尼亚大学（University of Bologna）、热那亚大学（University of Genoa）新开设核专业硕士项目。

西班牙有3所大学以及国家能源研究中心（National Research Centre on Energy）提供核教育。2011年加泰罗尼亚理工大学（Polytechnical University of Catalonia and ENDESA）合作开设了核技术硕士项目。

瑞典于2010年首次在乌普萨拉大学（Uppsala University）开设了核专业本科教育，2008年瑞典皇家理工学院（Royal Institute of Technology）开设了国际核工程硕士项目，2009年查默斯技术学院（Chalmers Institute of Technology）开设核工程硕士课程。

比利时的核能研究中心（Belgian Nuclear Research Centre，SCK · CEN）主导了“多用途混合高科技研究堆”（Multi-purpose Hybrid Research Reactor for

① 刘兴：《英国核生态概览》，《中国核工业》2014年第7期，第14—17页。

High-tech Applications，MYRRHA）项目，并与多所大学合作，开展了“硕士后硕士”项目。有 3 所学院提供四年制的核技术、核医学、放射化学硕士学位。

芬兰有 3 所大学教授核工程及核物理专业：拉普兰塔理工大学（Lappeenranta University of Technology）、赫尔辛基理工大学（Helsinki Universities of Technology）、赫尔辛基大学的放射化学实验室（Laboratory of Radiochemistry at Helsinki University）。

瑞士在两所公立大学——苏黎世联邦理工学院（ETH）和洛桑联邦理工学院（EPFL）开设了“瑞士核能”（Swiss Nuclear）硕士项目，这有赖于两所大学与保罗·谢尔研究院（Paul Scherrer Institut）以及核安全机构瑞士联邦核安全监督局（Swiss Federal Nuclear Safety Inspectorate，ENSI）的良好合作。

俄罗斯在 2009 年以莫斯科工程物理学院（Moscow Engineering Physics Institute，MEPhI）为中心联合多个大学组建了国家核研究大学（National Research Nuclear University）。私立高校斯科尔科沃科技学院（The Skolkovo Institute of Science and Technology，Skoltech）在 2011 年与美国麻省理工学院合作建立，包含了核科技教育方面的合作①。

（三）亚洲

国际原子能机构于 2004 年协助建立了亚洲核技术教育网（Asian Network for Education in Nuclear Technology，ANENT）。现已成为地区性教育培训信息和教材交流的中心②。

日本在一些大学如东京大学（University of Tokyo）、东京工业大学（Tokyo Institute of Technology）、北海道大学（Hokkaido University）等设有核科学技术相关的系，有 7 个放射化学实验室，10 余个同位素中心和 3 个研究堆。2005 年，东京大学建立了核工程职业学院。

韩国近年来制定积极的核能发展的战略并取得成效。首尔大学（Seoul

① “The Skolkovo Institute of Science and Technology（Skoltech），” https：//skoltech. mit. edu/about.

② “Asian Network for Education in Nuclear Technology，” https：//www. iaea. org/nuclearenergy/nuclearknowledge/networking/ANENT/.

National University)、韩国科学技术联合大学院大学（University of Science and Technology）等开设有核工程相关专业，另外韩国原子能研究所（KAERI）、韩国科学技术院（KAIST）为知名的核科技研究院。同时有大量韩国留学生在欧美国家学习核专业。但由于新一届政府的抑核态度，韩国核教育受到一定压力。

朝鲜在核方面的研究与教育集中在3所院校。金日成综合大学1949年开设核物理学科。金策工业大学1957年设核工业学，主要培养核反应堆、核电、核燃料和核工程专业相关人员。1963年平城理科大学开设核物理学科①。

泰国早期已与IAEA、法国、日本等开展核教育方面的合作。朱拉隆功大学率先开设核工程系②。

在亚洲其他地区，新兴核学科正在发展。比如印度理工学院（Indian Institutes of Technology）、伊朗的伊斯兰阿扎德大学（Islamic Azad University）、阿联酋的哈利法大学（Khalifa University）和沙特阿拉伯的阿卜杜勒阿齐兹国王大学（King Abdulaziz University）等均开设有核专业③。

哈利法大学的核工程系于2010年开设，2012年开始授予博士。目的在于支持本国于2009启动的核能项目——韩国所提供的四座APR1400机组。共设有5个研究方向：反应堆设计和分析、反应堆材料、仪表与控制及人因管理、环境、废物管理及核保障和核安保④。

（四）其他地区

澳大利亚核方面的高等教育项目较缺乏，但作为铀矿主产地之一，曾建有研究堆（HIFAR、MOATA），最近也在建设OPAL研究堆。澳大利亚国立大学

① 《谁在打造朝鲜核技术人才？朝鲜军事院校揭秘》，2013，http：//www.ifengweekly.com/detil.php？id=80。

② "Department of Nuclear Engineering, Chulalongkorn University," http：//www.ne.eng.chula.ac.th/wp/.

③ 杨军：《复兴与挑战——核科技人才教育培养现状》，中国核工业教育学会核能可持续发展战略与人才培养研讨会论文，衡阳，2017年。

④ Department of Nuclear Engineering, Khalifa University, http：//www.kustar.ac.ae/pages/department-of nuclear engineering/14158

（Australian National University）设有核科学硕士学位。新南威尔士大学（University of New South Wales）首先开设了核工程硕士项目①。

四、我国核教育现状

我国目前的核科技教育和人才培养体系存在于高等院校、科研院所、企业中，包含本科教育、研究生教育、职业培训等多个层次。

（一）高等院校

核学科高等教育初期划分为核反应堆工程、核动力装置、同位素分离、核材料、核物理、放射化学、核化工、核地质、核矿冶等方向。本科教育包含工科类的核工程与核技术等专业和理科类的核物理专业。研究生教育包括一级学科“核科学与核技术”及下设二级学科，以及“物理学”下属的二级学科“粒子物理与原子核物理”，如表 1 所示。更多的核相关方向如核医学、放射学、核化学、核地质、核环境、核法规、核能经济等分布在其他一级学科中，另建立了与核相关的国防特色专业②。

表 1　高等教育核学科划分

本科	
工科	理科
核工程与核技术	核物理
辐射防护与核安全	
工程物理	
核化工与核核燃料工程	

① “Nuclear Engineering-Master of Engineering Science,” https：//www. engineering. unsw. edu. au/study-with-us/postgraduate-degrees/nuclear-engineering.

② 程建平：《大陆高等教育核科学与技术类学科与人才培养现状》，会议论文，2006 年。

续表

<table>
<tr><td colspan="3">研究生</td></tr>
<tr><td colspan="2">工科</td><td>理科</td></tr>
<tr><td colspan="2">一级学科：核科学与技术</td><td>一级学科：物理学</td></tr>
<tr><td rowspan="4">二级学科</td><td>核能科学与工程</td><td rowspan="4">二级学科：
粒子物理与原子核物理</td></tr>
<tr><td>核燃料循环与材料</td></tr>
<tr><td>核技术及应用</td></tr>
<tr><td>辐射防护及环境保护</td></tr>
</table>

近年来，许多高等学校新建和复建了一大批核类专业，现已达五十多个。部分具有核类专业的院校如表2所示（不含台湾）。2012年中国教育部公布的“核科学与技术”一级学科评估排名如表3所示。2017年中国教育部颁布的世界一流大学、一流学科“双一流”建设名单中，清华大学与中国科学技术大学两所高校的“核科学与技术”入选①。

表2　高校核专业列表

学校名称	核专业系、院	官方网站
清华大学	工程物理系、核研院	http：//www. ep. tsinghua. edu. cn/
北京大学	核科学与技术研究院	http：//inst. pku. edu. cn/
中国科学技术大学	核科学技术学院	http：//www. snst. ustc. edu. cn
浙江大学	原子核农业科学研究所	http：//inas. zju. edu. cn
上海交通大学	核科学与工程学院	http：//nsse. sjtu. edu. cn
复旦大学	核科学与技术系	http：//imp. fudan. edu. cn
西安交通大学	核科学与技术学院	http：//epe. xjtu. edu. cn
哈尔滨工业大学	核能工程研究中心	http：//power. hit. edu. cn
北京师范大学	核科学与技术学院	http：//lenp. bnu. edu. cn/
武汉大学	核工程与核技术专业	http：//pmc. whu. edu. cn

① 《关于公布世界一流大学和一流学科建设高校及建设学科名单的通知》，2017，http：//www. moe. gov. cn/srcsite/A22/moe_ 843/201709/t20170921_ 314942. html。

续表

学校名称	核专业系、院	官方网站
华中科技大学	核工程与核技术系	http：//nuclear. energy. hust. edu. cn
兰州大学	核科学与技术学院	http：//snst. lzu. edu. cn/
中山大学	中法核工程与技术学院	http：//ifcen. sysu. edu. cn/
厦门大学	核能研究所	http：//energy. xmu. edu. cn/
重庆大学	核能工程系	http：//cte. cqu. edu. cn
四川大学	核科学与工程技术学院	http：//physics. scu. edu. cn/
华南理工大学	电力学院动力工程系	http：//www2. scut. edu. cn/ep/
北京航空航天大学	物理科学核能工程学院	http：//physics. buaa. edu. cn/
东南大学	核工程与核技术专业	http：//power. seu. edu. cn
吉林大学	核技术应用硕士点	http：//gest. jlu. edu. cn/
哈尔滨工程大学	核科学与技术学院	http：//cnst. hrbeu. edu. cn
华北电力大学	核科学与工程学院	http：//snse. ncepu. edu. cn/
南京航空航天大学	核科学与工程系	http：//msc. nuaa. edu. cn
华东理工大学	核技术应用研究所	http：//science. ecust. edu. cn
苏州大学	放射医学与防护学院	http：//fyxy. suda. edu. cn/
上海大学	射线应用研究所	http：//environ. shu. edu. cn
郑州大学	核科学与技术一级硕士	http：//www5. zzu. edu. cn/wuli/
东北师范大学	核技术应用硕士点	http：//www. phy. nenu. edu. cn/
新疆大学	核技术应用硕士点	http：//phy. xju. edu. cn/
南华大学	核科学技术学院	http：//hjxy. usc. edu. cn/
西南科技大学	国防科技学院	http：//www. nd. swust. edu. cn/
成都理工大学	核技术自动化工程学院	http：//www. cnae. cdut. edu. cn
东华理工大学	核工程与地球物理学院	http：//sneg. ecit. edu. cn/
东北电力大学	核工程与核技术专业	http：//power. nedu. edu. cn
深圳大学	原子核科学与技术系	http：//physics. szu. edu. cn
黑龙江大学	核技术应用硕士点	http：//125. 223. 1. 238/
南京理工大学	辐射防护与环境工程	http：//ebe. njust. edu. cn

续表

学校名称	核专业系、院	官方网站
江苏科技大学	核工程与核技术专业	http：//sepe. just. edu. cn
烟台大学	核工程与核技术	http：//www. oei. ytu. edu. cn/
三峡大学	核工程与核技术专业	http：//jxdl. ctgu. edu. cn/
湖北科技学院	核技术与化学生物学院	http：//hxxnew. hbust. com. cn
华北水利水电大学	核工程与核技术专业	http：//www5. ncwu. edu. cn/dianli/
南京工程学院	核工程与核技术专业	http：//nd. njit. edu. cn
沈阳工程学院	核工程与核技术系	http：//nyydlxy1. sie. edu. cn/
香港城市大学	核子与风险项目工程	http：//www. cityu. edu. hk/mbe/
海军工程大学	核能科学与工程系	—
放化指挥工程学院	—	—
火箭军工程大学	—	—

表 3　2012 年教育部学科评估“核科学与技术”排名

排名	学校代码及名称	得分
1	10003 清华大学	94
2	10358 中国科学技术大学	80
3	10001 北京大学	76
4	10698 西安交通大学	73
5^{Tie}	10217 哈尔滨工程大学	70
5^{Tie}	10248 上海交通大学	
5^{Tie}	10610 四川大学	
8	10730 兰州大学	68
9^{Tie}	10079 华北电力大学	63
9^{Tie}	10280 上海大学	

资料来源：中国教育部。

清华大学有两个院系下设核专业：核能与新能源技术研究院（核研院，

INET）和工程物理系①。核研院始建于1960年，拥有实验反应堆。工程物理系于1956年建立，现设有核技术及应用、技术物理、核能科学与工程管理、安全科学与技术、医学物理与工程、近代物理6个研究所。覆盖核科学与技术、安全科学与工程、物理学3个一级学科。核科学与技术一级学科是清华大学的传统和优势学科，连续三次在全国一级学科评估中排名第一。在校生总体保持在1400余人的规模，其中本科生600余人，研究生800余人。在编教职工118人，其中具有正高级职称37人，包括中国工程院院士1人，长江学者3人，千人计划1人，杰出青年7人。

中国科学技术大学和中国科学院合肥物质科学研究院于2009年联合共建核科学与技术学院，开设核裂变能科学与工程、核聚变能科学与工程、核技术及应用等专业，具有“核科学与技术”一级学科博士授予权及“核技术及应用”“核能科学与工程”“同步辐射及应用”三个二级学科。核科学技术学院是唯一同时依托热核聚变实验装置、同步辐射光源等国家大科学装置及实验室，围绕国家重大战略需求而建立的培养高端人才的重要基地。学院拥有院士3名、千人计划2人、杰出青年8人、教授70人。学院拥有本科生约300人，研究生约300人。已组建七个教研室，即核裂变能科学与工程、核聚变能科学与工程、核技术及应用、核燃料循环与材料、辐射防护与环境保护、放射化学与辐射化学、核电子学。为国家磁约束聚变堆总体设计组（筹）依托单位。

北京大学核科学与核技术学科源自1955年建立的技术物理系。数十年来已经为国家培养了五千多名高级人才。核物理与核技术国家重点实验室现有人员76人，其中中科院院士4人，杰出青年9人，长江学者4人，973首席科学家2人。主要研究方向为：放射性核束物理、强子物理 、先进粒子加速器技术、核技术应用。在“粒子物理和核物理”“核技术及应用”和“理论物理”三个学科均设有硕士点、博士点及博士后流动站。

西安交通大学核专业创建于1958年，2006年升格为核科学与技术学院。学院具有核科学与技术一级学科博士点及博士后流动站，“核能科学与工程”学科为国家重点学科。现已培养出博士后35名，博士150余名，硕士600余

---

① 尚仁成、齐卉荃：《清华核物理五十年》，http：//www. docin. com/p-56436439. html，2012。

名，工程硕士100余名，本科生2800余名。在读本科生360余名，研究生240余名。根据中国科学评价研究中心排名，2016年本科专业核工程与核技术排名全国第一。现有教师35人，包括兼职院士6名、加拿大院士1名、千人计划3名、长江学者1名、杰出青年1名、优秀青年2名。建设有核电厂与火电厂国家级虚拟仿真中心、陕西省先进核能技术重点实验室、陕西省先进核能工程研究中心和核结构安全与力学国际联合研究中心等。

哈尔滨工程大学核科学与技术学院前身是“哈军工”的原子能专业和核动力装置专业，1958年开始招生，2005年成立核学院。目前设有核工程与核技术、核化工与核燃料工程2个本科专业。自2005年先后与中广核集团、中核集团、中电投和江苏核电签署核电人才“订单+联合”培养协议，已培养700余名员工。在读本科生800余名，硕士200余名，博士近100名，留学生近20名。现有专任教师54人。拥有核动力安全与仿真“111工程”创新引智基地、“核科学与技术”国家级虚拟仿真实验教学中心、“核安全与仿真技术”国防重点学科实验室、“核科学与技术”黑龙江省实验教学示范中心等。

上海交通大学核工程专业始建于1958年，核科学与工程学院成立于2006年。设有反应堆工程系、核燃料循环与材料系和辐射防护与核技术系，按研究方向分为核动力系统与安全、反应堆热工水力、反应堆物理、反应堆结构与材料、核燃料循环、核辐射与环境六个研究室。建有教学培训中心、实验基地及软件平台等基础设施。研究方向包括先进反应堆设计、反应堆热工与安全、反应堆物理、材料腐蚀性能、核燃料循环、核电仿真等。学院同国内外相关企业和科研单位建立良好的合作关系，建有多个联合实验室，定期与韩国科学技术联合大学院大学、台湾地区清华大学联合开设核工程暑期学校（Nuclear Engineering Summer School）。

四川大学核工程与核技术系前身为1958年成立的核物理教研室，2002年正式更名为核工程与核技术系。2007年成立核科学与工程技术学院。现有“辐射物理及技术教育部重点实验室”，国家重点学科“核技术及应用”，教育部首批特色专业“核工程与核技术”及“物理学”“核科学与技术”两个一级学科博士授权点。拥有核电子学、核物理、辐射探测与测量、辐射安全与防护、核技术应用等专业实验室。现有教师及科研人员70余名，其中教授、副教授36人，博士生导师10人。与中国广核集团，中核集团均签订了“核电人才专项培养”协议，并作为环境保护部“辐射安全与防护”定点培训机构。已累计为国家培养和输送了上千名优秀的核科学工作者。

兰州大学核科学与技术学院前身为1958年成立的现代物理系，后南开大学原子核物理和放射化学两个专业师生整体搬迁并入，2006年正式组建核科学与技术学院。现有粒子物理与原子核物理、放射化学2个博士点；粒子物理与原子核物理、放射化学、原子分子物理、核技术及应用4个硕士点，核能与核技术工程硕士点；有原子核物理、放射化学、核技术及应用、辐射防护与环境工程、核化工与核燃料工程5个本科专业。有粒子物理与原子核物理国家级重点学科、核科学与技术省一级重点学科、放射化学国家自然科学基金委特殊学科等。现有专任教学科研人员58人，本科生617人，硕士研究生145人，博士研究生103人。

华北电力大学核科学与工程学院拥有本科专业“核工程与核技术”和“辐射防护与核安全”，拥有“核科学与技术”一级学科硕士授予权和“核电与动力工程”二级学科博士授予权。学院有一支博士化、工程化、国际化、专业方向齐全的高水平师资队伍。拥有国家级“核动力工程全范围虚拟仿真实验教学中心”“国家级核电工程实践教育中心”等。学院与中国广核集团、中国电力投资集团等核电企业建立了核电人才“订单+联合”培养模式，十年来，累计向我国核工业输送了1600人规模的各类人才。

上海大学射线应用研究所成立于1980年。拥有全面的辐照设备，包括电子加速器两台、中子发生器、钴源等，并具有先进的束下装置及监控和遥控装置。是国际原子能机构指定的亚太地区核技术在环境中应用的培训基地。2000年，“辐射技术在环境中的应用”进入211重点学科。有4个专业方向：辐射技术在环境中的应用、辐射化学、辐射物理、核分析。

华中科技大学核工程与核技术系历史源自1958年原华中工学院所建的工程物理系。1962年该系暂停。2006年与中广核集团签订“订单+联合培养”协议。2010年核工程与核技术本科专业获得教育部批准，并被列为高考自主招生专业。现已培养广核班学生500余名、本科生90余名。在读本科生近100名，研究生20余名。现有师资10余人，包括青年千人计划学者及多位海外知名高校博士。建设有先进核能系统分析计算中心、热工水力综合实验室、核能—环境—化学交叉学科实验室，核电厂运行仿真教学实验室，湖北省电厂仿真实验教学中心等。“磁约束核聚变教育部研究中心”设在华中科技大学。该校其他涉核方向还有回旋加速器、聚变相关技术、核医学等。

中山大学中法核工程与技术学院（Institut Franco-chinois de l'Energie Nucléaire）是在中法双方政府的直接推动下，由中山大学与法国以格勒诺布尔国立综合理工学院为首的五所法国工程师学校合作组建。学院引入法国工程师培养的精英教育模式，结合法国在核能工程师培养上的先进经验、产业优势以及国内的优质教学资源，旨在培养国际一流的涉核相关产业的高级工程技术研发和管理人才。2010 年纳入全国普通高等学校招生计划，每届招收 100—120 名学生。

复旦大学核科学与核技术系前身为 1958 年成立的复旦大学原子能系。2009 年经教育部批准复旦大学设立核技术本科专业并开始招生，每年大约招收 30 名本科新生。自 1958 年以来累计培养的本科毕业生 2348 名，硕士 198 名，博士 77 名。现有师资 30 余人，包括院士 1 名，千人计划 1 人，系内教师均有两年以上海外科研工作经历。目前建设有教育部重点实验室“低温电子束离子阱（EBIT）装置”一台，串列加速器一台，有热工水力综合实验室、核电厂运行仿真教学实验室、反应堆物理计算实验中心等。

浙江大学原子核农业科学研究所始建于 1958 年的浙江农学院同位素实验室。致力于核农学研究，现有生物物理学和核技术及应用两个博士点。

武汉大学在动力与机械学院动力工程系设有核工程与核技术本科专业（2008 年增设），以及“订单+联合培养”广核班。另设有核能发电工程硕士学位。该校涉核学院还有物理科学与技术学院，设有粒子物理与原子核物理二级学科博士点、粒子物理与原子核物理硕士学位授权点。

厦门大学核能研究所隶属于 2014 年成立的能源学院。核能研究所开发的“核电实时信息网”已成为业内主流网站之一，正在兴建世界一流的“多离子束加速器与透射电子显微镜联机设施实验室”。拥有核工程与材料博士点、新能源科学与工程本科专业。

重庆大学核能工程系隶属于动力工程学院，拥有核科学与技术一级硕士学位授权点（重庆市一级重点学科）和核工程与核技术本科专业（2007 年开始招生），并设有中广核“订单+联合培养”联培班。

南京航空航天大学核科学与工程系创建于2003年，创始人为陈达院士。现有师资队伍22人，其中教授6人。现为工信部国防特色学科、江苏省重点序列学科。本学科以核技术与材料、医学、仪器、航天、环境等多学科交叉融合为发展特色，拥有1个江苏省重点实验室“江苏省核能装备材料工程实验室”，1个江苏省“核能技术与工程实践教育中心”。现有二级博士点“核技术与材料工程”和一级硕士点“核科学与技术”，2个本科专业“核工程与核技术”“辐射防护与核安全”；年招收本科生100余人、研究生40余人。

南华大学现有核科学技术学院、核资源工程学院、环境保护与安全工程学院等多个核类学院，是中国核类本科专业齐全、本科生培养规模大、核类人才培养层次较完整的高校。核科学技术学院始建于1959，现有核技术及应用博士点和核能科学与工程、核燃料循环与材料、核技术及应用、辐射防护及环境保护四个硕士学位授予点。现有教职工70余人，其中教授15人。核资源工程学院拥有教职工60余人，教授13人。设有矿物资源工程、矿物加工工程、资源勘查工程、城市地下空间工程4个本科专业。设有矿业工程一级学科博士授权点、硕士授权点和矿业工程领域工程硕士点。本科生1100多人，博士、硕士研究生100多人。环境保护与安全工程学院现有3个本科专业，1个专业方向（核安全工程），现有教师60余人，其中教授16人[①]。2007年设置了核电安全工程和铀矿冶安全工程两个专业方向，获批核安全工程本科专业方向[②]。

西南科技大学核科学与技术系下设核工程与核技术、辐射防护与核安全和核化工与核燃料工程三个专业。核工程与核技术、辐射防护与核安全两专业2006年开始招生，核化工与核燃料工程为2011年增设。三个专业已经培养本科毕业生1146名，研究生7名（2012年开始招生），在校本科生720余名，研究生40余名。现有师资40余名。建设有核技术应用实验室、核物理实验室、核电子学实验室、核电站仿真系统、核废物处理实验室、辐射探测实验室

① 刘迎云、刘泽华：《核特色环境工程专业建设的探索与实践》，《中国电力教育》2011年第8期，第27—28页。

② 刘迎云、蒋复量、王淑云：《核安全工程专业人才培养的探索与实践》，《黑龙江教育：高教研究与评估》2016年第4期，第70—71页。

等教学实验室。

东华理工大学2001年开设了核工程与核技术专业，2016年重新组建核科学与工程学院，设有核工程与核技术系、辐射防护与核安全系和核化工与核燃料工程系三个系，以及核燃料与核化工研究所、粒子与核技术研究所、辐射防护与工程研究中心三个科研机构。在核能科学与工程、核技术及应用、辐射防护与环境保护、核燃料循环与材料等四个二级学科方向招收培养研究生。

成都理工大学核技术与自动化工程学院成立于2001年，是在原成都理工学院核原料与核技术工程系、勘察与机电工程系、信息工程学院基础上组建而成。学院具有博士、硕士和学士三个办学层次。

三峡大学机械与动力学院2012年新增核工程与核技术本科专业。建设有核辐射探测实验室、核电站仿真实验室、核反应堆热工水力实验室等。拥有7人的专业教师队伍。

深圳大学核科学与技术系现有专职教师16名，其中教授5人，另有双聘院士1名，千人计划1人。目前主要研究方向为先进核能科学技术、核技术在医学及环境科学中的应用、辐射安全与监测、高纯锗材料与探测器制造以及核物理相关理论研究。下设有核技术应用联合研究所、国家能源核电运营安全技术联合实验室、核能安全技术研究所先进核能技术联合实验室等。拥有华南地区唯一的微型中子源反应堆，拥有核电站运行模拟机，安全级核电站回路控制系统等大型设备，以及高纯锗γ能谱仪等核分析实验设备。

香港城市大学核子与风险工程专业是特区政府因福岛事故带来的核安全挑战于2012年批准设立，是大中华区内提供以全英文授课核子工程本科课程的唯一一所大学。核专业在读本科生约100名，博士生约20名，研究范围包括核材料、核能热工水力、辐射与健康物理，以及可靠性与风险分析等。现有师资约10人，已建立较完备的教学及科研设施，包括低碳能源教育中心、全范围核能模拟机实验室、核反应堆三维虚拟现实展示中心、核材料实验室、多相流及多物理场实验室，核安全与储能实验室等①。

① "Bachelor of Engineering in Nuclear and Risk Engineering (BEngNRE)," http://www.cityu.edu.hk/mbe/prg-bengnre.htm.

限于篇幅，其他大学的核专业不一一介绍，可参看其官方网站。信息若有疏漏之处，请向作者指正。

（二）中国科学院

中国科学院（Chinese Academy of Sciences）是中国自然科学最高学术机构，拥有10多个分院、100多家科研院所、2所直属高校（中国科学院大学、中国科学技术大学）、1所共建高校（上海科技大学）。这些研究院所是我国研究生教育体系的重要组成部分，有下列院所与核科技紧密相关。

1. 中国科学院高能物理研究所

中国科学院高能物理研究所前身是中国科学院近代物理研究所，建于1973年。主要从事高能物理研究、先进加速器物理与技术研究及开发利用、先进射线技术与应用等方面的研究。高能物理研究所建有北京正负电子对撞机国家实验室，核探测与核电子学国家重点实验室，下设核技术应用研究中心。高能所是国内最早设立硕士博士点及博士后流动站的单位之一，有物理学、化学、核科学与技术三个一级学科培养点；有核技术及应用博士点；有核能与核技术工程全日制工程硕士培养点，有核科学与技术2个博士后科研流动站①。

2. 中国科学院合肥物质科学研究院

中国科学院合肥物质科学研究院于2001年成立。下属10个研究所，其中有两所与核科技相关。2014年起，该院研究生拥有中国科学技术大学学籍。

（1）中国科学院等离子体物理研究所

中国科学院等离子体物理研究所成立于1978年，主要从事高温等离子体物理、磁约束核聚变工程技术及相关高技术研究和开发。主要的研究方向包括：高温等离子体物理与核聚变工程、离子束生物工程学、等子体物理应用等。设有4个博士点，11个硕士点和一个博士后流动站。博士点包括离子体物理和核能科学与工程2个特色专业，硕士点包括等离子体物理、核能科学与工程、电工理论与新技术、低温与制冷工程、核技术及应用5个特色专业②。

---

① 中科院高能物理研究所，http：//www. ihep. cas. cn/ 。

② 中国科学院等离子体物理研究所，http：//www. ipp. cas. cn/jgsz/。

（2）中国科学院核能安全技术研究所

中国科学院核能安全技术研究所成立于2011年。已建成“中科院中子输运理论与辐射安全重点实验室”“聚变核安全（联合）研究中心”“安徽省核应急专业技术支持中心”“放疗工程技术研究中心”。下设研究生培养点，主体是多学科交叉先进核能研究（FDS）团队，从事中子物理与临界安全、核材料与设备安全、核热工与事故、辐射防护与环境影响、核系统运行与控制安全、核能化学安全等10余个方向的研究。全所所现有成员500余人，包括国家“973”计划首席专家2人、千人计划6人。已培养研究生250余人，在读研究生100余人①。

3. 中国科学院上海应用物理研究所

中国科学院上海应用物理研究所（原上海原子核研究所）成立于1959年，主要开展加速器科学与技术、先进光子科学、核物理与民用非动力核技术等学科领域的研究工作。目前正在大力推进第四代核电技术——钍基熔盐堆（TMSR）研究。上海应用物理研究所建有“中国科学院核分析技术重点实验室”。拥有“核物理研究室”“中国科学院核辐射与核能技术重点实验室”等科研平台。应用物理研究所设有“粒子物理与原子核物理”“核技术及应用”硕士点；“粒子物理与原子核物理”“核技术及应用”博士点；“核科学与技术及应用”博士后流动站②。

4. 中国科学院近代物理研究所

中国科学院近代物理研究所创建于1957年，主要从事重离子物理基础和重离子束应用研究、发展先进粒子加速器及核技术。目前，近代物理研究所承担着中国科学院战略性先导科技专项“未来先进核裂变能——ADS嬗变系统”任务。兰州重离子加速器国家实验室于1991年成立。近代物理研究所是世界上有较高知名度的中、高能重离子物理研究中心之一，每年培养博士和硕士研究生近百人③。

---

① 中科院核能安全技术研究所，http：//www. inest. cas. cn/。

② 中科院上海应用物理研究所，http：//www. sinap. cas. cn/。

③ 中国科学院近代物理研究所，http：//www. impcas. ac. cn/。

（三）企业集团

我国的主要核电企业下均设有相关研究院、设计所，其中很多院所设有硕、博士学位授予点，依托优良的设备条件，对核教育和人才培养体系提供良好支撑①。一些没有研究生学位授予点的院所也和高校合作，进行研究生合作培养。部分企业设立了培训部门，例如国家核电技术公司开办的国核大学，中广核集团开设的中广核大学等。

1. 中国核工业集团公司

（1）中国原子能科学研究院（401 院）

中国原子能科学研究院创建于 1950 年，为我国核科学技术的发祥地和国防核科研、核能开发研究和核基础科研的创新基地。下设有 6 个研究所：核物理研究所、反应堆工程研究设计所、放射化学研究所、同位素研究所、核技术应用研究所 、辐射安全研究所。设有中国实验快堆工程部、中国先进研究堆工程部、放化后处理实验设施工程部等多个工程技术和研究部。另外，中国核数据中心、中国快堆研究中心、北京串列加速器核物理国家实验室、核工业核保障技术重点实验室、国防科学技术工业委员会放射性计量一级站、国家同位素工程技术研究中心、核工业研究生部等设在这里。该院出版《原子能科学技术》期刊②。

（2）中国核动力研究设计院（一院）

中国核动力研究设计院建院于 1965 年，是集核反应堆工程研究、设计、试验、运行和小批量生产为一体的大型综合性科研基地。全院建立有 90 多个实验室，其中 3 个国家级重点实验室，2 个国家级能源研发（实验）中心。专业和学科涉及核动力工程总体，核安全，核物理，堆热工水力，堆屏蔽，反应堆结构，核燃料元件，核动力装置与系统，核材料，核反应堆运行，核辐射防护与环境评价，放射性同位素与应用，辐射加工和辐射工艺等。该院为“核科学与技术”一级学科博士学位授权点和博士后科研流动站，下设核能科学与

① 张志俭：《大陆核电工程人才培养》，会议论文，2013 年。

② 中国原子能科学研究院，http：//www. ciae. ac. cn/index. jsp。

工程、核燃料循环与材料、核技术及应用、辐射防护及环境保护 4 个二级学科。为《核动力工程》期刊出版单位①。

（3）核工业第二研究设计院（核二院）

核工业第二研究设计院成立于 1958 年，现有各类工程技术人员 1300 多名，其中有中科院院士、研究员级高级工程师 130 名。招收培养核能科学与工程硕士研究生。2007 年，该院连同核四院、核五院的相关部门划归中国核电工程有限公司（CNPE）②。

（4）核工业理化工程研究院（核三院）

核工业理化工程研究院已发展成为多学科的综合性研究院。设有基础理论、同位素分离、超净过滤、激光物理、理化分析等研究所。1985 年被国家批准为工学硕士学位授予点。学位授予专业为核燃料循环与材料。2008 年设立了博士后科研工作站③。

（5）中国辐射防护研究院（核七院）

中国辐射防护研究院建院于 1962 年，是专门从事辐射防护研究与应用的综合科研机构，主要从事辐射防护、核应急与核安全、放射性三废治理与核设施退役、辐照技术等方向的研究。下设 6 个研究所：保健物理研究所、核应急与核安全研究所、放射医学与环境医学研究所、核环境科学研究所、三废治理研究所、环境工程技术研究所。并且设有辐射防护及环境保护、放射医学等硕士学位授予点④。

（6）核工业西南物理研究院

核工业西南物理研究院建院于 1965 年，主要的科研方向是磁约束受控核聚变。研究院下设聚变科学所，应用技术所等 5 个研究所。分别于 1978 年和 1986 年设置硕士研究生和博士研究生学位授予点，招收核技术及应用专业的研究生，招收核能科学与工程、核技术及应用专业的博士生。1999 年建立

---

① 中国核动力研究设计院，http：//www.npic.ac.cn/。

② 中国核电工程有限公司发展历程，www.cnpe.cc/szzh/tabid/601/Default.aspx。

③ 核工业理化工程研究院，http：//www.tjhh.cn/。

④ 中国辐射防护研究院，http：//www.cirp.org.cn/。

“核科学与技术”博士后流动站①。

（7）核工业北京地质研究院

核工业北京地质研究院创建于1959年，从事铀矿地质研究与矿产资源预测、核废料地质处置研究与环境影响评价等方面的研究。下设7个研究所。1982年开始招收硕士研究生，1987年招收博士研究生，2002年设立博士后工作站②。

2. 中国广核集团有限公司

（1）中广核研究院

中广核研究院有限公司主要从事反应堆工程与核燃料、工程改造、仿真技术业务板块、先进核能技术板块、反应堆工程实验板块、核电站设备与专用工具研发及产业化这6个领域的研究。现有多个研究平台：核级设备研发中心、核燃料研发（实验）中心、海洋核动力平台技术研发中心、深圳市核电安全与仿真工程技术中心、深圳市反应堆工程综合热工水力与安全重点实验室。该院为广东省博士后创新实践基地③。

（2）苏州热工研究院

苏州热工研究院于2003年成立，前身是水利电力部苏州核电科学研究所。设有寿命管理技术中心、核安全技术中心、环境保护与辐射安全中心等。拥有国家能源核电站寿命评价与管理技术研发（实验）中心、国家核电厂安全及可靠性工程技术研究中心、江苏省企业院士工作站等技术研发平台和博士后科研工作站人才培养平台④。

3. 国家电力投资集团公司

（1）国电投中央研究院

国电投中央研究院由国核科学技术研究院、中电投科学技术研究院、中电投核电技术中心为主体整合组建成立，定位为国家电投集团重要的科技创新平台、战略支持机构和高层次人才的聚集基地，目标是要发展成为国际能源领域

---

① 核工业西南物理研究院，http：//www. swip. ac. cn/index. asp。

② 核工业北京地质研究院，http：//www. briug. cn/。

③ 中广核研究院有限公司，http：//www. cnpri. com. cn/n945/n946/index. html。

④ 苏州热工研究院有限公司，http：//www. snpi. ac. cn/。

的知名科研机构、先进能源技术的引领者、集团决策的高级智库和新兴产业孵化器，为建设创新型、国际化能源企业集团提供科研支撑①。

（2）上海核工程研究设计院（728院）

上海核工程研究设计院始建于1970年，现负责国家三代核电技术依托项目的引进、消化、吸收，并自主创新形成中国核电技术品牌。1998年，国务院学位委员会批准设计院与上海交通大学共建“核能科学与工程”博士点，2010年获准增列硕士学位授权一级学科“核科学与技术”，下设五个研究方向：堆芯设计及安全评价；反应堆结构工艺设计及设备材料；反应堆动力系统及力学分析；反应堆控制、仪表及计算机应用；核电厂安全壳、土建及共用设施②。

4. 中国工程物理研究院

中国工程物理研究院创建于1958年，主体坐落于四川省绵阳市。中国工程物理研究院拥有12个研究所，已形成专业门类齐全、先进设备与技术保障能力相配套的科研生产基地。该院设有研究生部，有9个博士学位授予权专业和21个硕士学位授予权专业；有原子能科学与技术博士后流动站，涉及等离子体物理、理论物理、粒子物理与原子核物理、凝聚态物理、核技术及应用、核燃料循环与材料等学科专业③。

其他核相关企业集团不一一列举。

（四）核教育合作办学

1. 校企定向、联合培养

为解决人才缺乏的问题，相关企业和高校开展了核科技人才的合作培养。中国核工业集团与清华大学合作，制订了联合培养定向生计划，连续多年为中国核工业集团定向培养毕业生近千人。中国工程物理研究院从2000年起，陆

① 国家电投中央研究院介绍，2016，http://www.snptc.com.cn/xwzx/hdyw/201706/t20170609_17589.html。

② 上海核工程研究设计院研究生部，http://career.snerdi.com.cn/article-yanjiushengpeiyang-l-24.html。

③ 中国工程物理研究院，http://www.caep.ac.cn/zjzwy/index.shtml。

续在清华大学、北京大学等高校进行本科生定向培养。中广核集团也先后与多家高校签订了“订单+联合培养”人才合作培养协议。兰州大学先后专门为核工业四〇四厂等培养了3届放射化学专业学生①。

2. 中外合作办学

开展中外合作办学是充分利用核科技先进国家的教育与师资资源的有效途径之一。目前，中国教育部予以资格认定的在核专业方向开展中外合作办学的两个项目为：

（1）中山大学中法核工程与技术学院（Sino-French Institute of Nuclear Engineering & Technology，Sun Yat-sen University）

中山大学中法核工程与技术学院由中山大学与法国以格勒诺布尔国立综合理工学院（Grenoble INP）为首的五所法国工程师学校合作组建。学制六年，包含三年的精英学校预科阶段和三年的工程师教育阶段。第四年结束时，可获得中山大学本科毕业证书、工学学士学位证书。通过考核可获得免试攻读硕士资格。第六年结束，可获中山大学硕士毕业证书、学位证书及法方承认的“中法核工程与技术学院核能工程师证书”②。

（2）华北电力大学与法国格勒诺布尔国立综合理工学院（本科）

华北电力大学与法国格勒诺布尔国立理工学院合作举办核工程与核技术专业本科教育项目。学生在华北电力大学学习三年，第四年赴法国格勒诺布尔理工大学继续攻读学士学位。四年学习结束后，将获得华北电力大学授予的普通高等学校本科毕业证书、学士学位证书，同时还将获得法国格勒诺布尔理工大学的学士学位③。

---

① 吴王锁：《加强人才培养措施，迎接核化学与放射化学的第二个春天》，《核化学与放射化学》2009年第31期z1号，第94—105页。

② 中山大学中法核工程与技术学院，http：//www. crs. jsj. edu. cn/index. php/default/approval/detail/565 。

③ 华北电力大学与法国格勒诺布尔国立理工学院合作举办核工程与核技术专业本科教育项目，http：//www. crs. jsj. edu. cn/index. php/default/approval/detail/557。

五、核教育竞争力分析

（一）大学核专业学科排名

对于大学的核科技专业，由于其内涵的复杂性（包含核工程、核物理、放射学、核医学等），国际上并未有一个明确的总体排名。核工程是工程学科的一个分支，而国际上工程学科一般作为一个整体来进行衡量。泰晤士报世界大学排名（World University Rankings）未给出详细的工科排名；QS（Quacquarelli Symonds）世界大学排名（QS University Rankings）与上海软科世界大学学术排名（Academic Ranking of World Universities）的专业排名未包含核专业；美国新闻与世界报道（U. S. News & World Report）大学排名给出了美国范围内的核工程研究生教育排名，如表4所示；IndiaEducation 列出了印度核工程专业的大学排名，三所印度理工学院（IIT）分校榜上有名，如表5所示。来源于沙特阿拉伯的世界大学排名中心（Center for World University Rankings），针对"核科学与技术"发布的全球大学排名如表6所示。由于该排名采用单一"科学引文索引"（SCI）指标，未受广泛认可，在此列出仅作参照。目前来看，对于全球范围内的大学核学科的相对水平和竞争力，还不易给出准确评价。

表4 美国研究生教育学科排名——核工程（2017）

排名	大学	得分
1	University of Michigan—Ann Arbor	4.7
2	Massachusetts Institute of Technology	4.6
3	University of Wisconsin—Madison	4.1
4	Texas A&M University—College Station	3.9
5 Tie	North Carolina State University	3.8
5 Tie	University of California—Berkeley	3.8
7	University of Tennessee—Knoxville (Tickle)	3.7

续表

排名	大学	得分
8	Pennsylvania State University—University Park	3.5
9 Tie	Georgia Institute of Technology	3.4
9 Tie	University of Illinois—Urbana-Champaign	3.4

资料来源：U. S. News & World Report（7）。

表 5 印度大学学科排名——核工程（2017）

排名	大学/学院
1	Pandit Deendayal Petroleum University
2	Indian Institutes of Technology Bombay
3	Indian Institutes of Technology Kanpur
4	Bhabha Atomic Research Centre Mumbai
5	Homi Bhabha National Institute Mumbai
6	GH Raisoni College of Engineering Nagpur
7	School of Nuclear Energy Gandhinagar
8	Amity Institute of Nuclear Science and Technology Noida
9	Indian Institutes of Technology Madras
10	Sastra University

资料来源：IndiaEducation. net①。

表 6 全球大学学科排名——核科学与技术（2017）

排名	大学	得分
1	University of Chicago 芝加哥大学	100.00
2	Kyoto University 京都大学	99.41
3	Tohoku University 东北大学	96.41

① "Nuclear Engineering in India," http://www.indiaeducation.net/careercenter/engineering/nuclearengineering/.

续表

排名	大学	得分
4	University of California, Berkeley 加州大学伯克利分校	95.52
5	University of Tokyo 东京大学	95.42
6	Karlsruhe Institute of Technology 卡尔斯鲁厄理工学院	94.48
7	Osaka University 大阪大学	92.02
8	University of Paris-Sud 南巴黎大学	90.70
9Tie	University of Lisbon 里斯本大学	88.27
9Tie	University of Michigan 密歇根大学	88.27

资料来源：Center for World University Rankings①。

（二）核教育国家竞争力排名

“世界经济论坛”近日发布了对全球137个国家和地区竞争力排名，瑞士、美国和新加坡分列第一、二、三位，中国大陆排名第27位②。其中在“高等教育与培训”指标上，中国排名第47位，这表明，相对整体经济竞争力指标，我国高等教育整体上尚未跟上步伐。目前，中国的核能规模列全球前四，发展速度为全球第一，需要高质量、可持续的核教育培训体系来支撑。

对于一个国家的核科技教育和人才培养整体竞争力，其评价指标可大致分为：高等教育核学科的数量、研究型反应堆与大型实验装置的数目、教师以及学生人数、外国留学生数量、研究资金总量、高水平科技论文数、知名核科技企业中毕业生人数等。综合相关指标分析，列出核科学与技术教育的国家竞争

① “World University Rankings-NUCLEAR SCIENCE & TECHNOLOGY,” http://cwur.org/2017/subjects.php#Nuclear Science & Technology.

② Klaus Schwab and Xavier Sala-i-Martín, “*The Global Competitiveness Report* 2017 - 2018,” World Economic Forum, 2017.

力排名如表 7 所示。目前可以大致认为，国家核教育竞争力与其核能规模相当。

表 7　核科学与技术教育国家竞争力排名

排名	国　家
1	美国
2	法国
3	日本
4	中国
5	英国
6	俄罗斯
7	加拿大
8	德国
9	韩国
10	印度

（三）我国核教育发展的问题与措施

从数量和规模上看，我国已经是核教育大国，大学核学科的数量已跃居全球首位。但在国际舞台上，核专业人才培养的竞争力与美国、法国等核能发达国家相比还存在一些差距，这主要体现在以下几点：

（1）核教育资源较为分散，这种分散可能导致教育内容与模式同质化及重复性投入。缺乏像美国大型国家实验室以及法国国立核科学技术学院（Institut National des Sciences et Techniques Nucléaires，INSTN）等类似的核科技教育中心，全国性的核教育网络还未建立，复合型人才如核能+经济，核能+法律，核能+管理等人才的培养尚有不足。

（2）一些大学的新兴核学科尚缺乏足够的师资力量和实验设施以达到符合专业要求的人才培养质量。例如，对于可供教学和研究使用的研究型反应堆，北美现有92座，其中很多分布在大学里。我国当前仅有12座研究堆，仅有清华大学核研院以及深圳大学两所高校拥有研究堆①。另外，拥有可供学生进行实验、研究的大型实验台架和装置的高校也为数不多。作为一种权宜，一些新兴核学科的部分师资来源于邻近学科而非核学科本身②。

（3）核科技顶尖领军人才老龄化，核心师资年龄结构存在断层。核科技研究和教育偏应用，基础理论研究和创新不足，部分核基础科研人员流失，核科技方面的研究成果转化与流动不够充分。

（4）大学与企业、专业组织在教育和人才培养方面的合作深度和广度有待加强。大型的核设施如核电厂应对大学师生提供更多的参观与实习机会，研究院所也可与高校合作，进一步开放其大型装置和实验设施供研究和学习使用。政府和专业组织在统筹教育资源、支持人才培养上应发挥能动性③。例如，美国核学会（ANS）在各大高校设有学生分会，积极指引学生在核领域的职业发展。

（5）对于高校开设核学科还没有一个资质审核或准入标准来保障人才培养质量④。针对这个问题，相关部门或组织正在进行一些工作。例如，教育部核工程类专业教学指导委员会定期组织交流教学交流、培养方案讨论、专业认证及教师培训等。国务院学位委员会核学科评议组在重新审定核科学与技术学位授权点申请条件⑤。中国核工业教育学会也在组织探讨如何完善核科技人才培养体系。中国核能行业协会开始开办“核能行业质量保证监查员培训班”

① 钟洁、陈伟、杨军、王道华、陈达：《研究性核反应堆的现状、应用和发展》，《物理》2001年第30卷第11期，第693—698页。

② 袁显宝、周建军、毛璋亮、毛利胜、赵春华、杨先卫：《三峡大学核工程与核技术专业建设探索》，《科教文汇（下旬刊）》2015年第11期，第53—54页。

③ 唐莲莲：《核工程与核技术专业人才培养机制研究》，华中科技大学硕士论文，2007年。

④ 刘兴：《中国核教育现象观察——“洗牌”与“转型”》，《中国核工业》2012年第7期，第10—13页。

⑤ 国务院学位委员会核学科评议组：《核科学与技术学位授权点申请基本条件（征求意见稿）》，2016年。

等。另外，高校本身也在做出努力，例如中国科学技术大学等在加强核专业学生的综合素质培养方面做了一些尝试[①]。

（6）人才培养的国际化程度尚待提高。大学核学科的国际认可度尚待提高，尚未大范围接受外国留学生。据工程技术认证委员会（Accreditation Board for Engineering and Technology，ABET）数据表明，被其认可的核专业（Nuclear and Radiological Engineering）全球共有25所，其中22所位于美国[②]。另外三所是约旦科学技术大学（Jordan University of Science and Technology）、阿卜杜勒阿齐兹国王大学（King Abdulaziz University）[③]、沙迦大学（University of Sharjah）。由于ABET影响范围主要在美国，因此此数据并不反映全球大学核学科的相对水平。目前中国已加入国际工程教育认证协议（华盛顿协议），在中国核学会、核工程类专业教指委等组织指导下，哈尔滨工程大学、重庆大学等已启动了对核工程教育的国际认证工作，这是我国核工程教育迈向国际化的一个新阶段。2017年，清华大学联合中国核工业集团、国家电力投资集团和中国广核集团启动了“核电工程与管理国际人才培养”专业硕士学位项目，每年向海外招收30名硕士留学生，旨在培养一批了解核电行业发展方向、具备优秀的工程素养和专业特长、认同我国核电技术与能力的国际化复合型领军人才和工程技术骨干人才[④]。这是我国核科技教育国际化的一个重要突破。

以上这些问题的解决有赖于政府部门、专业组织、高等院校和企业集团的协同努力。

最后，广义的核教育应该还包括面向公众的核科学知识和安全文化普及，对应于OECD报告中所提提出的核专业、核训练、核认知三层次的体系。核科普和宣传对于核工业的发展是非常重要的，这应该是核相关部门、组织以及广大核科技从业者的共同责任。

① 曾皓：《核能工程人才培养须重综合素质》，《中国科学报》2013年9月13日。

② “ABET accredited Program，” 2017，http：//main. abet. org/aps/accreditedprogramsearch. aspx.

③ “Department of Nuclear Engineering，King Abdulaziz University，” http：//ne. kau. edu. sa/Default. aspx? Site_ ID = 135008&lng = EN.

④ 王学武：《适应核电走出去战略的国际人才培养探索与实践》，中国核工业教育学会核能可持续发展战略与人才培养研讨会论文，衡阳，2017年。

六、结语

20世纪，伴随着国际形势变化以及世界核工业发展放缓，全球的核科技教育经历了一段低谷。面对新世纪以来的核能复兴与创新技术的快速发展，加速培养高质量的核科技人才成为了许多国家面临的共同问题。各国政府和相应组织采取了各种措施，加强了核教育培训体系的建设，强化了核科技教育方面的国际交流与资源共享，促进年青一代进入核科技领域学习，弥补人才断层。在今后的世界科技竞争中，人才竞争起着核心作用。当前，我国核能的发展速度居全球首位，核科技教育的规模也已在世界上处于领先地位，但从核教育培训体系的完整性和竞争力来看，尚未处于国际领先水平，整体竞争力预估居美、法、日之后，位列第四位。我们应当继续学习和吸收国际上优秀的核科技教育和人才培养方法与思路，利用国家统筹推进建设世界一流大学、一流学科的契机，注重培养适合中国国情、有中国特色的高质量专业人才，逐步建设核科技教育强国，为实现核事业的可持续发展提供可靠保障。

B 10

世界和中国核电发展态势分析

——基于文献计量及专利分析视角

余翔* 阳维**

摘 要：

核电是一项具有良好应用前景的清洁能源技术，发展核电成为当今世界各国控制温室气体排放、解决能源危机的重要举措之一。为探寻核电产业全球研发竞争态势以及我国在核电领域面临的机会与挑战，本文首先运用文献计量法对 Web of Science（WOS）数据库中核电领域论文进行分析，从年度分布、研究深度与广度、高被引论文和高频主题词等维度展开。其次，从专利计量层面对全球核电专利发展态势、专利申请人、专利聚类演变等进行研究，并重点剖析了中国核电专利的发展现状。最后，综合文献计量与专利分析结论以及中国核电发展的现实需求，提出我国核电未来发展的可行性建议。

关键词：

核电产业 研发态势 文献计量 专利分析

---

* 余翔（1965— ），男，华中科技大学管理学院中德知识产权研究所所长、教授、博士生导师，研究方向为知识产权管理与技术创新。

** 阳维（1991— ），男，华中科技大学管理学院中德知识产权研究所博士研究生，研究方向为知识产权管理与技术创新。

1. 引言

从1911年英国物理学家卢瑟福通过α粒子散射实验揭示原子核构造，到1939年迈特纳等科学家验证原子核分裂会释放能量，核能作为一种新的可利用能源登上历史舞台。核能是能量密度极高的能源，同等质量燃料下，U-235释放的能量约相当于石墨的255万倍，石油的182万倍，氢的57万倍[①]。尽管在利用之初，核能以武器形式出现，但世界上众多科学家一直在致力于核能的和平利用。1954年，苏联在奥布宁斯克成功建造世界上第一座核电站，由此拉开了核能发电的序幕。在各种能源利用中，太阳能和风力发电的分散化使得它们短期内无法提升更多装机容量，水电资源大部分已得到开发且由于干湿季变化导致的不稳定性[②]，以及具有法律约束力的《巴黎协定》正式生效给各国带来的巨大CO_2减排压力，核电成为当前各国能够规模化、稳定提供能源并有效实现CO_2和污染物减排的清洁能源[③]。经过六十多年发展，核电已成为与火电、水电并称的世界三大电力供应支柱之一。

2011年，根据“国际核电站事故分级标准”（International Nuclear Event Scale，简称INES）定为7级的日本福岛重大核电站事故发生后，世界各国核电政策分化明显。日本大量机组停运后又艰难选择放弃“零核”方针，德国、意大利在弃核路上渐行渐远，美国、俄罗斯态度积极，中国则在核电道路上谨慎前进[④]。世界各国核电装机容量亦步亦趋。据国际原子能机构（International Atomic Energy Agency，简称IAEA）发布的《2017年核电国际现状与前景》报告显示，在高值预测情景中，全球核电装机容量将从2016年年底的392GWe

---

① 周明胜、田民波、俞冀阳：《核能利用与核材料》，清华大学出版社2016年版，第26页。

② Dong Q., Futawatari T., “A Review of the Progress in China's Renewable Energy Generation, and Its Links with Energy Conservation, Environmental Degradation and Economic Growth,” *Fresenius Environmental Bulletin*, No. 24, 2015, pp. 405-411.

③ 叶奇蓁：《我国核电及核能产业发展前景》，《南方能源建设》2015年第4期，第18—21页。

④ Furlan C., Guidolin M., Phillips F., “Has the Fukushima Accident Influenced Short-Term Consumption in the Evolution of Nuclear Energy? An Analysis of the World and Seven Leading Countries,” *Technological Forecasting & Social Change*, No. 107, 2016, pp. 37-49.

增加至2030年的554GWe、2040年的717GWe和2050年的874GWe。到2050年，核发电量在全球总发电量所占份额将从当前的约11%上升至13.7%。基于能源结构转型的需求，重启核电成为我国的重要议题。参照2014年国务院办公厅印发的《能源发展战略行动计划（2014—2020年）》，到2020年，我国核电装机容量达到5800万kW，在建容量达到3000万kW以上。在"十三五"规划中，我国将以每年6—8座的速度新建核电站。据券商报告预计，未来6年核电市场累计投入将高达4800亿元以上。中国仍然是全球最大的核电市场。国际核电市场亦大有挖掘机遇，至2025年全球新开工建设核电装机容量有望超过6000万kW。随着我国"一带一路"战略的实施，国家领导人在出访期间多次向海外推销核电技术，核电产业成为继高铁后我国"走出去"的又一张名片。

鉴于国内外核电市场的巨大需求，为谋求更有利的竞争优势，专利诉讼日益成为核电企业开展市场竞争的重要手段。2017年4月25日，二重集团（德阳）重型装备股份有限公司（下称二重公司）认为烟台台海玛努尔核电设备有限公司（下称台海公司）侵犯了其三代核电主管道专利技术，向山东省高级人民法院提起3件专利（专利号分别为ZL200810300744. X、ZL200810300739. 9、ZL200820300451. 7）诉讼，请求法院判令台海公司停止侵权行为，销毁制造涉嫌侵权产品的模具，并赔偿经济损失1亿元。6月20日，二重公司又就1项专利（专利号：ZL200810300744. X）将台海公司诉至成都市中级人民法院，请求法院判令台海公司停止侵权行为，赔偿经济损失5000万元①。核电亿元专利案成为中国核电产业竞争趋于白热化的缩影和开端，而美国、法国、日本、韩国等老牌核电强国在世界与中国的核电专利布局将对中国核电"稳自身"和"走出去"战略的实施带来巨大挑战②。

在核电专利研究方面，张玉蓉等基于我国核反应堆专利布局情况，分析了我国核电企业专利申请现状以及相关影响因素，认为可通过专利许可战略、外

---

① 蒋朔、车兴明：《核电"引爆"亿元专利战》，中国知识产权资讯网，2017年7月4日，http：//www. cipnews. com. cn/cipnews/news_ content. aspx？ newsId = 101055。

② 李臻洋、王洁、程旭辉：《核电企业海外专利布局研究》，《能源研究与信息》2015年第4期，第205—209页。

围专利战略、联合专利战略和行业专利战略推进我国核电企业专利战略的实施[①]。张晓东对核反应堆技术国内外专利申请和重点申请人进行了检索和统计，并重点分析了熔盐堆专利布局情况[②]。娄岩等从宏观和微观两个层面对核电专利进行了剖析，认为我国应该提升核电专利的审批质量、加强机构和国家间的合作交流，并针对当前热点和未来发展趋势制定技术发展策略[③]。蒋佳妮等从核电技术对外专利申请和布局方面进行了对比分析，总结了中国核电专利的国际竞争力现状及差距[④]。为识别我国核电企业在中国和世界核电市场面临的风险和挑战，进一步明晰我国在核电领域中的竞争地位，本文基于科学引文索引（Science Citation Index，SCI）论文和专利信息对全球核电领域研究产出和应用研究产出的发展态势进行研究，以期为我国核电技术研发和产业发展决策提供支持。

2. 研究方法和数据获取

2.1 研究方法

科技文献是科学研究成果的主要表现形式之一，是反映产业科学基础和知识积累最重要的资源，而文献的数量和质量可以直接或间接反映相关科学技术以及事物的现状与前景。利用文献计量法可以对一个国家、机构的科研水平、实力及影响力做出科学评价[⑤]。专利是研究技术发展与产业化状况最丰富的资源，专利信息中蕴含丰富的技术、经济和法律信息，能准确反映出竞争对手的

① 张玉蓉、余翔：《我国核电行业专利战略研究》，《电子知识产权》2006年第12期，第22—27页。

② 张晓东：《核反应堆领域专利申请状况分析》，《中国发明与专利》2015年第8期，第40—46页。

③ 娄岩、杨培培、黄鲁成、苗红：《基于专利的核电技术中外对比研究》，《情报杂志》2016年第6期，第102—108页。

④ 蒋佳妮、王灿、翟欢欢：《中国核电技术专利国际竞争力研究》，《中国科技论坛》2017年第6期，第92—100页。

⑤ 夏芸、杜静玲、艾丽娟、白英、乔东玲：《中国原子能科学研究院SCI收录统计评价研究》，《网络期刊》2012年第11期，第46—52页。

技术和市场发展动态，揭示科技创新和市场发展的机会和风险①。据统计，90%—95%的发明创造会首先出现在专利文献中，80%可得技术信息都出现在专利出版物中。在企业创新活动中，充分利用专利文献信息资源，可节约60%的开发经费和40%的开发时间②。柳卸林等指出，基础研究和应用开发是中国产业核心技术突破性创新的关键③。随着科学技术的迅猛发展，以科技文献、专利数据为基础的文献计量法和专利分析法已成为分析产业技术研发和商业竞争态势的有力工具④。

为分析核电领域基础研发与产业竞争态势，本文首先以核电领域科学引文索引（SCI）科技文献为数据来源，通过文献计量法分析全球核电领域文献总

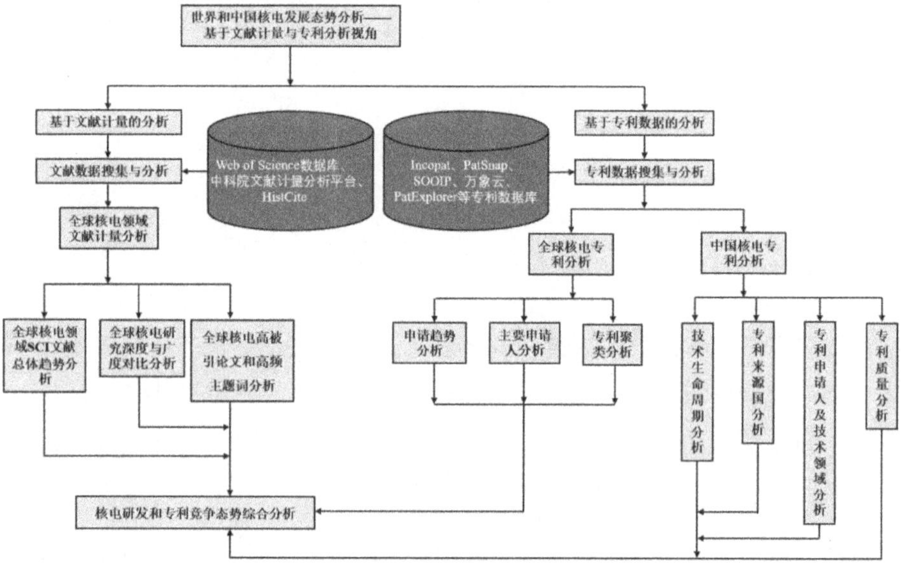

图1　本文主要研究框架

① Godin B.，"Research and the Practice of Publication in Industries，" *Research Policy*，No. 4，1996，pp. 587-606.

② Cantwell J.，Janne O.，"Technological Globalisation and Innovative Centres：The Role of Corporate Technological Leadership and Locational Hierarchy，" *Research Policy*，No. 23，1999，pp. 119-144.

③ 柳卸林、何郁冰：《基础研究是中国产业核心技术创新的源泉》，《中国软科学》2011年第4期，第104—117页。

④ Daim T. U. et al.，"Forecasting emerging technologies：Use of bibliometrics and patent analysis，" *Technological Forecasting & Social Change*，No. 8，2006，pp. 981-1012.

体趋势、全球核电研究深度与广度对比、高被引论文和高频词；其次，从专利计量层面分析全球核电专利发展态势、专利申请人、专利聚类演变，并从技术生命周期、专利来源国、主要专利权人及其布局、专利质量等方面重点剖析了我国核电专利的发展现状。最后，在文献计量和专利分析结果的基础上，对我国核电研发和竞争态势进行综合分析，从而提出我国核电未来发展的可行性建议。本文主要研究框架如上页图 1 所示。

2.2 数据获取

本文文献检索范围为 ISI Web of Science 核心合集中的科学引文索引扩展（SCI Expanded，SCI-E）数据库，该数据库为科学引文索引扩展版，主要收录自然科学、工程技术领域最具影响力的期刊 6000 多种（包括 2000 多种外围期刊），覆盖 150 多个学科领域。为尽可能全面检索核电领域的科技文献，参考相关研究中的核电检索词①②，以 TS =（“nuclear reactor *” OR “nuclear power” OR “nuclear energ *” OR “nuclear electric *” OR “nuclear plant *” OR “nuclear fission” OR “atomic energy” OR “energy of nucleus”）为检索式进行检索，检索年限为 1997—2017 年，文献类型选择研究论文（article）、综述论文（review）、会议论文（proceedings paper），检索时间为 2017 年 9 月 12 日，共获得符合检索条件的原始记录文献 23692 篇。将检索得到的文献著录信息以全记录信息导出，采用中国科学院文献计量在线分析平台和 HistCite 两种数据分析工具进行文献信息挖掘和分析。

为了对国内外核电技术专利研究动态和发展进行分析，本文采用世界知识产权组织（World Intellectual Property Organization，WIPO）于 2010 年 9 月推出的“IPC 绿色清单”（IPC Green Inventory）中对核能发电的划分。该绿色清单是 WIPO 为针对减缓气候变化的“绿色技术”而推出的专利分类体系，以供检索和研究联合国气候变化框架公约（United Nations Framework Convention on

① 娄岩、杨培培、黄鲁成、苗红：《基于专利的核电技术中外对比研究》，《情报杂志》2016 年第 6 期，第 102—108 页。

② 毛荐其、李新秀、陈雷：《纳米能源领域技术发明能力比较研究》，《科研管理》2017 年第 3 期，第 104—113 页。

Climate Change，UNFCCC）中列出的无害环境技术（Environmentally Sound Technologies，ESTs）专利①。绿色清单将 ESTs 专利划分为 7 大类与 179 个子类，核能发电作为其中的一个大类单独提出，对应的国际专利分类号（International Patent Classification，IPC）为 G21，其中核裂变反应堆、核电厂对应的细分 IPC 号分别为 G21C 和 G21D。本文采用 IncoPat、PatSnap 等多种国内外知名商业专利数据库进行检索分析，构建检索式 IPC =（G21C OR G21D），全球核电专利检索时间跨度为 1950—2017 年，中国核电专利检索时间跨度为 1985—2017 年，检索日期为 2017 年 9 月 14 日，分别获得 158759 件全球核电专利以及 6284 件中国核电专利。

3. 核电领域文献计量与专利分析

3.1 全球核电领域文献计量分析

3.1.1 总体趋势分析

图 2 和图 3 分别反映了全球核电领域 SCI 发表论文的年代分布以及前 10 国国别分布。总体来看，1997 年到 2017 年，核电研究论文呈稳定增长态势。根据图 2 核电领域论文发表量趋势，可将其分为两个主要阶段：第一阶段：1997—2006 年，核电论文数量增长缓慢，但起点较高，1997 年年均发文量超过 600 篇；第二阶段：2007—2017 年，全球论文发表数量大幅增长，特别是 2010 年，从 1186 篇跃升至 2011 年的 1500 篇。第二阶段较前一阶段总量增长 2.14 倍，表明近 10 年核电研究在国际上受关注程度不断增加。

国际核电研究论文主要来自美国、日本、中国、韩国、德国等 10 个国家（见图 3）。其中，美国、日本以绝对优势占据核电发表论文数量第一集团位置，分别占比 17.43%和 13.31%，说明美国和日本在核电领域积累了坚实的研究基础；中国、韩国、德国、法国则组成第二集团，其中中国以相对优势占据

① World Intellectual Property Organization，"IPC Green Inventory，" September 2010，see http：//www.wipo.int/classifications/ipc/en/est/，accessed on 12 September 2017.

第二集团前列，其后位置邻近的国家间没有形成较为明显的差距；俄罗斯、英国、印度及意大利则组成第三集团，论文总量均超过 800 篇。整体来看，核电研究主要以美欧日等发达国家为主，中国和印度是仅有的两个排名前 10 位的发展中国家。同时注意到，前 10 国核电论文发表总量为 20123 篇，占检索结果的 84.94%，表明核电研究是技术门槛较高的领域，研究集中度较为明显。

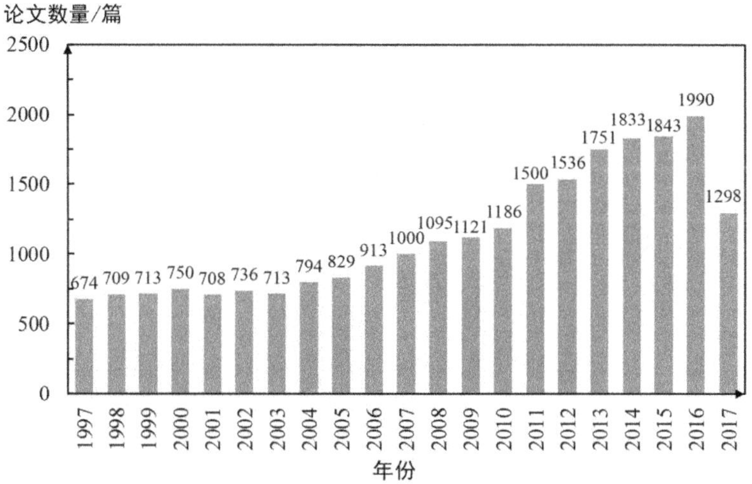

图 2 全球核电领域文献年代分布

图 4 为排名前 10 位的国家的年度发表论文趋势。从年代分布来看，早在 20 世纪 90 年代后期，美国在核电领域的论文发表量已超过 100 篇，同期德国、俄罗斯、日本相比其他国家与美国差距较小。此后，德国、俄罗斯核电研究发展缓慢，中国、韩国、法国则发展迅速。从 2009 年开始，中国核电论文发表数量迅速增长，从 81 篇跃升至 2010 年的 129 篇，占据第二位置，此后与美国、日本不相上下。同时注意到，从 2007 年到 2016 年，各国核电论文发表数量均呈正增长态势，其中中国（20.08%）、日本（17.51%）、英国（14.45%）、韩国（10.72%）论文发表数量年均增长率均超过 10%。中国年均增长率是美国的 2.19 倍，以目前中国核电论文增长率以及已有数据来看，2017 年中国核电论文年发表量将超越美国和日本，占据第一位置。

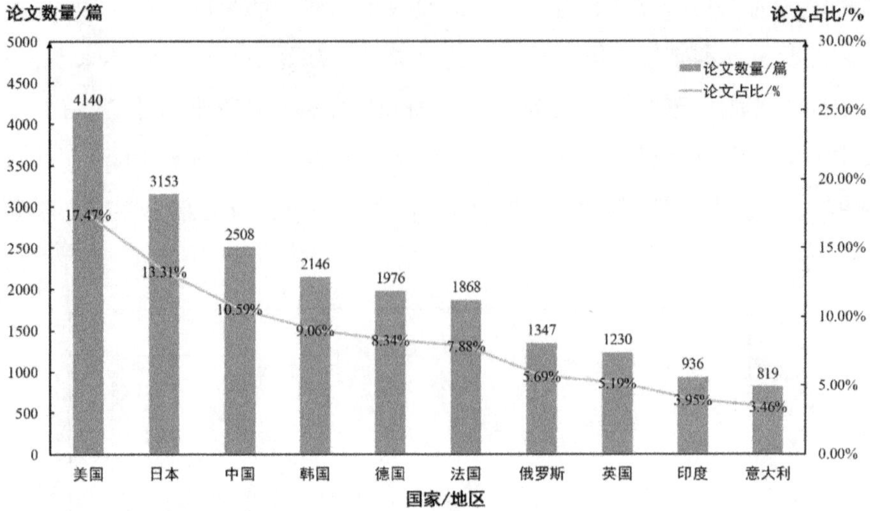

图 3　国际核电领域文献国别分布

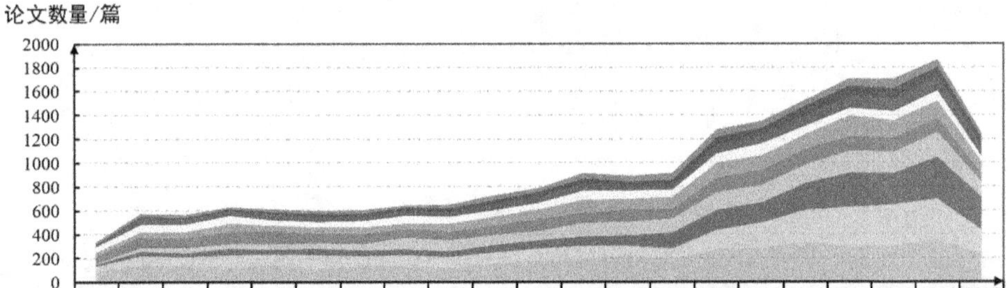

	1997	1998	1999	2000	2001	2002	2003	2004	2005	2006	2007	2008	2009	2010	2011	2012	2013	2014	2015	2016	2017
意大利	13	22	20	14	20	28	32	19	26	35	33	42	43	54	64	58	52	68	73	64	39
印度	6	20	17	11	19	29	28	29	31	43	36	46	35	52	68	64	82	78	92	77	73
英国	22	54	44	43	47	35	33	39	39	44	56	58	44	36	66	69	88	104	103	127	79
俄罗斯	48	56	62	71	48	48	54	66	62	50	53	78	71	62	77	102	68	60	81	82	48
法国	31	44	53	69	52	55	53	49	68	79	88	102	89	99	127	119	126	177	142	146	100
德国	61	92	81	97	107	76	85	67	73	81	100	86	102	77	122	126	125	121	119	113	65
韩国	6	32	41	43	44	48	56	107	96	85	77	115	119	125	148	142	160	183	175	213	131
中国	13	33	31	49	42	53	48	44	44	63	68	84	81	129	166	174	219	283	264	348	272
日本	40	84	81	108	92	121	84	92	89	90	102	103	92	84	164	205	285	334	352	346	205
美国	95	138	133	120	139	107	133	134	121	156	180	197	215	198	275	292	324	298	301	351	233

图 4　核电领域发表文献前 10 国家年份变化

3.1.2 研究深度和广度分析

科学研究具有继承性和发展性，文献间的“引用—被引用”关系反映了知识的一种流动和传播的现象。时至今日，引文分析法已成为研究期刊或文献质量的重要计量方法之一。利用引文数评价期刊质量的指标主要有载文量、被引量、被引频次、自引率、自被引率、影响因子等①。本文参考期刊质量评价指标定义了深度和广度两个指标，以衡量各国家/地区以及各机构在核电领域发表论文质量。其中，深度表示某国家/地区或机构核电领域发表的所有论文在该领域篇均被引次数，广度表示某国家/地区或机构核电领域发表的所有论文在所有领域篇均被引次数②。我们通过二维矩阵法对 1997—2017 年核电领域的研究深度和广度进行组合分析，以比较各国家/地区以及各机构核电研究情况。如图 5 和图 6 所示，我们分别以论文深度和广度为矩阵横轴、纵轴，以核电论文发表数量排名前 20 位的国家/地区以及机构的论文深度和广度均值为中线绘制气泡图，将二维矩阵组合划分为四个象限（Ⅰ、Ⅱ、Ⅲ、Ⅳ），发文量越多气泡越大。

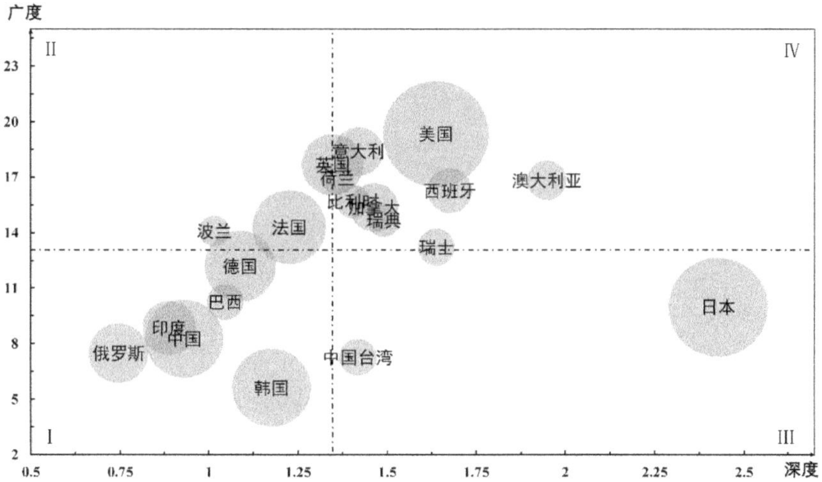

图 5　前 20 位国家/地区核电研究深度—广度分布

图 5 为核电论文发表数量排名前 20 位国家/地区研究深度—广度分布情况。从图 5 可见，日本、美国分别在核电研究深度和广度方面占据第一，表明其在核电研究领域具有较高影响力。尽管英国、意大利、澳大利亚、西班牙等发达国家核电论文数量处于中下游位置，但它们均位于高深度、高广度的第Ⅳ

① 玉崇德：《期刊引文分析评价中的几个指标》，《技术与市场》1985 年第 4 期，第 20—23 页。

② Xiang H., Zhang J., Zhu Q., "Worldwide Earthworm Research: A Scientometric Analysis, 2000-2015," *Springer-Verlag New York*, Inc. 2015.

象限，表明其论文质量较高。同时注意到，中国、俄罗斯、印度、巴西、德国、韩国等位于第Ⅰ象限，研究深度和广度均较低，尽管中国、俄罗斯、印度核电论文总量均位居前十，然而与美国、日本等老牌核电强国相比，在研究深度和广度上仍有较大差距。

图 6 为核电论文发表数量排名前 20 位的机构的研究深度—广度分布情况。整体来看，日本以 6 家机构名列第一，中国 4 家机构紧随其后，美国、韩国各 2 家机构位于第三。从研究深度来看，日本东京大学（Univ Tokyo）、日本原子能研究所（Japan Atom Energy Res Inst）、日本京都大学（Kyoto Univ）、美国橡树岭国家实验室（Oak Ridge Natl Lab）、意大利米兰理工大学（Politech Milan）位列前 5，深度分别为 3.01、2.73、2.60、2.23、2.14。日本多家机构占据第Ⅲ象限和第Ⅱ象限，不管从数量上还是质量上，日本核电研究机构均处于第一集团位置。同时注意到，位于第Ⅳ象限的仅包括美国橡树岭国家实验室，表明其在核电研究领域具有极高影响力。中国清华大学和中国工程院（CEA）分别在研究深度和广度上超过平均值，其他 2 个中国核电研究机构均位于第Ⅰ象限，研究深度和广度均较低。

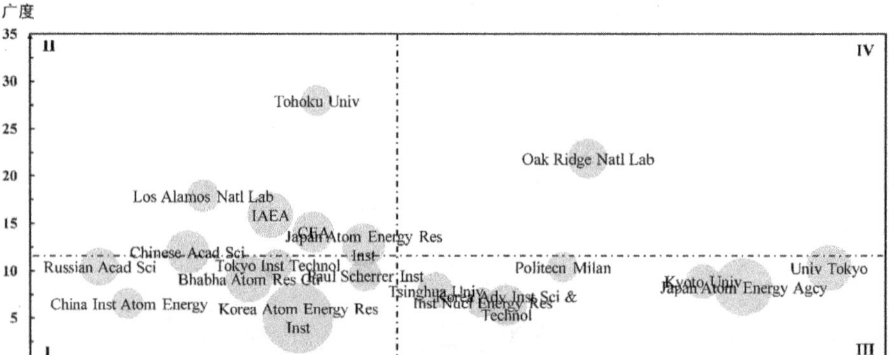

图 6　前 20 个机构核电研究深度—广度分布

3.1.3 高被引论文和高频主题词分析

本文采用 LCS（Local Citation Score）来评价高影响力核电论文。LCS 是指某一文献在本地数据集中的被引用次数，LCS 值越高，意味着获得同行研究者认可度越高。表 1 列出了高 LCS 前 10 论文的作者、篇名、年份、期刊以及

LCS 值。我们注意到，10 篇高影响力论文发表年份均在 2011—2012 年，且均与 2011 年日本福岛重大核电站事故有关，主题主要涉及福岛重大核电站事故发生后对释放出的 I-131、Cs-137、Xe-133 等放射性核素的追踪和测量，以及放射性核素对海洋、大气、土壤、生物群等的影响。其中，3 篇高被引论文在 *Proceedings of the National Academy of Sciences of the United States of America* 会议上发表，2 篇高被引论文在 *Journal of Nuclear Science and Technology*、*Journal of Environmental Radioactivity*、*Environmental Science & Technology* 期刊上发表，1 篇高被引论文在 Atmospheric Chemistry and Physics 期刊上发表。

图 7 为核电领域论文高频主题词排名情况（去除了频数最大的检索词）。从图中可以看出，核电论文主题词主要集中在与福岛核电站事故有关的词汇，如 Fukushima、CS-137、Radiocesium、Severe accident、Chernobyl 等；与核燃料有关的词汇，如 Uranium、Hydrogen、Tritium 等；与核安全辐射性相关的词汇，如 Radiation、Radioactivity 等。此外，高频词 Renewable energy 出现 121 次，表明近年来各国加大了对可再生能源的研究热度。据最新发布的《2017 全球核工业状态报告》显示，2016 年可再生能源占全球发电量增量的 62%，其中风力发电量和光电增量分别是核电的 3.8 倍和 2.2 倍，而成本上可再生能源比核能低约 5.5 美元/兆瓦时①。福岛核电站事故发生后，国际上更加关注核电的安全运行，也更为重视研发安全性更高、成本更低的可再生能源。

表 1 1997—2017 年核电领域高影响力文献

作者	篇名	年份	期刊	LCS
Chino M, Nakayama H, Nagai H, Terada H, Katata G, et al.	Preliminary Estimation of Release Amounts of I-131 and Cs-137 Accidentally Discharged from the Fukushima Daiichi Nuclear Power Plant into the Atmosphere	2011	*Journal of Nuclear Science and Technology*	296

① Mycle Schneider, Antony Froggatt et al.,"World Nuclear Industry Status Report 2017," 12 September 2017, see https://www.worldnuclearreport.org/IMG/pdf/20170912wnisr2017-en-lr.pdf, accessed on 22 September 2017.

续表

作者	篇名	年份	期刊	LCS
Tsumune D, Tsubono T, Aoyama M, Hirose K	Distribution of Oceanic Cs-137 from the Fukushima Dai-ichi Nuclear Power Plant Simulated Numerically by A Regional Ocean Model	2012	*Journal of Environmental Radioactivity*	132
Stohl A, Seibert P, Wotawa G, Arnold D, Burkhart JF, et al.	Xenon-133 and Caesium-137 Releases into the Atmosphere from the Fukushima Dai-Ichi Nuclear Power Plant: Determination of the Source Term, Atmospheric Dispersion, and Deposition	2012	*Atmospheric Chemistry and Physics*	131
Buesseler K, Aoyama M, Fukasawa M	Impacts of the Fukushima Nuclear Power Plants on Marine Radioactivity	2011	*Environmental Science & Technology*	126
Yasunari TJ, Stohl A, Hayano RS, Burkhart JF, Eckhardt S, et al.	Cesium-137 Deposition and Contamination of Japanese Soils due to the Fukushima Nuclear Accident	2011	*Proceedings of the National Academy of Sciences of the United States of America*	121
Buesseler KO, Jayne SR, Fisher NS, Rypina II, Baumann H, et al.	Fukushima-derived Radionuclides in the Ocean and Biota off Japan	2012	*Proceedings of the National Academy of Sciences of the United States of America*	111
Kinoshita N, Sueki K, Sasa K, Kitagawa J, Ikarashi S, et al.	Assessment of Individual Radionuclide Distributions from the Fukushima Nuclear Accident Covering Central-east Japan	2011	*Proceedings of the National Academy of Sciences of the United States of America*	102

续表

作者	篇名	年份	期刊	LCS
Masson O, Baeza A, Bieringer J, Brudecki K, Bucci S, et al.	Tracking of Airborne Radionuclides from the Damaged Fukushima Dai-Ichi Nuclear Reactors by European Networks	2011	*Environmental Science & Technology*	95
Terada H, Katata G, Chino M, Nagai H	Atmospheric Discharge and Dispersion of Radionuclides during the Fukushima Dai-ichi Nuclear Power Plant Accident. Part II: Verification of the Source Term and Analysis of Regional-scale Atmospheric Dispersion	2012	*Journal of Environmental Radioactivity*	95
Kawamura H, Kobayashi T, Furuno A, In T, Ishikawa Y, et al.	Preliminary Numerical Experiments on Oceanic Dispersion of I-131 and Cs-137 Discharged into the Ocean because of the Fukushima Daiichi Nuclear Power Plant Disaster	2011	*Journal of Nuclear Science and Technology*	87

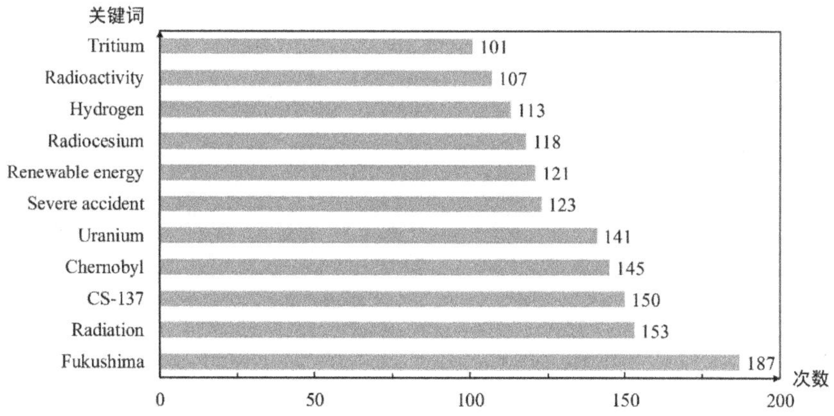

图 7　核电领域论文高频主题词

3.2 全球核电专利分析

3.2.1 申请趋势分析

为了解全球核电领域发明活动随时间的演变过程，图 8 给出了核电技术专利申请分布（1950—2017 年）以及目前在运核电站（1969—2017 年）的时间分布图。从图中可见，全球核电专利申请大致可分为四个阶段：

起步阶段(1950—1968 年)：核能发电的试验和选型阶段。“二战”结束后，美苏等工业强国在进行军备竞赛的同时也竞相发展核电。1954 年苏联在奥布宁斯克成功建造世界上第一座 5000kW 石墨水冷核电站，美国也于 1956 年投入运行第一台电功率为 4500kW 的沸水堆核电机组。到了 20 世纪 60 年代，德国、日本、加拿大等国核工业迅速发展，发电成本已大大降低，核能发电可行性得到验证，因此专利申请量稳步增加。

发展阶段(1969—1990 年)：20 世纪 70 年代，石油危机促进了核电的迅猛发展，世界上大多数机组都是在该时期建成，核电先驱国家申请了大量基础性专利。为了与核电先驱国家抗衡，法国、英国、日本等核电后发国家一方面大力引进国外核电先进技术；另一方面加强技术的引进、吸收、再创新，开发出了许多改良型专利，对核电基础专利形成包围态势，专利申请量飞速增加。1979 年美国三哩岛核事故与 1986 年苏联切尔诺贝利核事故引发了公众对核安全的疑虑，此后公众和政府对核电安全性要求不断提高致使核电经济性不断下降，致使每年新建核电机组数量不断下滑，对专利保护竞争优势的需求亦随之减少，核电专利申请在 1985 年达到顶峰的 5171 件后逐渐降低。80 年代末期，核电专利数量增长主要来自于亚洲市场对核电的巨大需求，发达国家为了垄断核电技术出口至亚洲，申请了大批核电专利，因此延缓了快速下降趋势。

缓慢阶段(1991—2006 年)：针对公众对核电安全性的顾虑，美欧分别制定了《美国用户要求文件（URD）》和《欧洲用户要求文件（EUR）》，对新建核电厂安全性、经济性和先进性提出了更高要求。在此期间，美国完成了第三代核电技术 AP600 和 AP1000 的开发，对该过程产生的新技术进行专利保护成为应有之义，核电专利申请量维持平稳。

局部复苏阶段(2007—2017 年)：21 世纪初期，核电安全性得到进一步提高，加上石油、煤炭等化石燃料燃烧导致的环境污染和温室效应问题，许多国家均将核电发展纳入本国能源发展政策中。然而，2011 年日本福岛重大核电站事故再次使全球核电建设热潮遇冷，欧美日等发达国家核电产业发展都陷入停滞和衰退，核电新增装机容量和发电量主要位于中国，核电发展进入局部复苏阶段，该阶段核电专利数量增长主要来自中国。

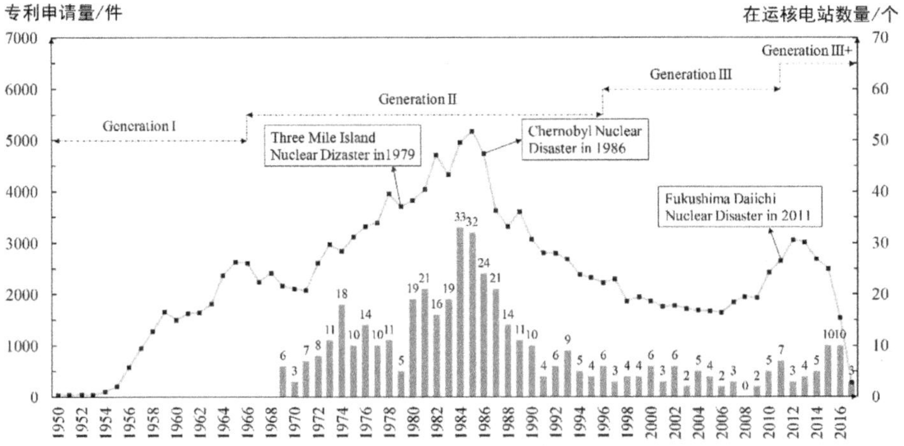

资料来源：IAEA。

图 8　核电领域全球专利申请趋势

专利量是表征各国技术发明能力强弱的重要指标，表 2 为全球核电专利申请量前 10 国家分布情况。从表 2 可见，日本核电专利申请量最高，达到 60731 件，占全球核电专利申请总量的 38.25%。法国、美国核电专利申请量分居第二和第三，其核电专利申请量分别为 14736 件和 10772 件。中国核电专利申请量为 6284 件，占全球核电专利申请总量的 3.96%，位居第六。核电专利申请量排名前 10 国中，发达国家占 9 个，发展中国家仅占 1 个（中国）。同时注意到，排名前 10 国占全球核电专利申请量的 79.94%，其中仅日本核电专利申请量（60731 件）几乎等同于其他 9 国核电专利申请量（66173 件）之和，日本、法国、美国等进行过大量核电专利布局。

表 2 全球核电专利申请量前 10 国家

序号	国家	专利申请量	占比
1	日本	60731	38.25%
2	法国	14736	9.28%
3	美国	10772	6.79%
4	英国	9522	6.00%
5	德国	7271	4.58%
6	中国	6284	3.96%
7	韩国	5744	3.62%
8	比利时	3048	1.92%
9	西班牙	4854	3.06%
10	瑞典	3942	2.48%

由于各国核电研发人员数量不一样，仅以核电专利绝对数量进行对比缺乏一定的科学性，因此引入专利密度这一指标。同时，专利申请量是历史累积数量，很难度量各国最近几年专利申请状况，因此引入专利活跃度这一指标。专利密度是指某国在某领域专利申请总量除以该国在该领域的发明人总量，专利活跃度是指某国在某领域最近 8 年（考虑到核电技术生命周期较长，因此取最近 8 年进行统计）专利申请总量除以该国在该领域历年专利申请总量。以活跃度、专利密度为横、纵坐标轴，建立各国“专利活跃度—专利密度”二维分布图（见图 9），圆圈大小与专利申请量成正比。

从图 9 可见，比利时、意大利专利活跃度为 0，德国、英国、瑞典、瑞士专利活跃度为 0.02，说明这些国家核电产业陷入低潮乃至停滞，与各国国内关停核电站或限制核电发展的国家政策相适应。美国、加拿大、日本核电申请量位处中游，考虑到日本庞大的核电专利申请基数，其绝对申请量亦不可小觑。韩国、俄罗斯核电专利活跃度指数皆在 0.3 以上，说明这两个国家仍将核电作为低碳能源发展的重要方向。在这些国家中，中国核电专利活跃度最高，活跃度指数为 0.76，说明中国 76% 的核电专利为最近 8 年申请，中国正成为全球核电市场竞争最激烈的国家。同样注意到，尽管西班牙、法国核电专利活跃度在 0.08 以下，但专利密度显著高于其他国家，说明这两个国家核电技术人员创新能力较强。

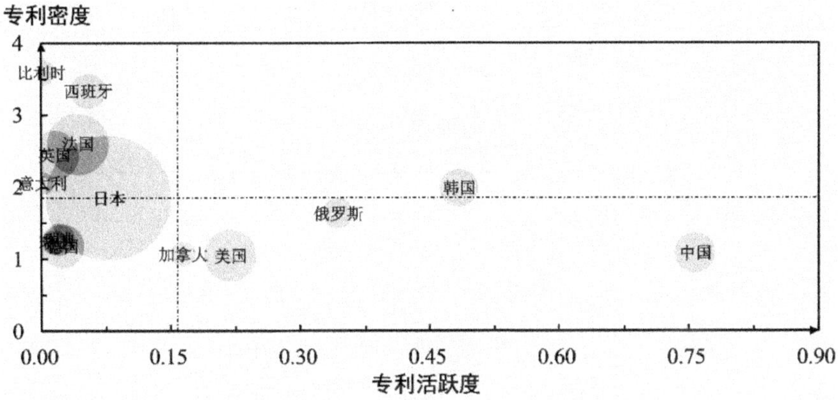

图 9　各国专利活跃度—专利密度分布

3.2.2 主要专利申请人分析

专利申请人的申请量排名可以了解当前技术创新的核心领军机构，判断该领域的技术竞争现状并发现潜在竞争对手。然而，核电领域近年来发生大量合并、整合事件，使得专利申请人统计具有一定难度。例如，阿海珐集团是在 2001 年整合法玛通先进核能公司、考吉玛、阿尔斯通输配电等多家法国核电企业的基础上所形成；2006 年，英国核燃料公司（BNFL）所属的核电设备企业美国西屋公司（WH）被东芝公司以 54 亿美元价格收购。本文在分析过程中不考虑各公司之间的合并、整合情况，仍以原公司作为专利申请人进行统计。表 3 为全球核电领域主要专利申请人的申请量排名情况。

表 3　核电领域全球主要专利申请人排名

序号	专利申请人	申请数量
1	Toshiba Corp	7484
2	Hitachi Ltd	6704
3	Commissariat Energie Atomique	6149
4	Westinghouse Electric Corp	6130
5	Gen Electric	3776

续表

序号	专利申请人	申请数量
6	Atomic Energy Authority Uk	3248
7	Tokyo Shibaura Electric Co	2845
8	Siemens Ag	2475
9	Mitsubishi Heavy Ind Ltd	2365
10	Framatome Sa	1824

在核电专利申请人的申请量排名中，东芝公司（Toshiba Corp）以 7484 件排名第一；株式会社日立制作所（Hitachi Ltd）、法国原子能总署（Commissariat Energie Atomique）、西屋电气公司（Westinghouse Electric Corp）紧随其后，分列第二、三、四位，申请量均超过 6000 件。自美国三哩岛核电站事故发生后，美国核电产业发展陷入停顿，日本企业则在政府支持下快速发展，东芝、日立、三菱三大厂家纷纷与美国、法国企业整合、联合，使得日本一跃成为国际上最强的核电技术力量。从目前世界核电主要专利申请人现状看，总体上以日美欧主导格局：日本以东芝公司、日立制作所、三菱重工为主框架，构筑了日本阵脚；美国以通用电气为主轴形成一极；欧洲则以法国法玛通以及德国西门子形成了欧洲势力。

3.2.3 专利聚类分析

我们对最近 20 年全球已授权且至今仍有效的核电专利进行主题词聚类分析，以 5 年为一个单位区间进行划分，以探寻核电技术演变和热点变迁状况（见图 10）。从图 10 可见，1998—2002 年，核电专利技术主要集中在控制系统、核反应堆、镁合金、密封、装卸机等领域，各主题词间关联性不强，有大量技术空白点存在；2003—2007 年，核电专利布局加强，主题词主要有组合体、穿透、压水堆核电站、过程、强酸性等；2008—2012 年，加强了在板状、反应堆堆芯、流量、检测、合金等领域的专利布局；2013—2017 年，主要的关键词有预热排出热交换器、反应堆堆芯、密封、导向、测量系统等。通过主题词聚类演变可以看出，反应堆堆芯、密封领域一直是核电专利布局的重点。同时注意到，过去 20 年，核电专利主题词逐渐从局部、材料、工艺特性向整体、系统特性转变。有学者指出，当描述技术材料特性、工艺特性的关键词转向描述新兴技术产业化的系统分析特性时，新兴技术开始步入产业化阶段①。目前，主流的三代核电技术已日渐成熟，具有代表性的主要有美国的先进非能动压水堆（AP1000），法国的欧洲压水堆（EPR）、日本的先进压水堆（APWR）、韩国的先进压水堆（APR1400）以及中国的“华龙一号”等。第三代核电厂成为各国未来一段时间核电建设的主力堆型，因此，围绕第三代核电进行专利布局已成为垄断核电市场的有力武器。

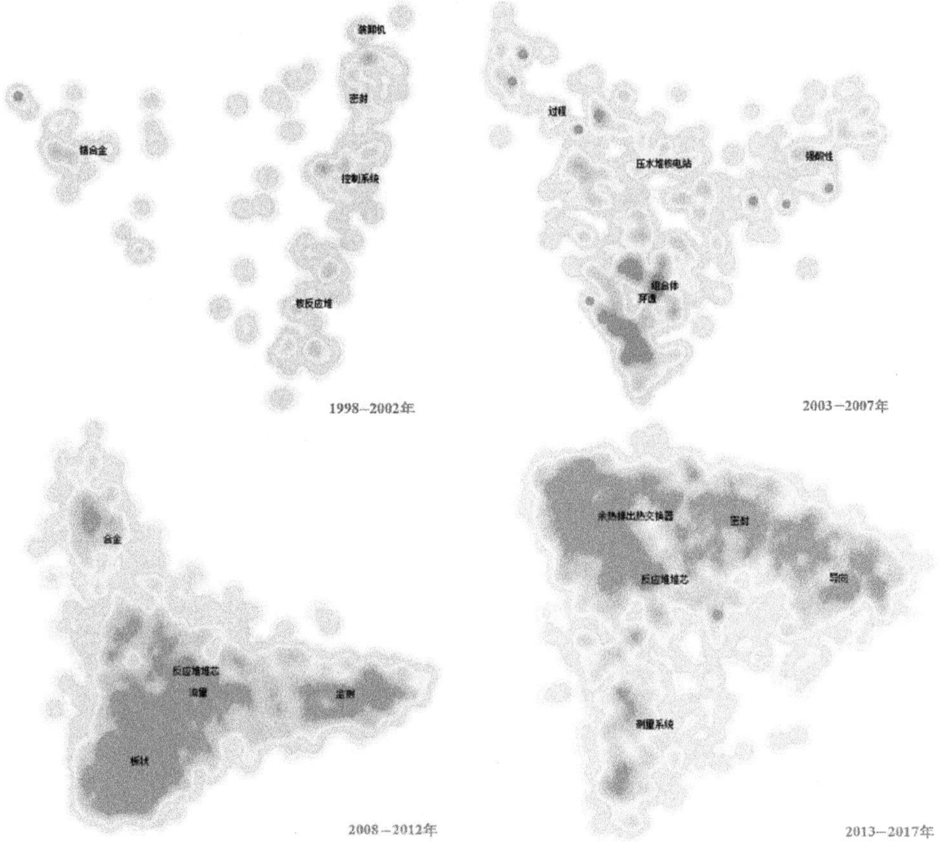

图 10　1998—2017 年全球核电专利聚类分析

---

① 李欣、黄鲁成：《基于文献计量和专利分析的战略性新兴产业研发竞争态势研究——以 OLED 产业为例》，《科技管理研究》2016 年第 8 期，第 120—126 页。

3.3 中国核电专利分析

3.3.1 技术生命周期分析

技术生命周期（Technology Life Cycle，TLC）是描述技术发展内在规律的方法，反映了技术性能特征满足使用者需求程度随时间的变化①。对 TLC 阶段的划分，国内外众多学者曾提出过不同见解②③，现为人们广泛接受的主要分为 4 个阶段：萌芽期（或引入期）、成长期、成熟期、衰退期（或淘汰期）。判断 TLC 阶段的方法很多，其中，专利信息凭借其公开性和及时性成为预测 TLC 最有效的方法之一④。图 11 为 1985—2015 年我国核电专利 TLC 图，该图以专利申请人数为横轴、专利申请量为纵轴，并按时间逐年描点、连线绘制而成。

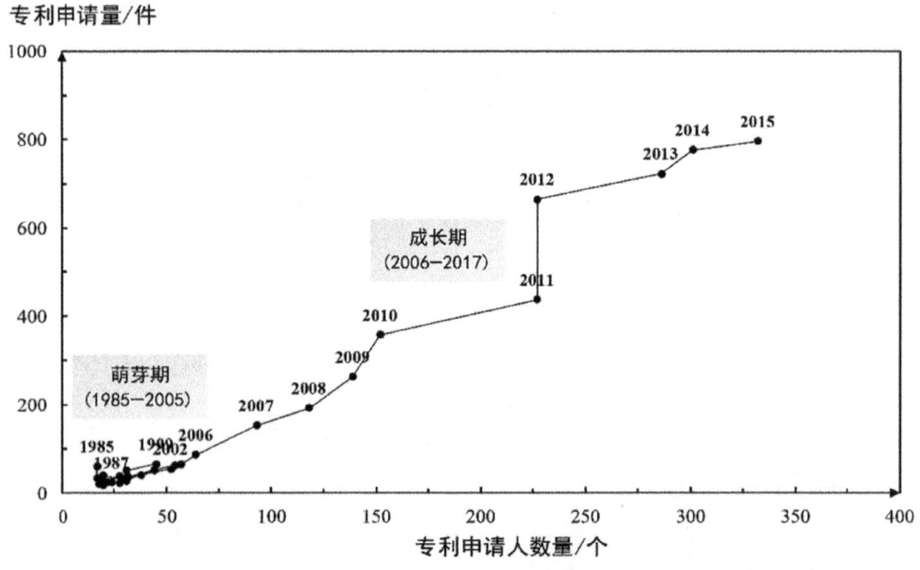

图 11　中国核电领域技术生命周期图

① Kim B.，"Managing the Transition of Technology Life Cycle，" *Technovation*，No. 5，2003，pp. 371-381.

② Baker H. J.，"The Technology Life Cycle，" *Best's Review*，No. 7，1989，pp. 66-72.

③ 张伟、刘德志：《新兴技术生命周期及其各阶段特征分析》，《菏泽学院学报》2007 年第 5 期，第 16—20 页。

④ 刘斌强、江玉得：《基于专利信息分析的技术生命周期判断与应用》，《唯实》2011 年第 1 期，第 77—79 页。

从图 11 可见，20 世纪 80 年代到 2006 年，专利申请人数和申请量增长都非常缓慢，专利年度申请量均未超过 100 件，年度申请人数均未超过 60 人，核电技术发展比较缓慢，属于核电技术的萌芽期。2006—2015 年，核电专利申请人数和申请量持续增加，专利申请量于 2010 年首次突破 300 件，2012 年更是在 2010 年基础上翻了一番，2006—2014 年专利申请量年均增长率（因专利公开滞后性，此统计不包含 2016—2017 年数据）高达 30.13%，说明核电技术处于成长期。近 10 年来，我国核电进入规模化发展阶段，核电装备制造业的装备能力、技术水平得到快速提升，核电主设备全面实现国产化，核电关键技术取得突破，使得 2006—2015 年核电专利申请人数量和专利申请量均出现了快速增长的态势。2015 年 3 月红沿河核电 5 号、6 号机组批准建设，同年 4 月国务院常务会议核准开工建设首台“华龙一号”示范机组，新一轮核电建设全面开启。据统计，“华龙一号”共获得 743 件专利和 104 项软件著作权，具有完整自主知识产权①。

3.3.2 专利来源国分析

表 4 显示了在华核电专利申请排名前 10 的来源国分布。由于本土优势，中国核电专利申请量最多，达 4680 件，占全部在华申请量的 74.47%。国外申请人在华核电专利申请量为 1604 件，占总申请量的 25.53%。其中，美国、法国、日本占据国外申请人来源国前三，分别占比 8.61%、7.24%、3.68%。美国、法国、日本高度关注中国市场，三国在华核电专利申请份额约占整个中国专利申请量的 1/5。

表 4 中国核电专利申请人前 10 来源国

序号	申请人来源国	在华申请数量	占比
1	中国	4680	74.47%
2	美国	541	8.61%
3	法国	455	7.24%
4	日本	231	3.68%

① 安娜：《揭秘中国核电“华龙一号”背后的“软”支持》，凤凰资讯，2015 年 12 月 9 日，http：//www.sohu.com/a/14069634_118321。

续表

序号	申请人来源国	在华申请数量	占比
5	德国	125	1.99%
6	韩国	112	1.78%
7	俄罗斯	40	0.64%
8	加拿大	33	0.53%
9	英国	29	0.46%
10	南非	17	0.27%

图 12 为美国、法国、日本、德国、韩国 5 大来源国在华核电专利申请量随时间变化趋势。从 1985 年我国专利制度实施开始，美国申请人便积极在我国进行核电专利申请，并于 1993 年、1998 年形成两次申请高峰。最近几年，美国加大了在华核电专利申请数量，2013 年申请量达到最高的 70 件。法国申请人在华核电专利申请量一直维持在较高水平，显然非常重视中国核电市场，试图以专利维持其竞争优势。近 5 年各国申请人都加大了对华核电专利申请，可以预期中国市场未来将成为各国核电企业竞争的重要“战场”。

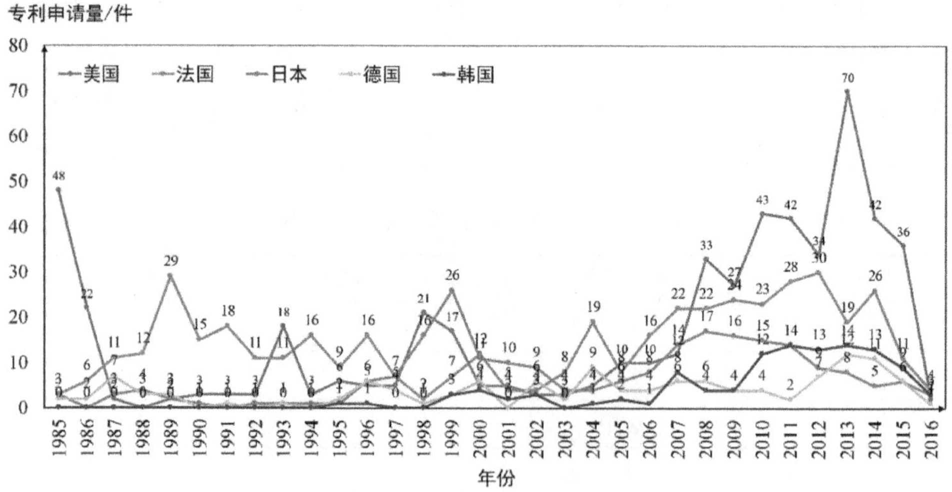

图 12　在华核电专利主要来源国申请时间分布

3.3.3 主要专利申请人及技术领域分析

表 5 为在华核电专利申请量排名前 20 位的申请人。从表 5 可见，排名前 10 位的申请人均来自国内，其中，6 家为国内核电企业，4 家为高校或科研院所，两者专利申请量比例为 1.45∶1。同时注意到，中国核动力研究设计院以 725 件专利申请量位居第一，显然高校和科研院所在我国核电技术研发中占有重要地位。在排名前 20 位的专利申请人中，国外申请人西屋电气有限责任公司、法玛通公司、西屋电气公司、阿海珐核能公司分别排在第 13、16、17、20 位，申请量分别为 115 件、104 件、96 件、84 件，是国内申请人在研发和投资时需重点关注的对象。

表 5 中国核电专利申请量前 20 申请人

序号	机构名称	申请量	序号	机构名称	申请量
1	中国核动力研究设计院	725	11	大亚湾核电运营管理有限责任公司	156
2	中国广核集团有限公司	682	12	核动力运行研究所	119
3	中广核工程有限公司	435	13	西屋电气有限责任公司	115
4	上海核工程研究设计院	369	14	中广核研究院有限公司	114
5	中国广东核电集团有限公司	336	15	中核武汉核电运行技术股份有限公司	112
6	中国核电工程有限公司	305	16	法玛通公司	104
7	中国广核电力股份有限公司	250	17	西屋电气公司	96
8	中科华核电技术研究院有限公司	243	18	苏州热工研究院有限公司	92
9	清华大学	236	19	华北电力大学	90
10	中国原子能科学研究院	216	20	阿海珐核能公司	84

对我国核电专利 IPC 类别进行统计，可得出核电领域技术分布情况（见表 6）。从 IPC 分布来看，我国核电专利技术主要集中在 G21C15/18（紧急冷却装置；排除停堆余热）、G21C17/10（燃料元件、控制棒、反应堆芯或慢化剂结合与灵敏仪器的结构组合，例如用于测量放射性、应变）、G21C13/02（零部件）、G21C17/017（在核设施中，管道或管子的检测或维护）以及

G21D1/02（辅助设备的安排）等技术领域。这5类IPC分类号均聚集了超过200件专利，是我国核电专利布局的重点领域。

表6 中国核电专利技术领域分布

序号	分类号	含义	数量
1	G21C15/18	紧急冷却装置；排除停堆余热	687
2	G21C17/10	燃料元件、控制棒、反应堆芯或慢化剂结合与灵敏仪器的结构组合，例如用于测量放射性、应变	272
3	G21C13/02	零部件	223
4	G21C17/017	在核设施中，管道或管子的检测或维护	211
5	G21D1/02	辅助设备的安排	207
6	G21D3/06	在核电厂内对故障的响应	166
7	G21C3/07	以它们的材料为特征，例如合金	143
8	G21C19/20	用于将物料送进压力容器的装置，用于在压力容器中处理物料的装置，用于从压力容器中移出物料的装置	141
9	G21C15/14	经传导热流体的导管；经包括附加的器件的导管，例如泵，摄像机	132
10	G21C19/07	储存架；储存池	132

为了解国内外专利申请人在华核电布局情况，图13和图14分别以国内、外在华核电专利前10申请人为横轴、IPC分类号为纵轴绘制而成。从图13可见，国内核电专利申请人申请的技术领域主要集中在G21C15/18（紧急冷却装置；排除停堆余热）、G21C17/10（燃料元件、控制棒、反应堆芯或慢化剂结合与灵敏仪器的结构组合，例如用于测量放射性、应变）、G21C13/02（零部件）、G21D1/02（辅助设备的安排）、G21D3/06（在核电厂内对故障的响应）等方面。从图14可见，国外专利申请人的技术领域主要集中在G21C15/18（紧急冷却装置；排除停堆余热）、G21C13/02（零部件）、G21C17/10（燃料元件、控制棒、反应堆芯或慢化剂结合与灵敏仪器的结构组合，例如用于测量放射性、应变）、G21C3/07（以它们的材料为特征，例如合金）、G21C3/32（并列的细棒、棒、管状燃料元件的捆束）、G21C17/017（在核设施中，管道

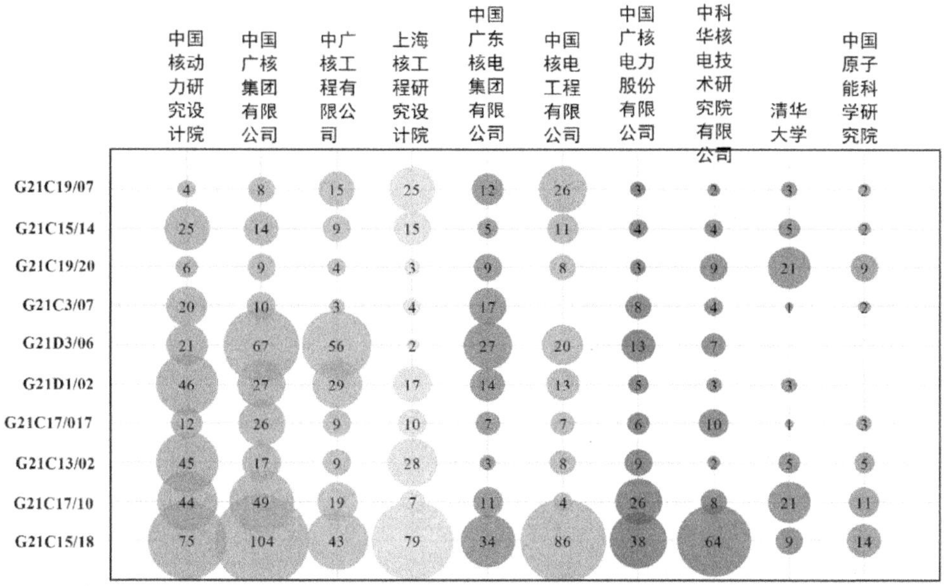

图 13　国内主要申请人在华核电专利 IPC 分布

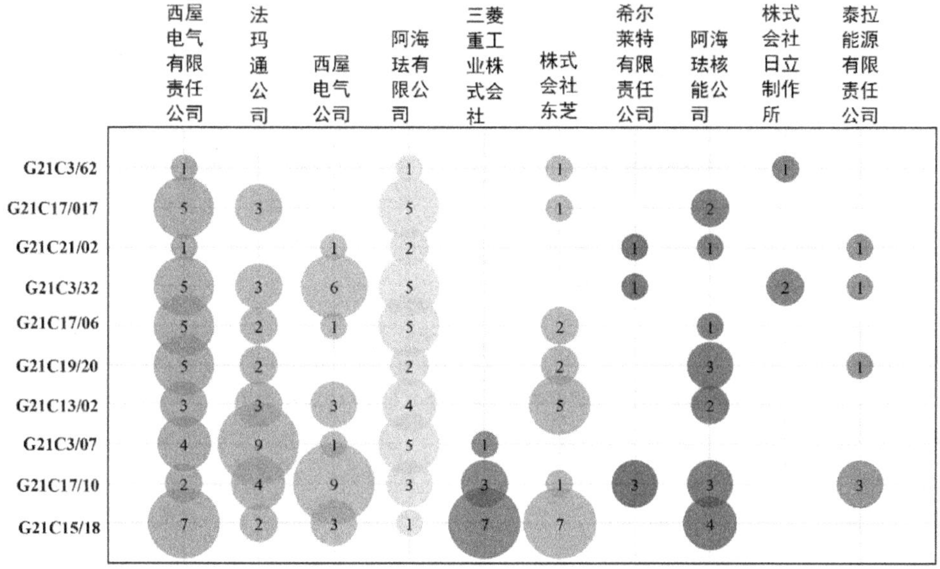

图 14　国外主要申请人在华核电专利 IPC 分布

或管子的检测或维护）等方面。由于产品专利比方法专利保护强度更高，国外申请人更侧重于装置、零部件、燃料元件、材料等产品类保护。而国内申请人除了对产品进行专利保护外，在检测、维护、安排、对故障的响应等方法类专利也进行了相关布局。

3.3.4 专利质量分析

为进一步分析我国核电专利质量，本文根据申请人来源将我国核电专利划分为国内、外两部分，并对国内、外在华核电专利申请类型、权利要求数、存活期进行对比，以期找出我国核电专利存在的不足之处。

图 15 为国内、外在华核电专利申请类型分布情况。从图中可见，国内核电发明专利、实用新型申请量分别为 3032 件和 1583 件，发明专利占比 65.70%；国外在华核电发明专利、实用新型申请量为 1566 件和 4 件，发明专利占比 99.75%。在专利审查过程中，由于我国发明专利须经额外实质审查程序，在创造性要求上比实用新型更高，因此发明专利技术水平较实用新型更高。国外在华核电专利申请类型几乎全部为发明专利，说明其创新性更高。

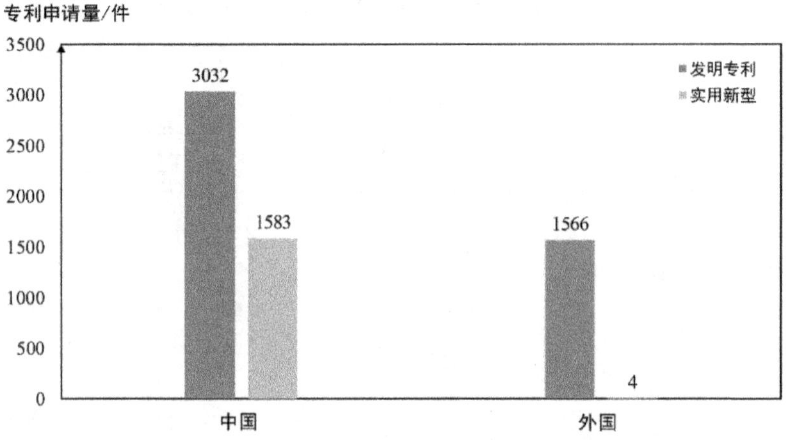

图 15　国内外在华核电专利申请类型分布

专利权利要求数量多寡在一定程度上反映了该专利保护的技术方案应用广度，也在某种程度上反映了申请人构建的技术方案保护梯度和保护层级①。国内外在华核电专利权利要求数量分布如表 7 所示。从表 7 中可见，在权利要求数分布上，我国 91.3%核电专利权利要求数不超过 10 项，7.93%核电专利权

① 乔永忠：《不同类型创新主体发明专利维持信息实证研究》，《科学学研究》2011 年第 3 期，第 442—447 页。

利要求数在 11—20 项，仅有 0.78%超过 20 项；而国外 36.84%权利要求数位于 11—20 项区间内，权利要求数超过 20 项的占比高达 19.73%。国内外核电专利权利要求数分布存在较大差异，原因在于，一方面，专利权利要求数量从第 11 项起每项需增收权利要求附加费①；另一方面，国内发明人或专利代理人对创新点挖掘不足，不太重视单件专利的纵向谋篇布局。而在独立权利要求②数量上，国内 88.55%核电专利只有 1 项独立权利要求，9.31%核电专利包含 2 项独立权利要求，超过 3 项独立权利要求的专利占比极低；而国外单件专利含 3 项以上独立权利要求数的占比高达 23.88%。尽管国外在华核电专利申请量只有中国申请量的 34.02%，但考虑到两者权利要求数量对比情况，实际差距远小于此。

表 7　国内外在华核电专利权利要求数量分布

权利要求数量	数量（占比）		独立权利要求数量	数量（占比）	
	中国	外国		中国	外国
1	247（5.34%）	16（1.02%）	1	4099（88.55%）	800（51.09%）
2—5	1644（35.52%）	190（12.13%）	2	431（9.31%）	392（25.03%）
6—10	2335（50.44%）	474（30.27%）	3	52（1.12%）	200（12.77%）
11—15	272（5.88%）	351（22.41%）	4	17（0.37%）	83（5.30%）
16—20	95（2.05%）	226（14.43%）	>5	30（0.65%）	91（5.81%）
21—40	31（0.67%）	245（15.64%）			
>40	4（0.11%）	64（4.09%）			

为维持专利权有效，专利权人必须缴纳专利维持费（也称年费），且随着时间递增维持费也随之增加。因此，专利维持时间长短（也称存活期）在一定程度上反映了专利价值的高低③。表 8 为国内外在华核电专利存活期分布情

① 国家知识产权局：《国家知识产权局收费公示》，2017 年 7 月 1 日，http：//www.sipo.gov.cn/zhfwpt/zlsqzn/zlsqfy/gjzscqjsfgs.pdf。

② 专利权利要求分为独立权利要求和从属权利要求，二者共同构成权利要求。独立权利要求确定了专利权的保护范围，因此更为重要。

③ Pakes A.，"Patents as Options：Some Estimates of the Value of Holding European Patent Stocks，" *Econometrica*，No.4，1986，pp.755-784.

况。从表 8 可见，国内核电专利存活期 40.99%不超过 1 年，42.90%存活期在 2—5 年，13.70%存活期在 6—9 年，存活期超过 9 年的仅占 2.41%。相比之下，国外在华核电专利存活期在 2—5 年的占比 25.58%，6—9 年的占比 23.84%，超过 9 年的占比 26.36%，国外在华核电专利平均存活期远高于国内。出现此种结果并不意外，一是国内对专利发明人评价体制的扭曲，发明人或其所在单位只要获得专利申请或者授权即可在职称评定中优先考虑，至于专利维持多久少有问津；二是国外在华申请多为跨国企业，熟悉基于专利进行市场竞争的通行国际规则，且高质量专利能为其带来更多市场效益，而国内有相当部分核电专利申请人为高校和科研院所，它们没有进行专利技术产业化的需求，因此通过维持专利进行市场竞争的动力不足。

表 8　国内外在华核电专利存活期分布

存活期（年）	数量（占比%）	
	国内	国外
0—1	1912（40.99%）	375（24.22%）
2—3	1170（24.97%）	194（12.53%）
4—5	840（17.93%）	202（13.05%）
6—7	423（9.03%）	191（12.34%）
8—9	219（4.67%）	178（11.50%）
>9	113（2.41%）	408（26.36%）

4. 结论和建议

研发是战略性产业可持续发展的重要支撑和保障，客观呈现和全面认识核电技术领域的全球研发态势有助于我国在培育和发展核电产业过程中的研发决策。为全面了解和认识核电产业技术领域的全球研发态势，进一步厘清我国在核电技术领域中的研发现状和竞争地位，本文运用文献计量法和专利分析法对全球核电领域基础研究态势、世界和中国核电专利竞争态势进行了详细分析。结果表明：

（1）美国、日本在核电技术领域成果最为丰富，中国近10年核电论文发表数量增速最快（年均增长率20.08%），呈后来居上态势；美国、日本、澳大利亚、西班牙等发达国家核电研究深度和广度较高，与之相比，中国、俄罗斯、印度等发展中国家差距较大；日本、美国核电研究机构研究深度和广度领跑全球，中国仅清华大学和中国工程院超过平均值；前10高影响力论文主题主要涉及福岛核事故发生后对放射性核素的追踪和测量，以及放射性核素对海洋、大气、土壤、生物群等的影响；福岛核电站事故发生后，国际上更加关注核电的安全运行，也非常重视研发安全性更高、成本更低的可再生能源。

（2）从20世纪50年代开始，全球核电发明活动经过起步、发展、缓慢三个阶段后，近10年来进入局部复苏阶段，核电专利数量增长主要来自中国；日本核电专利申请量领军全球，占总申请量的38.25%，约等量于排名前列的其他9国之和；比利时、意大利、德国、英国、瑞典、瑞士等国专利活跃度较低，表明这些国家的核电产业陷入低潮乃至停滞；比利时、西班牙专利密度较高，国内核电技术人员创新能力较强；中国核电专利申请起步较晚，但活跃度较高，76%核电专利为近8年申请，中国正成为全球核电市场竞争最激烈的国家；世界核电专利申请人以日美欧主导格局：日本以东芝公司、日立制作所、三菱重工为主框架，构筑了日本阵脚，美国以通用电气为主轴形成一极，欧洲则以法国法玛通以及德国西门子形成欧洲势力；近20年，核电专利主题词逐渐从局部、材料、工艺特性向整体、系统特性转变，表明核电进入新一轮产业化阶段。

（3）我国核电产业正处于技术生命周期中的成长期阶段，专利申请人数量和专利申请量均增长迅速；美国、法国、日本高度关注中国市场，三国在华核电专利申请份额约占中国核电专利全部申请量的20%；最近几年，各国均加强了对华核电专利布局，未来中国市场将成为各国核电企业竞争的重要“战场”；我国高校和科研院所在核电专利申请人前10位中占据4席，研发地位显著，国外西屋电气、法玛通、阿海珐等核电企业专利申请量进入前20位；国外申请人在华核电专利侧重于装置、零部件、燃料元件、合金材料等产品类保护，国内申请人除了对产品类专利进行保护外，在检测、维护、安排、对故障的响应等方法类专利也进行了相关布局；相比中国，外国在华申请的核电发明专利比例、权利要求数/独立权利要求数、专利存活期均显著高于国内，在质量上中国核电专利亟待加强。

论文产出能否带来等量的商品化和产业化效果，如何提升专利质量以及扩大在全球的专利布局以保障核电"走出去"的自由通行等，成为中国推进核电技术研发及其产业化发展必须解决的重要问题。另外，自福岛核事故发生后，美国西屋、法国阿海珐、日本东芝等世界核电巨头面临或退出，或破产，或重组的困境，全球多个在建核电项目被叫停或废弃；中国则积极推进核电项目建设，核电装机容量至2020年将达到5800万kW，在建容量达到3000万kW以上，预计到2030年核电装机容量有望超过美法两大核电强国，这些均为我国承接全球核电技术和市场提供了契机。综合以上文献计量与专利分析结论以及世界、中国核电发展的现状和需求，从国家和企业两个层面提出如下建议：

（1）加强顶层设计，完善核电相关法律法规，加大政策支持。政府应当建立核电信息传播与普及工作"大联合、大协作"平台，建立公开、透明的长效机制，提高公众接受度。同时，积极营造核电技术创新及应用良性法治环境，扶持企业完善法律风险防控体系建设，解决核电企业"走出去"中的知识产权困境。

（2）促进跨学科、产学研用协同攻关，加强核电技术自主创新能力。政府应当制定相应机制，协调相关企业利益分配，促成跨学科、跨产学研用的广泛合作，组织多部门协同创新，促进对"万国牌"核电技术的消化吸收和融会贯通。同时，核电企业应当瞄准核心技术和关键技术，积极提高核电技术自主创新能力，实现核电设备全面国产化，打造具有我国自身特色的先进核电关键技术链。

（3）构建具有战略意义的核电专利保护网，加强海内外专利风险预警。对我国核电企业自主研发形成的核电技术成果，企业应当选择高质量的专利代理机构，提高专利申请文本的撰写质量，有策略、成体系地开展专利申请和布局。对于重要的技术突破，应酌情积极在其他国家市场进行专利布局。在出口过程中，我国核电企业必然面临美国通用电气、法国阿海珐、日本东芝/三菱重工、韩国甚至俄罗斯等国核电强企的激烈竞争，因此应当提前做好海外专利风险预警工作，提升海外专利风险防控和侵权应诉能力。

（4）建立核电专利联盟，实现“抱团作战”。以政府为主导，促进中核集团、中广核集团、国家电投等国内核电企业与高校以及科研院所建立核电专利联盟，汇集创新资源、分散创新风险、提高创新能力，快速改变我国海外核电专利布局的不利局面，提升我国核电企业的核心竞争力。

（5）加强国际合作交流，加快突破核电有关标准研究。加强与世界核电强国在核电技术开发和应用领域的合作，探索有效的合作模式，支持核电企业以多种合作模式参与国际核电项目竞标，积极促成与世界核电强国共同开拓第三方市场，规避专利、地缘政治等方面可能的障碍。同时，积极参与或主导第三代、第四代核电技术国际标准和相关协议的制定，建立与国际接轨的国内核电技术与应用标准体系，实现创新成果专利化、关键专利标准化，尽早获得国际话语权。

B 11

后福岛时代日本核能产业国家战略研究

周　杰*

摘　要：

日本核电装机容量位居全球第三。尽管日本核能产业遭受福岛核事故重创，全国核电站曾一度全部关闭，公众对核电的信心也一时难以恢复，因而至今核电重启仍举步维艰。但重新振兴核能产业是日本能源安全保障战略和经济增长战略的需要，是日本应对全球气候变暖战略的关键，更是日本能源技术创新战略和基础设施输出战略的核心。因此，核电作为重要的基荷电力和经济增长支柱产业仍是日本国家发展战略的一项既定“国策”。确保安全前提下尽快重启核电，坚持大力发展核电产业；重点开发快中子增殖反应堆，坚持推动闭式核燃料循环路线；加快核能装备和技术出口，坚持确保核能产业大国地位。“三个坚持”构成了后福岛时代日本重振核电产业战略的基本内容。但在福岛第一核电站事故善后处理问题多多，核电机组重启事故频发，“文殊”号快中子增殖反应堆被迫退役，东芝爆发核电财务危机，以及电力市场自由化和可再生能源发展方兴未艾的冲击下，这一战略将面临其安全性、经济性、技术性和社会性等诸多领域课题的考

* 周杰，国际清洁能源论坛（澳门）秘书长、中国经济社会理事会理事，研究方向为能源经济技术、公共政策和制度比较研究。

验，未来前景难卜。

关键词：

核能产业　福岛核事故　核安全　核燃料循环　快中子增殖反应堆

2011 年 3 月 11 日，东日本大地震引发的福岛第一核电站核泄漏事故，导致日本核电安全神话破灭，日本各界要求废除核电的呼声极其高涨，收拾福岛核事故残局，重拾国民的核安全信任成为国家核能产业发展战略最优先的政策议程。2012 年 9 月，当时的民主党野田政府顺从了反核民意，在“革新能源环境战略”中提出“到 2030 年核电归零”的政策目标。① 与此针锋相对，重新执政的自民党和公明党联合政府则否决了前政府的废核方针，一方面提出“尽可能减少对核电的依存度”②，另一方面又明确提出，到 2030 年核电占比要达到 20%—22%的目标③。2015 年 8 月 11 日，日本九州电力的川内核电站 1 号机组重启，这是福岛核事故后根据日本原子能规制委员会制定的“新管制基准”审查合格后重启的第一个核电站。它标志着日本实行近两年“零核政策”的终结，开启了后福岛时代重振核能产业战略的序幕。本文主要从日本发展核能产业的政策战略、技术战略和市场战略，分析后福岛时代日本重振核电的战略目标、政策措施以及未来发展前景。

一、坚持发展核电的基本国策，确保安全前提下重启核电

福岛核事故后，日本发展核能产业的内外环境都已出现诸多变化。2017 年 7 月 21 日，日本内阁会议通过了原子能委员会制定的《关于原子能利用的基本观点》，这份文件分析了当前核能产业所面临的国内外形势，指明了日本政府今后核能政策的基本目标和政策措施，明确提出核电成本低，温室气体排放少，从对国民经济产生的影响和应对全球气候变化的观点来看，必须积极推

---

① エネルギー・環境会議「革新的エネルギー・環境戦略」、2012 年 9 月 14 日。

② 「自由民主党・公明党連立政権合意」、2012 年 12 月 25 日。

③ 経済産業省「長期エネルギー需給見通し」、2015 年 7 月。

动核电产业的发展①。这一基本观点与福岛事故前的国家大力发展核能政策主基调并没有任何变化，经过几年的政策摇摆和纠结，尽管提法因顾忌舆论而有所变化外，其实质完全相同。

（一）发展核能产业政策的变与不变

日本原子能委员会是根据《原子能基本法》于1956年成立的。它是日本制定核能产业政策的司令部，过去主要负责编制和执行“原子能研究、开发及其利用长期计划”，历史上曾编制完成了10部日本核能产业发展五年规划，最后出台的一部规划是2005年10月更名后制定的“原子能政策大纲”，此后规定根据国内外形势的发展变化每10年调整一次。2010年11月，原子能委员会成立了“新大纲策定会议”准备修订“原子能政策大纲”。因突如其来的东日本大地震及其所引发的福岛核事故打断了核能产业重新规划布局的进程。2011年8月重新复会，前后共进行了5次审议。由于日本原子能委员会职能本身面临重新调整，2012年10月修订工作被迫中止。

2005年制定的“原子能政策大纲”提出了国家发展核电产业的三大目标，即：（1）到2030年核电占总发电量的30%—40%；（2）坚持推进核燃料循环政策；（3）到2050年实现快中子增殖反应堆商业化等②。根据“原子能政策大纲”确立的目标，2006年5月，日本政府制定的“新国家能源战略”正式将“原子能立国计划”列入国家能源战略议程③。8月，日本政府正式出台“原子能立国计划”。计划提出核能产业不能完全市场化，必须确立坚定发展核能产业的国家战略和政策框架，核能产业政策必须作为国家战略来推动④。于是，2010年6月制订的第三次能源基本计划，明确将核能定位为“中长期支柱能源”，提出大力发展的规划：（1）核电占比到2020年要达到40%，到2030年要达到50%；（2）到2020年新建核电机组9台，设备利用率达到85%；到2030年新建14台，设备利用率达到90%。（3）快堆到2025年建立

① 原子力委员会「原子力利用に関する基本的考え方」、2017年7月。
② 原子力委员会「原子力政策大綱」、2005年10月11日。
③ 「新・国家エネルギー戦略」、2006年5月。
④ 「原子力立国計画」、2006年8月8日。

示范堆，到2050年实现商业化运营①。福岛核事故发生后，2011年5月，菅直人首相宣布废除到2030年核电占比50%的政府能源基本计划。

"3·11"后日本核电究竟走向何方？日本核能产业发展走向成为政策争论的焦点。日本国内大致可以分为三大派，其一是主张马上废除，其二是主张维持现状，其三是主张继续发展。当时的民主党政府于2011年6月成立了"能源环境会议"，2012年9月公布的《革新性能源环境战略》，提出尽早实现不依赖核电社会的三原则，第一是严格执行核电寿命期40年的期限；第二是重启核电必须得到原子能规制委员会的安全审查；第三是不再新建或增加核电；到2030年实现核电归零的目标②。

2012年年底自民党重新执政后，反核派和挺核派经过3年的激烈争论和较量，2014年4月日本政府出台的第四次能源基本计划终于明确了核电的战略定位和基本政策方向。计划首先列举了核电优点："第一，核电消耗资源较小，而释放能量巨大；第二，作为一种低碳的准国产能源仅靠国内既有的核燃料就可维持多年生产，供给稳定且高效；第三，发电成本较低，运行稳定，不排放温室气体。"因此，核能完全符合日本能源政策的三大指标，即能源的安全保障、经济性和环境性。称之为3E+S③。因此，在确保安全的前提下，核电是有助于能源供求结构稳定的"重要基荷电源"。与此同时，"通过节能和可再生能源的利用以及发展高效火电，尽可能降低对核电的依存度。根据这一方针，立足于我国今后能源制约条件，从保障供给，降低成本，应对全球变暖，为维持确保安全所必需的技术和人才出发，将确保一定的核电规模"④。

2015年7月，日本政府在公布的长期能源供求展望中提出了到2030年能源结构规划，确定了各种能源的配比和量化目标。具体政策目标有三个：其一是能源自给率要由6%提高到25%；其二是降低发电成本；其三是温室气体减

---

① 「エネルギー基本計画」、2010年6月。

② エネルギー・環境会議「革新的エネルギー・環境戦略」、2012年9月14日。

③ 日本能源政策的基本原则是所谓的"3E+S"，即以能源的安全性（Safety）为前提，把能源的稳定供给（Energy Security）放在第一位，提高经济效率（Economic Efficiency）实现低成本的能源供给，同时实现与环境（Environment）的协调发展。

④ 「エネルギー基本計画」、2014年4月。

排目标不低于欧美发达国家的水平。从整个发电燃料构成来看（图1），在实现节能17%目标的基础上，可再生能源发电占比为22%—24%，核电占比为20%—22%，天然气火力发电占比为27%，燃煤火力发电占比为26%，石油火电占比为3%，整个火电占比为56%①。

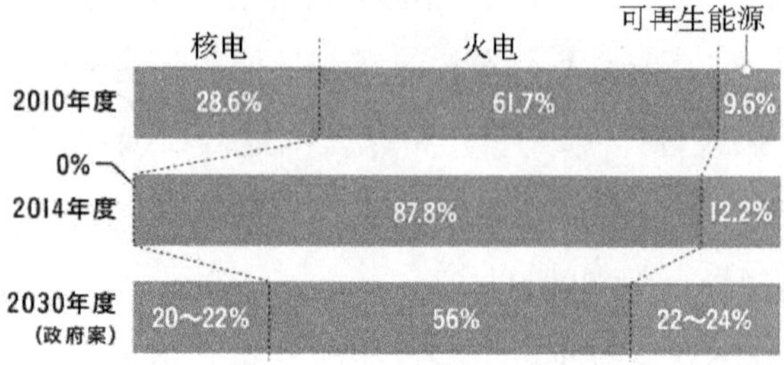

图1　日本电力结构优化配置计划

实际上，日本2000年国家行政体制改革之后，核能政策制定已不再集中于内阁原子能委员会。有关核能产业发展的目标和政策措施主要分散在“能源基本计划”“科技发展计划”等各省厅所制定的规划上，如核能产业发展战略的定性部分主要体现在“能源基本计划”，日本政府会根据《能源政策基本法》每隔三年制订一次计划，而定量部分则主要体现在日本政府制定的“长期能源供需展望”之中。

2013年12月，政府开始研究重新调整原子能委员会的职责，不再由原子能委员会单独制定“原子能政策大纲”②。2014年6月，《原子能委员会设置修正法》获得国会批准，12月16日，原子能委员会改组成立了新的委员会，新原子能委员会较之前相比，机构编制缩小，权限有所弱化。尽管不再沿用过去那种制定长期核能产业发展规划的方法，但作为政府原子能政策的主管部门，明确原子能利用的战略方向并制定国家相关政策方针仍是其主要职责之一。为此，此次原子能委员会制定的“关于原子能利用的基本观点”，主要是为了取代福岛核事故之前制定的“原子能政策大纲”，今后将根据形势发展变

① 経済産業省「長期エネルギー需給見通し」、2015年7月。

② 原子力委員会の在り方見直しのための有識者会議「原子力委員会の在り方見直しについて」、2013年12月10日。

化每5年修订一次。

（二）核电安全管理的新体制和新机制

为吸取福岛核事故教训，日本对核能管理体制进行了改革。其一，新设立原子能规制委员会以确保核安全一元化领导体制；其二，大幅修订核反应堆规制法，即《核原料物质、核燃料物质及核反应堆规制法》；其三，发布自2013年7月开始实施的新规制基准，审查发放核电运营许可证。具体内容如下：

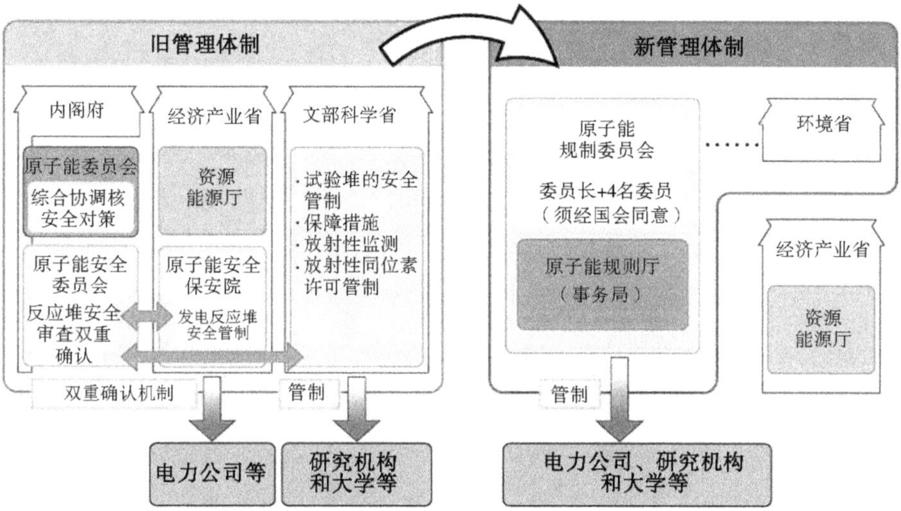

图2 日本原子能管理体制的新变化

资料来源：原子力規制委員会「原子力規制委員会パンフレット」。

第一，新设原子能规制委员会。日本内阁、经济产业省和文部科学省是日本主导核能政策的三大政府部门。内阁府的原子能委员会负责制定和平利用原子能的总体政策和方针，经济省资源能源厅则具体负责核能产业政策制定和实施，文部科学省则主要承担核能的科技研发管理。如图2所示，福岛核事故前，原子能安全管制主要由经济产业省下属的原子能安全保安院承担，而经济产业省本身又是核能产业的管理者，为了解决既当运动员又当裁判员的问题，2012年6月日本国会通过了《原子能规制委员会设置法》，同年9月原子能规制委员会正式成立。原来由经济产业省、文部科学省、内阁府所管辖的原子能安全监管权统一交由原子能规制委员会管理，原来的原子能安全保安院和原子能安全委员会废止。原子能利用者和管理者进行分离，原子能规制委员会作为一个相对独立的委员会设在环境省内，目的是构建一个独立、专业、透明的原子能安全管理体制。

第二，修订《核反应堆规制法》①。主要修正要点如下：

1. 在规制目的条文中明确指出：（1）必须保护国民生命、健康和财产安全，保护环境以及保障国家安全；（2）必须应对重大自然灾害和恐怖活动等其他犯罪行为；（3）核设施发生重大事故时，必须防止超过正常水准的放射性物质逸出该核电厂或事故区域；（4）削除了“必须确保有计划地利用核原料、核燃料和反应堆”的条款，仅保留“必须确保原子能用于和平目的”的条款。

2. 采取应对重大事故的措施。作为核准发电核反应堆设置的许可条件之一，申请业主必须具备防止重大事故发生和扩大所必需的技术能力。核电业主有义务采取包括重大事故对策在内的安全防护措施。作为安全评估要件之一，业主有义务评估发生重大事故的可能性（不限于发电核反应堆，包括核燃料加工和乏燃料再处理等重大事故的对策）。

3. 最新规制适用于既有的核发电设施。核反应堆发电业主必须保证发电核反应堆符合原子能规制委员会所规定的技术标准。对于不符合新规制的发电核反应堆，原子能规制委员会有权采取停止使用、改造、修理或者转移等相关安全保护的必要措施。

4. 核电站运营年限原则上为 40 年。核电反应核运行年限从发电前检查合格之日开始计算，限 40 年。但是经原子能规制委员会认可，最多可申请延长 20 年（限一次）。

第三，出台新规制基准。核反应堆规制法修订后，核电项目的核准权归由原子能规制委员会执掌，规制基准也由原子能规制委员会制定和公布，新规制基准从 2013 年 7 月开始实施。如图 3 所示，新规制基准最大的两个特点是：其一，重新设定自然现象所引发的安全事故及其对策，大幅提高了设计标准；

① 「核原料物質、核燃料物質及び原子炉の規制に関する法律」（平成二十九年六月三十日改正）。

其二，新增加了重大事故对策的内容①。

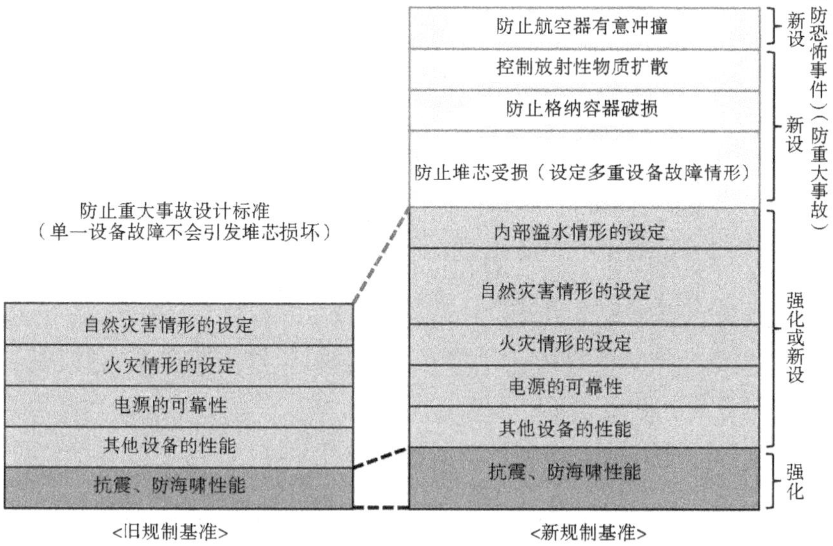

图 3 旧规制基准与新规制基准比较

1. 提高设计标准。为了降低预想外事故发生的概率，必须提高核电站的设计标准。例如新设了对海啸的评估和应对措施以及对其他自然现象引发事故可能性的预设事项。扩大应对火灾、电源丧失、内部溢水等安全防护措施。

（1）严格评估地质断层以防止地震崩塌引发事故。评估对象由原来的活断层变更为断层，若无法判断地震地质运动，地质年代评估将由原来的更新世后期（12 万—13 万年前）追溯到更新世中期（大约 40 万年前）。

（2）禁止在地质断层上建设重要设施。重要建筑物不能建在将来有可能发生地质运动的断层地基上。

（3）增加对海啸的评估和应对措施。以可能发生的最大级海啸为防护基准，设立防止海啸进入或流入的防潮堤等防护设施，防止建筑物内浸水，海啸防护设施须具备高抗震性。

（4）增加应对其他自然现象的措施。如火山、龙卷风和森林火灾的对策。

（5）除自然现象外，必须应对一旦发生安全功能同时丧失的情形。加强

① 原子力規制委員会「実用発電用原子炉に係る新規制基準について」。

应对火灾措施，必须确保重要电气设备线缆的非易燃性；确保电源的稳定性；确保外部电源双回路的独立性；增加非常用交流电源（配备常设的非常用柴油发电机2台至3台，电源车2台）；同时加强燃料储备（保证7天）；防止内部溢水，防止由于管道和水箱破裂造成水和蒸汽泄漏。

2. 重大事故对策。超过设计标准的特大事故原来由核电厂自主负责安全防护，而新规制基准则规定，安全防护不仅由业主自行负责，原子能规制委员会也要参与管理。要防止堆芯损坏和氢气爆炸等特大事故的发生，一旦发生重大事故要防止放射性物质大量逸出，采取减缓影响的有效措施。

（1）防止堆芯损坏的措施。在丧失各种安全机能的情况下也应采取措施确保冷却功能正常工作。例如，要配备可以向堆芯注水的可移动式注水设备，沸水堆要利用可进行注水作业的可移动式电源打开放气的安全阀，确保可以给反应堆减压的手段，设立“紧急状态控制室”以实现远程操控反应堆的冷却。

（2）防止安全壳破损的措施。即使堆芯损坏也要求保证安全壳不会破损。例如沸水堆要减少放射性物质，必须配置带过滤器的排气系统（压水堆可有5年犹豫期）。在冷却溶解堆芯的安全壳下部必须配置注水设备。

（3）防止放射性物质向核电厂外扩散。即使安全壳破损的情况下也要求采取措施防止放射性物质向核电厂外部泄漏。例如在反应堆建筑物外配置注水设备，可通过向反应堆建筑物内注水来防止放射性物质向大气层外逸。

（4）大规模破坏核设施的应对措施。要求对飞行器故意冲撞等恐怖事件所造成核设施大规模破坏的情况采取措施，确保反应堆安全壳冷却系统正常工作。例如，以可移动设备为主，接入口分散布局，与反应堆保持一定的距离；设立紧急状态控制室等应对特大事故的设施，替代过去的中央控制室（可有5年犹豫期）。

此外，日本还强化了核灾害防止体制和措施，完善了《原子能灾害对策特别措施法》，重新修订了“原子能灾害对策指针”和“防灾基本计划”，与此同时，政府部门加强对核电企业的安全检查，制定了“轻水堆安全技术和人才路线图”，倡导核电行业加强自主安全管理，建立“深层防护”机制，积极培育“核安全文化”。

（三）合规性审查与核电重启

福岛核事故前，日本国内运营的商业核电机组共有54台，2010年度日本核电占总发电量的30%左右。福岛核事故之后，2011年度降至10.7%，日本核电站从2012年5月开始以紧急制停、定期检查等名义逐步一一关闭。2012年7月，关西电力大饭核电站的3号和4号机组为应对电力不足曾临时运行了1年零2个月，至2013年9月关闭后，日本真正进入了“零核电”时代。2012年度和2013年度核电占比分别为1.7%和1.0%，2014年度为0%，2015年度为1.1%。如图4所示，2010年度核电设备利用率为67.3%，而2013年度、2014年度、2015年度分别降至2.3%、0%、2.5%。

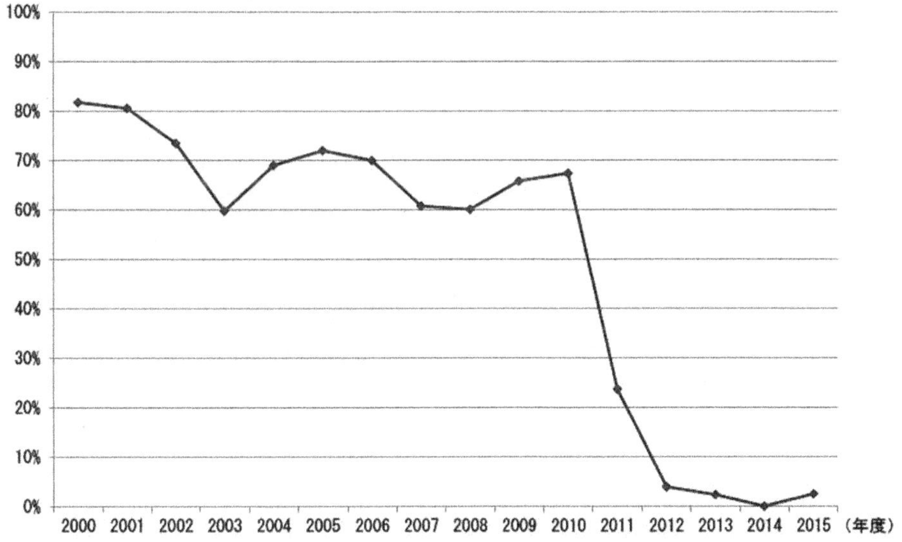

图4 日本核电设备利用率

资料来源：日本电力事业联合会资料。

福岛核事故后，在运核电站采取“追溯规则（Backfit Rule）”，重启必须根据最新规制基准进行合规性审查。2013年7月，九州电力向原子能规制委员会递交了川内1、2号机组重启的申请，2014年9月两个机组通过了安全审查。2015年8月11日，经原子能规制委员会合规审查批准，九州电力川内核电站1号机组重启，这是福岛核事故后根据原子能规制委员会制定新管制基准审查合格后重启的第一个核电站，10 月 15 日，2 号机组也重启，从此日本结束了近两年的“零核电”时期。2016 年 2 月，关西电力高浜核电站的 3 号、4 号机组又陆续重启，但 4 号机组很快因发电机事故而自动停运，当地的大津地方法院以安全问题要求其暂停两台核电机组运营，关西电力不服上诉至大阪高等法院。2017 年 3 月，大阪高等法院驳回了当地法院暂停运营的处理，5 月和 6 月两台机组又分别再度重启。再加上 2016 年 9 月四国电力伊方核电站 3 号机组的恢复重启，目前日本实际运营的核电机组共 5 台。

从法律上来说，通过审查后的机组是否重启，何时重启完全由核电业主自行决定，但重启程序规定必须由核电站与当地自治体签订原子能安全协定，事实上要经过当地地方政府的同意方可重启。而且根据《原子能灾害对策特别措施法》，地方政府有义务和责任在核电站 30 公里半径内制订“地区防灾计划”。因此，核电重启仍面临重重困难。截至 2017 年 10 月 4 日（含在建的 3 台机组），已重启运营的有 5 台核电机组，7 台机组已通过了合规性审查，有 14 台机组还在审查中，尚有 19 台机组未提出重启申请①。

福岛核事故直接导致福岛第一核电站的 6 台机组全部报废。由于输出功率较小，安全费用投资较大，超过服役期的关西电力美浜核电站 1 号、2 号机组（福井）、九州电力玄海核电站 1 号机组（佐贺）、中国电力岛根核电站 1 号机组（岛根）、日本原子能发电敦贺核电站 1 号机组（福井）、四国电力伊方核电站 1 号机组（爱媛）等 7 个机组决定报废。这样，截至 2017 年 9 月，目前实际尚存可运行核电机组为 42 台②。

如图 5 所示，如果按照核反应堆服役年限 40 年为基准，设备利用率为 70%的条件下，到 2030 年只剩下 20 台机组，核电占比约为 12%。假如目前可运行核电机组 42 台全部延寿至 60 年，到 2030 年还能确保 24%的核电占比。因此，核电占比要实现如此高位目标意味着必须通过延长核电服役期或新建核电站来完成。目前日本国内在建的核电机组只有 3 台，分别是电源开发公司的大间核电站（ABWR，1383MWe），东京电力的东通 1 号机组（ABWR，

① http：//www.enecho.meti.go.jp/category/electricity_ and_ gas/nuclear/001/pdf/001_ 02_ 001.pdf.

② 日本原産協会「日本の原子力発電炉（運転中、建設中、建設準備中など）」、2017 年 9 月 6 日。

1385MWe)，中国电力的岛根 3 号机组（ABWR，1373MWe）。拟建核电机组为 6 台，分别为日本原子能发电的敦贺 3 号和 4 号机组，东京电力东通 2 号机组，中国电力上关 1 号和 2 号机组，九州电力 3 号机组。但在目前的形势下新建或改造换代更多机组是不现实的，实际上有多少核电机组能延寿是能否达到 20%—22%占比目标的关键。2016 年 6 月，高浜核电 1、2 号机组首次取得延寿至 60 年的许可，11 月美浜核电 3 号机组也取得延寿的许可。由于延寿的条件、程序和审查时间非常复杂和漫长，导致核电业主往往不得已而选择到期退役，福岛事故后已有 13 台机组先后退役，日本目前面临总计 18 个核电机组的退役任务。

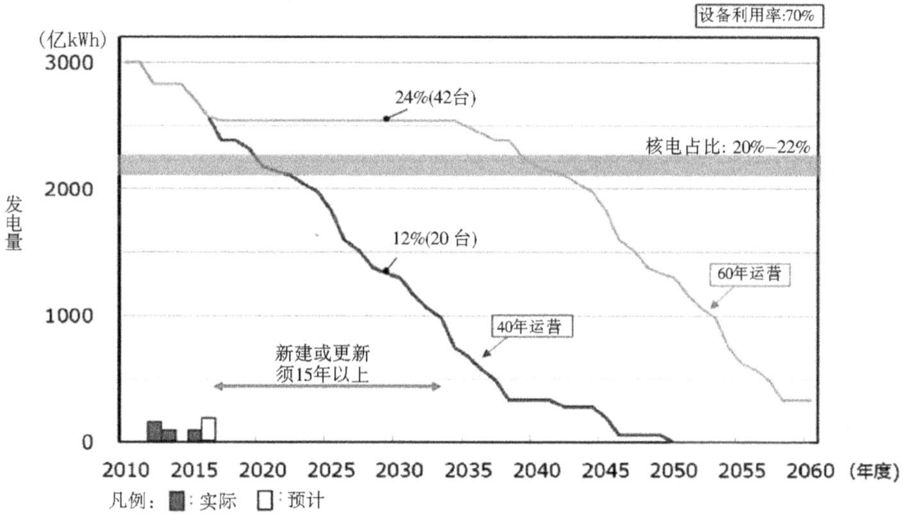

图 5　日本核电发电量预测

综上所述，核电长期以来一直是日本能源战略的基石。福岛事故后，发展核能产业仍是日本既定的国家战略。因此，日本政府一方面要迅速处理好福岛第一核电站当前所面临的废堆、污水、赔偿以及灾民等善后问题，另一方面也要竭力尽快尽多地重启核电，预计到 2017 年年底重启机组可达到 7 台，到 2018 年年底重启机组将达到 12 台。而重启核电的大前提是确保安全。日本制定的新规制基准号称是全世界最严格的安全标准，但核电绝非零风险，无论发生何种情况都应当以安全优先为最高原则。

二、坚持发展核燃料闭式循环，重点开发快中子增殖反应堆

核燃料闭式循环是指将核电站的乏燃料进行后处理，从乏燃料中分离出来铀和钚再加工成钚铀氧化物混合燃料（MOX），然后再返回反应堆作为燃料循环使用，从而形成核燃料闭式循环。日本长期坚持发展核燃料闭式循环战略，选择闭式循环有两条技术路线，其一是利用轻水堆钚热发电循环，其二是利用快中子增殖反应堆循环。福岛核事故后，日本尽管核燃料闭式循环技术路线一直停滞不前，而且文殊号快中子增殖反应堆也以废堆而告终，但今后继续发展快堆的目标和决心仍非常坚定。

（一）坚持发展核燃料闭式循环政策

核燃料循环通过资源的有效利用可提高能源自给率，进而有助于能源安全保障。一方面是为了回收有用的铀和钚，再制成二氧化铀或铀钚混合氧化物燃料返回反应堆中使用，可提高铀资源的利用率。另一方面，也可借此显著减少放射性废物体积和毒性，经过后处理后产生的高放废物量约 0.5 立方米/吨，仅为直接地质处置处理方式的四分之一，同时可使最终处置废物的放射性毒性降低一个数量级以上。因此，日本高度重视核电厂乏燃料后处理技术，长期坚持核燃料闭式循环政策及技术路线。

早在 1956 年，日本原子能委员会制定的第一部“原子能研究、开发以及利用长期计划”就提出要推行核燃料循环政策，乏燃料后处理要尽量采用国内技术的方针。这一政策的出发点是将乏燃料视为一种“资源”，通过“后处理”可有效利用钚和铀资源，因此乏燃料要全量后处理，并未将其视为核废料。这一思想直接影响到其后《特定放射性废物最终处置法》的制定，该法关于地质处置对象实际上并未包含乏燃料，特定放射性废物仅限定于“经后处理过后产生的放射性废物”。2005 年的“原子能政策大纲”继承了国内商业堆产生的乏燃料全量后处理的原则，其目的就是要最大限度地利用铀资源，减少高放射性废物的毒性和体积，从而尽量减少最终处置的占地面积。

福岛核事故后，2012 年民主党政府的“革新能源环境战略”尽管提出要逐步弃核，但仍表示要继续支持过去一贯的核循环政策。2014 年的第四次能源基本计划提出日本要重建原子能政策，继续推进乏燃料后处理和钚热发电等核燃料循环政策。但提出了要调查研究直接处置等替代处置方法，增加了后处理之外的其他选项。由于放射性废物最终处置需要花很长的时间，因此当务之急主要加强乏燃料的贮存能力。2015 年 5 月，日本政府发布了“关于特定放射废物最终处置基本方针”，提出政府将积极加强中间贮存和干式贮存设施的建设和利用，不拘泥于核电站内外，更大范围内寻找新建贮存地点的可能性①。由于核燃料循环相关设施建设大幅拖延，“乏燃料中间贮存→乏燃料后处理→高放射性废物处置”的各个环节处处遇坎。

第一，乏燃料中间贮存环节。乏燃料进入后处理前必须暂存在核电站或后处理工厂的燃料贮存池中，称之为乏燃料中间贮存。由于六个所后处理工厂尚未启用，未经后处理的乏燃料只能贮存在核电站内或其他地方。东京电力与日本原子能发电两公司共同成立了核循环燃料贮存公司，在青森陆奥市设立了乏燃料贮存中心，目前是日本唯一的中间贮存设施。1 号楼贮存量为 3000 吨铀，计划修建的 2 号楼贮存量为 2000 吨铀，贮存总容量为 5000 吨铀。福岛核事故后，该设施正在申请合规性审查，目前尚未正式启用。日本现在各核电站及六个所后处理工厂贮存的乏燃料约 18000 吨，而贮存容量总计仅为 24000 吨②。因此，由于各个核电站贮存能力已接近极限，必须尽快扩大贮存容量。日本曾有多家公司拟出资兴建中间贮存设施，但因当地反对未能建成。

为解决有关乏燃料贮存和后处理问题，第四次能源基本计划明确提出，要编制核电厂乏燃料处置规划，推进乏燃料贮存和处理；加快乏燃料离堆贮存能力建设；积极推动大型商用后处理厂选址和建设，缓解核电厂乏燃料在堆贮存压力。2015 年 10 月，日本政府发布了“乏燃料对策推进计划”。日本电力企业联合会为落实此计划制定了“推进乏燃料后处理具体计划”，主要目标是确保乏燃料的贮存容量，到 2020 年通过乏燃料贮存架高度调节，新设干式贮存

① 「特定放射性廃棄物の最終処分に関する基本方針」、2015 年 5 月。

② 日本经产省官网「放射性廃棄物の適切な処分の実現に向けて」（统计截至 2017 年 5 月底）。

设施等方式进行增容，贮存规模扩大4000吨，到2030年再扩大2000吨，总目标要扩容6000吨的乏燃料贮存规模①。日本核电厂乏燃料在堆贮存能力紧张，外运需求急迫。

第二，乏燃料后处理与MOX燃料加工环节。乏燃料后处理是日本核燃料循环政策的重要组成部分。核燃料循环是一个超长产业链的高端产业，涉及的技术领域广泛而复杂。日本采用化学法后处理乏燃料，分离提取铀和钚之后，再加工成MOX燃料换装发电。日本根据"反应堆规制法"指定的乏燃料后处理工厂有2家，分别位于茨城县的东海村和青森县的六个所村。

东海村乏燃料后处理工厂由日本原子能研究开发机构（JAEA）负责运营，1971年开建，1977年接受乏燃料进厂。东海乏燃料后处理工厂在引进和消化了国外后处理技术的基础上，开发了轻水堆乏燃料后处理技术，为试验堆和原型堆（常阳号、普贤号、文殊号）提供MOX燃料。日本MOX燃料相关技术的开发主要在东海村的钚燃料技术开发中心完成。这一技术在其后的六个所村乏燃料后处理工厂也得到了应用。截至2016年年底，日本已通过试验堆累计生产加工MOX燃料173tHM②。

六个所村乏燃料后处理工厂是对BWR和PWR等乏燃料进行后处理的大型商业化设施，由日本原子能燃料公司负责运营。该工厂1993年开建，当初计划1997年12月竣工，年最大处理能力为800吨铀，乏燃料贮存设备最大贮存能力为3000吨铀。之后施工延期多达28次，建设费用由最初的7600亿日元增至21930亿元。2000年12月，工厂开始接受全国核电站的乏燃料处理业务，现已储存乏燃料2964吨铀，逼近饱和状态③。福岛核事故后，2014年1月，该厂根据新法规提出了合规审查申请，目前正在受理中，预计工厂将于2018年全面竣工。此后的五年规划后处理量分别将达到80吨、320吨、480吨、640吨、800吨。在国内乏燃料后处理工厂建成之前，日本主要委托国外

① 電気事業連合会「使用済燃料貯蔵対策の取組強化について」、2015年11月20日。

② 原子力委員会「原子力白書2016版」、2017年9月。

③ 資源エネルギー庁「競争環境下の核燃料サイクル事業の課題」（総合資源エネルギー調査会電力・ガス事業分科会原子力小委員会第2回原子力事業環境整備検討専門WG参考資料1）、2015年7月。

机构进行乏燃料后处理。日本曾委托法国处理过 2900 吨乏燃料，委托英国处理过 4200 吨乏燃料。乏燃料后处理所提取的钚分别委托法英两国保管，而高放射性废弃物玻璃固体则运回日本贮存和保管。

乏燃料后处理提取的钚与铀混合加工合成 MOX 燃料。过去，日本国内没有 MOX 燃料加工企业。各电力公司主要委托英法两国代为加工，然后再从英法进口 MOX 燃料。2010 年 10 月，日本在青森六个所村同时开工建设 MOX 燃料加工工厂，同样由日本原子能燃料公司负责运营。年最大加工能力为 130tHM，原计划 2012 年 4 月竣工，受福岛事故影响工期一直拖延，建设费用已为当初的 1200 亿日元增至 2100 亿日元，预计 2019 年才能全面竣工。

为适应电力自由化的新形势，政府将直接参与核燃料后处理，以实施国家核燃料后处理战略。2016 年 5 月，日本制定《后处理资金筹措法》，强制要求国内电力公司出资承担后处理成本，以取代之前由电力公司公积金资助后处理项目的做法。10 月 3 日，日本在青森县成立了国家乏燃料后处理机构（SFRO），这一机构将负责筹集后处理费用，并编制乏燃料后处理战略。实际后处理作业仍将由日本核燃料公司（JNFL）负责实施。

第三，高放射性废物处置环节。乏燃料后处理提取钚之后的废液是高放废物，能对环境和人体产生的有害放射线可达数万年。高放废液必须经浓缩固化后才能储存和处置，玻璃固化是应用最多的高放废液固化技术。国际通用的做法是采用地质处置法，将废物玻璃固化后装入包装容器，再放入地下 300 米的处置库中进行隔离。根据《特定放射性废物最终处置法》和日本政府的《特定放射性废物最终处置基本方针》，日本原子能环境整备机构（NUMO）负责实施高放射废弃物处置，包括处置库的用地和建设、高放射废弃物搬运和封存等。NUMO 自 2002 年起开始选择地质处置用地，但至今还没有着落。

实行一次性通过的核电国家一般将整个乏燃料定义为高放射性废物，而发展核燃料循环的国家则将玻璃固化体定义为高放射性废物。日本从 1995 年开始加工玻璃固化体，目前贮存的玻璃固化体已达 2448 根，其中包括英国和法国返还的 1830 根，JAEA 和 JNFL 国内加工的 618 根。此外还有各个核电站和六个所村后处理工厂储存的1.8万吨铀乏燃料，相当于24000根玻璃固化体的量[①]。即使日本不再发展核电，这些核废料如何处置也是政府无法逃避的责任。何况随着核电恢复重启，这些高放废物将继续不断增加。因此，尽快选定高放处置库地址，解决好最终处置的难题是当务之急。

2013年12月，日本设立了“最终处置相关大臣会议”，由政府牵头来处理和解决高放废物问题。为此，经产省设立了放射性废物和地质处置技术两个工作组。2014年5月，两个工作组分别提供了选址科学要件和基准的工作报告[②]。政府立即根据工作组专家意见确定了《特定放射性废物最终处置基本方针》[③]。日本“第四次能源基本计划”明确提出国家要采取积极推进最终处置的方针，具体措施就是从科学角度例证适合填埋区域。2016年5月，日本原子能委员会设立放射性废物专门部会，对政府的最终处置活动进行综合评估。2017年7月，日本经济产业省公布了高放废物地质处置“科学特征图”。这是一份核废料适合填埋区域的地图，把日本全国国土按照“是否适合填埋核废料”分成了适合和不适合两大类。其中不适合填埋的地区，多数都存在火山或者活动断层。对于拥有煤、石油、天然气、金属或其他矿物资源的地区，由于未来可能开展矿物开采活动，也不适于建设处置库。核废料处理厂所在地青森县和发生过核泄漏事故的福岛县，也被划归为不适合填埋地区。公布这份地图意味着日本在最终处置进程中迈开了新的一步，其意图是通过与公众沟通取得国民的理解、信任和支持。根据2000年5月制定的《特定放射性废物最终处置法》，最终确定高放射性核废料填埋场选址还要经过三道程序：第一道，要经过文献调查、概要调查和精细调查三个阶段，至少需要20年以上的考证；第二道，要征得地方自治体同意；第三道，要获得原子能规制委员会审批后方可确定。总而言之，福岛核事故之后，日本国民对于高放核废料的危险性更加警惕，处置库选址将会变得越来越困难。

---

① 统计截至2017年3月底，調査と情報 No. 956，2017年4月6日。

② 総合資源エネルギー調査会電力・ガス事業分科会原子力小委員会放射性廃棄物 WG「放射性廃棄物 WG 中間とりまとめ」、2014年5月，総合資源エネルギー調査会電力・ガス事業分科会原子力小委員会地層処分技術 WG「最新の科学的知見に基づく地層処分技術の再評価—地質環境特性および地質環境の長期安定性について」、2014年5月。

③「特定放射性廃棄物の最終処分に関する基本方針」、2015年5月。

（二）推进轻水堆钚热发电

日本最初计划是以快中子增殖反应堆生成钚为中心的核燃料循环，如此便可不再依赖进口铀，从而实现国家能源自给之梦。为此，日本重点开发快堆技术。1977 年常阳号试验堆达到临界，但 2007 年因事故停运。1994 年文殊号原型堆达到临界，也因事故不断于 2016 年年底被迫废堆。日本快堆技术研发和试验屡屡触礁。于是，日本转而启动钚热发电计划。钚热发电是从乏燃料中分离出来钚和铀所形成混合氧化燃料（MOX）作为轻水反应堆燃料循环利用(见图 6)。

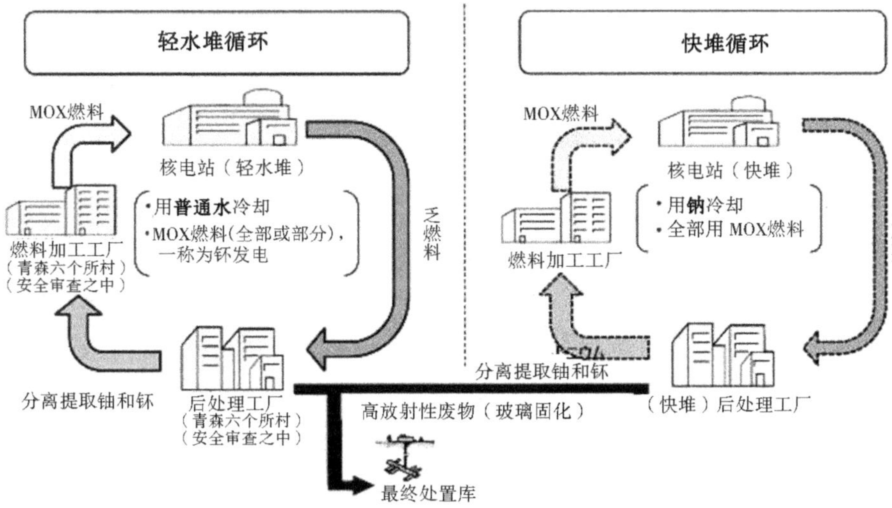

图 6 轻水堆和快堆循环图

早期日本原子能发电的敦贺 1 号机组，关西电力的美浜 1 号机组曾以 MOX 燃料进行钚热发电试验，其使用的 MOX 燃料主要委托英法两国加工后运回国内进行发电。1997 年 2 月，日本政府在《关于当前推进核燃料循环的意见》中提出要加快发展轻水堆钚热发电①。根据这一方针，各电力公司相继制订了钚热发电计划。但 1999 年发现委托英国加工的 MOX 燃料存有严重质量问题，关西高浜核电站为此而停止钚热发电，并将 MOX 燃料退还给英国。2002 年东京电力钚热发电也发现类似问题而停运。2003 年 10 月，原子能安全规制

① 「当面の核燃料サイクルの推進について」、1997 年 2 月 4 日。

部门制定了核燃料质量保证的规定。2004 年 2 月，经原子能安全保安院对海外加工的 MOX 燃料验收合格后，关西电力才拟重启钚热发电，但美浜 3 号机组因发生配管破裂事故，关西电力的钚热发电计划再次遭到搁浅。2009 年 6 月，日本电力联合会公布了新的钚热发电计划，钚热发电机组计划到 2015 年要达到 16—18 台，每年可消费分离钚 5.5—6.5 吨。但之后只有 4 台机组先后实现了钚热发电，分别是九州电力玄海核电站 3 号机组，四国电力伊方电站 3 号机组，东京电力福岛第一核电站 3 号机组，关西电力高浜 3 号机组①。

福岛事故后，由于核电站重启困难，六个所后处理工厂运营滞后，造成钚热发电举步维艰。尽管目前恢复重启的 5 台机组中有 3 台采用了钚热发电。但只是杯水车薪，难以消耗大量库存的钚。因此，钚热发电效应并未显现，而且与目前的铀价格相比，核燃料循环的成本反而更高。核燃料循环另一个好处是从乏燃料中分离出钚和铀，可降低高放废物的放射强度，缩短衰减期限，减少废物容积。但是，乏燃料后处理和 MOX 燃料再加工以及快堆商业化若没有实现，那只是纸上谈兵。因此，日本又把希望寄托在目前在建的大间核电站上，一般的钚热发电为换装三分之一 MOX 燃料代替，而在建的大间核电站计划运用“FULL MOX”模式，即所有堆芯使用 MOX 作为燃料，每年可消费 1.1 吨钚，此举在全世界商业反应堆中可谓开了先河。但此项目何时能竣工还遥遥无期。

日本由于快堆和钚热发电进展均不顺，钚保有量不断增加。1993 年钚总量只有 10 吨左右，但到了 2015 年年底，乏燃料后处理所分离出来的钚总量达到 47.9 吨，而后处理前乏燃料所含的钚尚有 161 吨②。如表 1 所示，截至 2016 年年底，日本分离钚的总存量为 46.9 吨，其中国内存量为 9.8 吨，海外存量为 37.1 吨，包括委托法国乏燃料后处理的分离钚为 16.2 吨以及委托英国乏燃料后处理的分离钚为 20.8 吨③。

---

① 九州電力玄海原子力発電所 3 号機（2009 年 12 月）、四国電力伊方発電所 3 号機（2010 年 3 月）、東京電力福島第一原子力発電所 3 号機（2010 年 10 月）、関西電力高浜発電所 3 号機（2011 年 1 月）。

② 内閣府原子力政策担当室「我が国のプルトニウム管理状況」（第 24 回原子力委員会資料第 1 号）、2016 年 7 月 27 日。

③ 内閣府原子力政策担当室「我が国のプルトニウム管理状況」、2017 年 8 月 1 日。

表 1 日本分离钚总存量

		2015 年末	2016 年末
国内存量		10.8 吨	9.8 吨
海外存量	英国	20.9 吨	20.8 吨
	法国	16.2 吨	16.2 吨
总存量		47.9 吨	46.9 吨

资料来源：原子力政策担当室：我が国のプルトニウム管理状况，平成 29 年 8 月 1 日。

钚（Pu）是一种放射性元素，既可作为核燃料又可作为核武器的裂变剂。因此，1988 年签订的“日美原子能协定”规定，日本有关核物质的运输及后处理事项须一揽子取得美方事先同意方能进行，以保证核不扩散和利用核能范围的限制。该协定对于后处理分离钚实行严格的管控，奉行“非核三原则”的日本是严禁拥有核武器的国家，本来是不容许进行核燃料后处理的，更不能存有发电之外多余的钚。为了消除“核安全”隐患，防止“核恐怖”事件发生，2014 年美国奥巴马政府就曾要求日本返还冷战时期供日本科研用的 331 公斤武器级钚。日本官方强调乏燃料提取的钚是反应堆级的钚，不能用于制造核武器。日本核电站目前使用 MOX 核燃料，大量经分离和未分离的钚的确是不太适合用于核武制造的，但文殊增殖快堆生成的钚-239 却是武器级的。

2003 年 8 月，日本原子能委员会制定了《关于我国钚利用的基本观点》，日本表示在 IAEA 保障措施的监管下，坚持以不拥有无利用目的钚为原则。2005 年 8 月，日本原子能委员会的“关于我国钚利用的基本观点”再度明确了钚的和平利用目的，要求电力部门公布钚利用的计划。日本电力联合会从 1996 年到 2010 年每年公布钚利用的计划。六个所后处理工厂启动后，分离出来的钚将会大量增加，若全负荷生产每年处理乏燃料 800 吨，可回收 4 吨核分裂钚。日本政府强调钚的利用和消费将依赖各核电站的重启进展，但要达成钚的供需平衡的目标还是很困难的。现行有效期为 30 年的日美原子能协议将于 2018 年 7 月到期，日美原子能协定将决定今后日本钚利用的走向。

（三）重点开发快中子增殖反应堆

快堆是国际公认的第四代先进核能系统中的优选堆型。其优点是：一是增殖核燃料，可将铀资源利用率从压水堆的不到1%提高到60%以上；二是焚烧长寿命放射性核素，变废为宝，减低放射性危害；三是安全性高。总之，快堆与压水堆匹配发展形成的闭式燃料循环系统，可以有效实现核电的可持续发展。因此，日本在2007年第二次能源基本计划提出要加快发展快堆，2010年第三次能源基本计划提出要加强快堆技术开发，“快堆”与“钚热发电”“高放射性废物处置”并列为三大核燃料循环重点工程。2014年第四次能源基本计划并没有特别强调发展快堆，快堆只是作为减少放射性废弃物数量，减轻其有害程度的一种技术手段，开发目的就是为了利用钚，并将与美国和法国等共同开发快堆技术，同时再次强调坚持不拥有无利用目的的钚。

日本快中子增殖反应堆不用铀-235，而用钚-239作燃料。钚-239产生裂变反应时放出来的快中子，被装在外围再生区的铀-238所吸收，铀-238就会很快变成钚-239。这样，钚-239裂变，在产生能量的同时，又不断地将铀-238变成可用燃料钚-239，而且再生速度高于消耗速度，核燃料越烧越多，快速增殖，故此种快堆并非一般的快堆，而是增殖反应堆。日本发展快堆的路线图分四步走：（1）常阳实验堆；（2）文殊原型堆；（3）示范堆；（4）商业堆。目前日本原子能研究开发机构（JAEA）完成了前两步，设计建造了两台快堆。一台是茨城县东海村的试验堆常阳号（14万kW），1977年初次达到临界。目前因燃料交换装置故障而停运。另一台就是位于福井县敦贺市的原型堆文殊号（28万kW），1994年初次达到临界，1995年8月开始送电。但当年12月就发生了钠泄漏事故而停运。液态钠的腐蚀性问题非常复杂，钠还有钠火反应和钠水反应的问题。钠泄漏事故之后，文殊号大小事故不断，尽管持续了几个月的临界试验，实际运营时间仅有250天。

2014年的第四次能源基本计划指出，文殊堆被定位成一个国际性研发据点，致力于提高废弃物减量化技术、降低废弃物有害性技术，核不扩散技术的研究。JAEA根据过去的教训和反省准备大刀阔斧地进行改革，但其管理和改革始终未到位。2015年11月，原子能规制委员会对文部科学大臣发出通知，指出JAEA已丧失作为文殊号运营主体的资格①。2016年12月，日本政府正式

① 「もんじゅ見直し勧告」（日本経済新聞 2015年11月14日）。

决定关闭文殊原型快堆，批准了文殊堆退役计划[①]，预计文殊堆的退役将历时约30年，至少耗资3750亿日元。同时政府又批准了“开发快堆方针”[②]。由此可见，尽管日本决定关闭文殊堆，但并不会停止快堆研究。根据第四次能源基本计划，日本将利用文殊堆所积累的技术经验和培养出来的人才，坚持发展快堆不动摇，继续推进核燃料循环。其最终目标是开发出安全性和经济性俱佳的世界最高水平快堆，并实现国际标准化和商业化。具体来说，一方面重启目前国内停运的常阳堆，并在2018年启动一项为期10年的计划，以建设一座可能用于替代文殊堆的示范快堆；另一方面与法国合作共同研发ASTRID快堆，并由日本三菱重工和日本核燃料公司共同出资法国阿海珐。

快中子增殖堆及基于钚利用的封闭核燃料循环是确保日本能源供给长期稳定的发展方向。发展基于MOX燃料的闭式循环可以提高资源的利用率，解决核燃料资源不足的问题。但从经济性来看，鉴于当前铀价格的低廉，后处理分离钚制造MOX进行再循环本身并不经济。根据日本原子能燃料公司的计算，铀价格区间位于260—390美元/kgU时，加工MOX燃料才比较合算。而近年来铀价基本上是100美元/kgU左右，价格相差一倍以上[③]。而根据电力成本检证委员会的推算，乏燃料后处理成本为1.98日元/kWh，而直接一次性通过的处理成本则为1.00—1.02日元/kWh，两者相差也近一倍[④]。发展MOX燃料还有利于保护环境，可减少高放核废料体积和毒性，从而减轻高放核废料最终处置的负担。与一次通过直接处理相比，用轻水堆后处理的核废料体积可减小至四分之一，而用快堆体积更可减至七分之一。这一优点其实对于填埋选址迟迟确定不下来的日本来说实际意义并没有显现。与一次性直接处理的核废料达到天然铀放射水平需要10万年相比，轻水堆后处理则缩短为8000年，快堆后处理更缩短至300年。尽管如此，地质处置的隔绝条件和屏障要求丝毫没有降

---

① 原子力関係閣僚会議「「もんじゅ」の取扱いに関する政府方針」、2016年12月21日。

② 原子力関係閣僚会議「高速炉開発の方針」、2016年12月21日。

③ 日本原燃「原子燃料サイクルのコスト計算について（補足説明）」（第4回技術等検討小委員会資料2）、2011年11月8日。

④ 原子力委員会事務局編「核燃料サイクルコストの試算」（原子力発電・核燃料サイクル技術等小委員会資料集1）、2011年11月10日。

低。因此，日本国内出现了反对闭式核燃料循环政策的声音。

综上所述，尽管日本继续发展快堆的方针并没有任何改变，但预计今后日本核燃料循环政策将表现出一定的灵活性，出现更多的政策组合选项。其实原子能委员会早在 2012 年 6 月就决定开始研究一次性通过的技术路线和制度保障措施[①]。提出要根据未来发展情况保持战略灵活性，积极探讨扩大乏燃料中间贮存和直接处置的可能性，与此同时要削减钚的库存水平，以回应国际社会对其转用军事用途和核扩散风险的担忧。

三 、坚持维持核能产业大国地位，加快核能装备技术输出

福岛核电站事故发生后，日本的核电厂商无法期待国内新建核电站或更新核电机组，纷纷通过出口海外寻找活路。日本政府在 2014 年的第四次能源基本计划中，写明“将为世界核能的和平利用做出贡献”，将核电出口作为经济增长战略支柱之一。安倍首相亲自展开首脑外交推销核电，经济产业省则以“吸取核电事故教训、向世界传播技术”的名义，亮出积极支持出口的姿态。但日本国内反对核电输出的批评意见依旧根深蒂固，而且核电国际市场竞争日益激烈，能否如愿扩大销路仍是未知数。

（一）日本核电技术装备输出战略

福岛核事故前，随着世界能源需求的增加，应对全球气候变暖的需要，日本迎来了“核能复兴”的机遇。其一，2005 年 2 月京都议定书生效，核电成为各国应对全球气候变化的旗帜，2007 年 IPCC 第四次报告就指出，核电不排放二氧化碳，是一种环境友好的发电方式；其二，当时国际市场原油价格居高不下，2008 年 7 月每桶一度达到了 145. 29 美元，核电的经济性凸显；其三，石油资源多集中在动乱的中东地区，供给长期受到战争的威胁，而核电的铀矿则多来自政局稳定的地区，能源密度高，容易储备，反应堆装料一年内都不需

① 原子力委員会「核燃料サイクル政策の選択肢について」、2012 年 6 月 21 日。

补给，乏燃料后处理之后还可循环利用；其四，全球核能产业复兴势头强劲。2005 年美国布什政府积极推行大力发展核电的政策，以《能源政策法》为标志引领全球核电的复兴，其目的是争取中国、印度等新兴国家的核电市场。2007 年中美签订向中国出口 4 台 AP1000 协议，2008 年美国与印度签订双边原子能协定。2009 年新诞生的奥巴马政府继承了前布什政府的能源政策，提出了在国内拟新建 28 台机组的核电大发展计划。

在上述背景下，日本开始大力推动核电走出去。2005 年 10 月，小泉政府通过的“原子能政策大纲”，首次提出了日本核电输出的方针。对美国、法国等核电发展成熟国家的市场，主要以本国核电企业自主开展商业合作为主；对于急欲引进或扩大核电新兴国家的市场，要充分考虑反应堆相关技术许可牌照及国际公约限制的因素，与其他国家核电企业共同合作开发市场。其真实意图是要与美国联合开发中、印两国的核电市场①。从此，日本吹响了进军核电国际市场的号角。2006 年 8 月，经产省制订的“原子能立国计划”明确了日本核能产业走出去的方向，指出日本在核电站的设计、制造和建设方面具有压倒性的技术优势，并拥有具有核心技术的产业集群。因此，应当利用这一优势明确市场目标，积极参与国际市场竞争②。在政府的推波助澜下，2006 年 10 月，东芝收购了美国西屋公司，很快就中标了美国 8 台机组和中国 4 台机组的核电项目，加快了日本核电装备和技术的出口。2007 年福田康夫内阁通过的“第二次能源基本计划”，大力发展核电的“原子能立国计划”成为日本完成京都议定书减排目标，应对全球气候变暖，推广利用清洁能源的重要由头。

2009 年 9 月，民主党上台执政后核能产业政策不仅没有显著的改变，而且民主党主导下制定的第三次能源基本计划，更加雄心勃勃地制定了核电发展的计划。为了加快核电走出去，2010 年 10 月，在政府倡导和支持下，由日本九大电力公司以及三大核电巨头共同出资成立了国际原子能开发株式会社（JINED），目的是政府与企业携手合作，共同促进核电技术装备一揽子出口。2010 年菅直人首相访问越南，获得了 2 台核电机组的订单，之前越南曾与俄

① 原子力委員会「原子力政策大綱」、2005 年 10 月 11 日。

② 「原子力立国計画」、2006 年 8 月 8 日。

罗斯签订了2台核电机组的协定。这是民主党政府推动核电出口的首个成果。2010年核电兼并重组步伐加快，日立与GE核电事业整合，三菱重工出资阿海珐。

就在大举进军核电国际市场之际，日本发生了福岛核泄漏事故。世界各国对核电的社会舆论发生了急剧变化，以德国为代表的一些国家宣布废核。菅直人首相在国内主张废核，但面向海外仍然决定继续推动核电输出。2012年12月，自民党安倍晋三政府执政更加积极推动向海外输出核电政策。2013年5月，安倍首相出访阿联酋和土耳其，分别与两国签订了原子能双边合作协议，为日本核电向两国输出铺平了道路。日本输出核电的前提条件是签署双边的原子能合作协议，因为核电对外合作的首要条件是必须限定核能的和平利用，保证不用于核武器制造等。从表2中可以看出，日本的双边原子能合作协议一半以上都是在福岛核事故之后签订的。其中福岛核事故前签订双边协定的国家有（左栏）：美国、英国、加拿大、澳大利亚、法国、中国、欧洲原子能共同体，而福岛核事故后签订双边协定的国家有（右栏）：哈萨克斯坦、韩国、越南、约旦、俄罗斯、阿联酋、土耳其、印度。目前尚在交涉之中的还有南非、巴西、沙特、墨西哥等国。

表2　日本已签订生效的双边原子能合作协议

国家	生效日期	国家	生效日期
加拿大	1960.07.27/1980.09.02修订	哈萨克斯坦	2011.05.06
美国	1968.07.10/1988.07.17修订	韩国	2012.01.21
英国	1968.10.15/1998.10.12修订	越南	2012.01.21
澳大利亚	1972.07.28/1982.08.17修订	约旦	2012.02.07
法国	1972.09.22/1990.07.19修订	俄罗斯	2012.05.03
中国	1986.07.10	土耳其	2014.06.29
欧洲原子能共同体	2006.12.20	阿联酋	2014.07.10
		印度	2017.07.20

日本加快推动核电发展的一个重要原因就是要重新振兴日本核电产业。石油危机以来，核电在日本电力结构中占有重要地位，日本核电企业在国内市场

获得了较好的战略发展机遇期，一举成长为世界核能强国。日本除三大综合性核电巨头外，还拥有500多家核电专业配套的材料和零部件生产厂家，下面还有一大批核电产业通用产品的配件生产企业。直接从事核能产业的人数有8万多人，其中机组运维12000人，装备制造9600人，工程建设33000人，配套生产24000人①。核电出口不仅涉及技术本身，还涉及设备制造、燃料供应、人员培训、技术服务等多个环节，核电出口可以带动多个产业的发展与推广。仅一台机组的建设费用就达到5000亿日元以上，而相关配套基础设施的建设更会高达数万亿日元。因此，核能产业是促进日本经济增长的一大支柱产业，同时也是日本海外输出的支柱产业。

早在2010年6月，日本政府的“新增长战略”就提出了通过政府与民营企业合作推动基础设施一揽子走出去的方针。2013年3月，日本内阁设立了“经济协作基础设施战略会议”，推出了“基础设施输出战略”，提出政府要全面支持日本企业获得核电、高铁等竞争激烈的项目。其中核电输出要综合考虑核不扩散、所在国核电政策及同日本的关系等因素，通过首脑外交推销，缔结双边原子能协议等方式来推动。与此同时，加强对日本协力机构（JICA）、国际协力银行（JBIC）、日本贸易保险公司（NEXI）等政府相关机构的支持力度，其目标是到2020年基础设施出口产值要达到30万亿日元②。基础设施输出战略是日本政府经济增长战略的重要组成部分。日本第四次能源基本计划指出，日美两国在核电已形成了一体化商业体制，今后要继续扩大日美两国在能源领域的合作关系，还要在和平利用核能、防止核扩散、核安全保障上强化合作体制。面向新兴国家和发展中国家则提出了“主动应对全球变暖外交战略”，其中重要的手段便是核电输出。2016年修订的“基础设施输出战略”继续将核电作为低碳技术输出的重要内容。由此可见，日本在福岛核事故后更加积极地向海外输出其核电技术装备。

---

① 原子力委员会「原子力白書2016版」、2017年9月。

② 「インフラシステム輸出戦略」、2013年5月17日，2014年6月3日改订，2015年6月2日改订，2016年5月23日改订。

（二）国际核电市场竞争白热化

从全球来看，截至 2017 年 1 月 1 日，全世界 31 个核电国家和地区在运核电机组共有 447 台。核电发电总量为 39222 亿 kW。日本核电装机容量仅次于美国、法国，位居世界第三，中国，俄罗斯和韩国则紧随其后（图 7）。全世界在建核电机组达到了 69 个，发电量为 7290kW，其中中国占了三分之一。目前，世界各国计划新建核电机组 98 个，发电量为 11116 万 kW[①]。国际原子能机构、国际能源署和世界核能产业协会对未来核能发展的前景普遍看好。为此，各国都聚焦于电力需求快速增长的亚洲新兴国家，而且市场竞争形势越来越白热化。

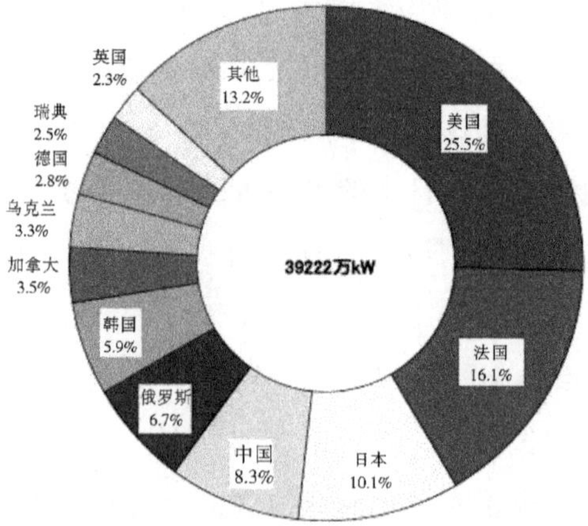

图 7　全球核电装机容量（截至 2017 年 3 月）

资料来源：根据 IAEA-PRIS 资料绘制。

首先，从世界各国核能产业政策来看，福岛核事故后的各国政策大致可分为两大派：即弃核派与挺核派。推行弃核政策的国家可分为三类，一是福岛核事故前就持弃核立场，事故后又进一步加强弃核立场的国家，如奥地利、澳大利亚、意大利等国；二是受福岛事故影响而逐步弃核的国家，如德国（2022 年全弃）、比利时（2025 年全弃）、瑞士（2034 年全弃）、韩国（2079 年全弃）及我国台湾地区（2025 年全弃）。有意思的是，韩国新任总统文在寅宣布

① 「エネルギー白書 2017」。

国内全面停建新核电站，不延长核电寿期的同时却同意韩国核电继续对外出口。三是有计划引进核电但受福岛核事故影响中途撤退的国家，如智利、印尼、越南、新加坡等国。在挺核国家中，可分为拟新建核电国家和既有核电国家两类。拟新建核电国家是指尚无核电但计划引进核电的国家，包括中东北非市场的土耳其、沙特、阿联酋、以色列、埃及、约旦，东南亚市场的马来西亚、泰国、孟加拉国，东欧市场的波兰和白俄罗斯，以及中亚的哈萨克斯坦等国，这些地区是核电大国主要争夺的重点市场。既有核电国家中的主要核电大国大都表明积极发展核电的态度。2017 年 6 月，特朗普就表示美国要恢复和扩大核电。英国由于北海油田产量减少，核电机组老化，为确保核电装机容量，计划建设 11 台核电机组。法国尽管计划到 2025 年要把核电比重从现在的 76%降到 50%，但为保持装机容量今后仍有新机组投运，在建的 EPR 机组将于 2018 年达到临界。俄罗斯到 2030 年要将现有的核电比重从 19%提高到 25%—30%，到 2050 年的目标是达到 45%—50%，而且瞄准新兴国家和中东欧市场积极扩大核电出口。印度在运核电 22 个机组，在建核电 6 个机组，计划新建 19 个机组。中国拟新建机组更是占据世界三分之一。

其次，从世界核电堆型竞争形势来看，如图 8 所示，东芝和日立的 ABWR、东芝旗下西屋的 AP1000、日立的 ESBWR、三菱的 APWR 均是全球先

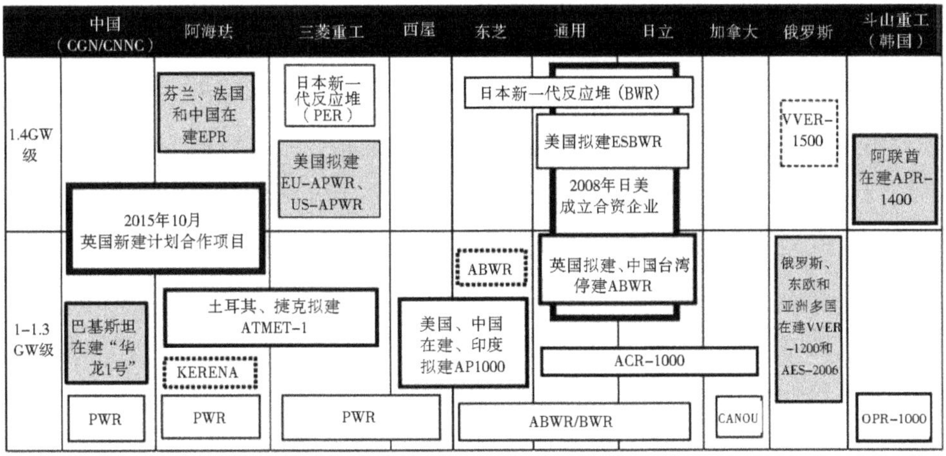

图 8　世界核电装备企业堆型合作与竞争格局

资料来源：村上朋子「2017 年の原子能の展望と課題」、2016 年 12 月。

进的反应堆技术。目前，东芝 WH 主要面向芬兰、美国、中国、英国、保加利亚、哈萨克斯坦市场，主力堆型是 AP1000，日立 GE 主要面向芬兰、英国、立陶宛等国，主力堆型是 ABWR，三菱重工阿海珐面向芬兰、美国和土耳其市场，主力堆型 ATMEA1。其中芬兰是三大巨头共同争夺的市场，是国际核电竞争白热化的一个缩影。

俄罗斯国家原子能公司自主开发的第三代技术 VVER 已出口东欧各国、中国、印度、伊朗、埃及、土耳其等国，第一台 VVER-1200 核电机组，即新沃罗涅日第二核电厂 1 号机组正式投入商业运行。韩国自主开发的第 3 代技术，首台 APR-1400 作为新古里 3 号机组已于 2016 年年底投运，向阿联酋出口的 4 台机组正在建设中，预计年内投运。韩国计划进一步扩大国际市场。中国自主开发的第 3 代技术，“华龙一号”在国内已经有 4 个机组在建，向巴基斯坦出口的 2 个机组也在建设中，而且英国和阿根廷的新建机组也准备采用“华龙一号”。法国阿海珐 EPR 在建机组已落户法国、芬兰各 1 台和中国 2 台，英国和印度也分别计划引进 2 台和 6 台机组。

日本在国际核电技术提供与设备供应均处于领先地位，东芝、日立、三菱等企业具备强大的核电机型与设备设计和制造能力。日本还拥有日本铸锻钢（JCFC）、日本制钢所（JSW）、日立制钢所等世界上最强大的铸锻件生产企业，生产能力和技术水平都代表了世界一流水平，仅日本制钢所提供的用于制造反应堆压力容器和蒸汽发生器等核反应堆钢材就占据了世界市场的 80%，日本帝国电机制作所的冷却水泵在国际和国内市场分别占据 40% 和 60% 的份额。还有主蒸汽隔离阀、减压安全阀等大量重要的配套产品几乎垄断日本国内外市场。但最近曝出的神户制钢造假事件，将对日本核电机组和零部件产品出口产生极大的负面影响。值得注意的是，核反应堆使用年限一般为 40 年，反应堆报废后需要 30 年的退役期。废堆是一门很高超的技术，日本期望通过完成福岛第一核电站中长期废堆路线图积累废堆技术和经验，积极开拓新的废堆市场。因为 20 世纪 60 年代核电建设热潮诞生的核电站都超过了 50 年，面临退役的课题。安全废堆技术将是未来核电发展不可或缺的一个新商机。

再次，从世界核电主要市场竞争形势来看，亚洲成为未来核电开发和投资的热点区域。特别是越南、土耳其、阿联酋、印度、捷克、芬兰、波兰和巴西等新兴国家对核电需求很大。

印度在运核电机组 21 台，在建核电机组 6 台，发电量到 2032 年将达到 6300 万 kW，核电发展目标是到 2050 年占全国总发电量的 25%。为此，印度计划引进法国阿海珐的 EPR 机组 6 台，俄罗斯 VVER 机组 4 台，西屋的 AP1000 机组 6 台。为此，2016 年 11 月，日本不顾各方反对，坚持与印度签署核能协定，开辟了日本向未加入“不扩散核武器条约（NPT）”的印度出口核电的道路。由于印度 2010 年制定的“原子能灾害赔偿法（CLND）”规定，发生核事故须由反应堆制造商赔偿，在全世界绝无仅有。为了减轻制造商赔偿责任，印度在 2015 年设立了由 5 家保险公司共同出资总额为 150 亿卢比（2.2 亿美元）的核电保险基金，发生核事故赔偿限额为 3 亿特别提款权 SDR，赔偿额超过 150 亿卢比由政府承担。尽管如此，还是让日本和美国等国望而止步。

越南计划在南部宁顺省建造两座核电站，分别建两个反应堆，总发电量预计达到 4000 兆瓦。2009 年越南决定与俄罗斯国家原子能公司和日本原子能发电公司进行合作，2011 年 10 月，日本与越南两国政府达成在越南建立核电站协议。但 2016 年 11 月，越南国会投票决定叫停国内首批核电站项目，这对日本核电界是一个沉重的打击。

2013 年 4—5 月，安倍政府对中东国家展开首脑外交，取得了一系列核电收获成果。在土耳其达成与三菱重工和阿海珐联合体合作意向，土耳其核电计划到 2023 年占全国发电量的 5%，并引进 8 台核电机组。日本签下了土耳其在安卡拉西北部 430 公里的锡诺普核电站项目，合同金额达到 220 亿美元，锡诺普核电站将建立 4 个核反应堆，年发电量将达 48 亿度。与此同时，日本还与沙特和阿拉伯联合酋长国两国分别签署了双边原子能合作协议。阿联酋核电计划到 2020 年占全国发电量的 25%，尽管在 2009 年有 4 台核电机组竞标中，日本败给了韩国企业，但未来核电发展的市场空间仍很大；而沙特是日本企业最为关心的市场，因为沙特计划新建 16 台机组。

2014 年 7 月，日立制作所重启与立陶宛政府关于建设核电站的协商。立陶宛计划在本国东北部的维萨基纳斯（Visaginas）建造一座 135 万千瓦的核电机组，日立公司 2011 年曾获取优先谈判权，但立陶宛国内在福岛事故后进行了国民投票，由于大多数人反对，核电站计划暂时中断。

总之，受日本福岛核事故影响，很多国家建设核电站的计划被打乱、搁浅，而日本国内目前也没有新建或改造核电机组的新项目。日本原本寄希望于海外发展机会，但近期在海外的项目也接二连三地触礁。

（三）日本三大核电巨头的市场竞争战略

福岛核事故前，日本三大核电企业完成了大规模进军国际市场的企业重组（见图9）。美国核电业拥有西屋（WH）和通用（GE）两大世界级的巨头。2006年10月，WH被东芝以54亿美元从英国核燃料公司（BNFL）手中收购。WH是生产PWR企业，PWR占据全球60%以上的市场份额，而东芝则是生产BWR企业，两家企业过去是竞争对手，东芝收购WH之后大大扩大了其核电市场的占据份额，成为真正的世界级巨头。2010年11月，GE与日立达成了核电事业部的联合，两家企业都专注于BWR，在全世界100台BWR中，14台是日立制造，54台是GE制造。与此同时，三菱重工与法国阿海珐合资组建了三菱阿海珐集团。这样，日本三大核电企业与全球三大核电巨头形成了世界三大超级核电企业联合体，控制了全球一大半核电市场。东芝与WH、日立与GE，三菱与阿海珐结成三大企业联盟，事实上意味着日本、美国和法国三大核能大国形成了战略同盟。而唯有日本拥有横跨日美法三国的核电企业。福岛事故后，由于中国的中核和中广核、韩国的斗山重工以及俄罗斯国家原子能集团等核电装备企业崛起，对世界三大核电巨头形成了很大的挑战，日本三大企业海外发展步履维艰，未来将会出现新一轮的兼并重组。

首先是东芝受西屋连累核电业务巨额亏损。东芝盲目扩张转型收购西屋之时，日本全国在政府的积极倡导下正在全力推进“核电复兴”事业。东芝收购西屋后又耗巨资收购了美国一家隐瞒巨额债务的核电站建设公司，更是雪上加霜。如今曾作为东芝王牌的核电业务一路萎靡，在国内外市场的推进均受阻。截至今年3月31日的2016财年，东芝在美核电业务巨额亏损导致公司净亏损9657亿日元。由于不符合东交所的上市规则，东芝8月1日从东京证券交易所主板市场降级至二板市场。若在明年3月底之前资不抵债局面仍未消除，东芝股票将自动摘牌退市。因此东芝只能通过出售半导体子公司来填补这一缺口。随后，西屋电气在美申请破产保护。这不仅令东芝负债累累，同时也严重打击了日本的核电出口计划，毫无疑问，也将成为日本核电工业发展的一个转折点。

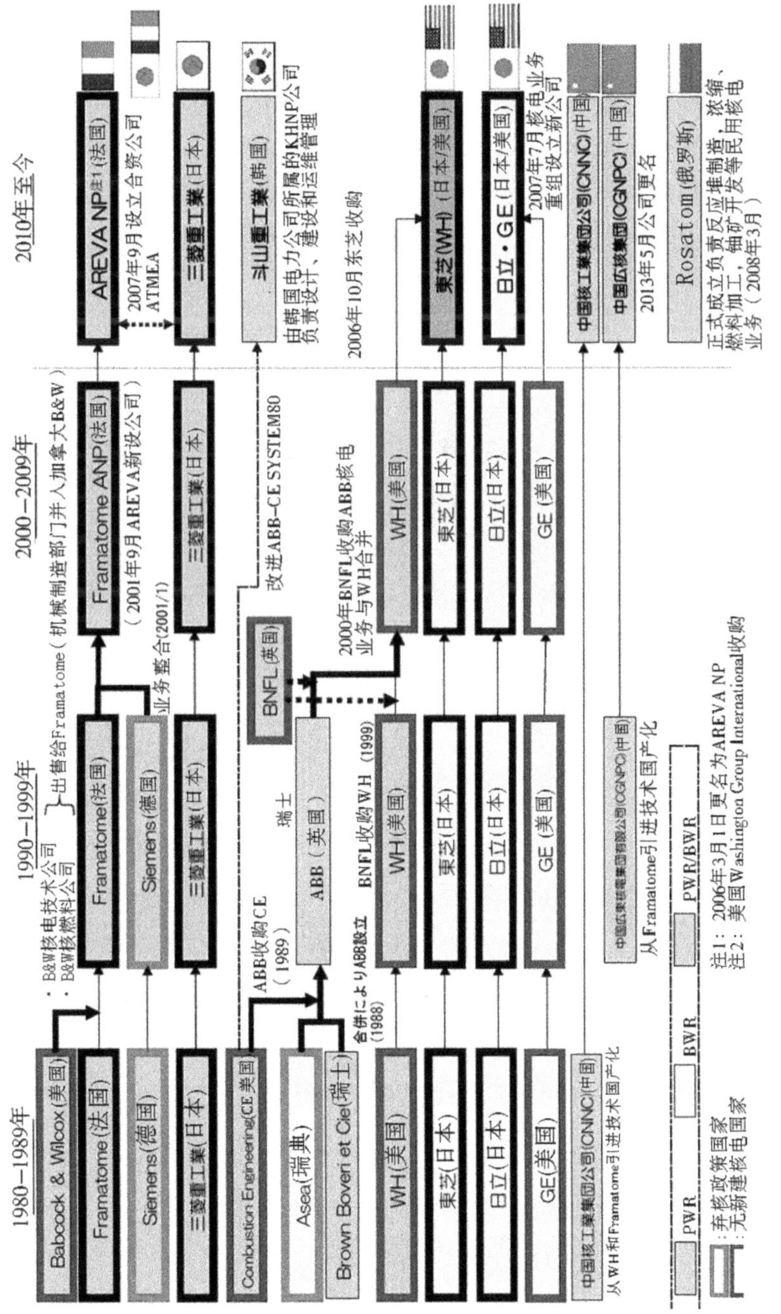

图9 世界核电企业兼并重组版图变化

其次是三菱重工被阿海珐经营危机所绑架。日法两家企业 2007 年年末组建了 Atmea 合资公司，双方曾联合设计了功率为 110 万千瓦的压水堆 Atmea 1 型反应堆，它是三代加的 PWR 中型反应堆，主要瞄准新兴核电国家推广。2013 年 6 月，法国总统奥朗德访问日本，两国发表了联合声明，表示要加强两国在核电领域的合作伙伴关系，支持两国共同开发的具有世界最高安全水平的 Atmea 反应堆推广。面对福岛事故后全球的核电寒流，日法两国在推动核电发展和输出的利益是共同的。但头顶“全球最大核电反应堆制造商”光环的阿海珐不久就陷入经营困境，被迫分拆重组。三菱重工也不得不与新业主法国电力公司（EDF）和新阿海珐继续合作。2017 年 7 月 31 日，日本三菱重工宣布决定投资阿海珐的反应堆业务，与阿海珐和法电签署投资协议，购买反应堆部门（New ANP）19.5%的股权。三菱重工还与日本核燃料公司（JNFL）一起参股新重组的阿海珐（New Co），两家日企各出资 2.5 亿欧元，在新阿海珐中分别占 5%的股份，日方希望借此取得法方的核燃料后处理工艺与技术。

最后是日立制作所与 GE 合作遇险。2012 年 6 月，日立以 6 亿 7000 万英镑价格收购了英国核电企业地平线核电公司（Horizon Nuclear Power），计划在英国建设 4—6 个改进型沸水堆（ABWR），4 个反应堆的总投资额超过 3 万亿日元，日本企业将从反应堆的建设、零部件和材料的采购方面获得 40%左右的订单。为防止重蹈东芝的覆辙，日立在英国核电项目上采取了一系列切割措施，并借此业绩希望在北美和亚洲扩大订单。但今年日立与美国 GE 合资设立的当地法人通用日立核能子公司也遭遇到财务危机，铀浓缩新技术业务在 2016 年财报中出现约 700 亿日元的亏损。

综上所述，安倍政府之所以全力推动核电输出，是因为福岛核事故之后国民反核声浪高涨，国内难以推动核电新建或换代改造项目，为了保住日本三大核电企业的活路，唯有携手美国和法国共同开发世界核电市场。美国、日本和法国曾是国际核电市场的三大强国，雄霸全球半个多世纪。目前全球有能力出口核电装备技术的国家号称“战国七雄”：美国、法国、日本、加拿大、俄罗斯、中国和韩国。日立制作所、三菱重工、东芝为首的日本三家核电巨头过去在白色家电、电脑、半导体领域都曾有被韩国和中国超越的历史教训，于是它们倾全力打造核电市场。2015 年度和 2016 年度，东芝核电事业销售额分别为

7400 亿和 8700 亿日元[1]，海外战略重点是印度市场；日立核电业务销售利润分别为 1872 亿和 1922 亿日元[2]，海外战略重点是英国市场；三菱重工核电业务数据不详，海外战略重点是土耳其市场。如今日本核电三巨头面临核电市场的竞争白热化以及俄罗斯、中国和韩国的崛起，已开始抱团取暖整合核电业务，以加强国际竞争力。

四、结语

日本 2014 年制订的第四次能源基本计划已经过去 3 年多了，现在日本政府已启动第五次能源基本计划的编制，核电的战略定位及其核能产业政策仍是各界关注的焦点。实际上，原子能委员会的"关于原子能利用的基本观点"以及福岛事故后刚刚出炉的第一本《原子能白皮书》已经大致勾勒出今后日本核能产业政策的主要内容和方向，今后发展核能产业的基本国策不会改变。确保安全前提下尽快重启核电，坚持大力发展核电产业；重点开发快中子增殖反应堆，坚持推动闭式核燃料循环路线；加快核能装备和技术出口，坚持确保核能产业大国地位。"三个坚持"构成了后福岛时代日本重振核电产业战略的基本内容。但这一战略的前景将取决于以下几个不确定因素：

第一，对发展核电达成社会共识的不确定性。能源基本计划提出要"尽可能逐步减少核电依存度"，是意味着最终实现零核电目标，还是作为"重要基荷电力"继续发展，若继续发展核电在电力结构中究竟应该保持多大占比？当前日本社会舆论要求逐步弃核的意见仍占大多数。其原因是人们对于福岛事故的后果以及核电的安全性仍然是不信任，如何切实保障核电的安全性，万一发生事故是否能采取有效的防灾避难措施？万一遭遇不幸赔偿或补偿措施是否能真正做到位？人们对此尚有很多疑虑，社会各界仍对发展核电缺乏共识，因此，政府出台的政策文件往往避重就轻，闪烁其词，自相矛盾。

第二，核电作为应对气候变化政策工具的不确定性。巴黎协议提出了防止

① 東芝「2016 年度事業説明会資料」。

② 日立製作所「電力エネルギ事業戦略（原子力事業を中心として）」，2017 年 6 月 8 日。

全球气候变暖的“2 度目标”，实际上即使各国自主减排目标完全如期实现，到 21 世纪末也只能完成目标的一半，何况作为排放大国的美国还要退出巴黎协议。因此，全球气候变暖影响将会越来越严峻，日本究竟采取何种态度应对是关键。一种是采取高标准严要求的态度，日本与欧盟国家联手进一步提高目前的减排目标；一种是采取我行我素的态度，不管别国采取何种应对措施，日本作为应尽的义务和责任努力实现减排目标；还有一种是采取随波逐流的态度，从保护产业竞争力的利益出发，以现行各国或世界减排的平均值为目标尽力实现减排。若选择前两者的态度，则需要依靠可再生能源技术创新来解决目前普遍存在的成本高和间歇性问题，否则只能利用和发展核能来作为应对气候变化的有效工具。

第三，可再生能源利用技术创新的不确定性。利用和普及可再生能源是全世界的潮流，但一方面发电成本偏高，各国都在努力削减利用可再生能源成本，提升经济性是实现可再生能源加速发展的关键所在。而日本与世界其他国家相比，利用可再生能源的成本一直居高不下。另一方面还存在着受光照、风向、季节条件影响的间歇性等问题。解决这一问题有多种方式，目前储能技术则是最被看好的一种解决方案，倘若成本能够大幅降下来将会使可再生能源发展更上一层楼。日本在此领域尽管下了很大功夫，但到 2030 年或 2050 年，可再生能源技术创新和利用水平究竟能达到何种程度前景仍然具有不确定性。

第四，能源安全保障的不确定性。各国根据本国国情确保能源安全保障的政策措施多种多样，各有所长。日本吸取了当年石油危机的惨痛教训，建立了石油储备机制应对危机。如今随着电动汽车和燃料电池汽车的普及，对于石油的需求逐步减少，而对电力的需求逐步增加，对于天然气发电占比很高的日本来说仍然无法摆脱对中东油气资源的依赖。中东不稳定的政治军事形势给日本油气资源稳定供给造成很大的不确定性，而近年来的朝鲜半岛紧张局势加剧了日本能源安全保障的危机感。因此，日本不能完全指望依靠“日美同盟”来保障能源安全，必须自力更生，采取提高能源自给率则是一种积极应对方式。利用和发展可再生能源固然是其中最有效的一种利器，但若一下子解决不了其经济性和间歇性的不足，只能通过发展核电来确保能源自给率的提高。铀资源分布在澳大利亚、加拿大和美国等日本的同盟国家，而且储量丰富，远比油气资源供给更有保障，假如铀资源有一天真的枯竭了，还可以通过加工生产钚来解决核燃料问题，这才是日本坚持核燃料循环的真正如意算盘。

正因为有上述不确定性因素的存在，为后福岛时代的日本继续发展核电留下了一条生路。既然要保存和发展核电，在目前新增核电困难的情况下，就必须保留核能产业的人才、技术、装备和器材；在新的核安全基准管制下，就必须在确保安全合规的基础上才能逐步恢复重启核电机组；在电力改革的新竞争环境下，就必须改变过去“国策民营”的政策，废除垄断性的价格保护措施。只有真正对各种能源的经济性、安全性和环境性进行客观比较和优化配置，才能创造出公平的市场竞争环境，从而夯实核电可持续发展的基础。而这一切都取决于今后能否开发出安全性更高、经济性更好的新一代核电技术。其中常温核聚变是未来核能技术革命突破的重要战略方向，而发展高温气冷堆和新型快堆则是日本下一代核能技术创新的重点战略目标。

B 12

结语：中国正在积极应对核电转型升级挑战

日本福岛核泄漏事故已经过去 6 年半了，国际核电呈现出新的发展态势：一方面在俄罗斯频频在国际市场上新斩获核电建设合同的同时，中国、印度等新兴市场的核电实现了较快发展，中国开发出了“华龙一号”和 CAP1400 等三代核电技术；另一方面美国西屋、法国阿海珐等西方传统核电供应商却因示范项目工期延误严重，面临破产重组的艰难困局。对于全球核电的走势，国际专家判断差异越来越大，部分专家学者认为全球核电将走向衰落，另外部分专家学者认为核电复兴与增长之路将继续推进。国际清洁能源论坛（澳门）主编的《全球核能产业发展蓝皮书（2017）》从独立第三方的视角，收集和整理了持不同观点专家的报告和论文，虽然这些各位作者及其报告的观点并不代表论坛的立场，但可向大家展示出一份“百家争鸣，百花齐放”的核能产业研究报告。本蓝皮书编委会坚持“立足中国，面向世界，尊重科学，追求真理”的编写方针，通过不同国情和文化的对话，不同观点的争鸣和交锋，拿数据，摆事实，讲道理，探寻一条符合各国自身特点的核能产业发展路线图，为我国政府决策部门在中国构建一个科学合理布局、可持续发展的能源体系以及制定核能产业发展政策提供前瞻性建议和参考依据。与此同时，蓝皮书通过对核电整个产业链的经济技术分析和生态环境影响评价，展望未来的技术创新趋势和市场发展前景，对科研机构和企业具有一定的战略指导和借鉴意义。蓝皮书由 1 个总报告和 10 篇独立研究报告组成，涵盖全球所有既有核电和拟建核电的国家和地区。

正如《2017 世界核能产业现状报告》所指出的那样，当前世界核能产业发展面临着一系列经济、安全和环境方面的挑战，存在或部分存在资金来源、核废料处理、核公众接受度、核设施和人员的老化、核不扩散、可再生能源竞争等一系列问题。从市场来看，全球核电增速趋缓，但部分区域核能发展的需求仍然旺盛。核能作为一种低排放、高效率的清洁能源，仍然为中国以及世界上许多国家看好，包括国际能源署、国际原子能机构、世界核能产业协会等国际组织。主要理由是：其一，不同国家的能源选择（或能源政策）都与该国当时的资源禀赋、经济发展水平、工业化程度、人口特征、能源技术成熟度密切相关，抛开国情谈能源战略选择问题并不客观。其二，在对待核能和可再生能源发展的选择上，由于发达国家已完成了需要大量能源消耗的工业化时代，部分国家人口密度普遍较小、居住分散，分布式电网发展迅速。西方发达国家核电设施普遍面临老龄化和退役问题，加之新一代核电站建设成本远高于风电、太阳能发电成本，且储能技术这两年取得较大进展，所以发达国家目前普遍大力发展风电、太阳能发电等可再生能源，谨慎推进核电投资；而现在的新兴国家，大多是发展中国家，人口密度大、经济较落后、工业化还在进行，正处于用能用电高峰期，各类能源同时发展才能满足经济建设和生活用能需求。2016 年年底在建核电站的国家主要分布在中国、俄罗斯、巴基斯坦、印度、美国等国，其中中国在建核电站约占 1/3。新兴经济体国家考虑发展核电来满足低碳化下的能源需求，美国、英国则考虑建设新核电来替代退役核电机组、实现低碳发展。其三，我国目前的能源战略也是基于当前经济社会发展阶段所做出的重要选择，化石能源、核能和可再生能源等能源的发展不可偏废，缺一不可。2016 年我国在核电和风电、太阳能发电等可再生能源方面的投资居世界第一，与此同时我国在煤炭清洁高效利用技术研发方面的总经费投入也已超 1600 亿元，所以多种能源协同发展是中国经济社会发展现实之选。

发展核电是中国绿色低碳能源体系建设的重要组成部分，核电在中国可以大规模代替煤炭，为电网提供稳定可靠的电力支撑。2016 年全球核电发电量增长 1.4%，最重要的贡献来自中国，其发电量增长了 23%。2016 年全球共有 10 个机组投运，其中一半在中国，印度、巴基斯坦、俄罗斯、韩国、美国各 1 个。2017 年上半年有 2 个机组并网发电，中国和巴基斯坦各占 1 个。多年来，在严格的核安全监管下，中国核电机组一直保持良好的安全运行记录，各项运行指标处于全球中值以上水平，电厂周围环境空气吸收剂量率保持在本底辐射水平正常涨落范围之内，安全风险可控。中国作为全球在建核电机组数量和机型最多的国家，既有成熟的“二代加”机型（CPR1000 /CP1000、VVER1000），也包括了先进的第三代压水堆（AP1000、EPR、“华龙一号”）及具有固有安全性的高温气冷堆（HTR-PM）。中国正在研发的小型反应堆，包括中核集团的 ACP100、广核集团的 ACPR 50S、清华大学的 NHR200-Ⅱ 等受到了世界各国的关注。中国已经形成一条完整的核电产业链，具备了核电所需关键核级锻件和原材料的生产能力，批量化制造核电主设备的能力，为促进核电规模化发展和“走出去”提供了有力的支撑。2016 年美国、法国、中国、俄罗斯和韩国五大国核电发电量占全球的 70%，其中美国和法国占全球核能发电的 48%。预计到 2030 年中国核电装机容量将达到 1.2 亿千瓦，年发电量 8400 亿千瓦时以上，有望超过美法两大核电强国。

作为全球在建核电规模最大的国家，中国已跻身世界核电大国行列，成为全球核电发展的产业中心，正在实现向核电强国的跨越。但如何夯实核安全基础，获得核电社会公众认同，如何审慎评估内陆核电厂环境安全问题仍是今后我国核电产业发展所面临的新课题。特别是核燃料循环仍为中国核能产业发展的薄弱环节，我国采取“热堆—快堆—聚变堆三步走”发展战略，并实行核燃料闭式循环政策。2020 年，我国核电站乏燃料产生量将达到 7000 吨，2030 年将达到 26000 吨，目前正在全力开发事故容错核燃料、环形燃料等新型核燃料技术研发。全球都在关注中国如何切实保障核电的安全性，如何提升核电建设与运维的经济性，如何推动安全性更高、经济性更好的核电技术研发。当前，中国核电发展正处在一个重要的战略机遇期，发展核科技、建设核人才队伍、加强先进核电技术研发是核电可持续发展的基础。为此，2017 年 12 月 12 日至 14 日在澳门举行的第六届国际清洁能源论坛将举办“2017 国际核能产业发展峰会”。峰会将围绕“中国如何应对全球核能产业面临的挑战和机会”进行讨论和交流，并正式发布此本蓝皮书。

在书稿付梓之际，我谨代表国际清洁能源论坛向蓝皮书总报告负责人法国核电政策国际独立咨询顾问 Mycle Schneider 先生和蓝皮书专题报告负责人中国核能行业协会专家委员会副主任徐玉明先生致以敬意，他们不辞劳苦，兢兢业业，为蓝皮书的编写付出了大量心血。与此同时，特别感谢中国矿业大学（北京）的宋梅教授在如此短时间内将英文的总报告高效准确地翻译成中文呈现在大家面前。在此，我还要对参加蓝皮书编写的各位专家学者表示衷心的感谢，他们是：国家发改委能源研究所的韩文科和康晓文，环境保护部核与辐射安全中心的柴国旱、陈晓秋、王晓峰、王桂敏、侯杰、刘永叶等，中国广核集团有限公司研究中心的李勇和尹向勇，中国核科技信息与经济研究院的白云生、汪永平和张萌，中国东方电气股份有限公司核电事业部的唐洪驹和张义，华中科技大学核工程与核技术系的杨军，武汉新能源研究院的黄晓宏，华中科技大学管理学院中德知识产权研究所的余翔和阳维，以及中国核能行业协会的陈荣等教授和专家。最后，我还要感谢中国广核集团有限公司党组书记、董事长贺禹先生，中国东方电气集团有限公司原董事长、党组书记王计先生对本书编写的指导和帮助，并亲自担任蓝皮书主编，感谢澳门基金会对蓝皮书出版的支持和资助。

国际清洁能源论坛（澳门）理事长

2017 年 11 月吉日

Contents

Abstract: As the nation holding the most nuclear power units under construction (21 units) and the most types of reactors, China put advanced power reactors plus (APR+) into operation in 2017. The construction progress of Chinese-designed HPR1000 (Hua-long Pressurized Reactor) as the third generation reactor runs well, and China also overcame difficulties of the home-made parts of AP1000 and it is ready for the nuclear generation. China holds excellent records of safe operation for their nuclear power units, with operation indicators being above the global mid-range. The air absorbed dose rate around the nuclear plants is within the fluctuation range of radiation background which means the safety risk is controllable. During the 13th five-year plan period, the number of newly operated reactors and newly constructed reactors in China will reach the highest level in history, and the third generation of reactors which meets the highest international safety standards will be the focus of construction in the future.

Key words: Chinese Nuclear; Nuclear Power Units; Nuclear Industry

Abstract: Nuclear safety has been regarded as the lifeline of the development of nuclear energy and nuclear technology utilization in china. At The Eighteenth National Congress of the CPC, General Secretary Xi Jinping put forward that the concept of nuclear safety should be rationality, coordination and integration, this shows that nuclear safety has further attracted the attention of the national leadership. Nuclear safety has been incorporated into the national security system and has been written into the National Security Law. Over the years, under strict nuclear safety supervision, China's nuclear power plants have always maintained good safety performance, nuclear power safety is at the international advanced level. This paper describes the status of nuclear safety in China, summarizes the good practice of nuclear safety supervision in China, and carried on the thorough ponder to the formidable challenge of the Modernization of nuclear safety management system and governance capability and the transition from a nuclear safety regulatory power to a powerful country.

Key words: Nuclear Safety; Governance Capacity; Governance System; Nuclear Safety Supervision; Good Practice

Abstract: In order to promote the sustainable development of non-fossil energy, the development of nuclear power should be planned in advance while accelerating the construction of the coastal nuclear power project. "The feasibility study of the inland nuclear power project should be actively carried out and the site protection should be strengthened" . "Safe and efficient nuclear power development" is the basic principle of nuclear power development in China. The fundamental safety objective of nuclear power plants is to protect people and the environment from the harmful effects of ionizing radiation. This fundamental safety objective of protecting people—individually and collectively—and the environment has to be achieved without unduly limiting the operation of facilities or the conduct of activities that give rise to radiation risks. The safety objectives of inland nuclear power plants are the same as those of the coastal, and the difference between inland and coastal nuclear power plants is, to be exact, the difference between site environments. Based on the practice and the cognitive level of the nuclear power operation, this paper reviewed the environmental safety of inland nuclear power from the perspective of environmental equity issues, including safety objectives requirements, the site safety, environmental protection and emergency preparedness. The analysis shows that the nuclear safety of the inland nuclear power is guaranteed, the environmental risk is controllable.

Key words: Inland Nuclear Power; Environmental Equity; Safety Objectives; Environmental Safety

Abstract: After the Fukushima nuclear accident, there are more query on nuclear industry development, Public recognition is key sect in nuclear industry development. The authors analyze the present situation and the causes of NIMBY and Public Sentiment event in Chinese nuclear industry, sum up good practices of consolidating nuclear safety base to improve the public recognition in CGNPC, give some advisement for improve public acceptance.

Key words: Nuclear Power; Nuclear Safety Culture; Public Recognition

Abstract: Nuclear fuel cycle industries are the main arteries in nuclear energy system and are very important to the safe and sustainable development of nuclear energy. In China, the "three-step" development strategy is carried out for nuclear energy, which is "thermonuclear reactor-fast reactor-fusion reactor" . And the policy of a closed nuclear fuel cycle is adopted. Nowadays, with the development of large-scale nuclear power plants, the production and accumulation of spent fuel increase rapidly. It is estimated that the production of spent fuel from the nuclear power plants in China will reach 7, 000 t in 2020 and will reach 26, 000 t in 2030. The safety management, technology road maps and the capacity-building layout for the spent fuel should be definite as well as the top-layer design for the development of back-end industries of the nuclear fuel cycle with an overall consideration.

In this article, the current situation and the future management of nuclear spent fuel storage in China are presented. Ideas and suggestions for the harmonious development of back-end industries of nuclear fuel cycle such as intermediate storage, transportation and reprocessing are pointed out.

Keywords: Spent Fuel; Management; Industry; Development

Abstract: Research and development of the advanced nuclear power technologies has established an important foundation for the sustainable development of nuclear power in China. In order to adapt to the future of nuclear power market demand and narrow the technology gap between China and the developed countries with nuclear power, it's very important to explore actively about the medium-andlong-term development strategy of nuclear power technology in China.

Firstly, in this paper, the R & D situation of the new generation of nuclear power technologies was summarized and main problems were analyzed. Then, the main influencing factors about the R & D of the nuclear power technologies were expounded, considering R & D situation of the new generation of nuclear power technology research and development in China. Finally, key areas, mid-and long-term development goals and development paths of the new generation of nuclear power technologies, and the relevant measures and suggestions were put forward, directed against the main influencing factors about the R&D of the nuclear power technologies.

Key words: The New Generation of Nuclear Power Technologies; The R & D of Nuclear Power Technology; Medium-and Long-Term Development Strategy

B 8. The Status and the Future of Chinese Nuclear Equipment Manufacturing Industry

Abstract: Since 2005, the nuclear power in China has entered into a large-scale construction stage. Along with that, the capability and technical level of the nuclear main equipment has been rapidly promoted. All the nuclear main equipment has been localized, and the key technologies for Generation Ⅲ nuclear power have been mastered by Chinese nuclear industry. China has obtained the capability of producing key nuclear classified forgings and raw materials, and the capability of supplying in batch the nuclear main equipment, which can not only meet the needs of the sustainable and stable development Chinese nuclear power, but also can supply sufficient and competitive nuclear equipment for international nuclear market.

Key words: Nuclear Power; Equipment; Manufacturing Capability

B 9. Renaissance and Challenge: The Global Nuclear Talent Cultivation System and Competitiveness Assessment

Abstract: The global nuclear renaissance and nuclear technology development led to a rapid increasing of the demand for nuclear talents in the last decade. However, due to the nuclear talent shortage occurred at the end of the last century, the recent nuclear accident and the existing public views, it is difficult to meet the demand of nuclear talent now. This paper discusses the current situation of global nuclear talent cultivation system and its competitiveness, as well as the related problems. The study focuses on the situation of nuclear engineering education at the university level. Nuclear industry is rapidly growing in China now, accompanying by